Vor der Reise

Praktische Reisetipps von A bis Z

Land und Leute

Der Norden

Mittelwales

Der Südwesten

Der Südosten

Anhang

Kartenatlas

Britta Schulze-Thulin
Wales

„Wales is a singular noun but a plural experience."
(„Wales, das ist ein einzelnes Wort, aber eine vielseitige Erfahrung.")

Dai Smith, Professor an der Universität von Glamorgan und
ehemaliger Chefredakteur beim BBC Radio Wales

Impressum

Britta Schulze-Thulin
Wales

erschienen im
REISE KNOW-HOW Verlag Peter Rump GmbH
Osnabrücker Str. 79
33649 Bielefeld

© Peter Rump 2004, 2006
3., komplett aktualisierte Auflage 2008
Alle Rechte vorbehalten.

Gestaltung
Umschlag: G. Pawlak, P. Rump (Layout);
    Katja Schmelzer (Realisierung)
Inhalt: Günter Pawlak (Layout);
    Angelika Schneidewind (Realisierung)
Fotos: die Autorin, außer S. 407: Marion Löffler
Titelfoto: die Autorin
Karten: Catherine Raisin und der Verlag
Bildbearbeitung: Uli Gröne
Lektorat: Anja Fröhlich
Lektorat (Aktualisierung): Katja Schmelzer

Druck und Bindung: Fuldaer Verlagsanstalt GmbH und Co. KG, Fulda

ISBN 978-3-8317-1674-6

PRINTED IN GERMANY

Dieses Buch ist erhältlich in jeder Buchhandlung
Deutschlands, der Schweiz, Österreichs, Belgiens
und der Niederlande.
Bitte informieren Sie Ihren Buchhändler
über folgende Bezugsadressen:

Deutschland
    Prolit GmbH,
    Postfach 9, D-35461 Fernwald (Annerod)
    sowie alle Barsortimente
Schweiz
    AVA-buch 2000
    Postfach, CH-8910 Affoltern
Österreich
    Mohr Morawa Buchvertrieb GmbH
    Sulzengasse 2, A-1230 Wien
Niederlande, Belgien
    Willems Adventure, www.willemsadventure.nl

Wer im Buchhandel trotzdem kein Glück hat,
bekommt unsere Bücher auch über unseren
Büchershop im Internet: www.reise-know-how.de

Wir freuen uns über Kritik, Kommentare und Verbesserungsvorschläge.

Alle Informationen in diesem Buch sind von der Autorin mit größter Sorgfalt gesammelt und vom Lektorat des Verlages gewissenhaft bearbeitet und überprüft worden.

Da inhaltliche und sachliche Fehler nicht ausgeschlossen werden können, erklärt der Verlag, dass alle Angaben im Sinne der Produkthaftung ohne Garantie erfolgen und dass Verlag wie Autorin keinerlei Verantwortung und Haftung für inhaltliche und sachliche Fehler übernehmen.

Die Nennung von Firmen und ihren Produkten und ihre Reihenfolge sind als Beispiel ohne Wertung gegenüber anderen anzusehen Qualitäts- und Quantitätsangaben sind rein subjektive Einschätzungen der Autorin und dienen keinesfalls der Bewerbung von Firmen oder Produkten.

Britta Schulze-Thulin

Wales

REISE KNOW-HOW im Internet

Aktuelle Reisetipps und Neuigkeiten
Ergänzungen nach Redaktionsschluss
Büchershop und Sonderangebote

www.reise-know-how.de
info@reise-know-how.de

Wir freuen uns über Anregung und Kritik.

Vorwort

Wales, das kleine keltische Land im Westen Großbritanniens, ist für deutsche Urlauber ein echter Geheimtipp. Es ist weit weniger bekannt als seine Nachbarländer Irland und Schottland und wird oft zu Unrecht als ein Teil Englands betrachtet. Wer von dort einreist, merkt jedoch gleich, dass er ein anderes Land betritt: Landschaft und Vegetation ändern sich, die Straßenschilder werden zweisprachig, überall sieht man den roten Drachen – eines der walisischen Nationalembleme. Was es mit ihm auf sich hat und noch vieles mehr, verrät dieses Reisebuch. Mit seiner Hilfe kann man sich schon vor der Reise mit Land und Leuten vertraut machen und entsprechend gut planen und genießen. Ausführliche Kapitel zu Kultur und Sprache, Sehenswürdigkeiten, praktische Tipps und aussagekräftige Karten lassen das Kennenlernen dieses abwechslungsreichen Landes zu einem unvergesslichen Erlebnis werden.

Das vorliegende Buch führt zu den schönsten Ecken von Wales. Kein Besucher wird sich seiner Faszination entziehen können: Die einzigartige, bezaubernd schöne Landschaft mit sanften Hügeln, grünen Tälern, einsamen Seen und wilder Bergeinsamkeit geht an den Küsten in traumhafte Strände und raue Felsklippen an wilder See über. Die landschaftliche Vielfalt wird hier ausführlich beschrieben. Lassen Sie sich von der herrlichen Natur verzaubern. Unternehmen Sie eine Reise in die Vergangenheit zu Menhiren, Steinkreisen und Grabkammern, die auf Besiedlung aus vorgeschichtlicher Zeit deuten, zu romantischen mittelalterlichen Burgen, die von der späteren Wehrhaftigkeit der Waliser künden. Dieses Buch zeigt nicht nur, wo das alles zu finden ist, sondern gibt auch Hintergrundinformationen, die in dieser Form bisher noch nicht zusammengestellt wurden.

Eine Fahrt auf einer der dampfgetriebenen Schmalspurbahnen oder ein Besuch des nationalen Kulturfestivals, des Eisteddfods, das den besten Einblick in das Land der Barden und Harfenspieler vermittelt – Sie haben die Wahl. Der sportlich orientierte Urlauber kann sich hier über eine Reihe von Möglichkeiten informieren, der Bildungshungrige über die zahlreichen Museen und Ausstellungen, der Technikfan z.B. über die interessanten Bergwerke – Wales ist touristisch gut erschlossen, für jeden ist etwas dabei. Mit diesem Buch lässt sich eine gute Vorauswahl treffen.

Es begleitet auch auf Pfade abseits des „normalen" Tourismus. So wird neben dem Englischen die Landessprache Walisisch gezielt mit einbezogen. Durch Aussprachehilfen kann der Leser alle Ortsnamen richtig artikulieren, weiß, was die walisischsprachigen Parolen am Straßenrand bedeuten, und erhält so einen tiefgründigeren Einblick in Land und Leute.

Welcome to Wales/Croeso i Gymru! [kreuso i Gömri] Willkommen in Wales!

Britta Schulze-Thulin, Frühjahr 2008

Inhalt

Vorwort	7
Hinweise zur Benutzung	11

Vor der Reise
(unter Mitarbeit von *E. H. M. Gilissen*)

Das Land im Überblick	14
Was man unbedingt erleben sollte	14
Wahl des Reiseziels	15
Informationsstellen	16
Diplomatische Vertretungen	18
Ein- und Ausreisebestimmungen	18
Geldangelegenheiten	20
Versicherungen	21
Klima und Reisezeit	22
Ausrüstung und Bekleidung	22
Anreise	24

Praktische Reisetipps A–Z
(unter Mitarbeit von *E. H. M. Gilissen*)

Autofahren	32
Behinderte unterwegs	35
Besichtigungen	36
Einkäufe und Souvenirs	36
Elektrizität	38
Essen und Trinken	38
Feste und Feiertage	44
Film und Foto	46
Gesundheit	47
Haustiere	47
Karten und Orientierung	48
Kinder auf der Reise	50
Maße und Gewichte	51
Notfall, Öffnungszeiten	52
Post und Telefon	53
Sicherheit	54
Sport und Aktivitäten	54
Sprache	58
Trinkgeld, Uhrzeit	60
Unterkunft	60
Verkehrsmittel	62

Land und Leute

Geografie und Landschaft	68
Geologie	69
Tier- und Pflanzenwelt	71
Umweltschutz	73
Geschichte	75
Staat und Verwaltung	88
Bevölkerung	89
Religion	91
Tourismus	92
Kunst und Kultur	93
Architektur	96

Der Norden

Snowdonia/Eryri — 102
Überblick	103
Snowdon/Yr Wyddfa	104
Beddgelert	106
Llanberis	109
Betws-y-Coed	113
Capel Curig	115
Llanrwst und Trefriw	116
Blaenau Ffestiniog	118

Die Insel Môn (Anglesey/Ynys Môn) — 122
Überblick	122
Der Südosten	123
Der Südwesten	129
Der Westen	135
Der Norden	136
Der Nordosten	138
Die Mitte	143

INHALT

Caernarfon und Bangor	**144**
Überblick	144
Caernarfon	144
Bangor	149
Die Halbinsel Llŷn	**153**
Überblick	153
Clynnog Fawr	154
Yr Eifl und Tre'r Ceiri	155
Aberdaron	157
Bardsey/Ynys Enlli	158
Abersoch	159
Pwllheli	160
Criccieth/Cricieth	161
Porthmadog und Tremadog	162
Die Nordküste	**166**
Überblick	166
Hawarden/Penârlag	167
Flint/Y Fflint	168
Greenfield/Maesglas	169
Prestatyn	169
Rhyl/Y Rhyl	171
Llandudno	172
Conwy	176

Das nordwalisische Grenzland	**181**
Überblick	181
Das Clwyd-Tal von Llangollen nach Rhuddlan	182
Der Gebirgszug Clwyd und das Grenzland	195

Mittelwales

Montgomeryshire/ Sir Drefaldwyn	**202**
Überblick	202
Llanrhaeadr-ym-Mochnant	203
Vrynwy Lake/Llyn Efyrnwy	205
Welshpool/Y Trallwng	206
Montgomery/Trefaldwyn	211
Newtown/Y Drenewydd	213
Llanidloes	214
Machynlleth	215
Merioneth/Sir Feirionydd	**218**
Überblick	218
Y Bala und Llyn Tegid	218
Harlech	221
Barmouth/Abermaw	224

Exkurse

Liebeslöffel 37
Die besten Pubs (außerhalb im Buch beschriebener Orte) 41
Die Kelten heute 59
Schmalspurbahnen im Mekka der Eisenbahnfans 64
Rätselhafte Zeichen 80
Die Legende von König Artus 84
Berühmte Waliser – von *Laura Ashley* bis *Catherine Zeta-Jones* 90
Giraldus Cambrensis' frühe Reiseliteratur 93
Der walisische Drache 261
„Echt Wolle" – die Tradition der Wollmühlen 290
Der Kohleabbau in Wales 327
Die Leidenschaft der Waliser – Nationalsport Rugby 348

Dolgellau	226	Die Halbinsel Gower/Gŵyr	333
Cadair Idris	229	Neath/Nedd	338
Das Dysenni-Tal	230	Llantwit Major/Llanilltud Fawr	341
Llwyngwril	231	Penarth	342
Tywyn	231	Cardiff/Caerdydd	343
Aberdyfi	232	Caerphilly/Caerffili	352
		Merthyr Tydfil/Merthyr Tudful	353

Ceredigion — 234
Überblick — 234
Cardigan Bay/Bae Ceredigion — 234
Das Teifi-Tal — 250
Das nördliche Rheidol-Tal — 258

Monmouthshire/Sir Fynwy — 355
Überblick — 355
Newport/Casnewydd — 355
Caerleon — 358
Caerwent — 361

Radnorshire/Sir Faesyfed — 260
Überblick — 260
Rhayader/Rhaeadr Gwy — 260
Elan Valley — 263
Die Heilbäder — 263
Das Grenzland — 268

Chepstow/Cas Gwent — 361
Tintern/Tyndyrn — 363
Trellech — 364
Monmouth/Trefynwy — 365
Usk/Brynbuga — 368
Abergavenny/Y Fenni — 369

Der Südwesten

Pembrokeshire/Sir Benfro — 274
Überblick — 274
Der Norden — 275
Die Halbinsel St. David's — 285
Das Binnenland
 und Mynydd Preseli — 291
Landsker — 293

**Nationalpark Brecon Beacons/
Bannau Brycheiniog** — 371
Überblick — 371
Die schönsten Wanderungen — 373
Brecon Beacons/
 Bannau Brycheiniog — 377
Black Mountains — 383
Monmouthshire
 & Brecon Canal — 388

**Südliches Carmarthenshire/
Sir Caerfyrddin** — 309
Überblick — 309
Carmarthen/Caerfyrddin — 309
Das Tywi-Tal — 313
Die Küste — 319

Anhang

Literatur-, Theater-
 und Filmhinweise — 392
Kleine Sprachhilfe — 393
Register — 401
Die Autorin — 407
Kartenverzeichnis — 408
Kartenatlas — **nach 408**

Der Südosten

Glamorgan/Sir Forgannwg — 326
Überblick — 326
Swansea/Abertawe — 326

Hinweise zur Benutzung

Dieses Reisehandbuch versteht sich in erster Linie als ein Ratgeber für Urlauber, die Wales individuell entdecken möchten.

Das Kapitel **Vor der Reise** enthält alle notwendigen Informationen und Adressen, die man zur Vorbereitung des Urlaubs braucht. Einen guten Überblick vermitteln die Abschnitte „Was man unbedingt erleben sollte" und „Wahl des Reiseziels".

Die **Praktischen Reisetipps von A bis Z** helfen dem Reisenden, sich vor Ort in alltäglichen Dingen gut zurechtzufinden.

Das Kapitel **Land und Leute** bietet Hintergrundwissen über das kleine Land und seine Bewohner: von der Natur über Geschichte bis hin zu Kunst und Architektur.

Die **Ortsbeschreibungen** sind in die vier Kapitel „Der Norden", „Mittelwales", „Der Südwesten" und „Der Südosten" unterteilt. Nach einem Überblick und einer Beschreibung der wichtigsten Sehenswürdigkeiten folgen praktische Hinweise mit Angaben zu Informationsstellen, Unterkunft, Gastronomie, Einkaufsmöglichkeiten, Aktivitäten und Verkehrsverbindungen. Die genannten Empfehlungen wurden vor Ort ausgewählt und überprüft. Für Änderungen kann jedoch keine Garantie übernommen werden! Die Preiskategorien für Unterkünfte, Lokale und Eintrittsgelder (£) sind in der vorderen Umschlagklappe aufgeführt. Vorschläge für Ausflüge in die Umgebung runden das Ganze ab.

Die **walisischen Namen** werden für den Reisenden zunächst sehr ungewohnt klingen, daher ist die Lautschrift in Klammern angegeben. Sie richtet sich nach der Aussprache im Deutschen. So wird etwa die Insel Môn [moon] wie das deutsche Wort *Mohn*, also mit langem „o" ausgesprochen. Wichtig sind folgende Zeichen in der **Lautschrift:**

[th] bedeutet stimmhaftes englisches „th" wie in *those* („jene")

[t̶h̶] bedeutet stimmloses englisches „th" wie in *this* („dies")

[ng] wird gesprochen wie das deutsche „ng" in *klingen*

[hl] bedeutet „gelispeltes" „l". Man kann es auch durch [ch] wie in *ach* ersetzen und wird trotzdem verstanden.

[rh] ist behauchtes „r", das in etwa deutsch „hr" entspricht, wie in *Fahrer*

[s] ist stimmlos wie in *Bus*

Das gesamte Reisehandbuch ist aufgelockert durch **Exkurse** zu interessanten Themen.

Stadtpläne zu größeren Orten finden sich in den jeweiligen Kapiteln. Übersichtskarten zu den beschriebenen Regionen sind im **Kartenatlas** zusammengefasst. Zusätzlich zu den Kopfzeilen wird am Beginn der einzelnen Ortsbeschreibungen mit Pfeil ↗ auf den passenden Kartenausschnitt verwiesen. Außerdem befinden sich Blattschnitte in den Umschlagklappen.

Der Anhang enthält **Literatur-, Film- und Theaterhinweise,** eine **Kleine Sprachhilfe** sowie ein umfangreiches **Register.**

12 VOR DER REISE

Vor der Reise

Das eisenzeitliche Fort Tre'r Ceiri

Vor einem Pub in Dale

In Wales oft anzutreffen

Das Land im Überblick

Landesname:	Wales/Cymru [kömri]
Staatsform:	Fürstentum im Vereinigten Königreich Großbritannien
Fläche:	8017 square miles, 20.720 Quadratkilometer
Einwohner:	ca. 2,9 Millionen
Hauptstadt:	Cardiff/Caerdydd [ka-erdiith]
Amtssprachen:	Englisch und Walisisch
Nationale Partei:	Plaid Cymru [pleid kömri]
Höchste Erhebung:	Snowdon/Yr Wyddfa [ör wöthwa] (1085 Meter)
Währung:	Britisches Pfund
Klima:	mild, da vom Golfstrom beeinflusst
Hauptreisezeit:	Juli bis August

Was man unbedingt erleben sollte

Die folgenden Abkürzungen erleichtern die Auswahl:
(K): kulturelle, historische, kirchliche Sehenswürdigkeit
(N): Natur, Landschaft, Aussicht, Strand
(E): Einkaufen

- Einen der berühmten walisischen **Berge** besteigen: Snowdon, Cader Idris, Pen y Fan (N).
- Walisische Kultur auf dem Kulturfestival **Eisteddfod** erleben (K).
- Einen **Ort industrieller Vergangenheit** besuchen: Big Pit, Rhondda Heritage Park, Kupfermine Sygun, Goldminen Dolaucothi oder Llechwedd Slate Caverns (K).
- **Burgen** besichtigen: Caernarfon, Conwy, Harlech, Beaumaris, Carreg Cennen, Castell y Bere, Castell Dinas Bran (K).
- Zu einem **eisenzeitlichen Fort** hinaufsteigen: z.B. Tre'r Ceiri (K, N).
- Einen Teil des **Pembrokeshire-Küstenpfades** erkunden: z.B. Aberaeron–Cardigan, St. David's–Solva, Marloes–Pembroke (N).
- Eine **Wollmühle** besuchen, **Liebeslöffel** und/oder **keltischen Schmuck** kaufen (E).
- Einem **Rugbyspiel** beiwohnen: z.B. in Cardiff (K).
- Das extravagante Innenleben der **Burg Cardiff** oder **Castell Coch** kennen lernen (K).
- Mit einer der **Schmalspurbahnen** fahren: z.B. Ffestiniog Railway, Snowdon Highland Railway, Vale of Rheidol Railway (N).
- Das **Nationalmuseum** von Cardiff und das **National History Museum** in St. Fagan's besuchen (K).
- Die **Kathedrale von St. David's** besichtigen (K).

Wahl des Reiseziels

- In **Aberystwyth** die Promenade entlangschlendern und einen der Hügel besteigen (N).
- In den Antiquariaten der **Bücherstadt** Hay-on-Wye/Y Gelli Gandryll stöbern (E).
- Den **Spuren der Römer** in der Römerstadt Caerleon folgen (K).
- Die Atmosphäre der Ruhe und Abgeschiedenheit einer **Klosterruine** genießen: z.B. Tintern (K).

Wahl des Reiseziels

Vor der genauen Planung einer Reise nach Wales stellt sich die Frage, ob man eine Rundreise machen oder lieber an einem oder mehreren Orten bleiben möchte und welche Art von Reise man unternehmen will, etwa eine Bildungsreise, einen Aktiv- oder einen Strandurlaub. An diesen Überlegungen wird sich die Wahl des Urlaubsortes ausrichten.

Ausgangspunkte für Ausflüge/ Rundreisestationen

Obwohl Wales recht klein ist, gibt es so viel zu sehen und zu tun, dass es empfehlenswert erscheint, öfters den Standort zu wechseln oder gleich eine Rundreise zu planen, zumal die Fortbewegung auf den engen, kurvigen Straßen viel Zeit kostet. Folgende Orte eignen sich gut als Stationen einer Tour durch Wales bzw. als Ausgangspunkte für Ausflüge.

Nordwales
- **Caernarfon oder Bangor:** gute Verbindung zur Insel Môn, zur walisischen Nordküste, nach Snowdonia und zur Halbinsel Llŷn.
- **Beddgelert:** idyllischer kleiner Ort, reizvolle Landschaft, ein idealer Ausgangspunkt für Wanderungen auf den Snowdon.

Mittelwales
- **Aberystwyth:** kulturelles Zentrum von Mittelwales, mehrere Strände, gute Infrastruktur, am Ende der Busstrecke 420 von London sowie der Bahnstrecke von Shrewsbury gelegen.
- **Brecon:** kleiner Ort, landschaftlich reizvolle Lage, guter Ausgangspunkt für Ausflüge in die Brecon Beacons, in das Elan-Tal und die Valleys.

Südwales
- **Cardiff:** Hauptstadt, kulturelles und historisches Zentrum, Nationalmuseum, gute Verkehrsverbindungen.
- **Tenby:** mittelalterliche Stadt mit schönen Sandstränden.
- **St. David's:** kleinste Kathedralenstadt, guter Ausgangspunkt zum Entdecken der Strände der Südwestküste, des Pembrokeshire-Küstenpfades und der mythischen Hügel Preseli.

Wahl nach der Art des Urlaubs

- Wer **Ruinen, Burgen** und **alte Abteien** besichtigen möchte, kann die edwardianischen Burgen in Fflint, Conwy, Beaumaris, Caernarfon, Harlech und Rhuddlan besuchen. Auch die walisischen Burgen Criccieth und Castell y Bere (bei Dolgellau) sowie die Abteien Valle Crucis (bei Llangollen), Tintern (bei Chepstow/Cas Gwent), Strata Florida (bei Tregaron) und Cymer (bei Dolgellau) gilt es nicht zu versäumen.

●Wer sich für **Altertümer** – Menhire, neolitische Grabkammern, alte Forts – interessiert, der wird insbesondere auf der Insel Môn (Anglesey/Ynys Môn) fündig, aber auch an der ganzen Westküste, speziell im Norden von Pembrokeshire/Sir Benfro.

●Wer **Landschaft** und **Wandermöglichkeiten** bevorzugt, dem seien die **Nationalparks** Snowdonia in Nordwestwales (höhere Berge), Brecon Beacons (niedrigere Berge und sanfte Hügel) und die **Küste** von Sir Benfro (Klippen und Sandstrände) empfohlen sowie die zahlreichen in diesem Buch beschriebenen Langstreckenwanderpfade (siehe Kap. „A–Z/Sport und Aktivitäten/Wandern").

●Wer Landschaft lieber „erfährt", der sollte sich die wunderschönen **Passstraßen** von Tregaron nach Abergwesyn, von Cwmystwyth nach Rhaeadr und von Betws-y-Coed nach Beddgelert nicht entgehen lassen.

●Wessen Priorität der **Strandurlaub** ist, der wählt als Reiseziel einen Badeort wie Tenby, St. David's oder Harlech. Für Regentage finden sich genügend Alternativen in der Umgebung.

●Wer seine **walisischen Sprachkenntnisse** ausprobieren möchte, hat die besten Chancen in Nordwestwales, aber auch in einzelnen, eher ländlichen Orten Südwales' (außer an der Südküste).

●Wer das **Nachtleben** liebt, ist am besten in der Hauptstadt Cardiff, in Swansea an der Südküste oder Rhyl an der Nordküste aufgehoben. Hier bietet Wales aber nicht viel, was man nicht auch in deutschen Städten hätte. Und: Nette Pubs gibt's in ganz Wales!

Informationsstellen

Allgemeine Informationen findet man im Internet unter www.german.visitwales.com, www.visitbritain.de, www.visitbritain.at oder www.visitbritain.ch. Persönliche Beratung vor Ort bekommt man hier (Shop und Info): **Visit Britain,** Dorotheenstr. 54, 10117 Berlin, Mo.–Fr. 10–18 Uhr. Telefonisch, per Fax oder E-Mail kann man sich wenden an:

In Deutschland
●Tel. (01801) 46 86 42, Mo.–Fr. 10–14 Uhr, zum Ortstarif, Fax (030) 31 57 19 10, gb-info@visitbritain.org.

In der Schweiz
●Tel. (0844) 00 70 07, Mo.–Fr. 10–14 Uhr, zum Ortstarif, Fax (0049) 30 31 57 19 10, ch-info@visitbritain.org.

In Österreich
●Tel. (0800) 15 01 70, Mo.–Fr. 10–14 Uhr, gebührenfrei, Fax (0049) 30 31 57 19 10, a-info@visitbritain.org.

In Wales
In den meisten Ferienorten gibt es Zweigstellen der **Touristeninformation,** die in diesem Buch unter den praktischen Tipps der Ortsbeschreibungen aufgeführt werden. Hier erhalten Sie kostenlos Broschüren über

INFORMATIONSSTELLEN 17

Informationen zu Mittelwales
- www.visitmidwales.co.uk
- Ceredigion: www.ceredigion.gov.uk

Informationen zum Südwesten
- Pembrokeshire/Sir Benfro: www.visitpembrokeshire.com
- Carmarthenshire/Sir Gâr: www.carmarthenshire.gov.uk
- www.southernwales.com

Informationen zum Südosten
- www.southernwales.com
- Cardiff: www.cardiff.gov.uk
- Monmouthshire: www.monmouthshire.org.uk
- Brecon Beacons: www.breconbeacons.org

- **Buchtipp:** Der Praxis-Ratgeber **Internet für die Reise** gibt Tipps rund ums Surfen im Netz. Erschienen im REISE KNOW-HOW Verlag, Bielefeld.

mögliche Reiseziele in Wales. Auch Unterkünfte können über die Touristeninformation gebucht werden.

Infos aus dem Internet

Allgemeine Informationen
- www.german.visitwales.com
- www.visitbritain.de
- www.visitbritain.at
- www.visitbritain.ch

Informationen zu Nordwales
- www.northernwales.com
- Snowdonia/Eryri: www.gwynedd.gov.uk
- Insel Môn (Anglesey/Ynys Môn): www.anglesey.gov.uk
- Halbinsel Llŷn: www.wales-calling.com/guide/lleyn.htm
- Nordwalisisches Grenzland: www.borderlands.co.uk

Informationen für Behinderte

Verschiedene Organisationen bieten spezielle Informationen zum Reisen in Wales für Behinderte an (Unterkünfte, Sehenswürdigkeiten usw.). Die Adressen finden sich im Kap. „A–Z/Behinderte unterwegs".

Auf Gower

Diplomatische Vertretungen

- **Deutschland:** Britische Botschaft, Wilhelmstr. 70–71, 10117 Berlin, Tel. (030) 20 45 70, Fax (030) 20 45 75 79, www.britischebotschaft.de.

- **Österreich:** Britische Botschaft, Jaurésgasse 12, 1030 Wien, Tel. (01) 71 61 30, Fax (01) 7 16 13 29 99, www.britishembassy.at.

- **Schweiz:** Königlich Britische Botschaft, Thunstrasse 50, 3000 Bern 15, Tel. (031) 3 59 77 00, Fax (031) 3 59 77 01, www.britain-in-switzerland.ch.

Ein- und Ausreisebestimmungen

Zur Einreise genügt bei EU-Bürgern der **Personalausweis**. Schweizer brauchen einen Reisepass, Kinder einen Kinderausweis.

Wer mit dem **Pkw** unterwegs ist, benötigt einen Führerschein, den Kfz-Schein und einen Nationalitätenaufkleber. Die Grüne Versicherungskarte ist für Großbritannien nicht zwingend vorgeschrieben. Die Mitnahme wird aber empfohlen, da sie wichtige Daten enthält. Bei der Kraftfahrzeugversicherung ist sie ist kostenlos erhältlich.

Unter gewissen Bedingungen kann man **Haustiere** nach Großbritannien mitnehmen. Die Prozedur ist allerdings umständlich. Mit den Maßnahmen muss mindestens sieben Monate vor der Reise begonnen werden (siehe Kap. „A–Z/Haustiere").

In allen EU- und EFTA-Mitgliedstaaten gelten weiterhin nationale Ein-, Aus- oder Durchfuhrbeschränkungen.

Zollfrei einführen darf man persönliches, gebrauchtes Reisegut, Proviant sowie alkoholfreie Getränke. Für die steuerfreie Mitnahme von Alkohol, Tabak, Kaffee u.a. bestehen Grenzen. Bei deren Überschreiten muss man nachweisen, dass man keine gewerbliche Verwendung beabsichtigt.

Innerhalb von EU-Ländern

Seit dem Inkrafttreten des Schengener Abkommens ist der Reise- und Warenverkehr zwischen den EU-Staaten vereinfacht. Regelmäßige **Grenz- und Zollkontrollen entfallen.** Freigrenzen innerhalb der EU:
- **Alkohol:** 90 Liter Wein (davon höchstens 60 Liter Schaumwein), 110 Liter Bier, 10 Liter Spirituosen über 22% Vol. und 20 Liter unter 22% Vol.
- **Tabakwaren:** 800 Zigaretten, 400 Zigarillos, 200 Zigarren, 1 kg Tabak
- **Anderes:** 10 kg Kaffee, 20 Liter Kraftstoff in einem Kanister

Nicht-EU-Staatsangehörige

Schweizer oder Nicht-EU-Bürger müssen durch die Grenz- und Zollkontrolle. Die Freigrenzen sind:
- **Alkohol:** 1 l Spirituosen (über 22% Vol.) oder 2l Spirituosen, Aperitifs oder ähnliche Getränke (22% oder weniger) oder 2 l Schaumweine oder Likörweine oder eine anteilige Zusammenstellung dieser Waren und 2 l nicht schäumende Weine.

Ein- und Ausreisebestimmungen

- **Tabakwaren:** 200 Zigaretten oder 100 Zigarillos oder 50 Zigarren oder 250 g Rauchtabak oder eine anteilige Zusammenstellung der aufgeführten Waren.
- **Parfums:** 50 g, Eau de Toilette: 0,25 l
- **Andere Waren:** bis zu einem Warenwert von insgesamt 175 €, außer Goldlegierungen und -plattierungen, unbearbeitet oder als Halbfabrikat.

Auch bei der Rückreise in die Schweiz gelten für Schweizer folgende Freimengen:

- **Alkohol:** 2 Liter bis 15% Vol. und 1 Liter über 15% Vol.
- **Tabakwaren:** 200 Zigaretten oder 50 Zigarren oder 250 g Pfeifentabak.
- **Nahrungsmittel:** 3,5 kg Fleisch, 1 kg Butter, 5 l/kg Käse und andere Milchprodukte.
- **Anderes:** neuangeschaffte Waren für den Privatgebrauch bis zu einem Gesamtwert von 300 SFr.

Nuckelnde Lämmer

Geldangelegenheiten

Währung

Das **britische Pfund** (£) wird in 100 **pence** (p) eingeteilt. Münzen gibt es zu 1p, 2p, 5p, 10p, 20p, 50p, £1 und £2. Scheine sind zu £5, £10, £20 und £50 im Umlauf. Es ist zu beachten, dass zwischen Zahl und Deviseneinheit kein Leerzeichen steht. Die Zahl steht vor dem „p", aber hinter dem „£". Manchmal sieht man auch Preisausschilderung mit „**c**" oder „**g**", für ceiniog und geiniog, den walisischen Bezeichnungen für pence.

Wales hat im Unterschied zu Schottland keine eigenen Banknoten, dafür aber eigene Pfundmünzen. Diese zeigen **Drachen** oder **Lauch** – die Nationalsymbole. Am Rand steht geschrieben: „pleidiol wyf i'm wlad" („ergeben bin ich meinem Land") – ein Teil der walisischen Nationalhymne.

Zahlungsmittel

Gebräuchliche **Kreditkarten** (z.B. VISA, Mastercard) werden von den meisten Hotels, Geschäften und Restaurants akzeptiert. Für Reservierungen wird oft die Nummer der Kreditkarte verlangt. Auf dem Land sollte man allerdings immer auch **Bargeld** dabei haben, das einzige Zahlungsmittel, das z.B. viele kleinere B&Bs akzeptieren.

Bargeld umtauschen kann man gegen Gebühr in Banken. Diese sind Mo.–Fr. 9.30–15.30/16 Uhr geöffnet.

An **Geldautomaten** erhält man mit der Maestro- bzw. EC-Karte ca. £200 am Tag und zahlt dafür je nach Hausbank bis zu 4,50 € Gebühren. Barabhebungen per Kreditkarte kosten je nach ausstellender Bank bis zu 5,5% an Gebühr, aber für das bargeldlose Zahlen werden nur ca. 1–2% für den Auslandseinsatz berechnet. Kostenfrei ist das Abheben mit der **Postbank-Sparcard** am Visa-Plus-Geldautomaten (nur die ersten vier Abhebungen). Der Wechselkurs ist hier allerdings schlechter als in Banken, so dass dadurch letztendlich auch nichts gespart wird.

Beschränkungen für die **Ein- und Ausfuhr** von Devisen gibt es nicht.

Kosten

Wales ist **kein Billigreiseland**, auch wenn hier die Preise deutlich unter dem englischen Niveau, besonders dem in London, liegen. Die Kosten für Unterkünfte, Eintrittspreise etc. liegen jedes Jahr ein bisschen höher, was wohl auch daran liegt, dass die meisten Touristen aus England kommen und viele bereit sind, einiges auszugeben, da es für sie in Wales immer noch preiswerter ist als zu Hause. Auch die Immobilienpreise zeigen eine deutlich steigende Tendenz, u.a. weil sich immer mehr Engländer in Wales ein Wochenendhaus kaufen.

Wechselkurse	
1 € = £ 0,75	£ 1 = 1,34 €
1 SFr = £ 0,46	£ 1 = 2,13 SFr
(Stand: März 2008)	

Wer im Urlaub nicht ganz spartanisch leben möchte, auch mal in einer Jugendherberge übernachtet, ein bisschen herumfährt, die Gegend erkundet und sich eine warme Mahlzeit gönnt, muss mit Ausgaben von £30–40 pro Tag rechnen. Wer in einem einfachen B&B übernachtet, ist schnell bei £40–50. Wer Essen geht und bessere B&Bs oder Hotels aufsucht, zahlt um die £55 pro Tag. Hier die wichtigsten **Spartipps:**

Die günstigsten B&Bs liegen bei £45 für das Doppelzimmer, in der Regel zahlt man aber £50–70. In Jugendherbergen kostet die Übernachtung um die £12–17 pro Person. Preisgünstig ist der **Campingplatz**, dessen Gebühren in der Regel unter deutschem Niveau liegen.

Wer sparen möchte, sollte Lebensmittel im **Supermarkt** kaufen und selber zubereiten. Inzwischen haben sich auch in Wales einige preiswerte deutsche Supermarktketten etabliert. Im Allgemeinen muss man mit dem anderthalbfachen bis doppelten des deutschen Preises rechnen.

Das Essen in **Cafés und Pubs** ist deutlich preisgünstiger als in Restaurants.

Alkohol ist teuer. Es ist nicht wesentlich billiger, Bier im Laden zu kaufen, als frisch gezapftes im Pub zu trinken. **Zigaretten** sind in Wales sehr teuer (ca. £6 pro Päckchen). Rauchern sei geraten, sich einen Vorrat von zu Hause mitzubringen.

Spartipps finden sich auch im Kapitel „A–Z/Besichtigungen".

Versicherungen

Für alle abgeschlossenen Versicherungen sollte man die Notfallnummern notieren und mit der Policenummer gut aufheben! Bei Eintreten eines Notfalles sollte die Versicherungsgesellschaft sofort telefonisch verständigt werden!

Auslandskrankenversicherung

Die **gesetzlichen Krankenkassen** von Deutschland und Österreich garantieren eine Behandlung im akuten Krankheitsfall auch in Großbritannien, wenn die Versorgung nicht bis nach der Rückkehr warten kann. Als Nachweis benötigt man die **Europäische Krankenversicherungskarte**.

Im Krankheitsfall besteht ein Anspruch auf ambulante oder stationäre Behandlung. Mitunter muß man aber die Kosten vorstrecken. Obwohl bestimmte Beträge hinterher erstattet werden, kann ein Teil der finanziellen Belastung beim Patienten bleiben.

Deshalb wird der Abschluss einer privaten **Auslandskrankenversicherung** dringend empfohlen. Diese sollte eine zuverlässige Reiserückholversicherung enthalten, die von den gesetzlichen Krankenkassen nicht übernommen wird. Auslandskrankenversicherungen kosten in Deutschland ab 5–10 € pro Jahr.

Schweizer sollten bei ihrer Krankenversicherung nachfragen, ob die Auslandsdeckung für Großbritannien inbegriffen ist. Wenn nicht, kann man sich bei *Soliswiss* informieren (Gutenbergstr. 6, 3011 Bern, Tel. (031) 3 80 70 30, www.soliswiss.ch).

Zur **Kostenerstattung** benötigt man ausführliche Quittungen.

Der Abschluss einer Jahresversicherung ist in der Regel kostengünstiger als mehrere Einzelversicherungen.

Klima und Reisezeit

Es windet und regnet mehr als in Deutschland. Das Klima in Wales ist vom **Golfstrom** beeinflusst, d. h. die Winter sind mild, es friert nur selten, die durchschnittlichen Tagestemperaturen liegen zu dieser Jahreszeit bei 5 bis 15°C. Wer die Ruhe liebt, ist im Winter in Wales genau richtig.

Dafür sind die Sommer kühler als in Deutschland. Tagsüber sind dann 20 bis 25°C normal. Der Unterschied zwischen den Jahreszeiten ist also nicht so groß. Die sonnigsten Monate sind der Mai und der Juni.

Die **Touristensaison** beginnt Ostern und endet Mitte Oktober, Hochsaison ist im Juli/August. Besonders im August ist Wales oft von Touristen überfüllt. Dann sollte man seine Unterkunft rechtzeitig buchen. Im Winter sind viele Sehenswürdigkeiten geschlossen.

● **Buchtipp:** Wissenswertes rund um das Thema Urlaubswetter findet sich in dem Praxis-Titel **Sonne, Wind und Reisewetter** von F. Vogel, erschienen im REISE KNOW-HOW Verlag, Bielefeld.

Ausrüstung und Bekleidung

Wer mit öffentlichen Verkehrsmitteln unterwegs ist, reist besser mit einem nicht allzu sperrigen **Rucksack** als mit dem Koffer. Für die Übernachtung im Hotel, B&B oder in der Jugendherberge empfiehlt sich die Mitnahme von Hausschuhen.

Aufgrund des häufigen Regens empfiehlt sich die Mitnahme von **Regenschirm**, Regenjacke und rutschfesten Schuhen. Wer mit dem Rucksack reist, sollte einen Regenponcho mitnehmen, der über dem Rucksack getragen werden kann.

Der Wanderweg führt über das Gatter

AUSRÜSTUNG UND BEKLEIDUNG

Für Wanderungen sind bequeme **Wanderkleidung,** feste Wanderschuhe und eine Trinkflasche einzupacken (zu Wanderkarten siehe Kap. „A–Z/ Karten und Orientierung").

Da es auch im Sommer frisch werden kann, dürfen ein **warmer Pullover** und eine Jacke im Gepäck nicht fehlen.

FKK ist nicht üblich, daher sollte man auch **Badekleidung** einpacken! Die Strände sind oft steinig und Badeschuhe somit nützlich. An der Küste holt man sich leicht einen Sonnenbrand. Eine Kopfbedeckung und **Sonnencreme** sollte man mitnehmen.

Eine kleine **Reiseapotheke** (Kopfschmerztabletten, Pflaster etc.) sollte ebenfalls nicht fehlen. Man bekommt diese Dinge zwar auch in Wales, aber zu wesentlich höheren Preisen. Und nicht in jedem Ort gibt es eine Apotheke *(pharmacy/fferyllfa).*

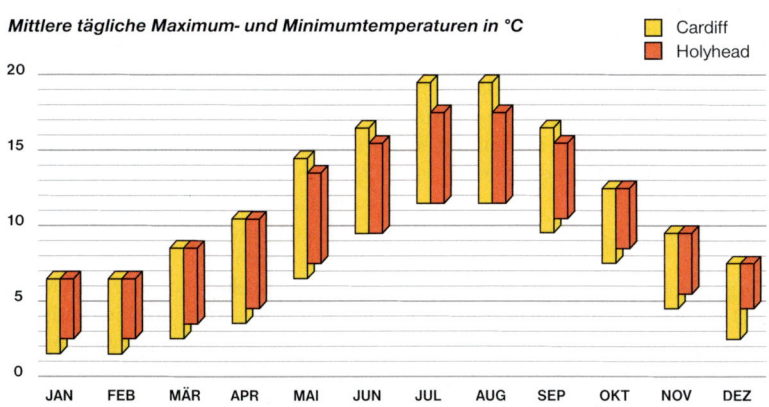

Mittlere tägliche Maximum- und Minimumtemperaturen in °C

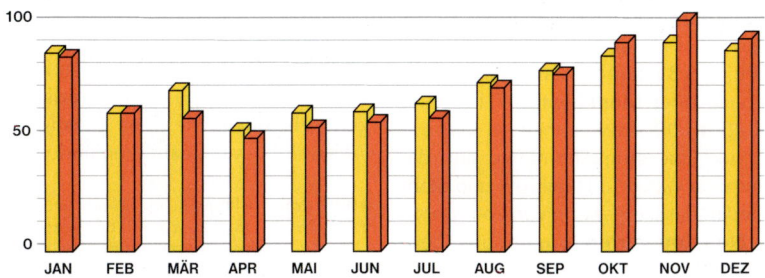

Mittlere Niederschlagsmenge pro Monat in mm

Auch **Foto- und Diafilme** sind in Wales teurer als in Deutschland, weshalb es sich lohnt einen Vorrat von zu Hause mitzunehmen.

Anreise

Die Planung der Anreise ist eng mit der Planung der Fortbewegung in Wales verknüpft (s. Kap. „A–Z/Verkehrsmittel"). Will man etwa einen Wagen mieten, sollte man in die Nähe der gewünschten Autovermietung gelangen (es gibt hier erhebliche Preisunterschiede). Reist man dagegen in Wales mit öffentlichen Verkehrsmitteln, kann man zunächst einen Ausgangspunkt ansteuern, der günstig am öffentlichen Verkehrsnetz gelegen ist.

Mit dem Flugzeug

Flughäfen

Der einzige erwähnenswerte Flughafen befindet sich knapp 20 Kilometer südwestlich von **Cardiff** (Cardiff-Wales International, Tel. (01446) 7 11 11 11, www.cwlfly.com.

Man kann auch die günstig gelegenen mittelenglischen Flughäfen in **Birmingham** benutzen, Tel. (0870) 7 33 55 11, www.bhx.co.uk, **Bristol,** Tel. (0871) 3 34 43 44, www.bristolairport.co.uk, oder **Manchester,** Tel. (0161) 4 89 30 00, www.manchesterairport.co.uk. Eine gute Alternative sind die Airports Gatwick, Heathrow und Stansted in der Umgebung von London.

Nonstop-Verbindungen aus dem deutschsprachigen Raum mit Linienfluggesellschaften nach Cardiff bestehen nicht. Es gibt dorthin aber **Umsteigeverbindungen** von vielen Flughäfen in Deutschland, Österreich und der Schweiz über Amsterdam mit KLM. Birmingham wird nonstop ab Hamburg, Düsseldorf, Frankfurt und München von Lufthansa sowie ab Hamburg, Hannover, Düsseldorf, Frankfurt und Stuttgart von Fly BE angeflogen. Nach London-Gatwick, -Heathrow und -Stansted gibt es unzählige Nonstop-Verbindungen von vielen Flughäfen in Deutschland, Österreich und der Schweiz.

Flugpreise

Ein Economy-Ticket von Deutschland, Österreich und der Schweiz mit KLM über Amsterdam hin und zurück nach Cardiff bekommt man je nach Jahreszeit und Aufenthaltsdauer **ab 300 €** (einschl. aller Steuern, Gebühren und Entgelte). Am teuersten ist es in der Hauptsaison im Sommerhalbjahr, in der die Preise für Flüge in den Sommerferien im Juli und August besonders hoch sind und über 400 € betragen können. Für einen Flug nach Birmingham und zurück muss man mit knapp über 100 € rechnen.

Buchung

Für die Tickets der Linienairlines kann man bei folgenden **zuverlässigen Reisebüros** meistens günstigere Preise als bei vielen anderen finden:

● **Jet-Travel,** Buchholzstr. 35, 53127 Bonn, Tel. 0228 28 43 15, Fax 28 40 86, www.jet-travel.de. Sonderangebote auf der Webseite unter „Schnäppchenflüge".

ANREISE 25

- **Globetrotter Travel Service,** Löwenstr. 61, 8021 Zürich, Tel. 044 22 86 666, www.globetrotter.ch. Weitere Filialen siehe Webseite.

Billigfluglinien

Preiswerter geht es mit etwas Glück nur, wenn man bei einer Billigairline **sehr früh online bucht.** Es werden keine Tickets ausgestellt, sondern man bekommt nur eine Buchungsnummer per E-Mail. Zur Bezahlung wird in der Regel eine Kreditkarte verlangt.

Im Flugzeug gibt es oft **keine festen Sitzplätze,** sondern man wird meist schubweise zum Boarden aufgerufen, um Gedränge zu vermeiden. **Verpflegung** wird extra berechnet.

Für Flüge nach Cardiff, Bristol, Birmingham und Manchester:

- **Air Berlin,** www.airberlin.com. Von Hamburg, nach Manchester (alle anderen Verbindungen, die auf der Website angezeigt werden, sind Umsteigeverbindungen via Hamburg!).
- **Bmi Baby,** www.bmibaby.com. Von Genf und Amsterdam nach Cardiff und Birmingham.
- **BudgetAir,** www.budgetair.com. Von Amsterdam nach Birmingham, Cardiff und Manchester.
- **EasyJet,** www.easyjet.com. Von Berlin, Amsterdam, Innsbruck und Genf nach Bristol, von Genf nach Birmingham sowie von Innsbruck nach Manchester.
- **TUIfly,** www.tuifly.com. Von Hannover, Köln/Bonn und Stuttgart nach Manchester, von Köln/Bonn nach Birmingham.
- **VLM,** www.vlm-airlines.com. Von Luxemburg via London nach Manchester.

Man kann auch Geld sparen, indem man rechtzeitig einen der preisgünstigen Flüge nach **London/Stansted** bucht und dann mit dem Zug oder Bus nach Wales weiterfährt.

Der **Stansted Express** (ca. 45 Min., £15,50) fährt nach London zur Liverpool Street, die Busunternehmen easyBus (Minibus, ca. 85 Min., online ab £2, www.easybus.co.uk) zur Baker Street, Terravision (ca. 75 Min., £8, www.terravision.eu/london.html) und der National Express (ca. 100 Min., £10, www.nationalexpress.com) zur Victoria Station. Von allen Zielen kommt man mit der U-Bahn zur Euston Station oder zur Paddington Station in London.

Von dort aus kann man mit dem **Zug** über eine der drei Hauptrouten Richtung Fishguard, Aberystwyth oder Holyhead nach Wales fahren. Eine zweite Möglichkeit bietet der **Bus** vom National Express, der direkt bis Aberystwyth in der Mitte des Landes durchfährt. Der Busbahnhof liegt gleich beim Bahnhof (Victoria Station).

Billigflieger nach London von vielen Flughäfen im deutschsprachigen Raum sind:

- **Air Berlin,** www.airberlin.com
- **Easy Jet,** www.easyjet.com
- **Germanwings,** www.germanwings.com
- **Ryan Air,** www.ryanair.com
- **VLM,** www.vlm-airlines.com

Last Minute

Einige Airlines bieten ab 14 Tage vor Abflug Last-Minute-Flüge **mit deutlicher Ermäßigung** an, wenn noch Plätze zu besetzen sind. Diese Flüge lassen sich nur bei Spezialisten buchen:

- **L'Tur,** www.ltur.com, (D)-Tel. (01805) 21 21 21, (A)-Tel. (0820) 60 08 00, (CH)-Tel. (0848) 80 80 88.
- **Lastminute.com,** www.de.lastminute.com, (D)-Tel. (01805) 77 72 57.

ANREISE

- **5 vor Flug,** www.5vorflug.de, (D)-Tel. (01805) 10 51 05.
- **www.restplatzboerse.at,** Schnäppchenflüge für Österreicher, Tel. (01) 58 08 50.

Ankunft in Cardiff

Vom Flughafen Cardiff kommt man mit dem Bus oder Taxi über Barry nach Cardiff. Von dort aus lassen sich die gewünschten Urlaubsziele problemlos mit öffentlichen Verkehrsmitteln (Zug, Bus) ansteuern.

Zu Mietwagen siehe Kapitel „A–Z/ Verkehrsmittel". Die Autovermieter am Flughafen sind:

- **Avis,** Tel. (0800) 20 08 88, www.avis.co.uk
- **Hertz,** Tel. (01805) 33 35 35, www.hertz.co.uk
- **Europcar,** Tel. (0180) 58 000, www.europcar.co.uk

Mini „Flug-Know-how"

Check-in

Nicht vergessen: Ohne einen **gültigen Reisepass oder Personalausweis** (letzteres nur für EU-Staatsbürger) kommt man nicht an Bord.

Bei den innereuropäischen Flügen muss man mindestens **eine Stunde vor Abflug** am Schalter der Airline eingecheckt haben. Viele Airlines neigen zum Überbuchen, d.h., sie buchen mehr Passagiere ein, als Sitze im Flugzeug vorhanden sind, und wer zuletzt kommt, hat dann möglicherweise das Nachsehen.

Das Gepäck

In der Economy-Class darf man in der Regel nur **Gepäck bis zu 20 kg pro Person** einchecken (Ausnahme z.B. Ryanair mit nur 15 kg) und zusätzlich ein Handgepäck von 7 kg in die Kabine mitnehmen, welches eine bestimmte Größe von 55 x 40 x 23 cm nicht überschreiten darf. In der Business Class sind es meist 30 kg pro Person und zwei Handgepäckstücke, die insgesamt nicht mehr als 12 kg wiegen dürfen. Man sollte sich beim Kauf des Tickets über die Bestimmungen der Airline informieren. Seit November 2006 dürfen Fluggäste **Flüssigkeiten** oder vergleichbare Gegenstände in ähnlicher Konsistenz (z.B. Getränke, Gels, Sprays, Shampoos, Cremes, Zahnpasta, Suppen) nur noch in der Höchstmenge von jeweils 0,1 Liter als Handgepäck mit ins Flugzeug nehmen. Die Flüssigkeiten müssen in einem durchsichtigen, wiederverschließbaren Plastikbeutel transportiert werden, der maximal einen Liter Fassungsvermögen hat. Da sich diese Regelungen jedoch ständig ändern, sollte man sich beim Reisebüro oder der Fluggesellschaft nach den derzeit gültigen Regelungen erkundigen.

Aus Sicherheitsgründen dürfen **Taschenmesser, Nagelfeilen, Nagelscheren,** sonstige Scheren und Ähnliches nicht mehr im Handgepäck untergebracht werden. Diese sollte man unbedingt im aufzugebenden Gepäck verstauen, sonst werden diese Gegenstände bei der Sicherheitskontrolle einfach weggeworfen. Darüber hinaus gilt, dass Feuerwerke, leicht entzündliche Gase (in Sprühdosen, Campinggas), entflammbare Stoffe (in Benzinfeuerzeugen, Feuerzeugfüllung) etc. nichts im Passagiergepäck zu suchen haben.

Mit dem Zug

Seit Inbetriebnahme des Ärmelkanaltunnels wurden fast alle Zug-Schiff-Zug-Verbindungen abgeschafft. Zwar sind einzelne Varianten immer noch möglich, doch wegen der schlecht abgestimmten Fahrpläne, den weit von den Bahnhöfen gelegenen Häfen und der unattraktiven Preise nur etwas für Hartgesottene.

Stattdessen benutzt man heutzutage die **„Eurostar"-Hochgeschwindigkeitszüge,** die Brüssel und Paris via Tunnel mit London verbinden. Auch

ANREISE

wenn die Fahrt durch den längsten Tunnel der Welt ein Superlativ ist: Die rund 20-minütige Tunnelquerung hat nichts Spektakuläres.

Wer in London einen Übernachtungsstopp einlegen will, kann die Tour bis dorthin bequem in einer Tagesreise bewältigen. So geht es zunächst im ICE nach Köln, von dort weiter per Thalys oder ICE nach Brüssel und schließlich mit dem Eurostar an die Themse. Aus dem südlichen Deutschland sowie aus der Schweiz bietet sich die Fahrt mit dem TGV über Paris an. Der Ankunftsbahnhof London St. Pancras ist für sich schon eine Sehenswürdigkeit: sehr aufwendig renoviert wurde er im Herbst 2007 von der Königin wieder seiner Bestimmung übergeben und wird mit Recht als einer der schönsten Bahnhöfe der Welt bezeichnet.

Fahrtzeitbeispiele bis London: ab Zürich, Frankfurt oder Hannover rund 9 Stunden, ab Köln rund 6 Stunden – gerechnet von Stadt zu Stadt.

Von **London nach Cardiff** dauert die Reise rund 2 Stunden, Züge fahren stündlich ab Paddington Station. Von St. Pancras zur Paddington Station braucht man eine knappe Stunde.

Mit dem zwei Monate gültigen **Tourist-Return-Ticket** bekommt man Hin- und Rückfahrt praktisch zum Preis der einfachen Fahrt: rund 115 €. Die Fahrt kann beliebig oft unterbrochen werden. Achtung: dieses Ticket ist nur auf dem Kontinent und nicht in Großbritannien erhältlich!

Für die Fahrpreise gilt generell: wer früh bucht, zahlt am wenigsten. So ist mit etwas Glück die Fahrt von Köln oder Freiburg nach London und zurück schon für weniger als 150 € zu haben – inklusive aller Kosten.

Einen vollständigen Überblick über alle Sonderangebote zu schaffen ist kaum möglich, zumal die beteiligten Bahngesellschaften ständig wechselnde Sonderangebote auf den Markt bringen. Selbst die Fahrkartenverkäufer auf den Bahnhöfen kennen meist nur einen Teil der möglichen Varianten. Es empfiehlt sich deshalb, die Beratung durch ein spezielles Bahn-Reisebüro in Anspruch zu nehmen, z.B.:

- **Gleisnost am Stadttheater,** Bertoldstr. 44, 79098 Freiburg, Tel. (0761) 38 30 33.
- **Gleisnost im Bahnhof Littenweiler,** Lindenmattenstr. 18, 79117 Freiburg, Tel. (0761) 62 0 37.
- www.gleisnost.de

Mit dem Bus

Mit dem National Express Eurolines kommt man **auch** von Deutschland nach Wales. Dazu muss man nur ein Mal in London umsteigen. Von Frankfurt/Main nach Cardiff zahlt man beispielsweise £206 (ca. 295 €), jeweils hin und zurück.

- **National Express Limited,** Ensign Court, 4 Vicarage Road, Edgbaston, Birmingham, B15 3ES, www.eurolines.co.de, Tel. (08705) 80 80 80.

Mit dem Auto

Fähre

Wer mit dem eigenen Auto anreist (zu Mietwagen siehe Kapitel „A–Z/

ANREISE

Fährverbindungen

Die wichtigsten Strecken und Reedereien (mit Telefonnummern in Deutschland) zwischen Großbritannien und dem Kontinent.

- **1** DFDS Seaways, 01805/304350
- **2** Superfast, 0451/88 00 61 66
- **3** Stena Line, 01805/916666
- **4/5/8** P&O Ferries, 0180/50 07 161
- **6** Transeuropa Ferries, 0032(0)59 340 260
- **7** Norfolk Line, 045/32 65 17
- **8** Seafrance, 06196/94 09 11-13
- **9/10/11/12/13** Brittany Ferries, 06196/94 09 11
- **14** Condor Ferries, 0044(0)870/2435140

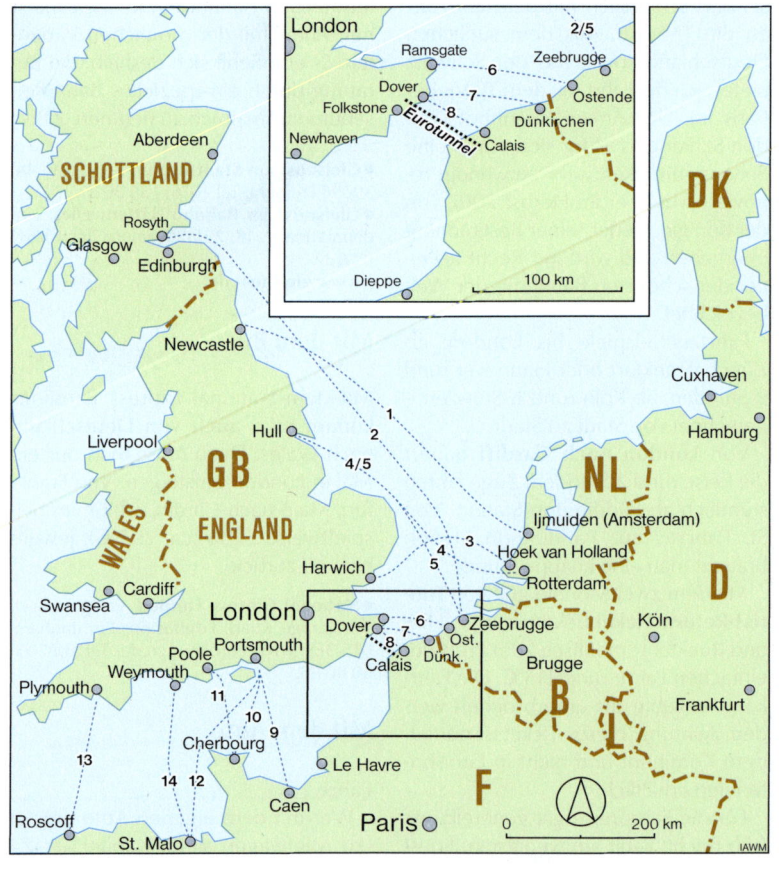

Verkehrsmittel"), hat die Wahl zwischen den verschiedenen Fährverbindungen über den **Ärmelkanal:** Die wichtigsten Fährunternehmen und -verbindungen sind:

- **Stena Line,** www.stenaline.de, Tel. (0431) 90 99, Hoek van Holland (NL) – Harwich, 3,5 Std.
- **Transeuropa Ferries,** www.transeuropaferries.com, Tel. (003259) 34 02 60, Oostende (B) – Ramsgate, 3 Std.
- **Norfolkline,** www.norfolkline-ferries.com, Tel. (045) 32 65 17, Dünkirchen (F) – Dover, 1,5 Std.
- **Seafrance,** www.seafrance.co.uk, Tel. (06 196) 94 09 11, Calais (F) – Dover, 1,5 Std.
- **P&O,** www.poferries.com, Tel. (0180) 5 00 94 37, Calais (F) – Dover, 1,5 Std.

Die Preise variieren je nach Saison und Reederei. Bei P&O Ferries zum Beispiel gibt es immer wieder Sonderangebote für zwei Erwachsene mit PKW für die Strecke Calais – Dover (hin und zurück) in der Nebensaison ab ca. 100 €. (Unbedingt langfristig buchen!)

Der Vorteil einer längeren **Fährreise über die Nordsee** ist die Übernachtung auf dem Schiff. Die Kosten sind im Vergleich zu den Normaltarifen der Fähren über den Ärmelkanal zwar höher, da man aber eine Nacht an Bord verbringt, spart man den Betrag für die Übernachtung und kann am nächsten Tag frisch und ausgeruht weiterfahren.

- **P&O,** www.poferries.com, Tel. (0180) 5 00 94 37, Rotterdam Europoort (NL) – Hull, 11 Std., Zeebrugge (B) – Hull, 14 Std.

Preisbeispiel für einen PKW mit zwei Personen in einer einfachen Innenkabine in der Nebensaison: Rotterdam – Hull ab ca. 270 €, Zeebrugge – Hull ab ca. 230 €.

Informationen und **Buchungen** über Richtig Schiffen im Internet unter www.richtig-schiffen.de oder per Tel. 01805 7424 84 472443336 (0,12 €/Min.) sowie über Britain Travel, www.scotland.de, Tel. (04) 73 50 85 60.

Kanaltunnel

Der Mitte der 1990er Jahre eröffnete Kanaltunnel ist mit 50 Kilometern Länge (davon 39 Kilometer unter Wasser) der längste Unterwassertunnel der Welt. Es gibt insgesamt drei Röhren, die etwa 40 Meter unter dem Meeresboden liegen. 24 Stunden am Tag befördert der **Pendelzug** *(shuttle train)* Autos durch den Tunnel. Es gibt bis zu vier Transporte pro Stunde. Die Hin- und Rückfahrt ist ab 130 € für einen PKW und fünf Insassen zu haben.

- **Calais–Folkstone,** www.eurotunnel.com

PRAKTISCHE REISETIPPS VON A BIS Z

Praktische Reisetipps von A bis Z

Motorradfahrer in Beddgelert

Töpfer bei der Arbeit

Dolmen im Nebel

Autofahren

Mietwagen im Kap. „Verkehrsmittel".

Verkehrsregeln

In Großbritannien herrscht **Linksverkehr.** Besonders bei den Kreisverkehren (Vorfahrt hat, wer bereits drin ist) und beim Abbiegen muss man darauf achten. Im eigenen Auto sitzt man links und kann nur schwer überholen.

Gurtpflicht gilt wie in Deutschland. Die **Promillegrenze** beträgt 0,8.

An **Dokumenten** muss man den Führerschein und den Kfz-Schein mitführen sowie ein EU-Schild anbringen.

Die **Höchstgeschwindigkeit** beträgt in geschlossenen Ortschaften 48 km/h (30 mph), auf Landstraßen 96 km/h (60 mph) und auf Autobahnen 112 km/h (70 mph).

Lassen Sie sich auf Landstraßen nicht irritieren. Die meisten Einheimischen fahren recht schnell durch die **engen Kurven,** obwohl diese aufgrund der Hecken am Straßenrand schlecht einsehbar sind.

Die **Vorfahrt** ist nicht durch „rechts vor links" sondern durch Linienführung bestimmt. An einer Kreuzung verweist eine einfache Querlinie darauf, dass man keine Vorfahrt hat. Eine doppelte Linie bedeutet „Stopp".

Die **Verkehrsschilder** sind zweisprachig walisisch und englisch. Da oft sehr viel Text darauf steht, lenken sie den auswärtigen Fahrer leicht vom Straßenverkehr ab. Die englischen Ausdrücke sind bisweilen aus politischen Gründen überklebt, in Wales soll nur Walisisch gesprochen werden. Einige Worte sind im nebenstehenden Kasten erklärt.

Straßenkennzeichnung

Es gibt in Wales nur im Süden Autobahnen. Sie sind gebührenfrei und mit **„M"** (für *motorway*) markiert. Bei den Landstraßen sind mit **„A"** gekennzeichnete Strecken (z.B. A 458) in der Regel breiter als **„B-Straßen".**

Unklassifizierte sind oft nur **einspurig.** Trifft man auf solch einer Straße auf ein entgegenkommendes Fahrzeug, so fährt derjenige in die nächste Ausbuchtung, der näher dran ist (auch rückwärts). Der vorbeifahrende Fahrer bedankt sich mit einem Handzeichen.

Routen

Man sollte seine Routen so planen, dass überwiegend A-Straßen zu fahren sind. Wenn man sich an den Linksverkehr, die Kurven und die Fahrweise der Einheimischen gewöhnt hat, kann man die schmaleren Straßen probieren. Dort erwarten einen die schönsten einsamen Landschaften. Lohnend sind z.B. die Strecken von Cwmystwyth bei Devil's Bridge über Ellan Valley nach Rhayader oder von Tregaron über Abergwesyn nach Llanwrtyd Wells (beide in Mittelwales).

●**Buchtipp: GPS Navigation für Auto, Motorrad, Wohnmobil** – und das Suchen hat ein Ende. Erschienen in der Reihe Praxis im REISE KNOW-HOW Verlag, Bielefeld.

AUTOFAHREN

Schilder im Straßenverkehr

Englisch	Walisisch	Deutsch
Slow	Araf [ara]	langsam
Give Way	Ildiwch [ildi-uch]	Vorfahrt achten
Police	Heddlu [hethli]	Polizei
Speed cameras	Camerau cyflymder [kamere köwlömder]	Geschwindigkeitskameras
Danger	Perygl [perigl]	Gefahr (Achtung)
Flood	Llif [hliw]	Flut (Achtung, nasse Fahrbahn)
Reduce Speed Now	Arafwch nawr [arawuch naur]	Verlangsamen Sie jetzt
Hospital	Ysbyty [ösböti]	Krankenhaus
School	Ysgol [ösgol]	Schule
Elderly People	Henoed [heneud]	Ältere Menschen

Parken

Die ausgeschilderten **Parkplätze** sind meist gebührenpflichtig. Entsprechend gewünschter Parkdauer zieht man mit Kleingeld einen Parkschein, der sichtbar angebracht werden muss.

Eine doppelte **gelbe Linie** am Straßenrand bedeutet absolutes Halteverbot, eine einfache gelbe Linie Parkverbot. Bisweilen gibt ein Zusatzschild an, wann man doch dort parken darf und wie lange.

Falsch parken wird mit einer **Radkralle** bestraft, auf der die Telefonnummer der Gesellschaft steht, die man anzurufen hat, um sie wieder los zu werden.

Tanken

Beim Tanken entspricht **unleaded** (95 Oktan) unserem „Super bleifrei", **premium** (98 Oktan) entspricht „Super Plus". Das deutsche „Normalbenzin" gibt es in Wales nicht. Wer in Deutschland „normal" tankt, nimmt in Wales *unleaded*. „Diesel" heißt **diesel,** sowohl auf Englisch als auch Walisisch.

Bevor man in einsame Gegenden wie den Nationalpark Brecon Beacons oder nach Snowdonia fährt, sollte man genug getankt haben. Treibstoff ist geringfügig teurer als bei uns.

Unfall und Panne

Empfehlenswert ist, den Wagen vor der Reise noch einmal gründlich überprüfen zu lassen. Zusatzversicherungen wie ein **Europaschutzbrief eines Automobilclubs** können im Fall des Falles hilfreich sein.

Bei einer Panne in England wendet man sich an den Hilfsdienst einer der beiden englischen Automobilclubs.

Der **Automobile Association** (AA) ist erreichbar unter Tel. (0800) 88 77 66, Mobil: Tel. (08457) 88 77 66, der **Royal Automobile Club** (RAC) unter Tel. (0800) 82 82 82. Dieser Dienst ist für Inhaber eines Europaschutzbriefes des **ADAC** und des **ÖAMTC** teilweise kostenlos. Schweizer **TCS**-Mitglieder sollten sich direkt an ihre Zentrale in der Schweiz wenden: Tel. (004122) 4 17 22 20.

Werkstätten gibt es im ganzen Land, aber man muss mit einem Stundenlohn von £20 rechnen, plus Materialkosten. Ratsam ist es, sich einen Kostenvoranschlag mit Mehrwertsteuer geben zu lassen.

Parolen am Straßenrand

Unterwegs begegnen einem immer wieder walisische Protestparolen gegen die Engländer und das Englische. Dummerweise kann die Zielgruppe sie nicht verstehen, Sie hingegen schon:

BEHINDERTE UNTERWEGS

- DAL DY DIR [daal dö diir]
"Halte dein Land" (und verkaufe es nicht an die Engländer)
- ARDAL GYMRAEG YW HON [ardal gömreig i-u hon]
"Dies ist eine walisischsprachige Gegend" (Englischsprecher sollen Walisisch lernen oder weggehen)
- PENTRE CYMRAEG YW HWN [pentre kömreig i-u hun]
"Dies ist ein walisischsprachiges Dorf" (und kein englischsprachiges)
- DEDDF EIDDO [dethw äitho]
"Gesetz des Besitzes" (Nur Waliser sollen in Wales Häuser besitzen dürfen)
- DEFNYDDYWCH EICH CYMRAEG [dewnödiuch äich kömreig]
"Benutzt euer Walisisch" (Auch wer nur wenig Walisisch kann, soll nicht schüchtern sein und es bei jeder Gelegenheit benutzen)
- RHAID I'N CYMUNEDAU FYW [hreid in köminede wi-u]
"Unsere Gemeinden müssen leben" (Engländer raus!)
- TAI I BOBL LEOL [tei i bobl leol]
"Häuser für Einheimische" (und nicht für Engländer).
- TAI GWAITH IAITH [tei gweith jeith]
"Häuser, Arbeit, Sprache" (die drei Schwerpunkte)
- DEDDF IAITH NEWYDD [dethw jeith newith]
"Neues Sprachengesetz" (In Wales soll Walisisch gesprochen werden)

Behinderte unterwegs

Wales ist sicher noch nicht perfekt in puncto Behindertenfreundlichkeit. In den letzten Jahren ist man jedoch auf das Problem aufmerksam geworden und stellt sich darauf ein. Viele touristische Institutionen nehmen inzwischen auf Rollstuhlfahrer Rücksicht. Informationen für die genaue **Reiseplanung** erhalten Behinderte unter:

- **Disability Wales,** Bridge House, Caerphilly Business Park, Van Road, Glamorgan CF8 336W, Tel. (029) 20 88 73 25, www.disabilitywales.org.

Kostenlose Informationen zu behindertengerechten **Unterkünften** hält der Holiday Care Service bereit. Es werden dort auch Buchungen vorgenommen.

- **Holiday Care Service,** 2nd Floor, Imperial Buildings, Victoria Road, Horley RH6 7PZ, England, www.holidaycare.org, Tel. (0845) 1 24 99 71.

Die Broschüre **"Großbritannien für behinderte Besucher"** erhält man bei den Filialen der British Tourist Authority (siehe Kap. "Vor der Reise/Informationsstellen").

Auf der Homepage des National Trust (NT) läßt sich eine Broschüre herunterladen, der entnommen werden kann, welche **Sehenswürdigkeiten** wie behindertenfreundlich sind (Access Guide). Sie ist außerdem bei der örtlichen Touristeninformation in Wales zu bekommen.

- **National Trust (NT),** Trinity Square, Llandudno, Wales, Großbritannien, Tel. (01492) 86 01 23, www.nationaltrust.org.uk

An Straßenrändern finden sich oft walisischsprachige Parolen

Besichtigungen, Einkäufe und Souvenirs

Besichtigungen

Kostenlose Sehenswürdigkeiten

Seit einigen Jahren kann eine Reihe von Sehenswürdigkeiten in Wales kostenlos besucht werden, z.B.:

- **Cardiff:** National Museum & Gallery (Nationalmuseum); bei Cardiff: St. Fagan's Museum of Welsh Life (Freilichtmuseum), siehe Kap. „Der Südosten/Glamorgan/Cardiff"
- **Llanberis:** Welsh Slate Museum (Schiefermuseum), siehe Kap. „Der Norden/Snowdonia/Llanberis"
- **Caernarfon:** Segontium Roman Fort Museum (römisches Fort und Römerausstellung), siehe Kap. „Der Norden/Caernarfon und Bangor/Caernarfon"
- **Caerleon:** Roman Legionary Museum (Römermuseum), siehe Kap. „Der Südosten/Monmouthshire/Caerleon"
- **Penarth:** Turner House Gallery (moderne Fotoausstellung), siehe Kap. „Der Südosten/Glamorgan/Penarth"
- **Drefach-Felindre:** National Woollen Museum (Wollmuseum), siehe Kap. 35 „Mittelwales/Ceredigion/Das Teifi-Tal"
- **Swansea:** National Waterfront Museum, siehe Kap. „Der Südosten/Glamorgan/Sir Forgannwg/Svansea"

Ermäßigungen

Wer einen **Ausweis** für Ermäßigungen besitzt (Internationaler Studentenausweis, Schwerbehindertenausweis etc.), sollte diesen nach Wales mitnehmen. Es gibt in der Regel einen Preisnachlass von 15 bis 30 Prozent.

Viele Burgen, Herrenhäuser etc. unterstehen CADW [kadu] („erhalten"), der Denkmalschutzbehörde in Wales, die ca. 120 Objekte verwaltet, und dem National Trust (NT), einer Stiftung zur Pflege von Häusern und Natur. Meist wird Eintritt verlangt. Für denjenigen, der viel besichtigen möchte, lohnt sich daher der Erwerb einer **Jahresmitgliedschaft,** die zum kostenlosen Besuch berechtigt. Diese kann vor Ort oder zu Hause erworben werden.

- **CADW,** Welsh Assembly Government, Plas Carew, Cardiff, CF15 7QQ, Tel. (01443) 33 60 00, www.cadw.wales.gov.uk.
- **The National Trust,** PO Box 39, Warrington WA5 7WD, Tel. (0870) 4 58 40 00, www.nationaltrust.org.uk.

Einkäufe und Souvenirs

Die meisten Produkte sind in Wales teurer als in Deutschland und es gibt nicht viel, was man nicht auch zuhause bekäme.

Im touristisch gut erschlossenen Wales findet man eine breite Palette

---

Eintrittspreiskategorien

Folgende Preiskategorien informieren in den Ortsbeschreibungen über die Eintrittspreise der Sehenswürdigkeiten:

	Erw.	ermäßigt	Kind
£	unter £3	unter £2	unter £2
££	£3–6	£2–4,50	£2–4
£££	über £6	über £4,50	über £4

Liebeslöffel

Die walisische Tradition der Liebeslöffel *(love spoon/llwy garu [hlui gari])* geht auf die Zeit zwischen dem 17. und dem 19. Jahrhundert zurück. Das Heimatmuseum in Brecon verfügt über eine besonders schöne Sammlung. Der Liebeslöffel wurde anstelle eines Verlobungsrings verschenkt. Aus einem einzigen Stück Holz (meistens Bergahorn) bestehend und liebevoll mit Schnitzereien verziert, war er ein **Zeichen des Liebenden** für seine Braut. Wenn der Löffel akzeptiert wurde, bedeutete dies, dass das Mädchen der Hochzeit zustimmte.

Jeder Liebeslöffel war einzigartig wie sein Hersteller. Je kunstvoller er gestaltet war, umso größer die Zuneigung des Werbenden. Jedes **Motiv** hatte seine eigene Bedeutung. Hier die wichtigsten:

- **Herz:** fehlt fast nie und symbolisiert die Liebe
- **Kettenglieder:** zeigen der Braut die Anzahl der gewünschten Kinder und stehen für die Verbindung der beiden Liebenden
- **Kreuz:** Vertrauen, Heirat in der Kirche erwünscht
- **Pfau:** Wunsch nach Fruchtbarkeit
- **Schlüssel:** mein Heim ist deines
- **Anker:** ein Heim zum Bleiben
- **Blume:** den Hof machen
- **Knoten:** immer währende Liebe
- **Schiff:** sichere Reise durchs Leben
- **Rad:** ich werde für dich arbeiten
- **Glocken:** Heirat
- **Rebe:** zusammenwachsen
- **Hufeisen:** Glück

Liebeslöffel kann man bei Touristeninformationen und in allen Souvenirläden kaufen.

Elektrizität, Essen und Trinken

an möglichen Mitbringseln. So ist der **rote Drache** (das walisische Nationalsymbol) ein beliebtes Motiv auf Tassen, T-Shirts und Kappen.

In den 1970er und -80er Jahren haben sich viele Künstler in Wales niedergelassen. Dementsprechend groß ist das Angebot an **Handwerkskunst,** wie Töpferei, Schmuck etc.

Landestypisch sind **Liebeslöffel** *(lovespoon/llwy garu* [hlui gari]), **Wollwaren** aus dem Teifi-Tal und keltischer **Schmuck,** besonders aus Tregaron (Rhiannon).

Elektrizität

230 Volt Wechselstrom ist in Wales üblich. Mitgebrachte Geräte müssen nicht umgestellt werden.

Einen **Adapter** für die dreipoligen britischen Steckdosen kann man sicherheitshalber schon in Deutschland kaufen. Erhältlich ist er aber auch in walisischen Elektrofachgeschäften. Da meist nur Adapter für die umgekehrte Richtung ausliegen, muss man nach einem Zwischenstecker für Großbritannien fragen. In der Regel ist so etwas vorrätig.

Für Steckdosen mit der Aufschrift **shavers only** braucht man keinen Adapter. Hier passen normale Rasierapparate. Aber keine anderen Geräte dort anschließen!

Der kleine **Kipphebel** an der Steckdose muss auf *on* stehen. Lassen Sie sich die Schaltungen an den Duschen am besten vor Ort erklären.

Essen und Trinken

In Wales begegnet man ständig der englischen Küche, obwohl sich die walisische Gastronomie in den letzten Jahren große Mühe gibt, ihr schlechtes Image vom *British Food* loszuwerden. Dies zeigt sich organisiert z.B. in dem Qualitätssicherungsprojekt **Taste of Wales/Blas ar Gymru,** das sich für die Verwendung von walisischen Nahrungsmittel höchster Qualität einsetzt. Mitglieder dieses Projektes sind Cafés, Restaurants etc. Sie sind am Zeichen *Taste of Wales/Blas ar Gymru* zu erkennen und werden regelmäßig inspiziert.

Dennoch gilt grundsätzlich: In Ferienorten, die fast ausschließlich von englischen Touristen frequentiert werden, z.B. die Küstenorte in Cardigan Bay, findet man selten kulinarische Perlen und gibt sich mit *Fish and Chips* zufrieden. In Universitätsstädten oder anderen Orten, wo die Gäste international sind, trifft man dagegen in der Regel auf eine gute Auswahl ausgezeichneter Gastronomie.

Lokale

Absolute Sauberkeit darf man nur in besseren **Restaurants** erwarten. Preisgünstiger ist es, eins der zahlreichen **Cafés** aufzusuchen. Diese haben meist nur tagsüber geöffnet und es darf nicht geraucht werden. Eine weitere preiswerte Alternative sind die *barmeals* in den **Pubs** (siehe „Essgewohnheiten"), wahlweise mittags oder abends. Pubs sind oft in zwei Bereiche unterteilt: die *public bar* und die

ESSEN UND TRINKEN

lounge bar, letztere eleganter, oft mit Plüsch. Diesen Unterschied trifft man aber nicht in jedem Pub an. Wenn es nur einen Raum gibt, ist dieser nicht gekennzeichnet. Man bestellt sein Essen und die Getränke an der Bar und bezahlt sofort. Auch nach der Aufhebung der Sperrstunde haben viele Pubs um 23 Uhr ihre *last orders,* danach darf nichts mehr bestellt werden. (Siehe auch Kap. „Trinkgeld").

Seit 2007 ist das **Rauchen** in öffentlichen Gebäuden, also auch in Pubs, **verboten.** Seitdem bieten viele Pubs Außengastronomie an, an deren Wänden Aschenbecher hängen.

Pub „The Red Lion" in Llansannan

Preiskategorien in diesem Buch

Unter den Praktischen Tipps bei den Ortsbeschreibungen sind die empfohlenen Restaurants, Pubs und Cafés in drei Kategorien eingeteilt, je nachdem, wie viel Geld in etwa für ein **Hauptgericht** anzulegen ist. Zu beachten ist dabei, dass sich folgende Einteilung danach richtet, ob man für diesen Preis überhaupt ein Hauptgericht bekommt. Es handelt sich um Mindest-

Preiskategorien der Restaurants, Pubs und Cafés

£	Hauptgericht bis ca. £5
££	Hauptgericht ca. £6–10
£££	Hauptgericht über £10

Essen und Trinken

preise. Einzelne Speisen auf der Karte können also auch darüber liegen. Sie sollten daher sicherheitshalber stets ein paar Pfund mehr dabei haben.

Walisische Küche

Typisch für die walisische Küche sind **Lamm in Minzsoße, Meeresfrüchte, Käse und Lauch** und als Vorspeise **cawl** [kaul], eine Gemüsesuppe mit Fleisch, manchmal mit Käse.

Zum Tee oder als Nachtisch gibt es **bara brith** [bara brith], ein süßes Früchtebrot oder **teisennau** [täisenne], kleine Kuchen.

Der **Caerphilly-Käse** ist berühmt. Des Weiteren typisch sind alle Arten von **Cheddar** (von weich und cremig bis zu gereift und hart).

Im Süden des Landes, in der Gegend um Swansea, werden **Herzmuscheln**, *cockles/cocos* [kokos] und eine zubereitete **Seetangart** *laverbread/bara lawr* [bara laur] angeboten.

Man darf nicht erwarten, in allen Küstenorten Wales' frischen **Fisch** und Meeresfrüchte im Restaurant essen zu können. Der frisch gefangene Fisch wird größtenteils exportiert, z.B. nach Frankreich und Portugal. Man kann aber welchen im Fischgeschäft kaufen und selber zubereiten (vorausgesetzt man hat die nötige Ausrüstung dabei). *Fish and Chips* (frittierter Fisch mit Pommes) gibt es überall.

Auf der Insel Môn wird **Salz** gewonnen und verkauft.

Viele Bauernhöfe sind zu ökologischer Landwirtschaft übergegangen. Der milde Golfstrom ermöglicht den Anbau von **Wintergemüse** (so z.B. Lauch, Blumenkohl).

In ganz Großbritannien verbreitet sind die traditionellen **pickles**, in einer Art Worcestersauce eingelegtes Gemüse, das als Beilage zu Fleisch oder Gemüse serviert wird (nicht jedermanns Sache).

Auch auf die auf der Insel übliche **bittere Marmelade** braucht man in Wales nicht zu verzichten.

Essgewohnheiten

Beim **Frühstück** kann man zwischen *english* oder *continental* wählen, Letzteres aus Toast oder Croissants mit süßer Marmelade bestehend, für den, der ein leichtes Frühstück bevorzugt. Beiden Frühstücksarten geht ein Gang mit Cornflakes oder Müsli voraus. Orangensaft ist selbstverständlich.

Das **englische Frühstück** besteht aus gebratenem Schinken, Würstchen, Spiegelei, gegrillter Tomate und Champignons, oft noch mit weißen Bohnen und Bratkartoffeln, dazu Toast mit Butter und bitterer Marmelade. Nach einem solchen Frühstück ist man gesättigt bis zum Abend und benötigt zum Mittagessen nur einen kleinen Imbiss.

Wer sich einen **sunday lunch,** ein preisgünstiges Mittagessen am Sonntag, im Pub oder im Restaurant nicht entgehen lassen will, sollte am Sonntagmorgen dafür noch ein Plätzchen im Magen frei lassen.

Englisch sind auch die **barmeals** in den Pubs, z.B. *steak and kidney pie* (klein geschnittenes Steak und Niere in Blätterteig), *ploughman's lunch* (eine dicke Scheibe Käse mit Toast und Salat), diverse Sorten *chicken* (Hühnchen), *roast* (Braten), alles mit Erbsen und *chips* (Pommes) oder *potatoes* (Kartoffeln).

Aus Indien stammen die **currys** (klein geschnittenes, indisch gewürztes Fleisch mit Reis).

Trinken

Bier

Das alkoholische Hauptgetränk der Waliser ist das Bier. Es gibt in Wales eine Reihe von Brauereien. *Bitter/chwerw* [chweru] entspricht in etwa unserem Altbier. *Lager, lager* [lager] ist ein helles Bier. Das irische *Guinness* ist das stärkste und dunkelste. Bier bestellt man als *half a pint/hanner peint* [hanner päint] (0,284 l) oder *pint/peint* [päint] (0,568 l).

Wein

In Wales wird auch Wein angebaut. Mit 15 kleinen Weingütern findet sich hier eines der nördlichsten Weinanbaugebiete Europas. Den Rebensaft erhält man beim Winzer oder im Fachgeschäft. Restaurants und Pubs bieten meist nur ausländischen Wein an, Letztere oft nur je eine Sorte Rot- und Weißwein, z.B. deutschen Liebfraumilch.

Alkoholfreies

An alkoholfreien Getränken ist als Erstes der **Schwarze Tee** zu nennen, der mit Milch getrunken wird.

Beim **Kaffee** entwickelt sich allmählich eine gewisse Kultur, man soll aber nicht zu viel erwarten.

Immer beliebter werden **Fruchtsäfte,** die allerdings recht teuer sind.

Am preiswertesten ist **squash,** Sirup mit Wasser. Drei Sorten werden ange-

Die besten Pubs (außerhalb im Buch beschriebener Orte)

Den Pub, die Abkürzung für das englische *public house* („öffentliches Haus"), nennen die Waliser in ihrer Sprache *tafarn* [tawarn], wörtlich „Taverne", abgeleitet von dem lateinischen *taberna* („Gasthaus"). Es wird also nicht erst seit der englischen Eroberung in öffentlichen Einrichtungen getrunken.

Der Pub ist der Versammlungsort für die, die nicht in die Kirche gehen, denn beides schließt sich von jeher in Wales aus. Im Pub wurde traditionellerweise Musik gemacht und gesungen. Heute findet man dies jedoch nur noch selten. In den Dörfern und Städten ist es üblich, abends von Pub zu Pub zu gehen und in jedem nur ein Getränk zu sich zu nehmen.

Pubs findet man überall: in den Städten, in den Dörfern, manchmal auch ganz einsam gelegen, in der Mitte von Nirgendwo. Hier werden nun die schönsten Pubs vorgestellt, die sich nicht in im Reiseteil erwähnten Ortschaften befinden (siehe auch **Kartenatlas Seite XIX**).

In Nordwales

●**1. Red Wharf Bay/Traeth Coch: The Ship Inn,** Tel. (01248) 85 25 68. Stilvoller alter Pub mit mehreren Räumen. Das Gebäude stammt aus dem 16. Jahrhundert. Man kann draußen und drinnen sitzen, www.shipinnredwharfbay.co.uk.

Die besten Pubs

Es gibt zwei Buchten: die Red Wharf Bay, daneben Llanddona Beach. Bei Ebbe kann man auf Sandbänken spazieren. Hier wurden silberne Armreifen von Wikingern gefunden, die heute im Nationalmuseum in Cardiff aufbewahrt werden.

●**2. Llanbedr-y-Cennin: Olde Bull,** Tel. (01492) 66 05 08. Alter Viehtreiber-Pub aus dem 16. Jahrhundert. Klein und stilvoll, mit Antiquitäten dekoriert. Einige der Dachbalken sollen von einem Schiffswrack der spanischen Armada stammen.

Im kleinen Ort waren einst viele Leute im Kupfererzabbau beschäftigt. Oberhalb beginnt die Römerstraße nach Abergwyngregyn.

●**3. Llangernyw: Stag Hotel,** Tel. (01492) 86 02 13. Alt und reichlich dekoriert. Im Kirchhof steht eine 5000 Jahre alte Eibe (vielleicht die älteste von Wales und England), deren Wurzeln bis unter das Stag Hotel reichen. In Llangernyw wurde der Philosoph *Sir Henry Jones* 1852 geboren (ein Museum kann besichtigt werden). Mit Musikabenden.

●**4. Llansannan: Red Lion Hotel,** Tel. (01745) 87 02 56. Die nette Einrichtung steht im Einklang mit der freundlichen Atmosphäre und den guten *barmeals*££. Für Gruppen gibt es eine kleine abtrennbare Ecke.

Die Dorfkirche wurde von *St. Sannan* gegründet, einem irischen Heiligen und Bischof. Bei Llansannan befindet sich der Berg Tryfan, dessen abgeflachter Gipfel der runde Tisch der Sagengestalt König *Artus'* sein soll. 24 Löcher am Rande sollen die Sitzplätze seiner Männer sein.

●**5. Bodfari: Dinorben Arms,** Tel. (01745) 71 03 09. Der Pub von 1640 neben der Kirche St. Stephen hat neben seiner schönen Einrichtung eine echte Besonderheit zu bieten: Innen entspringt die heilige Quelle St. Deifar. Schon die Römer sollen in unmittelbarer Nähe einen Brunnen gebaut haben. Im 7. Jahrhundert lebte dann ein christlicher Einsiedler namens *Deifar* hier. Der Name des Ortes Bodfari leitet sich von *Botvarius*, „Haus des Varius", einem römischen General, ab. Heute kann man hier über 100 Whiskysorten probieren.

●**6. Llanbedr-Dyffryn-Clwyd: The Griffin,** Tel. (01824) 70 27 92. Netter, stilvoller Pub. Der Ort liegt am Offa's Dyke (s. Kap. „Sport und Aktivitäten/Wandern"). Nach der Legende soll der nahe gelegene Hügel Moel Fenlli der Sitz des tyrannischen Königs *Benlli* gewesen sein. Wegen seiner grausamen Streiche soll *St. Garmon (Germanus)* ihn mit einem Feuer vom Himmel vertrieben haben. *Garmon* war ein lokaler Heiliger, dessen einstige Beliebtheit sich noch heute in vielen „Garmon-" oder „Harmon-Ortsnamen" wiederspiegelt, z.B.: *Llanarmon Dyffryn Ceiriog* („Garmons Kirche im Ceiriog-Tal") zwischen Llangollen und Llanrhaeadr-ym-Mochnant.

●**7. Burton Green: Golden Grove,** Llyndir Lane, Tel. (01244) 57 04 45. Das schöne Fachwerkhaus aus dem 13. Jahrhundert liegt mitten in der Einsamkeit. Alte, krumme Dachbalken – sehr stilvoll. Es ist Platz für eine größere Gruppe vorhanden. Am besten von Rossett aus zu finden.

●**8. Llanystumdwy: Tafarn y Plu,** Tel. (01766) 52 32 76. Kleiner uriger Pub aus dem 18. Jh. mit Dachbalken, sehr walisisch und zweisprachig. Walisische Spezialitäten, z.B. die Biersorte *Cwrw Lloyd George*, benannt nach dem britischen Premierminister *David Lloyd-George* (s. Kap. „Geschichte/Neuzeit"), dessen Elternhaus vis à vis zu besichtigen ist.

In Mittelwales

●**9. Guilsfield: The Oak Inn,** Tel. (01938) 55 33 91. Schönes Fachwerkhaus. Den Kirchhof von St. Aelhaiarn (nach dem Heiligen aus dem 6. Jahrhundert) verschönern alte Eiben aus dem 17. Jahrhundert. In der Kirche findet sich ein Taufbecken aus dem 12. Jahrhundert.

●**10. Beguildy: The Radnorshire Arms,** Tel. (0157) 51 06 34. Alte Viehtreiberkneipe mit schönen Deckenbalken. Der Ortsname heißt auf walisisch buguildy, was "Haus der Schafhirten" bedeutet.

●**11. Gladestry/Llanfair Llwyth Yfwng: The Royal Oak Inn.** Ursprünglicher Pub mit offenem Kamin. Die Einheimischen streiten um den korrekten walisischen Ortsnamen. Am Offa's Dyke.

●**12. Llanwrthwl: The Vulcan Arms,** www.kelnet.biz/vulcanarms, Tel. (01597) 81 11 52.

Ist mit origineller Einrichtung und Holzmöbeln ausgestattet.

Neben dem Südeingang der Dorfkirche steht ein 1,75 Meter hoher Menhir.

●**13. Llanafan Fawr: The Red Lion,** Tel. (01597) 86 02 04. Ältester Pub von Powys und einer der ältesten in Wales, urig eingerichtet. 1189 kehrte der Kirchenmann und Chronist *Giraldus Cambrensis* hier ein. Das heutige Gebäude stammt etwa aus dem Jahr 1472.

Vom Pub aus sind mehrere Sehenswürdigkeiten bei der Kirche gegenüber zu Fuß zu erreichen: der steinerne Sarg von *St. Afan*, eine alte Eibe, die 2200 Jahre alt sein soll, verzierte Steine am Eingang (7.–9. Jahrhundert), innen ein altes Keltenkreuz (7. Jahrhundert).

●**14. Pisgah: Halfway Inn,** Tel. (01970) 88 06 31. Nett, urig, gute *barmeals*. Wer draußen sitzt, hat einen schönen Blick auf die Hügel. Der Pub liegt an der schönen A 4120 auf „halbem Weg" zwischen Aberystwyth und Devil's Bridge – daher der Name.

●**15. Cwmann: Tafarn y Ram,** Tel. (01570) 42 25 56. In diesem zwei Kilometer außerhalb von Lampeter gelegenen Pub aus dem 16. Jahrhundert hat der amerikanische Ex-Präsident *Carter* einmal gespeist. 1997 wurde er zum besten Pub in Wales und viertbesten in Großbritannien gekürt.

●**16. Llwyndafydd: The Crown Inn,** Tel. (01545) 56 03 96. In dem schönen alten Pub (18. Jahrhundert) mit Außengastronomie kann man gut essen[££-£££]. Dachbalken und offene Kamine sorgen für eine angenehme Atmosphäre.

Der Ort ist bekannt für ein kostbares Geschenk: 1485 marschierte der spätere englische König *Heinrich VII.* auf seinem Weg zur Schlacht von Bosworth Field von Dale nach Cardigan und erreichte am Abend Llwyndafydd. Nach seinem späteren Sieg über *Richard III.* schickte er seinem Gastgeber, dem lokalen Gutsbesitzer *Dafydd ap Ieuan*, der ihn ausgezeichnet bewirtet hatte (seine Tochter musste sogar mit *Heinrich* das Bett teilen!), ein Trinkhorn (Hirlas Horn), das später in den Besitz des Grafen von Carberry von Golden Grove in Carmarthenshire gelangte. Das Horn gilt als wertvolles historisches Relikt in der Geschichte von Wales und wird im Herrenhaus des Gelli Aur County Parks aufbewahrt (siehe Kap. „Südwesten/Carmarthenshire/Carmarthen und das Tywi-Tal/Von Carmarthen nach Llandeilo").

In Südwales

●**17. Rosebush: Tafarn Sinc,** Tel. (01437) 53 22 14. Das Gebäude aus Wellblech ist ziemlich rustikal, der Boden mit Sägespänen bedeckt, sehr gemütlich. Der Besitzer versteht es, die walisische Sprache gekonnt als Touristenattraktion einzusetzen. Traditionelle Gerichte[££].

Rosebush hat einen seltenen Ruhm: Schiefer aus seinen Steinbrüchen wurde genutzt, um die Dächer der Houses of Parliament zu decken. 1876 wurde hier eine Eisenbahn gebaut, die später bis Fishguard führte (1949 stillgelegt). Nach der Schließung des Schiefersteinbruchs sollte Rosebush ein Kurort werden. Daher wurde zu viktorianischer Zeit sogar ein Hotel gebaut – die heutige Tafarn Sinc.

●**18. East Aberthaw: Blue Anchor Inn,** Tel. (01446) 75 03 29, in der Nähe des Flughafens Cardiff. Pub aus dem 14. Jahrhundert mit Strohdach. Sehr verwinkelt, mit vielen kleinen Räumen. Wer nicht aufpasst und zu viel trinkt, hat Schwierigkeiten wieder herauszufinden. Sehr lohnenswert!

●**19. Pontypool, Griffithstown: Open Hearth.** Ein Teil des Pubs zeigt sich noch im rustikalen, alten Stil (1. Stock).

Vor der Einkehr kann man noch das kleine Griffithstown Railway Museum aufsuchen, The Old Goods Shed, Station Road, Tel. (01495) 76 29 08, tägl. 9–17 Uhr, Eintritt frei, Spende erwünscht.

●**20. Penallt bei Redbrook: The Boat,** Lone Lane, Tel. (01600) 71 26 15. Man parkt auf dem Parkplatz in Redbrook in England und geht dann über die Brücke, also nach Wales, zum urigen Pub mit gemütlicher Atmosphäre. Draußen sitzend schaut man auf den Grenzfluss Wye.

boten: *orange* (Orange), *lemon* (Zitrone) und *blackcurrant* (Schwarze Johannisbeere).

Feste und Feiertage

Arbeitsfreie Feiertage

- Neujahr
- Karfreitag
- Ostermontag
- Erster und letzter Montag im Mai (**bank holiday,** siehe unten)
- Erster Montag im August (**bank holiday**)
- 1. und 2. Weihnachtsfeiertag

Die **freien Montage** (*bank holiday/ gŵyl y banc* [gwiil ö bank]) dienen als Ersatz für abgeschaffte Feiertage wie Maifeiertag, Christi Himmelfahrt und Maria Himmelfahrt. Bis 1834 hatten die Banken an gewissen Feiertagen geschlossen. 1871 wurde dann ein Gesetz verabschiedet, das die gesetzlichen Feiertage unter der Bezeichnung *bank holidays* genau festhielt.

An den „*bank-holiday*-Wochenenden" sind besonders viele Ausflügler unterwegs. Unterkünfte sollte man dann vorbuchen!

Fallen Neujahr oder einer der Weihnachtsfeiertage auf einen Samstag oder Sonntag, wird der nächste Wochentag zum Feiertag.

Der Pfingstmontag ist kein Feiertag.

Nationalfeiertag

Nationalfeiertag ist der 1. März, der **St. David's Day/Gwŷl Dewi Sant** [gwiil dewi sant], nach dem walisischen Nationalheiligen, der im 6. Jahrhundert einer der ersten Missionare von Wales war. Nicht arbeitsfrei, wird der Tag besonders in Schulen mit Eisteddfoden gefeiert (siehe unten), in größeren Orten auch mit Umzügen. Die Kennzeichen St. David's sind Lauch und die Osterglocke, deren Blüte an die Kleidung geheftet wird.

Eisteddfod

Das erste Eisteddfod fand 1176 in Cardigan statt. Die Tradition ist aber sicher älter, letztendlich geht sie auf alte Bardenturniere zurück. Die heutigen **Kulturfestivals** gibt es seit 1880.

Der Ablauf ist genau festgelegt. Es wetteifern **Dichter, Chöre, Harfenspieler** und weitere Vertreter unterschiedlicher Disziplinen miteinander. Die Sieger tragen traditionellerweise lange weite Gewänder, die Hauptsieger in weiß, was an die längst vergangene Zeit der Druiden erinnern soll. Der beste Dichter wird in einem neu errichteten Steinkreis *(Gorsedd)* ausgerufen, der als Erinnerung stehen bleibt, www.eisteddfod.org.uk.

Einmal im Jahr findet in der ersten Augustwoche das große **Nationale Eisteddfod** statt, jedes Mal an einem anderen Ort. Dies hat den Nebeneffekt, dass irgendwann jeder Ort in Wales einmal die Chance bekommt, sich bekannter zu machen, das lokale Walisische zu stärken und an den Besuchern zu verdienen. Auf dem großen Eisteddfod wird ausschließlich Walisisch gesprochen.

FESTE UND FEIERTAGE

Weitere Eisteddfode, die in ganz Wales Interesse erregen, sind das **Nationale Eisteddfod für die Jugend** (*National Eisteddfod for the young people/Eisteddfod Genedlaethol Urdd*) im Juni (ebenfalls jedes Jahr an einem anderen Ort) und das **Internationale Eisteddfod** im Juli, das seinen festen Platz in Llangollen hat.

Anlässlich des **Nationalfeiertages** finden kleinere Eisteddfode in Firmen und Schulen statt, wo Mitarbeiter und Kinder miteinander wetteifern und es eine Siegerehrung gibt, www.eisteddfod.org.uk.

Barden beim Eisteddfod

Dwynwen [duinwen]

Der Feiertag von *Dwynwen*, der walisischen Heiligen der Liebenden, am 25. Januar ist so etwas wie der walisische Valentinstag und ein willkommener Anlass für eine Party. *Dwynwen* lebte im 5. Jh. und war die Tochter von *Brychan* (s. Kapitel „Nationalpark Brecon Beacons"). Sie verliebte sich in *Maelon*, wollte seinen sexuellen Wünschen aber nicht stattgeben. Ein Engel gab ihr einen Zaubertrank. Diesen verabreichte sie Maelon, der sich in einen Eisklumpen verwandelte. Daraufhin erbat sich Dwynwen drei Dinge: Maelon solle frei kommen, Gott kümmere sich um alle Liebenden und dass sie unverheiratet bleiben möge. Sie ging daraufhin als Einsiedlerin nach *Llanddwyn* (s. Kapitel „ Insel Môn, Newborough").

Auswahl der wichtigsten Feste

Februar/März
- Cardiff: **Six Nations Rugby Championship,** Millennium Stadium, Tickets im Internet unter www.6nations.co.uk, Tel. (020) 73 87 94 95, Rugbymeisterschaft der sechs Nationen.
- **St. David's,** Nationalfeiertag am 1. März (siehe oben)

Mai
- Hay-on-Wye: **Literature Festival,** Tel. (01497) 82 26 20, Literaturfestival mit Autorenlesungen und Preisen, www.hayfestival.com.
- St. David's: **Cathedral Festival of Classical Music,** Tel. (01437) 72 02 71, Festspiele der klassischen Musik, www.stdavidscathedral.org.uk.

Juni
- Insel Môn: **Beaumaris Festival/ Gwyl Beaumaris,** Tel. (01248) 81 12 03, Musikfestival.
- Criccieth: **Festival of Music and the Arts,** Tel. (01766) 52 27 78, Musik, Theater, Ausstellungen.
- **National Eisteddfod for the young people/Eisteddfod Genedlaethol Urdd,** (siehe oben), Tel. (01970) 61 31 11, walisischsprachiges Eisteddfod für die Jugend, jedes Jahr an einem anderen Ort, www.urdd.org.
- **Gregynog Festival for classical music,** Tel. (01686) 65 06 56, Festspiele der klassischen Musik.

Juli
- Llangollen: **Internationales Eisteddfod,** Tel. (01978) 86 15 01, Kulturfestival verschiedener Nationen, www.international-eisteddfod.co.uk.
- Builth Wells: **Royal Welsh Show** *(agricultural show),* Tel. (01982) 55 36 83, landwirtschaftliches Fest mit Tieren, Traktoren etc, www.rwas.co.uk.
- Gower: **Gower Festival,** Tel. (01792) 39 04 04, Musikfestival.

August
- **Royal National Eisteddfod** (siehe oben), Tel. (029) 20 76 37 77, nationales Kulturfestival in walisischer Sprache, jedes Jahr an einem anderen Ort. Llandrindod Wells: **Victorian Festival,** Tel. (01597) 82 34 41, Festival mit Umzügen in viktorianischen Trachten. www.victorianfestival.co.uk.
- Brecon: **Jazz Festival,** Mitte August, Tel. (01874) 62 55 57, Jazz-Festspiele. www.breconjazz.co.uk.

September
- Tenby: **Tenby Arts Festival,** 19.– 27.9., Tel. (01834) 84 56 14, Musik, Theater, Ausstellungen etc., www.tenbyartsfest.co.uk.

Film und Foto

Man bekommt in Fotogeschäften sowohl **Filme** für Papierabzüge als auch Diafilme (36 Aufnahmen für ca. £ 7). In manchen Geschäften kann man sie innerhalb eines Tages entwickeln lassen. Filme und Entwicklung sind in Großbritannien jedoch wesentlich teu-

GESUNDHEIT, HAUSTIERE

> ● **Buchtipp:** Wissenswertes rund um das Thema Fotografie findet sich in den REISE KNOW-HOW Praxis-Titeln **Reisefotografie** und **Reisefotografie digital.**

rer als in Deutschland. Also besser einen großen Vorrat von zu Hause mitnehmen und erst nach dem Urlaub entwickeln lassen!

Motive sind in Wales leicht zu finden. Ganz oben stehen natürlich Aufnahmen von Landschaften und Burgen. Fotografieren ist fast überall erlaubt. Will man Menschen aufnehmen, sollte man sie vorher fragen. Fotoverbote in Museen und anderen Sehenswürdigkeiten sollten beachtet werden.

Gesundheit

Zwischen Deutschland und Großbritannien besteht ein Sozialversicherungsabkommen. Man kann daher kostenlose Behandlung in Krankenhäusern *(National Health Service Hospitals)* und bei staatlichen Ärzten *(National Health Service Doctors)* genießen. Die Vorlage des Personalausweises genügt. Am besten fragt man bei der örtlichen Touristeninformation, bei seiner Unterkunft oder in einem Laden nach einem staatlichen Arzt. Man kann auch im Branchenverzeichnis nachzusehen („Allgemeinarzt" = *General Medical Practitioner).* Dann sollte man allerdings vorher nachfragen, ob der Arzt Patienten des *National Health Service (NHS)* annimmt.

Staatliche **Zahnärzte** sind rar und Monate im Voraus ausgebucht. Man muss damit rechnen, zu einem Privaten gehen zu müssen, der Gebühren nimmt. Dann ist vorher mit der Krankenkasse zu klären, ob sie diese später erstattet.

Man sollte sich dennoch zusätzlich durch eine **private Auslandskrankenversicherung** absichern, damit im Notfall auch der **Rücktransport in das Heimatland** möglich ist und Kosten bei Spezialisten abgedeckt sind (siehe Kap. „Vor der Reise/Versicherungen").

In der **pharmacy/fferyllfa** [feröhlwa], einem Zwischending aus unserer Apotheke und der Drogerie, oder bei den Ketten **Tesco** und **Asda,** bekommt man sowohl rezeptfreie Medikamente, wie Hustensaft oder Kopfschmerztabletten, als auch verschreibungspflichtige Medizin (bei Vorlage des entsprechenden Rezeptes).

Das Leitungswasser ist trinkbar. Besondere Impfungen sind nicht erforderlich.

Im **Notfall** ruft man den Krankenwagen *(ambulance/ambiwlans)* unter der Telefonnummer **999.**

Haustiere

Wer sein Haustier mit nach Wales nehmen möchte, muss eine Reihe von **Untersuchungen** rechtzeitig durchführen und bescheinigen lassen. Am besten ist es, die ganze Prozedur bereits sieben Monate im Voraus mit dem Tierarzt zu besprechen. Das Tier muss zuerst mit einem Microchip versehen werden (nach ISO-Standard

11784 oder Annex A des ISO Standard 11785). Danach erfolgen die Tollwutimpfung, 30 Tage später der Bluttest, der mindestens sechs Monate vor der Abreise durchgeführt werden muss, und schließlich das Zertifikat eines vom britischen Landwirtschaftsministerium anerkannten Veterinärmediziners. 24 bis 48 Stunden vor der Einreise muss das Tier auf Zecken und Bandwürmer geprüft werden. Die Untersuchung muss durch ein weiteres Zertifikat bestätigt werden. Dann ist eine Erklärung zu bisherigen Aufenthalten des Tieres auszufüllen. Es darf nur in Gegenden gewesen sein, die vom PETS-Programm akzeptiert werden. Nach der Ankunft in Großbritannien wird es erneut von einem britischen Tierarzt untersucht.

Eine einfachere Regelung soll demnächst in Kraft treten. Danach können Haustiere mit einem EU-Haustierreisepass einreisen. Aktuelle Informationen dazu gibt es bei *Pet Travel Scheme Helpline*.

Die Mitnahme von Tieren ist nur auf bestimmten **Fährstrecken** möglich, z.B. Calais – Dover. Auch dazu erteilt Pet Travel Scheme Helpline Auskunft.

●**Pet Travel Scheme Helpline,** Department for Environment, Food and Rural Affairs, Area 201, 1a Page Street, London, SW1P 4PQ, pets.helpline@defra.gsi.gov.uk, Tel. (0870) 2 41 17 10, www.defra.gov.uk/animalh/quarantine/index/htm.

●**Buchtipp:** Zum Thema **Verreisen mit Hund** ist im REISE KNOW-HOW Verlag der gleichnamige Praxis-Band erschienen, mit nützlichen Tipps für den Urlaub mit dem vierbeinigen Freund.

Karten und Orientierung

Land- und Wanderkarten

Gute Karten sind in Wales bei den örtlichen Touristeninformationen, in Buchläden und zum Teil auch an den Verkaufsständen der Sehenswürdigkeiten erhältlich. Empfehlenswert ist eine Übersichtskarte, die das ganze Land abdeckt, z.B. **Wales/Cymru & West Midlands Road 6 Travel Map,** Ordnance Survey (1:250.000), ISBN 0-319-230929, 10,90 €.

Wer wandern möchte oder z.B. Menhire sucht, sollte sich vor Ort eine der **1:50.000-Karten** von Ordnance Survey besorgen. Mit 20 Karten ist Wales abgedeckt, je £7.

Wo finde ich was?

Hausnummern haben sich noch nicht allgemein durchgesetzt – traditionellerweise hat jedes Haus einen Namen. Daher fehlen in diesem Buch oft die Nummern, die die Hausbesitzer oft selbst nicht kennen. In der Regel weiß aber jeder, wo die gesuchte Unterkunft, das Restaurant oder der Pub zu finden ist. Im Zweifelsfall einfach nachfragen!

Wer mit dem Auto unterwegs ist und kleine Ortschaften ansteuern will,

●**Buchtipp:** Was man von Landkarten erfahren kann, verrät der Praxis-Titel **Richtig Kartenlesen** von *Wolfram Schwieder,* erschienen im REISE KNOW-HOW Verlag.

wird merken, dass diese nicht durchgängig ausgeschildert sind. Hier gilt: geradeaus fahren, wenn die **Beschilderung** fehlt.

Grafschaften und Landkreise

Die Ortsbeschreibungen in diesem Buch folgen z. T. der bis 1974 gültigen Einteilung in Grafschaften *(-shire/Sir),* die heute immer noch in Reisehandbüchern und Fremdenverkehrsprospekten üblich ist. In Wales ist sie nach wie vor stärker akzeptiert als die folgende neue Einteilung in 6 Landkreise.

1996 kehrte man zum Teil wieder zu den alten Grafschaftsgrenzen zurück und teilte das Land in 22 sog. **Unitary Authorities** ein.

Landkreis	Kapitel im Buch
Gwynedd	Snowdonia
	Insel Môn
	Caernarfon und Bangor
	Halbinsel Llŷn
	Merioneth (ein Großteil)
Clwyd	Nordwal. Grenzland
	Nordküste
Powys	Montgomeryshire
	Radnorshire
	Nationalpark
	Brecon Beacons
	(Breconshire)

Die neolithische Grabkammer Pentre Ifan

Die Cities und County Boroughs

Wo die Namensbezeichnung von der englischen abweicht, wird sie in der folgenden Liste in Klammern angegeben.

1. Merthyr Tydfil (Merthyr Tudful)
2. Caerphilly (Caerffili)
3. Blaenau Gwent
4. Torfaen (Tor-faen)
5. Monmouthshire (Sir Fynwy)
6. **Newport** (Casnewydd)
7. **Cardiff** (Caerdydd)
8. Vale of Glamorgan (Bro Morgannwg)
9. Bridgend (Pen-y-bont ar Ogwr)
10. Rhondda Cynon Taf
11. Neath Port Talbot (Castell-nedd Port Talbot)
12. **Swansea** (Abertawe)
13. Carmarthenshire (Sir Gaerfyrddin)
14. Ceredigion
15. Powys
16. **Wrexham** (Wrecsam)
17. Flintshire (Sir y Fflint)
18. Denbighshire (Sir Ddinbych)
19. Conwy
20. Gwynedd
21. Anglesey (Ynys Môn)
22. Pembrokeshire (Sir Benfro)

Dyfed	Ceredigion
	Pembrokeshire
	Carmarthenshire
Glamorgan	Glamorgan
Gwent	Monmouthshire (in etwa)

Kinder auf der Reise

Die Kinderfreundlichkeit in Wales entspricht in etwa der in Deutschland. Nicht alle **Restaurants** bemühen sich um die Kleinen. Man sollte vorher fragen, ob es z.B. Kinderportionen und Kinderstühle gibt.

Babynahrung kann man vor Ort erwerben. Sie ist jedoch teurer als zu Hause, es gibt weniger Auswahl in den Supermärkten.

Giftige Kleintiere gibt es hier nicht.

MASSE UND GEWICHTE

Alte Grafschaften und Landkreise (1974-1996)

Alte Grafschaften (kleine Fettkursivschrift)
Neue Landkreise (große Schrift)

Und was kann man mit den Kleinen unternehmen? Eine ganze Menge: am Strand herumtollen etwa oder eine der Burgruinen erkunden. Besonders für Kinder geeignet sind auch folgende **Attraktionen:**

- **Alice in Wonderland Centre,** Tonbandführung durch „Alice im Wunderland", in Llandudno (Kap. „Norden/ Nordküste").
- **King Arthur's Labyrint,** geführte Untergrundtour, in dem Corris Craft Centre (Kap. „Mittelwales/Montgomeryshire/Machynlleth/Ausflüge")
- **Llechwedd Slate Caverns,** Schiefermine, in Blaenau Ffestiniog (Kap. „Norden/Snowdonia")
- **Sygun Copper Mine,** Kupfermine Sygun, in Beddgelert (Kap. „Norden/ Snowdonia")
- **Dolaucothi Gold Mines,** Goldminen Dolaucothi, in Pumsaint (Kap. „Südwesten/Küste")
- **Big Pit Mining Museum,** Bergwerkmuseum, in Blaenavon (Kap. „Südosten/ Monmouthshire/Abergaenny/ Ausflüge")
- **Techniquest,** Erlebniszentrum zur Physik, Cardiff Bay, (Kap. „Südosten/ Cardiff")

Maße und Gewichte

Wenn auch das metrische System offiziell gilt, die Briten rechnen immer noch in Pint, Meile, Unze und Morgen. An Tankstellen wird zwar inzwischen in Litern, nicht mehr in Gallonen, getankt. Die kontinentalen Maßeinheiten setzen sich aber nur nach und nach durch. Hier die wichtigsten Umrechnungen:

- **Länge**

1 *inch/modfedd* [modweth] = 2,54 cm
1 *foot/troedfedd* [treudweth] = 30,5 cm
1 *yard/llathen* [hla~~th~~en] = 0,914 cm
1 *mile/milltir* [mihltir] = 1,6 km

- **Fläche**

1 *acre/erw* [eru] = 4047 m^2

NOTFALL, ÖFFNUNGSZEITEN

- **Gewicht**
1 *ounce/owns* [o-uns] = 28,35 g
1 *pound/pwys* [pu-is] = 0,454 kg

- **Hohlmaß**
1 *pint/peint* [päint] = 0,568 l

Notfall

Die **Notrufnummer** ist die **999**. Sie gilt für die Polizei *(police/heddlu),* die Feuerwehr *(fire brigade/brigâd dân)* und die Ambulanz *(ambulance/ambiwlans).* Die Telefonnummern der Botschaften und Konsulate finden sich im Kapitel „Vor der Reise".

Verlust von Geldkarten

Bei Verlust oder Diebstahl der Kredit- oder Maestro-(EC-)Karte sollte man diese umgehend sperren lassen. Für deutsche Maestro-(EC-) und Kreditkarten gibt es die einheitliche **Sperrnummer 0049 116116** und im Ausland zusätzlich 0049 3040504050. Für österreicherische und schweizerische Karten gelten:

- **Maestro-(EC-)Karte,** (A)-Tel. 0043 1 2048 800; (CH)-Tel. 0041 44 2712230, UBS: 0041 800 888601, Crédit Suisse: 0041 800 800488.
- **MasterCard/VISA,** (A)-Tel. 0043 1 71701 4500 (MasterCard) bzw. Tel. 0043 1 7111 1770 (VISA); (CH)-Tel. 0041 58 9588383 für alle Banken außer Crédit Suisse, Corner Bank Lugano und UBS.
- **American Express,** (A)-Tel. 0049 69 9797 1000; (CH)-Tel. 0041-44 6596333.
- **Diners Club,** (A)-Tel. 0043 1 5013514; (CH)-Tel. 0041 44 8354545.

Ausweisverlust/Notfall

Wird der Pass oder Personalausweis im Ausland gestohlen, muss man diesen bei der **örtlichen Polizei** melden. Für einen **Ersatzausweis** sollte man sich an die nächste diplomatische Auslandsvertretung seines Landes wenden (ohne diesen kommt man nicht an Bord eines Flugzeuges!).

Auch in Notfällen medizinischer oder rechtlicher Art, Vermisstensuche, Hilfe bei Todesfällen o.Ä. sind die **Auslandsvertretungen** bemüht, vermittelnd zu helfen.

Deutschland
- **Cardiff:** Deutsches Honorarkonsulat, c/o Berry Smith Solicitors, Haywood House, Dumfries Place, Tel. (029) 20 34 55 11.
- **London:** German Embassy, 23 Belgrave Square, Tel. (020) 78 24 13 00.

Österreich
- **London:** Österreichische Botschaft, 18 Belgrave Mews West, Tel. (020) 73 44 32 50.

Schweiz
- **London:** Schweizerische Botschaft, 16–18 Montagu Place, Tel. (020) 76 16 60 00.

Öffnungszeiten

Die meisten **Läden** sind Mo–Sa 10–17 Uhr geöffnet. Lebensmittelläden (z.B. „Spar") haben abends auch länger auf (bis 22/23 Uhr) und sonntags ganztägig.

Banken sind Mo–Fr 9–16.30 und Sa. ab 9.30 Uhr geöffnet.

Die Schalterstunden der **Post** sind Mo–Fr 9–17.30 und Sa 9–12.30 Uhr.

Post und Telefon

Pubs haben meistens durchgehend Mo–Sa 11–23 und So. 12–22.30 Uhr geöffnet, manche machen jedoch erst abends auf, andere haben nach Aufhebung der Sperrstunde länger auf.

Sehenswürdigkeiten sind ungefähr 10–17 Uhr geöffnet. Aber natürlich wird dies auch unterschiedlich gehandhabt. Die genauen Öffnungszeiten sind bei den Ortsbeschreibungen stets angegeben.

Post und Telefon

Briefmarken (*stamps/stampiau* [stampi-e]) bekommt man außer in Postämtern auch in Touristeninformationen, Zeitschriftenläden und dort, wo es Postkarten gibt. Das Porto für Postkarten und Briefe beträgt 48 Pence innerhalb Europas.

Für Auslandspost gibt es keine speziellen **Briefkästen**. Nur bei den Postämtern wird manchmal zwischen *first mail/dosbarth cyntaf* („erste Post") und *second mail/ail ddosbarth* („zweite Post") unterschieden. Dies bezieht sich aber nur auf Inlandsbriefe. Auslandsbriefe sind immer *first mail*.

Es kann bis zu zehn Tage dauern, bis die Post zu Hause angekommen ist. Manchmal braucht sie aber auch nur zwei oder drei Tage.

Die neuen Telefonzellen sind nicht mehr rot, sondern grau. Man hat die Wahl zwischen Münz- und Kartentelefonen. **Telefonkarten** erhält man für £5, £10 und £20 bei Zeitungsverkäufern (*news agent/siop papur newydd*), Postämtern oder in Supermärkten.

Für ein **Auslandsgespräch** sollte man in ein Münztelefon mindestens ein Pfund einwerfen und einige Pfundmünzen parat halten. Ein Ortsgespräch kostet 30 Pence. Generell ist das Telefonieren mit einem öffentlichen Münztelefon teurer als von einem Festnetzanschluss aus. Zwischen 18 und 8 Uhr ist es stets etwas günstiger.

Das eigene **Mobiltelefon** lässt sich problemlos nutzen, die meisten Gesellschaften haben Roamingverträge mit O₂, Vodafone, Orange, T-Mobile oder Hutchinson. Wegen hoher Gebühren sollte man seinen Anbieter nach den preiswertesten **Roamingpartner** fragen, und diesen manuell einstellen. Nicht zu vergessen sind die passiven Kosten, wenn man von zu Hause angerufen wird (Mailbox abstellen!). Der Anrufer zahlt nur die Gebühr ins heimische Mobilnetz, die **teure Rufweiterleitung** ins Ausland zahlt der Empfänger. Preiswerter ist es, sich auf **SMS** zu beschränken, deren Empfang in der Regel kostenfrei ist.

Die **Auskunft** hat die Nummer 11 81 18 oder 11 88 88.

In den meisten Orten befindet sich in den öffentlichen Bibliotheken (Library/Llyfrgell) ein kostenloser Internetzugang.

Auslandsvorwahlen
- nach Deutschland: 0049
- nach Österreich: 0043
- in die Schweiz: 0041
- nach Wales: 0044

Nach der Ländervorwahl wird jeweils die lokale Vorwahl ohne die Null und dann die Rufnummer gewählt.

Sicherheit

Auch Wales ist nicht nur heile Welt. **Autoeinbrüche** sind besonders in den Städten Swansea, Cardiff und Newport sowie in den Valleys, wo besonders hohe Arbeitslosigkeit herrscht, weit verbreitet (die staatlichen sozialen Hilfsleistungen in Großbritannien sind deutlich geringer als bei uns).

In den Großstädten sind von einer Kamera überwachte Parkplätze empfehlenswert. Gepäck sollte möglichst nicht sichtbar im Wagen zurückgelassen werden. Diebstähle sind unverzüglich bei der Polizeibehörde *(police/heddlu* [hethli]) anzuzeigen.

Vorsichtsmaßnahmen gelten wie überall: nicht zu viel Bargeld mitführen und keine Wertgegenstände im Zelt oder Hotelzimmer lassen.

Sport und Aktivitäten

Die Möglichkeiten zur aktiven Erholung in Wales sind vielfältig. Info: www.adventure.visitwales.com.

Angeln

Zum Angeln gibt es gute Forellen- und Lachsgewässer (240 Flüsse, Hunderte von Seen, 1200 Kilometer Küste). In der Bucht von Carmarthen und in der Bucht von Cardigan werden auch Hochseefische geangelt. Lizenzen sind für Edelfische sowie Karpfen und

Sport und Aktivitäten

Hecht erforderlich. Man erhält sie in jedem Postamt. Die Kosten hängen von der Fischart ab: Am teuersten sind Lachs und Meerforelle (eine Woche für £18, Bachforelle kostet z.B. £7 pro Woche). Frei ist das Angeln am Meer.

- Die Broschüre **Fishing Wales** enthält detaillierte Informationen. Zu bestellen beim Visit Wales Centre, Tel. (08701) 21 12 51, http://visitbritain.raumzwo.de/add-ons/wales/

Baden und Schwimmen

Baden und Schwimmen ist in Wales sehr beliebt. Strände gibt es an der Süd-, West- und Nordküste. Unter den Ortsbeschreibungen werden sie eingehender vorgestellt.

Man sollte die Bedeutung folgender **Flaggen** kennen:

- **Rot:** Gefahr, nicht baden!
- **Rot-Gelb:** Gefährlicher Seegang, Lebensretter wachen, Schwimmen nur zwischen den Flaggen erlaubt.
- **Weiß-Blau:** Taucher unter Wasser.

Gleitschirmfliegen

Gleitschirmfliegen *(paragliding)* wird in Wales immer beliebter. Gelegenheit dazu gibt es bei Llanberis, Builth Wells und Abergavenny.

Wandern in Wales:
ein unvergessliches Naturerlebnis

Golf

Zum Golfspielen gibt es mit insgesamt ca. 180 Golfplätzen reichlich Gelegenheit. Allein in Cerdigion existieren elf Hauptplätze. Der größte Platz von Wales soll der bei Harlech sein. Ein sehr schöner ist der bei Aberdyfi. Der Platz bei Newport (Celtic Manor Hotel) hat den Ruf, der beste in Wales zu sein, www.golf.visitwales.com.

Radfahren

Man ist bemüht, das Netz an Fahrradwegen auszubauen. Allerdings sind diese Radwege oft nur umfunktionierte kleine Landstraßen. Durch Hecken auf beiden Seiten kann das Radfahren wegen schlechter Sicht und mangelnder Ausweichmöglichkeiten sehr gefährlich sein, und Autofahrer sind auch dort nicht langsamer unterwegs, wo die Straße als Radweg ausgeschildert ist! www.cycling.visitwales.com.

Nationale ausgeschilderte Radwege
- **Lôn Las Cymru (Nr. 8, 42):** von Cardiff oder Chepstow zur Insel Môn, 384 Kilometer, abwechslungsreiche Tour durch ganz Wales
- **Taff Trail (Nr. 8):** von Cardiff nach Brecon, 109 Kilometer, durch das Tal des Taff, durch Wald und an alten

- **Buchtipps:** Auch dem Aktivurlauber bieten die Praxis-Titel aus dem Reise Know-How Verlag nützliche Infos, z.B. „Handbuch Mountain-Biking", „Pferdetrekking", „Kanu-Handbuch", „Küstensegeln" oder „Handbuch Paragliding".

Sport und Aktivitäten

Reiterin in Talgarth

Bahnlinien und Kanälen vorbei, ab Brecon Verbindung zum Lôn Las Cymru-Radweg
- **Celtic Trail (Nr. 4, 47):** von Kidwelly über Swansea nach Newport (Gwent), 184 Kilometer, durch Südwales, wenig Höhenunterschiede

Mountainbiking

Speziell für Mountainbiker interessante Terrains sind (www.mbwales.com):
- **Elan Valley,** gemischtes Terrain aus offenem Moorland und Wald, verschiedene Schwierigkeitsgrade, für jedes Wetter.
- **Llanwrtyd Wells,** verschiedene Touren unterschiedlicher Länge durch einsame Hügellandschaft
- **Brecon Beacons,** Touren durch den Nationalpark ab Brecon, Talgarth, Talybont on Usk, Sennybridge, Crickhowell
- **Halbinsel Gower,** Tagesrundtour vom Besucherzentrum in Worms Head über die Halbinsel, schöne Landschaft und Sehenswürdigkeiten
- **Coed-y-Brenin** (nördlich Dolgellaus), gut ausgebautes Wegenetz, mit doppelter Slalomstrecke, malerische Aussicht auf die Berge von Snowdonia.
- **Brechfa Forest,** nördlich von Carmarthen, leichte Waldtouren.
- **Gwydir Forest,** nördlich von Betws-y-Coed im Nationalpark Snowdonia, Höhenunterschiede, Naturerlebnisse

Sport und Aktivitäten

- **Machynlleth,** abwechslungsreiche Strecken durch Täler und Berge, verschiedene Schwierigkeitsgrade
- **Nant-yr-Arian,** nördliches Rheidol-Tal, unebene Strecke über Berge und Flüsse mit Blick auf die Cambrian Mountains
- **Afan Forest Park,** bei Neath, Mountainbikezentrum mit verschiedenen schnellen und abwechslungsreichen Strecken durch den Wald

Reiten

Beliebte Gegenden zum Reiten sind die Umgebung von Conwy, der Süden der Insel Môn, Dolgellau, Teile von Pembrokeshire, die Halbinsel Gower, Rhayader, Brecon Beacons (besonders das Ewyas-Tal, Brecon und Crickhowell). Auskünfte zu Reitschulen erteilen die örtlichen Touristinfos. www.ridingwales.com.

Wassersport

Kanufahren ist auf den Flüssen Wye, Tryweryn (bei Y Bala), Usk, Conwy und Lygwy angesagt. Etwas ruhiger angehen kann man es auf den Flüssen Dee, Teifi, Daugleddau (bei Milford Haven), Conwy und Towy.

Die Küsten von Wales eignen sich ebenfalls gut als Wassersportreviere. **Surfen** ist besonders an der Südwestküste der Halbinsel Gower (in der Bucht Oxwich Bay und vor den Stränden bei Llangennith), bei der Halbinsel Llŷn (Porth Neigwl), auf dem See Llyn Tegid (bei Y Bala) und in Pembrokeshire (bei Dale) verbreitet.

Segler können in den Häfen von Neyland, Swansea, Aberystwyth und Pwllheli anlanden. Geschützter ist es in der Menai Strait und an der Mündung des Daugleddau.

Wandern

Wales ist ein ideales Reiseziel für Wanderer. Eine Wanderung in die Nationalparks Snowdonia und Brecon Beacons oder entlang dem Küstenpfad in Pembrokeshire ist ein tolles Erlebnis.

Von fast allen Orten führen Wanderwege in die Umgebung. Immer wieder beggnen einem Schilder mit der Aufschrift *Public Footpath/Llwybr Cyhoeddus*. Diese öffentlichen Pfade sind jedoch bisweilen auch schlecht ausgeschildert, führen über Weiden und manchmal über Bauernhöfe mit Hofhunden. Es gehört also eine Portion Abenteuerlust dazu, sich darauf einzulassen. Wichtig ist eine gute Karte (s. „Karten und Orientierung"). www.walking.visitwales.com.

Die Fernwanderwege sind in der Regel gut markiert. Hier die wichtigsten:

Inlandpfade

- **Glyndŵr's Way** (217 km): benannt nach *Owain Glyndŵr* (siehe Kap. „Land und Leute/Geschichte/Mittelalter"). Von Knighton über Machynlleth bis Welshpool. Überwiegend über Heide und Weideland. www.walking-glyndwrsway.co.uk.
- **Severn** (336 km): von Bristol in England über Shrewsbury, Welshpool bis ins Gebirge Plynlimon westlich von Llanidloes. www.severnway.com.

Sprache

- **Offa's Dyke** (283 km): von Chepstow nach Prestatyn. Der Weg folgt dem vom englischen König *Offa* im 8. Jahrhundert angelegten Grenzwall (s. Kap. „Land und Leute/Geschichte/Mittelalter"). Der landschaftlich abwechslungsreichste Langstreckenpfad hat auch an Kulturdenkmälern einiges zu bieten. www.offas-dyke.co.uk.
- **Wye-Tal** (218 km): Wanderung entlang des Flusses Wye, von Chepstow nach Rhayader und zum Gebirge Plynlimon. Der Pfad führt an der Abtei Tintern vorbei. www.wyevalleywalk.org.
- **Usk-Tal** (80 km): von der römischen Legionärsstadt Caerleon über Abergavenny in die Brecon Beacons hinein. www.uskvalleywalk.org.
- **Cambrian Way** (430 km): von Conwy nach Cardiff. Für den erfahrenen Wanderer. www.cambrianway.co.uk.
- **Dyfi-Tal** (180 km): von Aberdovey über den See Llyn Tegid bei Bala nach Borth. Schöne, meist leichte Wanderung durch beide Seiten des Dyfi-Tals
- **North Wales Path** (80 km): entlang der Nordküste von Bangor über Llandudno nach Prestatyn. Leichte Küstenwanderung. www.prestatyn.org.uk/nwales.path.

Küstenpfade

- **Pembrokeshire Coastal Path/Llwybr Sir Benfro** (290 km): von Amroth bis Cardigan. Im nördlichen und westlichen Teil atemberaubende Blicke auf die Küste. Dazwischen schöne Sandstrände. Meist einfach zu begehen, manche Abschnitte an den Felsen erfordern Schwindelfreiheit. www.pembrokeshirecoast.org.uk/walking.
- **Aberystwyth–Borth** (8 km): bergiger, anstrengender Küstenweg. Nichts für Leute mit Höhenangst!
- **Insel Môn/Anglesey** (200 km): rund um die Insel, überwiegend an der Küste entlang. Leichte Wanderung. www.angleseycostalpath.com.
- **Halbinsel Llŷn** (153 km): von Caernarfon bis Porthmadog, weitgehend an der Küste. Für Kultur- und Naturfreunde. (s. Kap. „Die Halbinsel Llŷn")

Bergsteigen

- **Snowdon:** mehrere Aufstiege möglich, siehe „Der Norden/Snowdonia"
- **Cadair Idris** [kadeir idris]: Aufstieg ab Minffordd, A 487
- **Aran:** zwei Bergspitzen, Aufstieg ab Llanuwchlyn, bei Llyn Tegid (Y Bala)
- **Arenig Fawr:** Aufstieg ab der Straße von Bala über Rhyd-uchaf zur A4212. Vor der A4212 befindet sich auf der rechten Straßenseite ein Parkplatz
- **Moel Sych:** Aufstieg ab Pistyll Rhaeadr oder Llandrillo

Sprache

In Wales sind Englisch und Walisisch offizielle Amtssprachen. **Walisisch,** die alte keltische Sprache (und keineswegs ein Dialekt des Englischen), hat in den letzten Jahren an Prestige gewonnen, wird sehr gefördert, ihre Sprecherzahl steigt an. Es ist vor allem im Nord- und Südwesten verbreitet, aber nicht an der Südküste in den Städten Cardiff, Swansea und Newport, wo die meisten Menschen leben. Deshalb

SPRACHE

Die Kelten heute

Unter den Kelten versteht man heute die Bewohner der Länder und Regionen, in denen bis heute oder bis vor kurzem eine **keltische Sprache** gesprochen wird bzw. wurde: also Irland (Irisch), Schottland (Schottisch-Gälisch auf den Hebriden), die Isle of Man (*Manx* starb erst Mitte des letzten Jahrhunderts aus), Cornwall (Kornisch starb im 17. Jahrhundert aus, es gibt Wiederbelebungsversuche), die Bretagne (Bretonisch) und Wales (Walisisch). Diese sechs formen den **Bund keltischer Nationen.** Die Mitgliedschaft von Galizien und Asturien im Nordwesten Spaniens wurde abgelehnt, da diese durch den Verlust der keltischen Sprache auch ihren keltischen Charakter verloren hätten. Haben sie sich auch bis zum Mittelalter nicht immer gut verstanden, so verbindet die „Kelten" heute der drohende Verlust ihrer Sprache als Zeichen ihrer eigenen nationalen Identität. Oft sind in Wales die Flaggen der anderen keltischen Länder gehisst: Irland (grün-weiß-orangene Querstreifen), Schottland (weißes Andreaskreuz auf hellblauem Grund), Isle of Man (drei Beine im Kreis auf rotem Grund), Bretagne (schwarz-weiße Längsstreifen, in der oberen linken Ecke ein Feld mit stilisierten Hermelinen), Cornwall (weißes Kreuz auf schwarzem Grund). Es existieren zahlreiche kulturelle Kontakte. Die keltische Kultur ist heute eine Frage der **Lebenseinstellung,** ein Gegenpol zur angelsächsisch dominierten Welt. Wundern Sie sich auch nicht, wenn Ihnen im Süden ein bretonischer Zwiebelverkäufer auf dem Fahrrad begegnet. Der Zwiebelhandel über den Ärmelkanal hat eine sehr lange Tradition.

wird es nur von etwa einem Fünftel der Bevölkerung gesprochen.

Der Tourist braucht nicht Walisisch zu lernen, **Englisch** wird fast überall

●**Buchtipp: Walisisch – Wort für Wort,** Band 153 der Reihe Kauderwelsch, bietet eine Einführung in die Grammatik und gibt viele Kommunikationsbeispiele, begleitendes Tonmaterial erhältlich. Erschienen im REISE KNOW-HOW Verlag, Bielefeld. Weitere hilfreiche Sprechführer: „Englisch – Wort für Wort" (Band 64), „British Slang" (Band 47) sowie „Englisch digital", die Lernhilfe für den PC.

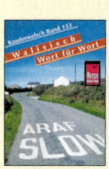
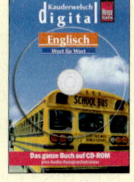

verstanden. Die Einheimischen freuen sich allerdings, wenn man versucht, einige Floskeln auf Walisisch zu sagen. Sie bekommen damit einen Bonus gegenüber dem englischen Touristen, Walisisch ist für die Waliser Ausdruck ihrer Identität und keltischen Kultur. Wichtig ist die richtige Aussprache der **Ortsnamen**. Diese sind auch in Gebieten, in denen das Walisische sehr vom Englischen zurückgedrängt worden ist, noch walisisch. Oft gibt es eine englische und eine walisische Variante, zu der in den Ortskapiteln jeweils eine Aussprachehilfe gegeben wird (siehe auch Kap. „Kleine Sprachhilfe" im Anhang).

Fremdsprachenkenntnisse sind in Wales, wie in allen englischsprachigen Ländern, wenig verbreitet.

TRINKGELD, UHRZEIT, UNTERKUNFT

Trinkgeld

Trinkgeld ist nur in **Restaurants** üblich, wird aber nicht unbedingt erwartet. Sie können ganz nach eigenem Ermessen ein paar Pence oder Pfund auf dem Teller liegen lassen, auf dem die Rechnung gebracht wurde, oder beim Bezahlen den Betrag aufrunden.

Die Summe von ein bis zwei Pfund ist üblich für **Stadtführer, Garderobenfrauen** und **Zimmermädchen.** Der Reinigungsservice auf Toiletten und Barpersonal in den Pubs wird für gewöhnlich nicht extra mit Trinkgeld bedacht.

Uhrzeit

In Wales ist es stets **eine Stunde früher** als auf dem Festland. Im Frühling wird die Uhr genau wie bei uns auf Sommerzeit umgestellt.

Man unterscheidet zwischen der Zeit vor dem Mittag, mit **a.m.** *(ante meridiem),* und danach, mit **p.m.** *(post meridiem).* 9 Uhr ist also 9 a.m., 13 Uhr ist 1 p.m.

Unterkunft

In der Hauptsaison sind die Unterkünfte sehr überlaufen. Man sollte daher einige Tage im Voraus oder sogar schon von zu Hause aus **buchen.**

Auch die Touristeninformation vermittelt Zimmer. Nicht jede gute Unterkunft ist dort jedoch gemeldet: Manche Betreiber vermeiden dies bewusst, damit sie keine Vermittlungsgebühren bezahlen müssen und ihre Unterkunft unabhängig gestalten können. Seien Sie also nicht irritiert, wenn manche im Buch empfohlenen Unterkünfte nicht bei der **Touristinfo** aufgelistet sind.

Neben Einzelzimmern und Doppelzimmern gibt es in walisischen Unterkünften noch den **twin room,** ein Doppelzimmer mit zwei einzelnen Betten, und den **family room,** das Familienzimmer mit Doppelbett und mehreren Kinderbetten. Nicht jedes Haus verfügt aber über einen *family room.* Gegebenenfalls sollte man sich vorher erkundigen.

Über die **Belegung** von B&Bs und *guest houses* geben Schilder in den Fenstern mit der Aufschrift *vacancies* („Zimmer frei") oder *no vacancies* („keine Zimmer frei") Auskunft.

Auf dem Campingplatz ist aber fast immer noch ein Plätzchen frei.

Preiskategorien im Buch

Bei den praktischen Tipps unter den Ortsbeschreibungen wird eine Auswahl von Unterkünften vorgestellt. Die Angaben erfolgen ohne den in Großbritannien üblichen Postcode – keine Angst, Ihre Reservierung kommt trotzdem an! Die britische Post ist da weniger streng als z.B. die deutsche. Die Einteilung erfolgt nach drei verschiedenen Kategorien. Die Preisangaben beziehen sich auf die Kosten für zwei Personen im **Doppelzimmer** (DZ). Einzelzimmer (EZ) kosten meist etwa 60 bis 80% des Doppelzimmerpreises.

B&B (bed and breakfast)/ G&B (gwely a brecwast)

[gweli a brek-wast]

Die Unterkunft erfolgt in einem Privathaushalt. *En suite* bedeutet, dass ein eigenes Badezimmer oder zumindest eine Dusche mit Toilette dazugehören. Ohne *en suite* heißt, dass man ein Badezimmer mit weiteren Gästen teilt. Dann befindet sich meist aber ein Waschbecken im Zimmer, mit Handtüchern und Seife. Viele B&Bs haben in jedem Zimmer einen eigenen Fernseher und bieten auch *tea making facilities* an, d. h. im Zimmer befinden sich ein Wasserkocher, Tassen und Teebeutel/löslicher Kaffee. Ein Vorteil der B&Bs ist das im Preis enthaltene große Frühstück (siehe Kap. „Essen und Trinken"). Danach braucht man zum Mittagessen nur noch eine Kleinigkeit.

Guest Houses

Nicht mehr B&B und noch nicht Hotel. *Guest Houses* sind größer und damit anonymer als B&Bs, werden aber auch privat betrieben. Sie entsprechen unseren Pensionen. Im Unterschied zu B&Bs weisen sie oft zusätzlich noch *lounge rooms* („Aufenthaltsräume") auf. Sie können teurer als ein B&B sein, aber preiswerter als ein Hotel. Manchmal wird auch ein Abendessen angeboten. Der Unterschied zwischen B&B und *guest house* ist fließend.

Hotels

Hotels bieten mehr Komfort und sind dementsprechend teurer. Mancher Reisender mag die größere Anonymität als Vorteil empfinden. Die Zimmer sind allerdings kaum schöner als im B&B oder im *guest house*. Das Frühstück ist nicht immer im Preis enthalten. Bei Hotels lässt sich in der Nebensaison um den Preis handeln: *Can you do it any cheaper?/Allech chi wneud e yn rhatrach?* [ahlech chi unäid e ön ratrach] („Können Sie es billiger machen?"). Bei allen anderen Unterkünften ist feilschen nicht möglich.

Jugendherbergen und bunkhouses

In Wales gibt es etwa 30 Jugendherbergen *(youth hostel/hostel ieuenctid* [hostel jenktid]) und zahlreiche privat geführte **Herbergen** *(bunkhouses)* auf demselben Standard. Beide liegen oft weit ab vom Schuss, aber sehr idyllisch. Die Unterkunft erfolgt im Schlafsaal, ohne Frühstück. Meistens ist aber eine Kochgelegenheit vorhanden. Die Herbergen schließen meist um 23 Uhr. Man sollte einen eigenen Schlafsack mitbringen (denn das Ausleihen geht ins Geld) sowie Handtücher, Badeschlappen, Besteck und ein Feuerzeug zum Entfachen des Gasherdes.

In den letzten Jahren sind die Übernachtungspreise in Jugendherbergen

Unterkunftskategorien	
£	DZ bis £ 50
££	DZ £ 50–80
£££	DZ über £ 80

so sehr gestiegen, dass man nicht wesentlich preiswerter untergebracht ist als im B&B, bei dem ja ein großes Frühstück inbegriffen ist. Wer keinen **internationalen Jugendherbergsausweis** besitzt oder kaufen möchte, hat in den walisischen Jugendherbergen auch die Möglichkeit, eine Tagesmitgliedschaft zu erwerben. Tipp: Kann man auch als Familie beantragen.

- **D:** www.jugendherberge.de, 12–20 €
- **A:** www.oejhv.or.at, 10–20 €
- **CH:** www.youthhostel.ch, 22–55 SFr
- **International:** www.hihostels.com

In privaten Herbergen benötigt man keinen Mitgliedsausweis. Sie sind daher günstiger für den, der nur selten in Herbergen absteigt.

Ein großer Vorteil ist der Kontakt mit anderen Reisenden und der damit verbundene Erfahrungsaustausch. Bei den Ortsbeschreibungen in diesem Buch werden Jugendherbergen nur erwähnt, wenn sie besonders günstig gelegen sind. Wer weitere Jugendherbergen sucht, findet diese im Internet unter: **www.yha.org.uk.**

Camping

Trotz des unbeständigen Wetters sind Campingplätze in Wales weit verbreitet. Sie sind oft an *caravan sites* angeschlossen, auf denen meist dauerhaft stehende Wohnwagen für englische Touristen eine beliebte Unterkunft sind. Es kann dort manchmal laut werden. Schöner sind eigene Campingplätze, die verschiedene Standards haben: mit oder ohne Duschen, Kinderspielplatz, Kochgelegenheit, Waschsalon und Swimmingpool. In Wales sind Campingplätze nur saisonal geöffnet, die meisten von April/Mai bis September/Oktober. Viele liegen an der Küste, aber auch im Inland findet man genügend. Über aktuelle Preise und Standards gibt die Touristeninformation Auskunft. Auch die Campingführer des ADAC und des Deutschen Camping Clubs DCC helfen weiter.

Wild Zelten ist in Wales (außer in den Nationalparks) zwar erlaubt, angesichts der vielen preisgünstigen Campingplätze aber unnötig. Will man auf Privatbesitz campen, sollte man unbedingt den Besitzer um Erlaubnis fragen.

Verkehrsmittel

Mietwagen

Das Auto ist zweifellos die bequemste Art, um durch Wales zu reisen. Man kann vor Ort auch einen Wagen mieten. Hier die wichtigsten Anbieter gleich am Flughafen:

- **Avis,** Tel. (01446) 71 95 69, www.avis.co.uk
- **Hertz,** Tel. (01446) 71 17 22, www.hertz.co.uk
- **Europcar,** Tel. (01446) 71 19 24, www.europcar.co.uk

- **Buchtipp:** Zum Thema „**Clever reisen mit dem Wohnmobil**" ist im REISE KNOW-HOW Verlag der gleichnamige Praxis-Band erschienen.

VERKEHRSMITTEL

Mietwagen haben Rechtssteuerung. Der Fahrer muss mindestens 21 Jahre alt sein. Bestimmt man einen zweiten Fahrer, wird es teurer. Vor Ort kann man Autos ab £45 pro Tag mieten (zuzüglich einer hohen Kaution). Es lohnt sich aber, vor der Reise die **„Fly & Drive"**-Angebote zu überprüfen. Bei längeren Fahrten, z.B. vom Flughafen zur Unterkunft, kann man einiges an Geld sparen, wenn man mit mehreren Personen unterwegs ist. Ansonsten lohnt sich ein Mietauto, wenn man zu entlegenen Orten fahren will. Zu Verkehrsregeln siehe Kapitel „Autofahren".

Taxi

Taxis hält man mit erhobener Hand an, die Handinnenfläche in Richtung des Fahrzeugs. Eine kurze Fahrt kostet ca. £7. Für längere Strecken sollte man vorher nach dem Preis fragen.

Bus

Busse sind preisgünstiger als Züge. Das öffentliche **Busnetz** ist gut ausgebaut. Kartenübersicht: www.cartoplus.co.uk/wales_demo.

●**Buchtipp:** Das Praxis-Handbuch **Unterkunft und Mietwagen clever buchen** von *Erich Witschi* vermittelt nützliche Hinweise zum kostensparenden und problemlosen Buchen, erschienen im REISE KNOW-HOW Verlag.

An einer Bushaltestelle in Welshpool

Schmalspurbahnen im Mekka der Eisenbahn-Fans

Eine Fahrt mit einem der **nostalgischen Dampfzüge** ist eine besondere Art Wales zu entdecken. Die meisten dieser Züge dienten ursprünglich dazu, Kohle, Schiefer und weitere Rohstoffe zu transportieren. Später kam der Personentransport hinzu. Von Mitte des 19. bis Mitte des 20. Jh. gab es in Wales ein erstaunlich gutes Bahnnetz.

Mit der Schließung der Bergwerke begann die Zeit der touristisch genutzten Züge. Während viele „normale" Bahnverbindungen in den letzten Jahrzehnten stillgelegt wurden, erleben die Schmalspurbahnen eine **Renaissance**. Alte Strecken werden restauriert, was den Initiativen der Dampflokfans zu verdanken ist, die sich sehr um den Ausbau der Schmalspurbahnen bemühen. Die erste „Railway Preservation Society" in Wales wurde 1950 gegründet.

Der Eisenbahnfan findet wohl nirgendwo sonst auf der Welt so viele Schmalspurbahnen in einem so kleinen Land vereint. Bei den Ortsbeschreibungen wird auf die einzelnen Bahnlinien hingewiesen. Jede hat ihren eigenen Charakter. Hier die **Übersicht** (von Norden nach Süden):

1. Great Orme Tramway (Kap. „Llandudno")
2. Llanberis Lake Railway (Kap. „Llanberis")
3. Snowdon Highland Railway (Kap. „Llanberis" und „Snowdon")
4. Ffestiniog Railway (Kap. „Blaenau Ffestiniog" und „Porthmadog")
5. Welsh Highland Railway (Kap. „Porthmadog" und „Caernarfon")
6. Llangollen Railway (Kap. „Llangollen")
7. Bala Lake Railway (Kap. „Bala" und „Llyn Tegid")
8. Fairbourne Railway (Kap. „Barmouth")
9. Talyllyn Railway (Kap. „Tywyn")
10. Welshpool & Llanfair Railway (Kap. „Welshpool")
11. Corris Railway (Kap. "Machynlleth")
12. Vale of Rheidol Railway (Kap. „Aberystwyth")
13. Teifi Valley Railway (Kap. „Newcastle Emlyn", Normalspur)
14. Gwili Railway (Kap. „Carmarthen", Normalspur)
15. Brecon Mountain Railway (Kap. „Merthyr Tydfil")

Wer beabsichtigt, mit mehreren Zügen zu fahren, kann sich vor der Reise auch ein **Wanderer-Ticket** bestellen. Es gilt für die Züge Nr. 2, 4, 5, 7, 9, 10, 11 und 14. Preise für Erwachsene: £37 (vier Tage innerhalb von acht gültig), £48 (gültig acht Tage innerhalb von fünfzehn).
Great Little Trains, Gilfach Ddu, Llanberis, www.greatlittletrainsofwales.co.uk, Tel. (01286) 87 05 49

Größere Ortschaften werden mehrmals täglich angefahren. Problematisch sind Nebenstrecken. Hier fährt nur selten ein Bus. Manche Ortschaften haben überhaupt keine Busanbindung. Ratsam ist es, sich bei der örtlichen Touristeninformation einen kostenlosen **Fahrplan** zu besorgen und den Tag mit Zwischenstopps im Voraus zu planen.

Der Norden von Wales wird hauptsächlich von **Arriva Cymru** [kömri] befahren, Tel. (0870) 6 08 26 08, www.arriva.co.uk. Günstig ist z.B. das **Red Rover Ticket**/Tocyn Coch [tokin kooch]. Für £5,50 kann man damit einen Tag lang mit dem *Bws Gwynedd*

Dampflok auf den Snowdon

VERKEHRSMITTEL 65

(„Bus von Gwynedd") fahren. Das Ticket ist z.B. ab Aberystwyth in Richtung Norden bis zur Insel Môn gültig.

Günstige Tagestickets im Süden sind First Day South & West Wales (£5,50), South Wales Network Rider (£6), West Wales Rover Ticket (£6,30) und Cardiff Bus (£3). Am besten erkundigt man sich vor Ort über günstige Tarife (z.B. für das Umland von Cardiff und Swansea). Im Südwesten von Wales können manche Busse sehr teuer sein.

Zug

Das Eisenbahnnetz ist weniger gut ausgebaut. Es gibt keine Zugverbindung von Nord nach Süd. Die Hauptrouten führen an der Südküste von Chepstow bis Fishguard, an der Nordküste von Chester bis Holyhead und im Landesinneren von Shrewsbury nach Aberystwyth.

Daneben gibt es viele Schmalspurbahnen. Mitglieder von CADW oder National Trust (NT) (s. Kap. „Besichtigungen"), erhalten Ermäßigungen.

Der **Freedom of Wales Flexi Pass/ Pas Fflecsi Crwydro Cymru** ist wahlweise für vier Tage Bus und acht Tage Bahn oder für acht Tage Bus und 15 Tage Bahn gültig. Er gilt für das Schienennetz (inklusive der Schmalspurbahnen) und wird oft von Touristen erworben, die den Snowdon hinauffahren wollen. Man muss sich aber vorher genau überlegen, ob der Kauf sich lohnt.

● **Infos:** Tel. (01766) 51 23 40 oder (0845) 60 61 660, www.walesflexipass.co.uk.

Land und Leute

LAND UND LEUTE

Land und Leute

Die Keltensiedlung Henllys

Leuchtturm auf dem Küstenpfad von Pembrokeshire

Waliser

Geografie und Landschaft

Die walisische Halbinsel grenzt im Osten an England. In alle anderen Richtungen ist sie vom Meer umgeben. Die **Küste** ist insgesamt 1200 Kilometer lang. Zwischen den Flussmündungen des Dee/Dyfrdwy im Norden und des Severn im Süden tritt Wales wie ein Schweinsohr an der Westseite Großbritanniens hervor. An der West- und Nordküste liegen die Cardigan Bay und die Irische See, dahinter Irland und die Isle of Man. Im Süden befindet sich der Bristolkanal.

Zusammen mit England, Schottland und Nordirland bildet Wales das Vereinigte Britische Königreich Großbritannien. Hauptstadt von Wales ist seit 1955 das an der Südküste gelegene **Cardiff.** Der Großteil der Waliser lebt hier und in benachbarten Städten. Der Anteil der Stadtbevölkerung beträgt in Wales 80 Prozent. Mit circa drei Millionen **Einwohnern** ist es dünner besiedelt als das benachbarte England.

Wales ist etwa 270 Kilometer lang, 100 Kilometer breit und hat eine **Gesamtfläche** von 20.720 Quadratkilometern. 73 Prozent werden landwirtschaftlich genutzt, überwiegend von der Schafzucht. 14 Prozent dienen der Forstwirtschaft.

Wales besteht bei weitem nicht nur aus Meer und Küste. Neben Schottland ist es die gebirgigste Region

Geologie

Großbritanniens, bekannt für seine **spektakuläre Landschaft.** Es ist ein relativ waldarmes Land, wunderschön für den, der karge Hügel liebt. Der Snowdon/Yr Wyddfa ist mit 1085 Metern der höchste Berg von Wales und England. Die Landschaft des Nationalparks Snowdonia ist geprägt von steilen Anstiegen, da die Berge sich schroff direkt vom Meeresspiegel erheben. Das Kambrische Gebirge (Cambrian Mountains/Mynydoedd Cambria) zieht sich von Norden nach Süden. In Mittelwales wird die Landschaft lieblicher. Hier finden sich sanfte, baumlose Hügel, auf denen Schafe grasen. Spektakulär sind dann wieder Teile des Nationalparks Brecon Beacons und die Südwestküste im Pembrokeshire Nationalpark. Der Süden des Landes ist relativ flach, unterbrochen von leichten Anstiegen. Ähnlich sieht es auf die Insel Môn ganz im Nordwesten des Landes aus.

Westwales, besonders Pembrokeshire, gilt als „magische Zuflucht", u. a. bedingt durch die vielen **Menhire, Großsteingräber** und **Steinkreise,** die in dieser Gegend zu finden sind. Tatsächlich liegt eine ganz besondere Atmosphäre um die Hügel Preseli.

Im äußeren Südwales machen die ehemaligen **Industrietäler** (the valleys/y cymoedd) gerade einen Wandel von industrieller Ausbeutung zu zukünftigen Natur- und Erholungsgebieten durch.

Mittelwales, **„ruhiger Glanz"** genannt, ist einmalig in seiner eigenen, sanfteren Weise.

Nordwales ist das Land **rauer Berge** und **fruchtbarer Täler,** Zuflucht der walisischen Prinzen und Wiege der königlichen *Tudors.*

Die künstlichen **Seen** (Wasserreservoire) können ihren Ursprung nicht immer leugnen, so z.B. der Llyn Brianne, Llyn Vyrnwy und Llyn Tryweryn. Letzterer Name begegnet einem manchmal in der walisischen Parole am Straßenrand COFIWCH DRYWERYN („erinnert euch an Tryweryn"). Das Dorf Capel Celyn musste nämlich wegen des Trinkwasserreservoirs für Liverpool geflutet werden, was die Waliser sehr übel nahmen. Die natürlichen Seen, wie Llyn Gwynant, Llyn y Fan Fach und Cregennen Lakes, passen sich besser in die Landschaft ein. Der **größte See** ist Llyn Tegid bei Bala.

Geologie

Einiges von der Vielfalt der walisischen Landschaft ist seiner breiten Palette verschiedener Gesteine zu verdanken. Besonders im Südwesten, in Pembrokeshire, kommen diese auf engem Raum vor. Sogar einige geologische Fachausdrücke werden daher mit Wales in Verbindung gebracht:

Die Zeitepoche vor circa 410–440 Millionen Jahren wird **Silur** genannt, nach dem keltischen Volksstamm der Siluren. Die Gesteine dieser Epoche sind in Mittelwales bis

Auf Gower

GEOLOGIE

Das Hünengrab Carreg Coetan Arthur am Ortsrand von Newport

Dort sowie auf der Halbinsel Llŷn und in Pembrokeshire (Preseli) kommen vereinzelt sogar noch ältere Felsen aus dem **Präkambrium** (ca. 590-2500 Millionen Jahre alt) vor. Die bei St. David's zählen zu den ältesten der Welt. Dieses Gestein ist vulkanischen Ursprungs. Seine Felsen formen eine eindrucksvolle Landschaft.

Etwa ein Drittel des walisischen Gesteins besteht aus **Schiefer** und **Tonschiefer.** Letzterer kommt besonders in Pembrokeshire, Mittelwales, Nordwestwales, Nordostwales und in den Klippen der Cardigan Bay vor. Jene Felsen zählen zu den ältesten in Wales und wurden vor etwa 400 Millionen Jahren geformt. Schiefer wird in Nordwales abgebaut, besonders bei Llanberis und Blaenau Ffestiniog.

Aberystwyth und in Nordostwales zu finden.

Das **Ordovizium,** vor ca. 440-500 Millionen Jahren, ist nach dem ebenfalls in Wales beheimateten keltischen Volksstamm der Ordovices benannt. Die dieser Periode zugeordneten Gesteine kommen in Pembrokeshire und Nordwestwales (außer auf der Insel Môn) vor.

Die Epoche vor ca. 500-590 Millionen Jahren ist das **Kambrium,** nach dem gleichnamigen Gebirge in Wales. Gesteine aus dieser Zeit finden sich auf der Insel Môn.

Andere in Wales vorkommende Sedimentgesteine sind Sandstein und Kalk. **Sandstein** gibt es hauptsächlich im Süden und Südosten. Der rote Boden in diesen Gegenden ist verwittertem rotem Sandstein zu verdanken, der die Brecon Beacons und die Black Mountains formt und auch in Klippen bei Pembroke zu sehen ist. Das Kohlengebirge in Südwales und z.T. in Nordostwales (Grenzgebiet bei Wrexham) ist aus weniger farbigem Sandstein und aus Kohleschichten zusammengesetzt.

Kalk kommt in Mittelwales gar nicht und in den Küstengegenden nicht überall vor. Verschiedene Kalksteinarten findet man im Grenzland. Im Glamorgan-Tal bilden sie ein Plateau. Südlich von Cardiff gibt es verfestigtes Trümmergestein, genannt *Brekzie,* und farbenfrohen Mergel, ein Sedimentgestein, das aus Kalk und Ton gemischt ist. Kalkstein aus dem Karbon ist ein harter, klotzähnlicher Fels, der in Wales hauptsächlich in den Küstengegenden im Süden, im Nordosten und auf der Insel Môn zu sehen ist.

Die **Insel Môn** ist in ihrer Gesteinszusammensetzung besonders vielseitig: vom präkambrischen Urgestein (Vulkangestein wie z.B. Granit) über Kalkstein aus dem Karbon (ca. 285–350 Millionen Jahre alt), Mühlsteinlava aus dem Jungpleistozän (bis ca. 10.000 v. Chr.) bis zum Gneis, einem Metamorphit mit hohem Metamorphosegrad. Môn unterscheidet sich geologisch sehr vom übrigen Wales und bildet eher eine Einheit mit Irland.

Tier- und Pflanzenwelt

Flora

Die Vielfalt verschiedener Gesteine, das milde und feuchte Klima, die intensive Schafzucht und die Baumrodung sind entscheidende Faktoren für die Tier- und Pflanzenwelt in Wales.

Einige Pflanzen findet man nur hier und nicht im übrigen Großbritannien, wie z.B. die Gemeine Zwergmispel *(cotoneaster integerrimus),* das Felsen-Fingerkraut *(potentilla rupestris),* das Immergrüne Felsenblümchen *(draba aizoides)* und die Kleine Mehlbeere *(sorbus minima).*

Im waldarmen Wales haben sich nur sehr wenige Gebiete mit annähernd **ursprünglicher Vegetation** erhalten können. Ein Beispiel ist das Naturschutzgebiet Pengelli bei Eglwyswrw, in dem u. a. die Traubeneiche wächst, eine neben Birke, Wacholder, Hasel und Ulme einst in den Bergen von Wales weit verbreitete Baumart.

Seit dem Ersten Weltkrieg hat man sich um die Aufforstung des Landes bemüht (um im erneuten Kriegsfall genügend Holz zur Verfügung zu haben), zunächst mit schnell wachsenden nicht-einheimischen **Nadelgehölzen,** vorwiegend der Sitkafichte. Die korsische Kiefer wurde zur Dünenaufforstung verwendet. Diese monotonen Waldblöcke sind bei der Bevölkerung nicht gerade beliebt und werden mitunter sogar abgebrannt.

Heute bemüht man sich, durch die Neuanpflanzung von **Laubmischwäldern** dem ursprünglichen Zustand wieder näher zu kommen. In den schattigen Wäldern wächst der stark riechende Bärlauch. Ansonsten haben sich in den baumarm gebliebenen Gegenden Arten wie der gelbe Stechginster sehr ausgebreitet. Im Frühjahr duften seine Blüten nach Kokos.

An der **Küste,** zum Beispiel in Pembrokeshire, wachsen neben dem Stechginster auch Heidekraut, Bartnelke, Strandaster, Seelavendel, Echtes Löffelkraut, Gemeiner Wundklee, Schöllkraut, Gemeiner Wasserhahnenfuß, und großes Flohkraut *(pulicaria dysenterica).* Wildblumen sieht man in ganz Wales auch an Straßenrändern und auf Weiden.

Tier- und Pflanzenwelt

In den **arktisch-alpinen** Teilen von Snowdonia und in den Brecon Beacons findet man den Gegenblättrigen Steinbrech *(saxifraga oppositifolia)* und Rosenwurz *(rhodiola rosea)*. Auf Kalksteinböden, z.T. in den Brecon Beacons und im Nordosten, wachsen u.a. die Rundblättrige Glockenblume *(campanula rotundifolia)* und das Sonnenröschen *(helianthemum nummularium)*. Am Fuße der Snowdonia-Berge ist der ausgewilderte Rhododendron schon fast zur Plage geworden, er wird dort gerodet. Den Hängen verleiht er ein farbenprächtiges Aussehen.

Rhododendron bei Beddgelert

Fauna

Um den **Roten Milan** wird in Wales ein regelrechter Kult betrieben. Während er in manchen Gegenden Deutschlands zu den heimischen Vögeln zählt, war Wales das einzige Gebiet Großbritanniens, wo er nicht ausgestorben war. In Schottland wurden bis Ende des letzten Jahrhunderts wieder Milane ausgewildert, schwedische bei Inverness, deutsche bei Glasgow. **Man bemüht sich daher nun auch in Wales, den Roten Milan und andere Greifvögel weiter zu verbreiten.** So wurde der Fischadler neu in Wales angesiedelt.

Interessant sind auch die vielen Arten der **Seevögel,** die man in den

Umweltschutz

Küstengegenden, vor allem aber auf den Pembrokeshire vorgelagerten Inseln Grassholm, Skokholm, Skomer und Ramsey sowie auf Bardsey bei der Halbinsel Llŷn im Norden antrifft: Tordalken, Trottellummen, Basstölpel, Sturmtaucher, Papageientaucher und Kormorane.

Am Pembrokeshire-Küstenpfad kann man **Robben** sehen, die sich auf den Felsen sonnen. Um **Delfine** und **Wale** beobachten zu können, muss man allerdings ein Stück von einem der Küstenorte aus mit dem Boot hinausfahren.

Die klaren, schnell fließenden Flüsse bieten der Forelle ideale Lebensbedingungen. Lachs kommt in den Strömen Usk und Wye (in Monmouthshire) vor, Plötze, Barsch und der einzigartige **Fisch** Gwyniad im Tegid-See (bei Y Bala).

Herzmuscheln sind die Spezialiät von Swansea und Gower.

Das kleine **Welsh Mountain Pony** lebt heute im Nationalpark von Pembrokeshire (Preseli, Küstenpfad), in den Brecon Beacons und auf Gower, zum Beispiel bei der Burg Pennard, noch in freier Wildbahn. Es war schon zur Ankunft der Römer in Wales beheimatet und hat vermutlich arabisches Blut.

Das **nordamerikanische Eichhörnchen** hat es geschafft, alle einheimischen roten Eichhörnchen zu verdrängen. Man sieht die wenig scheuen Tiere ständig auf den Bäumen.

Und dennoch kann man ein Tier immer noch am häufigsten beobachten: das **Schaf!**

Umweltschutz

Umweltbewusstsein

Noch vor einigen Jahren wurde Umweltschutz von den Walisern als englische Erfindung und damit als etwas Schlechtes abgetan. Den Anstoß dazu gaben die in den 1960er und 1970er Jahren eingewanderten englischen Hippies, die in Wales alternative Bauernhöfe gründeten und mit ihrer Anwesenheit von den Einheimischen als Bedrohung für ihre Kultur und Sprache angesehen wurden und noch werden.

Mittlerweile ist bei vielen Walisern eine **Bewusstseinsänderung** eingetreten. Dass Umweltschutz ein globales Problem darstellt, ist jetzt vielen klar geworden. Wer heute seinen Müll umweltfreundlich entsorgen möchte, hat es dennoch schwer. Zwar gibt es inzwischen Modelle zur **Mülltrennung.** Diese sind jedoch bei weitem noch nicht so ausgereift wie etwa im deutschsprachigen Raum. Der Hausmüll wird in ein und derselben Tonne entsorgt. Wer möchte, kann Glas und Papier getrennt in Extra-Container werfen, die sich weit verstreut in den Städten befinden. Erfreulicherweise nehmen heute viele Waliser diese Mühe auf sich.

Ein Problem für die Umwelt sind auch die vielen **Neubauten,** die der steigenden Nachfrage der Engländer nach Ferienhäusern und dauerhaften Wohndomizilen gerecht werden sollen, wohingegen sich immer weniger Einheimische auch ein eigenes Haus leisten können.

UMWELTSCHUTZ

Das **Auto** ist für Waliser ein Statussymbol. Wer zu Fuß geht (und die Umwelt schont), zeigt sich als armer Schlucker, der es zu nichts gebracht hat.

Naturschutzgebiete

In Wales gibt es neben den drei Nationalparks Snowdonia, Brecon Beacons und Pembrokeshire über 50 Naturschutzgebiete *(nature reserves/gwarchodfeydd natur* [gwarchodfäith natir]*).* Die wichtigsten sind:

Im Süden
Halbinsel Gower, bei Swansea: 19 kleine Naturschutzgebiete verschiedener Charakteristiken
Kenfig, bei Bridgend: Reservat um den See Kenfig Pond mit wilden Orchideen, Insekten und Vögeln. Mit Besucherzentrum (siehe Kap. „Südosten/Glamorgan/Neath/Ausflüge")
Skomer, bei Milford Haven: Vogelparadies (siehe Kap. „Südwesten/Landsker/Skomer")

In Mittelwales
Cors Caron, bei Tregaron: Torfmoor mit acht Kilometern Rundweg (s. Kap. „Mittelwales/Ceredigion/Tregaron")
Ynyslas [önislas], bei Borth: Dünen (siehe Kap. „Mittelwales/Ceredigion/Borth")
Dinas Nature Reserve, bei Llanwrthyd Wells: Vogelreservat mit drei Kilometer langem Naturlehrpfad

Im Norden
Cadair Idris, bei Dolgellau: Berglandschaft mit seltenen Pflanzen und Tieren (siehe Kap. „Mittelwales/Merioneth/Cadair Idris")
Coedydd Aber [keuthith aber], bei Bangor: tiefes bewaldetes Tal am Fuß des Gebirges Y Carneddau, führt zu den Wasserfällen Aber Falls (siehe Kap. „Norden/Caernarfon und Bangor/Bangor")
Cwm Idwal [kum idwal], bei Llanberis: eiszeitlich geformtes Tal mit dem See Llyn Idwal zwischen den Bergen Glyder Fawr, Glyder Fach und Tryfan im Gebirge Snowdonia. Mit Besucherzentrum am See Llyn Ogwen (A 5).
Morfa Harlech, bei Harlech: Dünen (siehe Kap. „Mittelwales/Merioneth/Harlech")
Newborough Warren (Insel Môn): Dünen und Kiefern (siehe „Norden/Insel Môn/Südosten/Newborough")

● Informationen bei: **The Countryside Council for Wales/Cyngor Cefn Gwlad Cymru,** Maes y Ffynnon, Ffordd Penrhos, Bangor, Tel. (0845) 1 30 62 29, www.ccw.gov.uk.

Besucherzentren in Wäldern

Besucherzentren, in denen man sich über die zugehörigen Wälder informieren kann, finden sich bei:

Aberystwyth: Bwlch Nant yr Arian, Tel. (01970) 89 05 00. Mit Informationen zur Gegend und zum Roten Milan, tägliche Milanfütterung (siehe Kap. „Mittelwales/Ceredigion/Nördliches Rheidol-Tal").

Neath: Afan Argoed Countryside Centre, Tel. (01639) 85 05 64. Mit vie-

In der Keltensiedlung Henllys

GESCHICHTE

len Informationen zu Sportmöglichkeiten (Wandern, Mountainbiking etc.) im Waldgebiet und einem Museum über Bergarbeiter in Südwales (siehe Kap. „Südosten/Glamorgan/Neath").

Betws-y-Coed: Y Stablau, Gwydyr Forest Park, Tel. (01690) 71 04 26. Informationen zur Gegend und zum Gwydyr Forest Park, an der Ostseite von Snowdonia, mit mehreren ausgeschilderten Wanderwegen.

Dolgellau: Coed y Brenin Visitor Centre, Tel. (01341) 44 06 66. Bekannt für seine Mountainbike-Strecken, auch mehrere Wanderwege sind ausgeschildert.

Brecon Beacons: Garwnant Visitor Centre, Tel. (01685) 72 30 60. Fahrradstrecken aller Art, Fahrradverleih.

Caerphilly: Cwmcarn Forest Drive Centre, Tel. (01495) 27 20 01. Zehn Kilometer durch den Wald, mit sieben thematischen Picknickplätzen, mehrere Wanderwege.

Geschichte

Vorgeschichte

Die ersten menschlichen Besiedlungsspuren von Jägern und Sammlern hat man in Höhlen an der Nord- und Südküste von Wales entdeckt. Ab der Mittelsteinzeit (ab ca. 10.000 v. Chr.) wurde mit dem allmählich wärmer werdenden Klima auch das Landesinnere

GESCHICHTE

besiedelt. Aus dieser Zeit stammen Funde wie Feuersteine aus Caldey Island. Die in Festlandeuropa ab ca. 5000 v. Chr. verbreitete neue Lebensweise von Ackerbau und Viehzucht breitete sich in Wales langsam aus. Es finden sich nur sporadisch Spuren von Holzhüttensiedlungen. Beeindruckender sind dagegen die neolithischen Grabkammern, die sich wiederum bevorzugt in Küstengegenden, aber auch im Landesinneren finden.

Paläolithikum (bis ca. 9000 v. Chr.)

Bis zum Ende der Eiszeit gehörte Wales mit Großbritannien zum europäischen Festland. Es wurde erstmalig ca. 250.000 v. Chr. an der Nord- und Südküste besiedelt.

Im eiszeitlichen Wales sind drei Typen von Menschen zu unterscheiden: der frühe Neandertaler (ca. 225.000 v. Chr.), der klassische Neandertaler (ca. 50.000 v. Chr.) und der Crô-Magnon-Mensch (ca. 24.000 v. Chr.). Nur von Letzterem hat man in einer Höhle bei Paviland (Halbinsel Gower) ein vollständiges Skelett gefunden, das im Universitätsmuseum von Oxford aufbewahrt wird. Es hat sich inzwischen gezeigt, dass das ursprünglich als **„Lady of Paviland"** bezeichnete, mit Ockerfarbe bemalte Skelett eigentlich das eines jungen Mannes ist.

Während des Paläolithikums war die Gegend noch sehr dünn besiedelt, es lebten höchstens 1000–2000 Menschen gleichzeitig in Wales.

Mesolithikum (9000–4000 v. Chr.)

Mit dem allmählich wärmeren Klima stieg der Meeresspiegel an und Großbritannien wurde zur Insel (ca. 8500 v. Chr.). In Wales entwickelten sich Wälder. Auch das Landesinnere wurde nun besiedelt. Aus dieser Zeit stammen Funde wie **Feuersteine** aus Caldey Island und **dekorierte Kieselsteine** von Rhuddlan. Der Sammler- und Jägerlebensstil wurde beibehalten.

Neolithikum (4000–2300 v. Chr.)

Nun kamen Einwanderer aus Festlandeuropa, die Ackerbau und Viehzucht mitbrachten. Es dauerte lange, bis sich die neue Lebensweise verbreitete. Man begann, die Wälder zu roden und Felder einzuzäunen. Die ältesten Spuren von **Holzhüttensiedlungen** stammen aus Sant-y-nyll bei Tinkinswood (Vale of Glamorgan) und Clegyr Boia (Halbinsel St. David's), deren Töpferwaren eine Verbindung mit Irland andeuten.

In dieser Zeit baute man Grabkammern aus großen Steinen, die **Megalithgräber.** Die meisten waren ursprünglich mit einem Erd- oder Steinhügel überwölbt. Die Erde darüber wurde später meist ausgewaschen. In einem Zeitraum von 3000 Jahren sind verschiedene Stile zu unterscheiden. Insgesamt gibt es in Wales ca. 200 solcher Grabkammern. Der früheste Typ ist das lange Großsteingrab (mit weiteren Untertypen). Die beeindruckendsten Beispiele in Wales sind:

Neolithische Grabkammer in Dyffryn Ardudwy bei Harlech

GESCHICHTE

- **Portaldolmen** an der Irischen See. Beispiele sind Dyffryn Ardudwy (Merioneth) und Pentre Ifan (Preseli).
- **Unterteiltes Grab** nordirisch-südschottischen Typs. Ein Beispiel ist Trefignath (Insel Môn).
- **Querschiff-Ganggrab** der Severn-Cotswold-Gruppe. Einige Beispiele sind Capel Garmon (bei Betws-y-Coed), Tŷ-isaf (Brecon) und Parc Cwm (Gower).
- **Ganggrab** (etwas später), runde Grabhügel, zeigt die megalithische Kunsttradition wie in der irischen Boyne-Gegend. Beispiele sind Barclodiad y Gawres, Bryn Celli Ddu und Bodowyr (alle auf der Insel Môn).

In diese Zeit (oder später) fällt auch die **Steinkreiskultur**. Ein schönes Beispiel ist Gors Fawr in den Preseli (Pembrokeshire). Von hier stammen die Blausteine für das Rondell in Stonehenge (England). In der Bronzezeit wurden Steinkreise weiter benutzt oder auch nachgebaut.

Bronzezeit (2300–800 v. Chr.)

Nun wurde die Feuerbestattung zum Bestattungsritual. In diese Zeit fällt wohl die Errichtung von **Menhiren,** große, aufrecht stehende Steine mit kultischer Bedeutung. *Menhir* ist ein Lehnwort aus dem Bretonischen, vgl. walisisch *maen hir*.

Siedlungen aus dieser Zeit sind kaum bekannt. Man hat nur steinerne Kochherde in freier Natur bei Flüssen gefunden (z.B. fünf in Hufeisenform bei Cefn Trefor-Isaf, Süd-Snowdon). Eine gewisse soziale Differenzierung ist zu beobachten. So gab es Handwerker und Fürsten.

Die große Neuerung dieser Periode war die **Bronze,** eine Kupferlegierung mit über 60 Prozent Kupferanteil. Sie wurde vor allem für Schmuck und Waffen verwendet. Kupfer hat man in Wales bei Great Orme (Llandudno), Parys (Insel Môn) und Beddgelert abgebaut, Zinn kam aus Cornwall.

Eisenzeit und Ankunft der Kelten

Die Eisenzeit (ab dem 7. Jahrhundert v. Chr.) wird meist mit der Ankunft der Kelten gleichgesetzt, die die **La Tène-Kultur** mitbringen (in Wales ab dem 3. Jahrhundert v. Chr., gemeinsame Züge in der Ornamentik und den Schmuckformen). Eisen wird beliebter als Bronze. Es werden nicht nur Waffen, sondern auch die ersten Münzen hergestellt. In dieser Zeit entstehen die vielen eisenzeitlichen **Forts,** das schönste Beispiel ist Tre'r Ceiri auf der Halbinsel Llŷn.

Ab Mitte des 1. Jahrhunderts v. Chr. ist ein erheblicher **Bevölkerungszuwachs** zu beobachten, der sogar das Niveau des Hochmittelalters erreicht haben könnte. Einige Gemeinden hatten mehrere Hundert Einwohner. Dies muss nicht nur auf die Einwanderung vom Festland her beruhen. Natürlicher Bevölkerungswachstum erscheint auch wahrscheinlich.

Tatsache ist aber, dass die neue Sprache, das **keltische Britannische,** vom Festland gekommen sein muss. Für den Sprachenwechsel können neben Einwanderung verschiedene Faktoren wie z.B. verstärkte Handelsbeziehungen ausschlaggebend gewesen sein. Die keltische britannische Sprache genoss vielleicht einfach ein höheres Prestige als die ursprüngliche, in der Wissenschaft als „vorindogermanische" bezeichnete, über die sehr wenig bekannt ist. Der römische Geschichtsschreiber *Tacitus* beschreibt verschiedene Keltenstämme, z.B. Siluren und Demeter in Südwales.

Während die keltischen Sprachen des Festlandes (z.B. Gallisch in Frankreich, Keltiberisch in Spanien) mehr oder weniger gut überliefert sind, blieben von der keltischen Sprache Britanniens kaum Zeugnisse erhalten. Viel kann jedoch durch **Rekonstruktion** zurückgewonnen werden, unter Zuhilfenahme der modernen britannischen keltischen Sprachen Walisisch, Kornisch (in Cornwall, im 17. Jahrhundert ausgestorben) und Bretonisch (in der Bretagne). Es hat sich gezeigt, dass dieses „Urbritannisch" dem überlieferten Gallischen relativ nahe stand. Ein Beispiel ist das Wort für „kaufen". Walisisch *prynu,* kornisch *prena,* bretonisch *prenañ* deuten auf einen urbritannischen Vorgänger *prina-,* der seine genaue Entsprechung in gallisch *prinas* („kaufte") findet.

Römerzeit

Während des 1. Jahrhunderts v. Chr. unternahmen die Römer auf der Suche nach Metallen erste Erkundungsfahrten in Britannien. Wales' Ressourcen halfen, die Handelbeziehungen

Geschichte

mit dem Festland zu unterstützen. Mitte des 1. Jahrhunderts veränderten sich diese durch die römische Eroberung Galliens und Cäsars Angriffe auf Britannien 55–54 v. Chr. Die teilweise **Eroberung Britanniens** dauerte noch bis 43 n. Chr., 47 n. Chr. wurde Wales erstmalig angegriffen.

Die südwalisischen Stämme waren den Römern besonders feindselig gesonnen. Der britannische Prinz *Caractacus* wurde hier freundlich begrüßt. Nach der Schlacht an der Themse 43 n. Chr. verschwand er und kehrte 48 n. Chr. als Führer der Siluren, dem bedeutendsten Keltenstamm in Südwales, wieder. Die **Siluren** wurden erst 74 n. Chr. unter dem Statthalter *Julius Frontinus* unterworfen, der 74–75 n. Chr. Caerleon *(Isca)* gründete und damit Usk *(Burrium)* als Hauptfestung der zweiten römischen Legion ersetzte.

78 n. Chr. kam Wales unter *Julius Agricola* ganz unter römische Aufsicht, wurde aber nie vollständig seiner Kultur unterworfen. Ein komplexes Netz von römischen Forts und Straßen sollte die Gegend unter Kontrolle halten. Nur wenige Städte wurden jedoch gegründet, Beispiele sind **Caerwent** und **Carmarthen.** Die keltische Lebensart änderte sich kaum. Allerdings übernahm man neue Agrartechniken der Besetzer.

Wales war wegen seiner **Metalle** wichtig für die Römer: Eisen (Forest of Dean), Blei (Glamorgan) und Gold (Dolaucothi, Coed Brenin). Brecon war ein wichtiger Verkehrsknotenpunkt.

Die keltische **Sprache** blieb während der Römerzeit erhalten, wenngleich viele lateinische Lehnwörter eindrangen, die in allen drei britannischen Tochtersprachen (Walisisch, Kornisch, Bretonisch) bezeugt sind. So stammt z.B. walisisch *ffenestr* vom latainischen *fenestra,* wie auch unser deutsches „Fenster".

410 n. Chr. verließen die Römer offiziell die Provinz Britannica.

Invasorenzeit

Britannien sah sich bald einem neuen Feind gegenüber. Ab dem 5. Jahrhundert bedrohten **Angeln, Sachsen** und **Jüten** (vereinfacht als „Angelsachsen" zusammengefasst) den Süden und Osten. Später sollen Legenden um den sagenhaften Keltenkönig *Artus* aus dieser Zeit berichten (siehe Exkurs „Die Legende von König *Artus*").

In das bergige Wales drangen die Invasoren jedoch nicht vor. Hier siedelten sich **Iren** an, vor allem im Südwesten (siehe Exkurs „Rätselhafte Zeichen"). Vermutlich kamen auch **keltische Flüchtlinge** aus dem Gebiet des heutigen England nach Wales.

Andere flohen in den Südwesten, von Cornwall über den Ärmelkanal in die Bretagne, und bildeten dort das Volk der Bretonen. Zu dieser Zeit werden die drei britannischen Dialekte voneinander isoliert. Ab dem 6. Jahrhundert n. Chr. spricht man von den drei verschiedenen Sprachen **Walisisch, Kornisch** und **Bretonisch.**

Wales bestand aus einzelnen **Königreichen,** bildete nun aber eine Einheit

Rätselhafte Zeichen

Irland ist bei klarem Wetter von der walisischen Küste aus sichtbar und umgekehrt ist auch Wales von Irland aus zu sehen. So verwundert es nicht, dass schon zu früher Zeit Menschen aus **Irland** kamen: zuerst die Erbauer mancher neolithischer Grabkammern an der Westküste, später die eisenzeitlichen Goldhändler. Schriftzeugnisse berichten vom 3. Jahrhundert n. Chr. an über Iren, die nach Britannien kamen, um Sklaven zu erbeuten (z.B. den heiligen *Patrick*). Die vielen irischen Ogam-Inschriften (4.-7. Jahrhundert) im Südwesten von Wales sprechen dafür, dass dort auch Iren siedelten. Auf der anderen Seite wurde Irland von Wales aus christianisiert. Zur Zeit der frühen keltischen Kirche standen Wales und Irland in enger Verbindung.

Die **Ogamschrift** wurde in Irland erfunden, vermutlich nach dem Vorbild der Lateinschrift. Sie besteht aus fünfzehn Konsonantenzeichen (Striche) und fünf Vokalzeichen (Punkte), die zu einer Mittellinie, meist der senkrechten Kante eines stehenden Steines, angeordnet sind. Da die Ogamsteine oft jahrhundertelang im Freien standen und dementsprechend verwittert sind, bedarf es einiger Knobelei, um die Buchstaben zu lesen. Es macht aber Spaß!

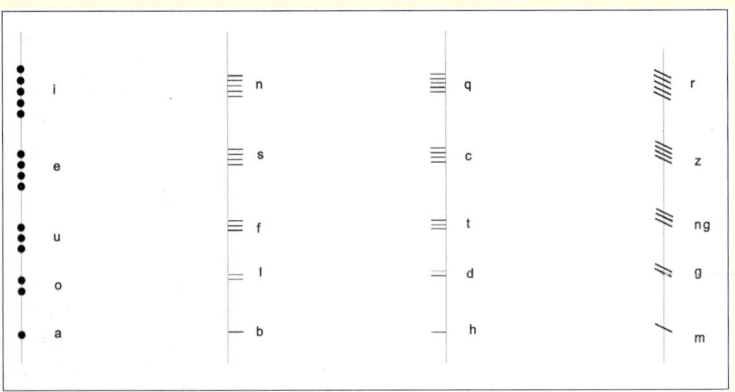

gegenüber den angelsächsischen Nachbarn, die ihrerseits im heutigen England Königreiche gründeten. Sie nannten sich *kombroges* („Landsmänner", walisisch: *Cymry*). Die Angelsachsen bezeichneten sie als *Welsche*, was „Fremde" bedeutet (englisch: *Welsh*). Durch die angelsächsische Besetzung des heutigen Englands („Land der Angeln") wurde Wales Richtung Westen vom Festland stärker isoliert. Die Waliser bezeichnen die Engländer übrigens als *Saeson*, „Sachsen".

Christianisierung

Die neue Religion kam aus dem Süden, aus dem heutigen **Frankreich.** Möglicherweise hatten einige der in Wales gebliebenen Römer, die bereits christianisiert waren, ihre Kontakte zu Gallien aufrechterhalten.

GESCHICHTE

Im 4. Jahrhundert wurden die ersten Klöster in den Mittelmeerländern gegründet, was bald auch Wales beeinflusste. Ab dem 5. Jahrhundert begannen Missionare, später teils als Heilige bekannt, oft aus der Bretagne, mit der Bildung von „Gemeinden" (clas) in Wales. Sie lebten als Eremiten und gründeten **Klöster.**

Die frühe keltische Kirche unterschied sich wohl noch von der heiligen römischen, indem alter **keltischer Glaube** in die neue Lehre integriert wurde. Die frühen englischen Klöster (das erste wurde 598 in Canterbury gegründet) folgten dagegen der Benediktinerregel.

Für die walisische Kirche sind die einfachen **Keltenkreuze** typisch. Die reich verzierten entstehen erst im 9./10. Jahrhundert. Bestattungen mit in lateinischer Sprache beschrifteten Grabsteinen werden üblich, Friedhöfe entstehen. Die runde Form einiger Kirchhöfe deutet auf bereits prähistorische Nutzung hin (z.B. in Eglwyswrw, Tregaron, Ysbyty Cynfyn).

Viele walisische **Ortsnamen,** die mit llan- („Kirche") beginnen, tragen heute die Namen der frühen keltischen Heiligen, wie z.B. Llandeilo („Kirche des Teilo"), Llanddewi („Kirche des David") oder Llandudno („Kirche des Tudno").

St. David wurde schließlich zum Nationalheiligen von Wales (vgl. Kap. „Der Südwesten/Halbinsel St. David's/ St. David's"), während *St. Patrick,* der Nationalheilige von Irland, eigentlich aus Wales stammt.

768 ordnet sich die walisisch-keltische Kirche schließlich Rom unter.

Mittelalter

Um 800 wird der Wall **Offa's Dyke** gebaut. Er markiert symbolisch das Ende der Kämpfe zwischen den Walisern und den Angelsachsen und fungiert als Grenze zwischen dem Königreich Mercia und Wales. Dennoch wird weiterhin Walisisch auf der nun englischen und Englisch auf der walisischen Seite gesprochen.

Nachdem die Kämpfe mit den Angelsachsen vorläufig ein Ende haben, muss sich Wales im 9. Jahrhundert gegen ein-

Keltenkreuz in Carew

GESCHICHTE

dringende **Wikinger** verteidigen. Diese werden von König *Rhodri Mawr* auf der Insel Môn vernichtend geschlagen und vertrieben. Rhodri Mawr schafft es auch, die vielen walisischen Königreiche erstmalig zu vereinen.

Sein Enkel *Hywel Dda* kodifizierte und verbreitete um 930 das mittelalterliche **Gesetz von Wales** *(Cyfraith Hywel Dda)* bei Whitland (siehe Kap. „Der Südwesten/Carmarthenshire/Carmarthen/Ausflüge"). Darin werden lokale Gebräuche unter einem System vereinheitlicht. Es war bis 1536 gültig, als Wales seine Unabhängigkeit endgültig verlor (s.u.).

Nach König Hywels Tod herrschte in Wales Chaos, bis sein Ururenkel *Gruffydd ap Llywelyn* das Land wieder vereinte (1039).

1066 eroberten die **Normannen** England. Sie versuchten nicht, auch Wales gewaltsam zu unterwerfen. Vielmehr ging diese Eroberung nach und nach durch verschiedene einzelne Barone vonstatten.

Roger de Montgomery aus dem Fürstentum Shrewsbury kam das Severn-Tal hinauf und baute eine Burg, die er nach sich „Montgomery" nannte.

Nach dem Tod von *Rhys ap Tewdwr*, dem mächtigen Prinzen von Südwales (1093), waren den Normannen alle Tore geöffnet. Sie erkämpften sich ihre Macht nach und nach von Osten nach Westen. Die Lords übernahmen die Grenzen der walisischen Verwaltungsbezirke *(commot/cwmwd)*. In jedem gab es nun eine Hauptburg. Allein in Pembrokeshire bauten die Normannen über 50 Burgen. Im *Landsker*, das „*Little England beyond Wales*", starb die walisische Sprache aus.

Die Normannen organisierten die *clas* bei St. David's um, erhoben das Gotteshaus zur **Kathedrale** und gründeten neue **Klöster.** Wales wurde nun in das europäische klösterliche System integriert, die alte Keltenkirche verschwand. Im 11./12. Jahrhundert entstanden neue Orden. Zu ihnen gehörten z.B. die Zisterzienser, die 1131 die Abtei Tintern gründeten.

Ab Mitte des 12. Jahrhunderts ist ein Erstarken der Waliser zu beobachten, die fast alle normannischen Territorien zurückgewannen. **Geeint wurde Wales** jedoch erst wieder im 13. Jahrhundert von *Llywelyn dem Großen (Llywelyn ap Iorwerth),* der einige Reformen einführte.

Sein Enkel *Llywelyn II. (Llywelyn ap Gruffudd),* genannt *Llywelyn der Letzte,* regierte 1246–82 und setzte sein Werk fort. Der englische König *Heinrich III.* erkannte Llywelyn als „Prinzen von Wales" an, nach walisischer Auffassung der letzte. Innerpolitische Wirren in England ermöglichten es Llywelyn, den Zusammenhalt seiner Länder weiter zu stärken.

Der Nachfolger Heinrichs III. hatte eher die Einigung Britanniens im Sinn. *Edward I.,* ein starker, intelligenter und ehrgeiziger Herrscher, zwang Llywelyn zum Rückzug nach Snowdonia. Der **Friedensvertrag von Aberconwy** ließ Llywelyn zwar seinen Titel, beraubte ihn aber fast all seines Landes. Edward startete nun einen Feldzug gegen Llywelyn und begann mit dem **Burgenbau** in Ringform um Snowdonia:

GESCHICHTE

Kathedrale in St. David's

zuerst in Rhuddlan, Fflint, Builth Wells und Aberystwyth, nach dem ersten Aufstand Llywelyns und dessen Bruder *Dafydds* auch in Conwy, Caernarfon, Harlech und Beaumaris. Nach der Schlacht bei Builth Wells floh Llywelyn, wurde er gefangen genommen und 1282 bei Cilmeri getötet (siehe auch Kap. „Mittelwales/Radnorshire/„Builth Wells/Ausflüge").

Die **Statuten von Rhuddlan,** 1284 Edwards Regierungserklärung für das eroberte Wales, beinhalten die Aufteilung einiger Gebiete auf die Edward wohlgesonnenen Lords, und den Rest nach englischem Muster in Grafschaften, die der Krone unmittelbar unterstellt waren (siehe Kap. „Der Norden/Das nordwalisische Grenzland/Rhuddlan"). Den Titel „Prince of Wales" übertrug er 1301 seinem 1284 in Caernarfon geborenen Sohn, dem späteren *Edward II.*

Mit Wales' Eigenständigkeit war es erst einmal vorbei. Dennoch kam im 13. Jahrhundert die walisische **Literatur** zu voller Blüte.

Während des 14. Jahrhunderts herrschten Hunger und Pest. Die walisischen Lehnsmänner wurden von ihren Lords ausgebeutet, die Bewohner der Städte durch erbarmungslos hohe Steuern ausgequetscht bis aufs Blut. Vor diesem Hintergrund kam es

GESCHICHTE

Die Legende von König Artus

Der **sagenhafte britannische König** – sollte es ihn wirklich gegeben haben – war wohl ein Heerführer, der das keltische Volk gegen die Angelsachsen verteidigte und angeblich 537 in der Schlacht am Camlann gefallen ist.

Die Artuslegende wurde zunächst mündlich überliefert und gelangte offenbar von Britannien in die Bretagne. Dann wurde sie von **Geoffrey de Monmouth** 1136 in seine „Historia Regum Britanniae" aufgenommen und somit wieder rückimportiert. Vermutlich versah *Geoffrey* sie auch mit zahlreichen Ausschmückungen (Zauberer *Merlin*, die untreue Gattin *Guinevere* und der prunkvolle Hof in *Caerleon*).

Der normannische Dichter *Robert Wace* überträgt die Geschichte in französische Verse (1155), die Legende der **Ritter der Tafelrunde** entsteht. Weitere Artusromane werden verfasst.

In Festlandeuropa werden ursprünglich eigenständige Erzählungen („Tristan-Sage", „Gralssage", „Lanzelot") mit der Artussage verwoben. Höhepunkte sind die Werke von *Chrétien de Troyes* („Perceval", „Yvain", „Lancelot", „Erec", entstanden ca. 1165–1190), *Hartmann von Aue* („Erec", „Iwein"), *Gottfried von Straßburg* („Tristan und Isolde") und *Wolfram von Eschenbach* („Parzival", „Titurel"). In Wales werden die Artusgeschichten in die **Mabinogi** (Kap. „Kunst/Dichtkunst") aufgenommen.

Bis heute haben die Sagen um *Artus* und seine Tafelrunde nichts von ihrer Beliebtheit eingebüßt. Der Stoff enthält politische Aktualität: Die bösen Angelsachsen sollten vertrieben werden, sind aber in Gestalt der Engländer noch heute anwesend.

Merlins Prophezeiung von *Artus'* Rückkehr (nach *Geoffrey de Monmouth* war er ja nur schwer verwundet auf die Insel Avalon gebracht worden und niemals wirklich tot) wurde z.B. mit den Erfolgen **Owain Glyndŵrs** in Verbindung gebracht. Dieser hatte im Zeichen des Drachen gegen die Engländer gekämpft.

Insgeheim hoffen noch heute viele Waliser, dass *Artus* eines Tages zurückkehrt ...

---

zu der Rebellion, die von **Owain Glyndŵr** (1350–1416) angeführt wurde, einem Nachfolger verschiedener walisischer Königshäuser. Die mit der englischen Herrschaft unzufriedenen Waliser sahen in ihm die Reinkarnation von *Artus,* der in ihren Augen nun endlich von Avalon zurückgekehrt war, um Britannien von den Angelsachsen zu befreien (siehe Exkurs „Die Legende von König Artus").

In den folgenden Jahren eroberte Owain Glyndŵr eine Reihe edwardianischer Burgen und hatte den Großteil von Wales unter Kontrolle. Er berief in Machynlleth ein Parlament ein und krönte sich selbst zum „Prince of Wales", wobei Vertreter von Frankreich, Schottland und Kastilien anwesend waren. Sein großer Fehler war es, zu versuchen unter den englischen Adligen, die mit ihrem König *Heinrich IV.* unzufrieden waren, Verbündete zu finden.

1408 fielen die Burgen Aberystwyth und Harlech an die Engländer zurück. Nach weiteren Niederlagen setzte sich Owain Glyndŵr ab. Vermutlich starb er 1416. Er ließ zwar ein politisch unverändertes Wales zurück, hatte den Walisern aber ihren Nationalstolz wiedergegeben. Für die Waliser ist er bis heute ein großer Held.

GESCHICHTE

Union

Der englische König *Heinrich V.* besiegte 1415 die Franzosen in der Schlacht bei Agincourt (siehe Kap. „Der Südosten/Monmouthshire/Monmouth). Er machte seinen treuen Gefolgsmann, den Waliser *Owain ap Maredudd ap Tewdwr (Tudor)* von der Insel Môn, zum Vorsteher seines Haushaltes. Dieser heiratete nach Heinrichs Tod 1429 heimlich seine Witwe, *Katharina von Valois*. Es war schließlich deren Enkel, der nach den Rosenkriegen (das Haus York/weiße Rose gegen das Haus Lancaster/rote Rose) 1485 in England als **Heinrich VII.** die Tudor-Dynastie begründete. Sollte *Merlins* Prophezeiung (der Artussage), dass Britannien wieder von Kelten regiert würde, nun wahr werden? Denn Heinrich VII. war mit dem walisischen Banner des roten Drachen in die Schlacht von Bosworth Field gezogen und ließ sich in den Farben von Wales (grün-weiß) in Westminster Abbey zum König krönen. Eine große Illusion, denn unter seinem Sohn *Heinrich VIII.* verlor Wales endgültig seine Unabhängigkeit.

In den **Acts of Union** von 1536 und 1543 wurde es an England angeschlossen. Die rechtliche, politische und administrative Gleichstellung hatte den Ersatz der walisischen Gesetze von *Hywel Dda* durch englische zur Folge. Wales wurde nun von England aus verwaltet und in die englischen Verwaltungseinheiten (Grafschaften) eingeteilt.

Die walisische **Kirche** wurde 1534 der anglikanischen zugeordnet. 1536 löste man die Klöster auf und verteilte das Kirchenland unter dem Adel. 1588 erschien die erste Bibelübersetzung auf Walisisch von Bischof *William Morgan* (siehe Kap. „Der Norden/Das nordwalisische Grenzland/St. Asaph").

Die Verschmelzung von England und Wales hatte aber auch negative Auswirkungen auf die **walisische Sprache.** Der walisische Landadel wurde anglisiert. Für die Übernahme eines öffentlichen Amtes war es notwendig, Englisch zu sprechen. Walisisch wurde zur Sprache der „kleinen Leute". Der Trend steuerte auf den Verlust der nationalen Identität von Wales hin. Wer Karriere machen wollte, musste so englisch wie möglich sein.

1603 kam in England die **Stuart-Dynastie** an die Macht. Für Wales bedeutete dies die Abschaffung einiger weniger Privilegien, die während der Tudor-Zeit versprochen worden waren.

Bei Ausbruch des **Bürgerkrieges** 1642 war der anglo-walisische Adel König *Karl I.* treu geblieben. Mit den Forderungen des Parlamentes, der Neuregelung der Besteuerung des Bürgertums und der Kaufleute in den Städten, sowie mit dem strengen Glauben des Puritanismus konnten die Waliser, deren Haupteinkunftsquelle nach wie vor die Landwirtschaft war, wenig anfangen. Der Puritanismus gewann nur wenige Anhänger. In der Zeit zwischen der Hinrichtung des Königs 1646 und der Wiedereinführung der Monarchie 1660 wurden allerdings auch in Wales viele Puritaner mit Existenzen in vielen Gemeinden belohnt. Die erfolgreiche Wiederkehr

GESCHICHTE

des Königs, jetzt *James II.*, wurde in Wales sehr begrüßt.

Das Ende des 17. Jahrhunderts ist die Geburtsstunde des walisischen Methodismus (siehe Kap. „Religion").

Neuzeit

Im 18. Jahrhundert erfuhr Wales eine Wiederbelebung des **nationalen Bewusstseins,** das in der Religion eine Nische gefunden hatte. Durch die Bibel wurde auch das schriftsprachliche Walisisch verbreitet. 1811 trennten sich die walisischen Methodisten von der Kirche von England. In der Literatur bildete sich eine neue Romantik heraus. Gleichzeitig war Wales durch die industrielle Revolution starken Veränderungen unterworfen.

Rohstoffe hatte man hier seit der Bronzezeit abgebaut. Dennoch war Wales ein Agrarland geblieben. Immer mehr landwirtschaftliche Flächen gehörten Großgrundbesitzern. Viele kleinere Bauern wanderten daher in die Städte ab, vor allem nach Südwales, wo die **Industrialisierung** ihnen seit Ende des 18. Jahrhundert neue Arbeit gab. Gefördert wurden Kohle, Eisen und Kupfer. 1850–60 machte die Eröffnung des Kohletagebaus Wales zum wichtigen Kohlelieferanten Großbritanniens. Zum Transport der Rohstoffe wurden Eisenbahn und Kanäle gebaut. 1890 hatte Cardiff den weltweit größten Hafen. Es bildete sich ein Industrieproletariat heraus, beschäftigt von reichen, oft englischen Industriebaronen. Die schlechten sozialen Bedingungen der Industriearbeiter und die Trennung der walisischen von der englischen Kirche bildeten den Boden für ein neues Nationalgefühl und separatistische Tendenzen.

Auf die **Autonomieforderungen** hin gestattete die britische Regierung die Einrichtung eigener Verwaltungsorgane im kulturellen Bereich. 1858 fand das erste internationale Eisteddfod in Llangollen statt (siehe Kap. „Praktische Reisetipps A–Z/Feste und Feiertage"). Es folgten die Eröffnungen der ersten walisischen Universitäten: Lampeter (1822), Aberystwyth (1876), Cardiff (1883) und Bangor (1884). 1907 wurden das Nationalmuseums in Cardiff und die Nationalbibliothek in Aberystwyth eingerichtet. Im sportlichen Bereich wurden 1876 die Football Association of Wales und 1881 die Welsh Rugby Union gegründet.

Im **Ersten Weltkrieg** boomte die walisische Wirtschaft, bedingt durch den gestiegenen Bedarf an Kohle und Agrarprodukten. Der Lebensstandard stieg. 1916 wurde *David Lloyd George* erster walisischer Premierminister Großbritanniens.

In den 1920er Jahren kam es zur **Depression.** Mit der Industrie ging es bergab. Die Folge war große Arbeitslosigkeit. Viele Waliser waren gezwungen, nach England auszuwandern.

Der **Zweite Weltkrieg** brachte dann wieder Arbeit. Manche Waliser verweigerten allerdings den Kriegsdienst, da sie nicht auf englischer Seite kämpfen wollten.

Nach dem Krieg versuchte man, Wales stärker in das wirtschaftliche und soziale Gefüge des Königreichs einzubinden. Ein eigenes Parlament war vorgesehen, das Wales vertreten sollte, aber ohne eigene legislative Macht und ohne Selbstverwaltung. In der **Volksabstimmung** von 1979 stimmten 80 Prozent der Waliser dagegen, teils weil es ihnen zu wenig Autonomie gewährleisten sollte, teils weil sie sich wirtschaftlich zu sehr von England abhängig glaubten.

Nach und nach mussten viele Bergwerke geschlossen werden. Die Folge war Verarmung besonders in den Valleys in Südostwales. **Arbeitslosigkeit** ist dort zur Selbstverständlichkeit geworden. Nur dunkel erinnern sich heute manche jungen Leute daran, dass ihre Großväter einmal Arbeit hatten.

1955 erhielt Wales mit Cardiff seine erste Hauptstadt, die allerdings erst 1964 durch die Einrichtung des *Welsh Office* und der neuen Stelle des *Secretary of State for Wales* (Minister für Wales) in der Praxis auch aktiv wurde. Die Nationalflagge (roter Drache auf grün-weißem Grund) wurde mit der Einrichtung der Hauptstadt Cardiff offiziell anerkannt. 1963 entstand die „Gesellschaft der walisischen Sprache" *(Cymdeithas yr Iaith Gymraeg)* [kömdäithas ör jeith gömreig]. 1966 wurde erstmalig ein Mitglied der bereits 1925 gegründeten walisischen Partei **Plaid Cymru** ins Parlament gewählt. Der Krönung von *Prinz Charles* 1969 in Caernarfon zum „Prinz von Wales" standen viele Waliser skeptisch gegenüber (siehe Kap. „Der Norden/ Caernarfon").

Verstärkt kämpften sie nun um den Erhalt ihrer Sprache. 1967 wurde Wales offiziell zweisprachig, 1982 der **Fernsehsender S4C,** *Sianel Pedwar Cymru* [schanel pedwar kömri] („Viertes Programm von Wales"), eingerichtet, der zum Teil in Walisisch ausgestrahlt wird. Allerdings musste dies erst mit einem Hungerstreik erzwungen werden. *Margaret Thatcher* erkannte jedoch, dass ein walisischer Märtyrer wohl ungünstige Folgen für den Frieden im Land gehabt hätte.

1993 freuten sich viele Waliser, als Wales England beim Rugby im Cardiff

Plaid Cymru in Dolgellau

STAAT UND VERWALTUNG

Arms Park besiegte. Im selben Jahr wurde die **neue Sprachregelung** *Deddf Iaith* („Sprachengesetz") eingeführt, die den Anspruch auf Zweisprachigkeit garantiert. Dies wird jedoch in der Praxis nicht in allen Betrieben durchgeführt, obwohl Straßenschilder und Formulare zunehmend zweisprachig sind. Walisisch wird immer wichtiger in der Verwaltung und in öffentlichen Ämtern. Auch in Südwales lernen jetzt viele Leute Walisisch.

1999 erfolgte die Einrichtung der **walisischen Nationalversammlung.** In den ersten vier Jahren bestand sie aus einer Koalition der Parteien Welsh Labour (Arbeiterpartei) und Welsh Liberal Democrats (Freie Demokraten). Seit der letzten Wahl im Jahr 2007 regiert die Labour-Partei alleine.

Staat und Verwaltung

Wales ist neben England, Schottland und Nordirland Teil des Vereinigten Königreichs Großbritannien, einer Erbmonarchie mit parlamentarisch-demokratischer Regierungsform. Die Monarchin, **Königin Elisabeth II.**, hat Repräsentationspflichten, muss aber formal wichtigen Entscheidungen, wie Gesetzesvorlagen, zustimmen.

Das Parlament ist unterteilt in Oberhaus *(House of Lords,* die erste Kammer des Parlaments) und **Unterhaus** *(House of Commons,* die zweite Kammer). Das Staatsoberhaupt ist der Premierminister, der Führer der Mehrheitsfraktion des Unterhauses, das die Legislativgewalt ausübt und dessen führende Partei über politische Fragen entscheidet. Derzeit besteht das Unterhaus aus 651 Mitgliedern, Premierminister ist *Tony Blair,* die Legislaturperiode beträgt fünf Jahre.

Das **Oberhaus** hat aufschiebende Wirkung und beratenden Charakter. Seit Abschaffung der Erbsitze im Jahr 1999 besteht es aus 550 von einer Kommission ernannten Mitgliedern.

Aus Wales kommen 40 Sitze im Unterhaus. Die Vertreter werden in den 40 walisischen Wahlkreisen gewählt. Führende Partei ist seit dem 1. Mai 2001 die **Labour Party** (412 Sitze). Es folgen die Konservativen (166 Sitze), die Liberalen Demokraten (52 Sitze), Ulster Unionisten (6 Sitze), Ulster Democratic Unionist Party (5 Sitze), die schottische Nationalpartei (5 Sitze), die walisische Partei Plaid Cymru (4 Sitze) und Sinn Féin (4 Sitze).

Doch die Waliser fühlen sich weniger als Briten und schon gar nicht als Engländer. Seit 1999 besitzt Wales mit der **walisischen Nationalversammlung** ein eigenes Parlament mit 60 Mitgliedern. Nach der Wahl 2003 ergab sich folgende Sitzverteilung: Labour (30), Plaid Cymru (12), Konservative (11), Freie Demokraten (6), John Marek Independent Party (1). Die nächste Wahl findet 2011 statt.

Waliser in Beddgelert

BEVÖLKERUNG

Die Nationalversammlung arbeitet für Wales. Sie entscheidet über politische Programme, kommunale Fragen und die Verteilung von Finanzmitteln. Sie organisiert das Gesundheitswesen, den Lehrplan für Schulen, unterstützt Unternehmen finanziell, verwaltet den Europäischen Strukturfond, fördert Umwelt- und Landschaftsprogramme.

Am St. David's Tag 2006 (1. März) wurde das neue **Parlamentsgebäude** in Cardiff Bay von Königin Elisabeth II. eröffnet.

Bevölkerung

Von den etwa 2,9 Millionen **Einwohnern** Wales' sind 75 Prozent dort geboren. 21,4 Prozent stammen aus dem restlichen Großbritannien. Der Ausländeranteil ist gering.

Bei einer Fläche von 20.700 Quadratkilometern ergibt sich eine **Bevölkerungsdichte** von 140 Personen pro Quadratkilometer. Im Industriegürtel von Südwales sind es allerdings 500 Personen pro Quadratkilometer. Die

Berühmte Waliser – von Laura Ashley bis Catherine Zeta-Jones

- **Laura Ashley** (1925–1985), Romantik-Bekleidungsdesignerin, geboren in Merthyr Tydfil. Sie gründete ihre Firma in Carno bei Llanidloes. Ihr verspielter Stil mit kleingeblümten Mustern und Rüschen hat Weltberühmtheit erlangt.
- **Shirley Bassey** (1937*), Sängerin, aus Tiger Bay bei Cardiff. Ihr erster großer internationaler Hit war „Goldfinger", aus dem gleichnamigen James-Bond-Film.
- **Aneurin Bevan** (1897–1960), Politiker, geboren in Tredegar. Er war aktiv in der Gewerkschaftsbewegung und setzte 1945-51 die allgemeine staatliche Gesundheitsfürsorge durch.
- **Richard Burton** (1925–1984), Schauspieler, geboren in Pontrhydyfen bei Port Talbot. 1964–1974 mit *Elizabeth Taylor* verheiratet. Er wurde durch Hollywood-Filme berühmt, wie z.B. „Cleopatra". In der Verfilmung von *Dylan Thomas'* „Unter dem Milchwald" *(mit Elizabeth Taylor)* spielte er den Erzähler.
- **John Rhys Davies** (1944*), Schauspieler, geboren in Salisbury, Wiltshire, England. Sohn walisischer Eltern. Sprach als kleines Kind nur Walisisch. Spielt den *Gimli* in „Herr der Ringe".
- **Sir George Everest** (1790–1866), Ingenieur und Landvermesser, aus Gwernvale, Breconshire. Er leitete 1823–43 die Vermessung Indiens. Der Mount Everest (mit ca. 8850 Metern der höchste Berg der Erde), wurde nach ihm benannt.
- **Ioan Gruffydd** (1973*), Schauspieler, geboren in Cardiff. Er spielte u.a.mit in „Solomon und Gaenor" (1998, als *Solomon*), „102 Dalmatiner" (2000, als *Kevin*), King Arthur (2004, als *Lancelot*).
- **Sir Anthony Hopkins** (1937*), Schauspieler, geboren in Taibach, Port Talbot, nur einige Kilometer vom Geburtsort *Richard Burtons* entfernt. Sein Debüt hatte er mit „Der Löwe im Winter" (mit *Katharine Hepburn*). Bekannt sind u.a.„Was vom Tage übrig blieb", „Schweigen der Lämmer" und „Hannibal". *Hopkins* wurde 1993 von *Königin Elisabeth II.* zum Ritter geschlagen.
- **Rhys Ifans** (1968*), Schauspieler, geboren in Ruthin. Spielte u.a.*Spike,* den skurrilen Typen in dem Film „Notting Hill".
- **Tom Jones** (1940*), Sänger und Showmaster, geboren in Pontypridd. Einer seiner Hits ist „Burning down the House". Wurde 2006 zum Ritter geschlagen.
- **David Loyd George** (1863–1945), Politiker, geboren in Manchester, aufgewachsen in Llanystumdwy, Halbinsel Llŷn. Er war liberaler Premierminister während des Ersten Weltkriegs.
- **Bertrand Russell** (1872–1970), Mathematiker und Philosoph, geboren in Trellech. Er entwickelte seine Erkenntnistheorie zu einem logischen Atomismus. In der Mathematik war er einer der Hauptvertreter des Logizismus. Er engagierte sich auch gegen jede Form von Unterdrückung. *Russell* prägte nachhaltig die amerikanische Philosophie des 20. Jahrhunderts.
- **Bonnie Tylor** (1951*), Sängerin, geboren in Skewen bei Neath. Sie ist u.a.bekannt durch „It's a heartchache".
- **Bryn Terfel/Tyrfel** (1965*), Opernsänger (Bariton), geboren in Caernarfon. Sang schon als Vierjähriger auf dem Eisteddfod. Debüt 1990 als *Guglielmo* in „Casi Fan Tutte" *(Mozart)* bei der Welsh National Opera in Cardiff.
- **Catherine Zeta-Jones** (1969*), Schauspielerin, geboren in Neath. Ehefrau von *Michael Douglas*. Erhielt den Oscar für die beste Nebendarstellerin im Film „Chicago".

Bevölkerung wächst jährlich um ca. 30.000 Menschen.

In Australien, Nordamerika und Argentinien (Patagonien) leben viele **ausgewanderte Waliser,** die sich ihres Erbes bewusst sind und ihre alte Kultur pflegen. So wird in Patagonien Walisisch mit spanischen Lehnwörtern gesprochen.

Der Waliser liebt Sprichwörter. Um Freude zu bereiten, verspricht er, was er nicht halten kann. Er ist bescheiden und vor allem stolz auf sein Land, betont gerne, dass er kein Engländer, sondern Waliser ist, der sein eigenes Land hat und seine eigene Sprache spricht. Überall in Wales sieht man den roten Drachen. Auf Konzerten aller Art (z.B. auch auf Punkkonzerten) wird die Nationalhymne gesungen. Die drei Nationalsymbole sind der rote Drache, Lauch und Osterglocke.

Trotz ihres Nationalstolzes tragen viele Waliser englisch klingende **Nachnamen** wie *Jones* und *Evans*. Ursprünglich wurde in Wales der Name des Vaters angehängt, mit *ap* (von *map* = „Sohn") oder *ferch* (von *merch* = „Tochter"). Als nun die englischen Stadtschreiber im 16. Jahrhundert nach den *Acts of Union* die Waliser zu erfassen hatten, sollten diese von der alten Sitte der Patronyme, wie es sie heute z.B. noch auf Island gibt, abrücken und sich „anständige" Nachnamen zulegen. *Jones* und *Evans* waren gerade modern und vielen Walisern wird einfach nichts anderes eingefallen sein. Wenn man heute den Namen *Jones* hört, ist die Wahrscheinlichkeit recht groß, dass es sich um einen Waliser handelt.

Religion

Von der kleinen irischen katholischen Minderheit und den Anhängern der anglikanischen Kirche abgesehen, gehören die Waliser überwiegend der Glaubensrichtung des Methodismus an. Bedingt durch die zahllosen Untergruppen, von der jede ihr eigenes Gotteshaus braucht, sieht man in Wales unzählige der **chapels/capeli,** Zeugnisse für die bis vor kurzem noch tiefe Religiosität der Waliser. Die *chapel/capel* steht im Gegensatz zur *church/eglwys* der anglikanischen Kirche der Eroberer und des anglisierten Adels (in den Ortsbeschreibungen werden beide mit „Kirche" übersetzt).

Der im 18. Jahrhundert entstandene **Methodismus** übte auf Wales eine große Anziehung aus. Hier fand der Nationalismus seine Nische. Der walisischsprachige Gottesdienst und die Sonntagsschule auf Walisisch schafften es, innerhalb von 30 Jahren der Hälfte der Landbevölkerung das Lesen und Schreiben beizubringen. Im 18. Jahrhundert entstand eine Fülle walisischsprachiger religiöser Literatur. Daher war die Kirche für den Erhalt der walisischen Sprache von großer Bedeutung.

Aus der anglikanischen Kirche hervorgegangen, entwickelte sich in Wales schnell eine eigene Richtung des Methodismus mit calvinistischer Prägung, heute **Presbyterian Church of Wales** genannt. Ein Kennzeichen ist die Betonung des musikalischen Elements, die der emotionalen Hinwendung zu Gott Ausdruck verleiht.

Kirche in Llanbadarn Fawr

Während früher mancher tiefgläubige Waliser sonntags dreimal in die *chapel* ging, ist die Religiosität heute stark im Rückzug begriffen, was auch daran zu erkennen ist, dass zahlreiche Kirchen entweder anderweitig genutzt werden oder zum Verkauf stehen.

Tourismus

Die französische Revolution und die Romantikbewegung waren ausschlaggebend dafür, dass Wales bereits Ende des 18. Jahrhunderts für wohlbetuchte Engländer touristisch erschlossen wurde. Auf den Kontinent konnten sie wegen der großen Unruhen nicht mehr reisen und die Romantikbewegung tat ein Übriges. Zunächst entdeckten Künstler die romantische walisische Gebirgslandschaft. Dann kamen die ersten Touristen und mussten untergebracht werden. Es begann mit **Heilquellen** *(spas)* und **Seebädern.** Die ersten Hotels wurden errichtet. Hilfreich war der Bau der Bahnlinie an der

KUNST UND KULTUR

Nord- und Südküste, von Aberystwyth bis Pwllheli an der nördlichen Westküste und auf der Halbinsel Llŷn.

Heute gibt es dort unzählige B&Bs, Gästehäuser, Ferienhäuser und Caravan Parks. Altes Handwerk wird wieder zum Leben erweckt, die walisische Küche wieder aufgebaut, indem man sich auf alte Rezepte besinnt und traditionelle Gerichte wieder als walisische Besonderheit anbietet. Großer Wert wird dabei auf heimische Zutaten gelegt (siehe Kap. „A–Z/Essen und Trinken"). Der historisch-archäologisch orientierte Urlauber findet in Altertümern und Burgen sein Revier, der aktive Urlauber zahlreiche Möglichkeiten Sport zu treiben. Heutzutage unternehmen auch die Waliser Ausflüge in die Umgebung. Wandern wird immer beliebter. Immer mehr Pfade werden angelegt. Die meisten Urlauber findet man jedoch an den Küsten beim Strandurlaub. Besonders voll ist es dort im Juli und im August. Den Hauptanteil der Touristen machen Engländer aus. Inzwischen wird Wales aber auch unter Deutschen, Franzosen und Niederländern immer bekannter.

Da der Tourismus eine der **Haupterwerbsquellen** darstellt, wird versucht, jede noch so kleine Sehenswürdigkeit bekannt zu machen, gepriesen in unzähligen aufwendigen Prospekten, die kostenlos in jeder Touristeninformation erhältlich sind. Oft wird dabei sehr übertrieben. Man darf daher nicht enttäuscht sein, wenn sich ein als Sensation angepriesenes Besichtigungsobjekt als weit weniger spektakulär entpuppt und wenn es sich bisweilen bei einem als großartig und absolut unverzichtbar gepriesenen Museum nur um einen kleinen Ausstellungsraum handelt.

Giraldus Cambrensis' frühe Reiseliteratur

Die erste Reisebeschreibung über Wales (in lateinischer Sprache) stammt von dem 1146 in der Burg Manorbier geborenen Kirchenmann und Chronisten *Giraldus Cambrensis, auch* genannt „Gerallt von Wales". Er bereiste 1188 das ganze Land als Begleiter des Erzbischofs von Canterbury, der Geld und Rekruten für den dritten Kreuzzug sammelte. Unter anderem setzte er sich für die Unabhängigkeit der walisischen Kirche und für die Einrichtung eines eigenen Waliser Erzbistums ein. Seine Reiseberichte geben einen lebendigen Einblick in das Wales des 12. Jahrhunderts und sind besonders interessant, wenn man sie mit dem heutigen Wales vergleicht. So lobte *Cambrensis* die walisische Großzügigkeit und Gastfreundschaft.

Kunst und Kultur

Musik

Die Tradition der keltischen Barden geht in vorrömische Zeit zurück. Sänger unterhielten an den Höfen die Fürsten und andere Landesherren. Nach der Reformation und dem Aufkommen des Methodismus wurde mit besonderer Begeisterung in den Gotteshäusern gesungen – ein Charakteristikum der walisischen Kirche.

Kunst und Kultur

Nach der Industrialisierung von Südostwales wurden dort unzählige neue *chapels* erbaut, die sich zu kulturellen und sozialen Zentren entwickelten mit jeweils mindestens einem **Chor**. Außerdem entstanden pro Dorf etwa drei bis vier reine Männerchöre, die sich meist *Meibion* ... („Söhne/Knaben von ...") nannten. Auf den im 19. Jahrhundert eingerichteten Eisteddfoden, den jährlich stattfindenden Barden- und Sängerwettbewerben (siehe Kap. „A–Z/Feste und Feiertage"), wurden spezielle Stücke im Chorwettstreit aufgeführt. Seitdem in Wales allerdings immer weniger Menschen den Gottesdienst besuchen, wird es zunehmend schwieriger, Nachwuchs für die Chöre zu bekommen.

Das traditionelle walisische Musikinstrument ist die **Harfe**. Oft hatte schon der keltische Barde einen Harfenspieler in seinen Diensten. Und noch heute wird zu feierlichen Anlässen ein Harfenspieler bestellt. Harfenkonzerte finden regelmäßig statt.

Die walisischsprachige **Folk/Pop/Rock-Szene** begann sich in den 1960er Jahren herauszubilden, dank *Meic Stevens*, *Mary Hopkin* und *Dafydd Iwan*. Heute gibt es Walisischsprachiges aller Musikrichtungen, von Folklore bis zu Punk. Das internationale Jazz-Festival in Brecon und das internationale Eisteddfod mit Volksmusik und Tanzgruppen locken jedes Jahr zahlreiche Besucher nach Wales.

Judith S. Kaye, Gerichtspräsidentin des Staates New York, sagte bei der Hochzeit von *Catherine Zeta-Jones* und *Michael Douglas*: „Ich habe gelernt, dass Wales eine Nation der Dichtkunst und der Lieder ist, ein Land der Stimmen, dass seine Einwohner mit einem außergewöhnlichen musikalischen Talent gesegnet sind, wofür Sie, Catherine, sicher ein Beispiel sind."

Dichtkunst

Neben der Musik bildet die Dichtkunst einen weiteren Schwerpunkt bei den nationalen Eisteddfoden, die jedes Jahr eine Woche lang im August stattfinden.

Die älteste überlieferte Dichtung stammt aus dem 6./7. Jahrhundert. Die Tradition ist aber sicher schon älter. Die berühmtesten Dichter sind *Aneirin* und *Taliesin*. **Aneirin** beschreibt in seinem fast 1500 Zeilen langen Werk „Y Gododdin" („Das Goddodin") die keltische Niederlage in der Schlacht um Catraeth am Firth of Forth bei Edinburgh in Südschottland zwischen dem den Walisern verwandten Keltenstamm Gododdin (lat. *Votadini*) mit den Angelsachsen. Der Dichter **Taliesin** dagegen wird mit einer Reihe von kürzeren Gedichten in Verbindung gebracht, meist Loblieder auf seinen Herrn *Urien Rheged,* dem König von Rheged.

Glanzlicht der im Mittelalter niedergeschriebenen Prosaliteratur sind die **Mabinogi**, was so viel wie „Jugend" bedeutet: Ein keltischer Mythenepos, der nach langen Jahrhunderten mündlicher Überlieferung im 11. oder 12. Jahrhundert schriftlich fixiert wurde (deutsche Übersetzung siehe „Anhang/Literaturtipps"). In den elf Erzähltexten sind teils altüberlieferte Sagen aus der vorchristlichen Zeit der britischen Kelten in Wales, Cornwall, der Bretagne und Südwestschottland, teils neuere Stoffe der Artus-Legende enthalten. Die **ersten vier Erzählungen,** die vier Zweige des Mabinogi, bilden den engeren Kreis und gehören zu den älteren Texten. *Artus* wird hier nicht erwähnt.

Der erste Zweig erzählt von *Pwyll* in der Unterwelt, eher einer Art Nebenwelt, von *Rhiannon,* der Göttin, die schließlich *Pryderi* gebärt. Der zweite Zweig handelt von *Branwen,* die den König von Irland heiraten muss. Der dritte Zweig handelt von *Manawyddan,* der mit *Pryderi, Rhiannon* und seiner Frau *Cigfa* durch ein magisches, menschenleeres Land wandert. Der vierte Zweig handelt von *Math,* der mit *Gwydion* eine Frau aus Blumen für *Lleu (Lugus)* erschafft.

Weitere Erzähltexte aus früher britischer Geschichte sind „Culhwch und Olwen", der „Traum von Rhonabwy", der „Traum von Macsen Wledig" und „Lludd und Llefelys". Die drei Geschichten „Owain", „Peredur" und „Geraint" weisen starke Ähnlichkeit mit den entsprechenden französischen Artus-Legenden auf.

Den Beginn der **Neuzeit** leitet im 16. Jahrhundert *Dafydd ap Gwilym* ein, der von Liebe und Natur dichtet. Während das 18. Jahrhundert von religiöser Literatur geprägt ist, bringen das 19. und 20. Jahrhundert wieder große walisische Dichter hervor, eine Tradition, die bis heute anhält.

Im 20. Jahrhundert werden nicht nur viele walisischsprachige Romane geschrieben. Es blüht auch eine **anglowalisische Literatur** auf, die mit *Dylan Thomas* (1914–1953), dem bekanntesten Dichter und Schriftsteller von Wales, Weltruhm erreicht. Seine Werke werden teils dem Surrealismus, teils der Neuromantik zugerechnet.

Dylan Thomas wurde am 27. Oktober 1914 in Swansea in gutbürgerlichen Verhältnissen geboren. Mit 17 Jahren wurde er Reporter, sah Armut und lernte Künstler kennen, was seinen Horizont erweiterte. 1934 ging er nach London, wo seine Gedichte gut aufgenommen wurden. Nebenher arbeitete er für den Rundfunk. Die zweite Hälfte seines Lebens, nach der Heirat mit der Irin *Caitlin McNamara,* verbrachte er in Laugharne, einem idyllischen Ort am Meer. Die Landschaft inspirierte ihn. Ein Bootshaus, das er 1949 von Freunden geschenkt bekam, wurde zum Heim seiner Familie mit drei Kindern. Anfang der 1950er-Jahre hielt er Dichterlesungen in den USA. In dieser Zeit entstand sein Meisterwerk „Unter dem Milchwald" (siehe „Anhang/Literaturtipps"). Er war Alkoholiker und Bohemien. Der große Zusammenbruch mit Todesfolge kam 1953. Begraben ist er auf dem Friedhof von St. Martin in Laugharne.

Malerei

Die wilde walisische Landschaft inspirierte seit dem 18. Jahrhundert heimische Künstler wie **Richard Wilson** (1714–1782) und **William Turner**

(1775–1851), der auch Burgruinen und verfallene Abteien malte. Einige englische Maler wirkten gleichfalls vorzugsweise in Wales, wie etwa **Graham Sutherland** (1903–1980), der durch seine surrealistischen Gemälde bekannt wurde.

Die Kunst der Gegenwart ist sehr patriotisch. Man legt großen Wert auf nationale Identität, begründet in dem starken kulturellen Hintergrund des Fürstentums, der Geschichte und dem Erbe. Denn die Waliser sehen sich noch heute als eigenes Volk, mit ihrer eigenen Kultur und Sprache. Wichtig ist für sie, nicht als Engländer angesehen zu werden. Viele Künstler arbeiten noch in Wales, doch steht die walisische Kunstszene etwas isoliert da, denn in England hat man wenig Interesse daran und in Festlandeuropa ist sie wenig bekannt. Um Förderung und Finanzierung der walisischen Kunst kümmern sich der **Arts Council of Wales** (ACW), der der walisischen Nationalversammlung untersteht, und **Wales Arts International** (WAI), der für die Organisation von Ausstellungen walisischer Künstler im Ausland zuständig ist.

Architektur

Die walisische Architektur ist vielfältig: mittelalterliche Burgen im ganzen Land, strohgedeckte Steinhütten im Süden, Fachwerk im Grenzland, Her-

ARCHITEKTUR

renhäuser aus der Zeit ab dem 17. Jahrhundert, unzählige kleine Kirchen (chapels/capeli) aus dem 18./19. Jahrhundert, die gleichförmigen Wohnhäuser der Industriearbeiter in Südostwales und viktorianische Erkerhäuser aus dem 19. Jahrhundert. Moderne Architektur findet man nur in den Großstädten, z.B. in Cardiff Bay.

Wohnhäuser

Die Wohngegenden der Dörfer und Kleinstädte unterscheiden sich nur wenig voneinander: Die kleinen Häuser stehen ohne Lücke direkt an die Nachbarhäuser angrenzend. Sie sind bunt bemalt, haben keinen Keller und nur einen kleinen Hintergarten.

Mietwohnungen sind eher unüblich. Traditionellerweise hat jeder irgendwann sein Häuschen und richtet sich nicht vorher ein. Wohnungen und Zimmer zur Untermiete sind daher fast immer möbliert, da sie nur als Übergangslösung fungieren. Tatsächlich können sich aber immer weniger Waliser ein eigenes Haus leisten.

Problematisch sind die vielen Neubauten, die der steigenden Nachfrage nach Ferienhäusern gerecht werden sollen. Der verstärkten Zuwanderung aus England ist es zu verdanken, dass die **Häuserpreise** in Wales immer weiter in die Höhe klettern. Die Waliser sind der Meinung, dass die bereits vorhandenen Häuser für die Einheimischen ausreichen. Zahlreiche Parolen am Straßenrand weisen darauf hin (siehe Kap. „A–Z/Autofahren").

Burgen und Schlösser

Die Burgen sind zweifellos die eindrucksvollsten Bauwerke in Wales. Viele sind heute Ruinen. Kein anderes Land in Europa kann auf eine solche Burgendichte verweisen. In Wales findet man sie überall: inmitten von Städten, auf einsamen Felsen, in Wäldern, auf Bergen und in Tälern.

Nach Auflösung des Karolingerreiches wurden in Westeuropa überall Burgen gebaut, ausgehend von Frankreich (ab 1010 im Loiretal). Sie dienten militärischen Zwecken. Die früheste Form war die **motte,** ein Hügel, der mit einem Graben umgeben war. Diese ist auch in Wales noch oft zu sehen.

Des Weiteren sind für Wales die **mittelalterlichen Feudalburgen** charakteristisch: Wasser-, Höhen- und Hangburgen. Hier sind folgende Hauptphasen des Burgenbaus zu unterscheiden: keltisch, normannisch und edwardianisch.

Die **keltischen Burgen** machen den kleinsten Anteil aus. Es sind nur ca. 25 davon erhalten, die meisten als Ruinen. Eine der größten und schönsten ist Castell-y-Bere in romantischer Umgebung bei Llanfihangel-y-Pennant (siehe Kap. „Mittelwales/Merioneth/Llanfihangel-y-Pennant") mit einer für walisische Burgen typischen Lage auf Felsen. Ihre Konstruktion ist in der Regel einfacher und kompakter als die

Bei der Burg Carreg Cennen

ARCHITEKTUR

Pub in Wrexham

der normannischen und edwardianischen Burgen in Wales. Der Bergfried ist in der Regel rechteckig.

Die **normannischen Steinburgen** weisen einen runden Bergfried auf, der den Kern der Burganlage bildete und dem Burgherrn als Wohnort diente. Die größeren, geplant angelegten normannischen Burgen wie z.B. die Burg Caerphilly (siehe Kap. „Südosten/Glamorgan/Caerphilly") dienten später *Edward I.* als Vorbild für seine Burgenarchitektur.

Edward I. hatte den in ganz Europa berühmten Burgbaumeister *Jacques de Saint George* mit dem Bau zahlreicher Burgen in Wales beauftragt. Die großartigen Zeugnisse mittelalterlicher Militärarchitektur findet man entlang der Burgenkette Edwards I. an der

ARCHITEKTUR

Küste von Nordwales, z.B. in Conwy (siehe Kap. „Norden/Nordküste/Conwy") und Beaumaris (siehe Kap. „Norden/Nordosten/Beaumaris"). In der Regel sind die **edwardianischen Burgen** am besten von allen drei Typen erhalten (und kosten dementsprechend Eintritt).

Das englische Wort **castle** und das walisische **castell** [kastehl] sind beide von lateinisch *castellum,* einer Verkleinerungsform von *castrum* abgeleitet, die soviel wie „Festung" oder „befestigter Platz" bedeutet. Im Deutschen ist es meist die Burg, in seltenen Fällen auch das Schloss. Das walisische Wort *castell* kann sich auch auf ein vorgeschichtliches Fort oder eine natürliche Stätte, die an eine Burg erinnert, beziehen. Die Internetseite www.castlewales.com enthält eine Fülle weiterer Informationen.

Gärten

In Wales sind einige der schönsten Gärten Großbritanniens zu finden. Die wichtigsten sind:

Der 40 Hektar große **Bodnant Garden/Gardd Bodnant** [garth bod-nant] im Norden (Kap. „Norden/Nordküste/Conwy/Ausflüge") mit eindrucksvollem Terrassengarten und Blick auf den Snowdon.

Die edwardianischen **Dyffryn Gardens/Gerddi Dyffryn** [gerthi döfrin] bei Cardiff bestehen aus mehreren verschieden Gärten, die unterschiedliche Charaktere aufweisen und durch Eiben voneinander getrennt sind.

Von den sechs verschiedenen, elegant angelegten **Aberglasney Gardens/Gerddi Aberglasney** [gerthi aberglasnäi] bei Llandeilo sind drei ummauert, in der Mitte befindet sich ein restauriertes Kloster (siehe Kap. „Südwesten/Carmarthenshire/Carmarthen und das Tywi-Tal").

Der neue **National Botanic Garden of Wales/Gardd Fotaneg Genedlaethol Cymru** [garth wotaneg genedläithol kömri] bei Carmarthen (siehe Kapitel „Südwesten/Carmarthenshire/Carmarthen und das Tywi-Tal/Von Carmarthen nach Llandeilo") ist auf Naturwissenschaften und Bildung ausgelegt. Attraktionen sind das Treibhaus und die Filmvorführung zur Welt der Pflanzen.

Eine Broschüre über die sehenswertesten Gärten und Parks ist bei den örtlichen Touristeninformationen in Wales oder beim Welsh Historic Gardens Trust erhältlich:

● **The Welsh Historic Gardens Trust,** Ty Leri, Talybont, Tel. (01970) 83 22 68, historicgardenswales@hotmail.com.

Der Norden

Der Norden

Auf dem Gipfel des Snowdon

Windmühle bei Llynnon

Menhire Penrhos Feilw

Überblick

Nordwales ist eine Gegend unvergleichlicher Naturschönheit mit schönen Stränden und Gebirge, dazu reich an Burgen, alten Kirchen, Klosterruinen, Keltenkreuzen und prähistorischen Denkmälern. Freizeitangebote wie Museen und Sportmöglichkeiten findet man in Hülle und Fülle. Die Nordwaliser betrachten Nordwales als das „richtige Wales", da hier die walisische Sprache und Kultur noch am lebendigsten sind. Der Nationalpark Snowdonia, die Insel Môn, die Städte Caernarfon und Bangor, die Halbinsel Llŷn, die Nordküste und das nordwalisische Grenzland laden zu abwechslungsreichen Urlaubserlebnissen ein.

Snowdonia/ Eryri

[eröri]

Valle Crucis bei Llangollen

Überblick

Der **Snowdonia National Park**/Eryri [eröri] wurde 1951 gegründet. Er umfasst 2171 Quadratkilometer und ist von allen drei Nationalparks in Wales der größte und aufregendste. Der englische Name leitet sich vom höchsten Berg Wales', dem 1085 Meter hohen Snowdon ab, der walisische von *eryr* [erir] („Adler"). Zum nördlichen gebirgigen Teil des Nationalparks gehören aber auch das Gebirge Carneddau [karnethe] mit dem Carnedd Llewelyn [karneth hlewelin] (1062 Meter), dem Carnedd Dafydd [karneth dawith] (1044 Meter) und dem Foel Fras [weul wraas] (942 Meter), der Gebirgszug Glyder [glöder] mit dem Glyder Fawr [glöder waur] (999 Meter) und dem Glyder Fach [glöder waach] (994 Meter) und das niedrigere Eifionydd [äiwionith] mit Mynydd Mawr [mönith maur] (698 Meter), Craig Cwm Silyn [kreig kum silin] (734 Meter) und Moel Hebog [meul hebog] mit 782 Metern Höhe.

Snowdonia umfasst viele Naturschutzgebiete und bietet seltenen Tieren und Pflanzen Schutz, wie z.B. dem Steinadler und dem Merlinfalken. Die Späte Faltenlilie *(Lloydia Serotina)* und der Snowdonkäfer (regenbogenfarbiger Blattkäfer, *chrysolina cerealis*) kommen nur hier vor.

Einst Wohnsitz der walisischen Prinzen von Gwynedd und Rückzugsgebiet der alten Kelten, ranken sich viele **Legenden** um Snowdonia, das bis heute eine Hochburg der walisischen Sprache und Kultur ist: circa 70 Prozent der Bevölkerung sind der alten Sprache mächtig. Der Reisende erlebt die Berge von Snowdonia in Wolken und Nebel, mythenverhangen und geheimnisvoll. Ihr scharfes Profil lässt eine spektakuläre Landschaft von Dramatik und Wundern erkennen. Die Fahrt auf einer der Passstraßen wird zum unvergesslichen Erlebnis.

Wo früher Bergbau betrieben wurde, lassen sich heute die Schiefermienen von Llanberis und Blaenau Ffestiniog besichtigen. Die einst zum Transport des gewonnenen Materials gebaute Eisenbahnstrecke befördert heute Touristen auf nostalgischen **Schmalspurbahnen.** Wer es gerne bequem hat und die Landschaft unbeschwert genießen möchte, kann auch mit dem Dampfzug auf den Snowdon gelangen. Die Kupfermine bei Beddgelert erinnert an einen weiteren, ehemals wichtigen Industriezweig.

Die Hauptorte im Herzen von Snowdonia, Beddgelert, Llanberis, Betws-y-Coed und Llanrwst bieten eine ausgezeichnete Infrastruktur und lassen die Urlaubstage zu einem echten Genuss werden. Eine Vielzahl von Sehenswürdigkeiten rundet das Programm ab.

Snowdonia zählt unbestritten zu den schönsten Urlaubsgegenden in Wales und Großbritannien. So sagte *Sir Anthony Hopkins* 1998: *„Snowdonia is one of the most beautiful places in the world and Snowdon is the jewel that lies at its heart"* („Snowdonia ist einer der schönsten Orte auf der Welt und der Snowdon der Juwel in seinem Inneren").

Snowdon/Yr Wyddfa

[ör wöthwa] III/C3

Der Snowdon ist nicht nur ein Berg, und zwar mit 1085 Metern der höchste in Wales. Er ist mit einer ganzen Gebirgskette verbunden: Die Snowdon-Gruppe umfasst außer dem Hauptberg noch den Crib Goch [krib gooch] (923 Meter), den Crib y Ddysgl [kriib ö thisgl] (1065 Meter) und den Lliwedd [hliweth] (898 Meter). Im Folgenden wird jedoch nur der Snowdon beschrieben.

Es bieten sich mehrere Möglichkeiten, um hinauf zu gelangen: eine herausfordernde Klettertour, ein langsamer stetiger Aufstieg für den „normalen" Wanderer oder auch eine Fahrt mit der Snowdon Mountain Railway ab Llanberis. Die letztere bequemere Variante ist verantwortlich dafür, dass auf dem Snowdon immer etwas mehr Betrieb ist als auf anderen walisischen Bergen. Dennoch ist es möglich, auf einer Wanderung hier den ganzen Tag keinem Menschen zu begegnen. Im Zweifel sollte man lieber einen der leichteren Aufstiege wählen, denn jedes Jahr passieren tödliche Unfälle von leichtsinnigen Touristen. Alle britischen Himalaya-Expeditionen haben bisher auf dem Snowdon trainiert. Wichtig ist, sich vorher bei einer örtlichen Touristeninformation eine gute Karte zu besorgen. Der Bus hält auf Wunsch am Ausgangspunkt.

SNOWDON/YR WYDDFA

Hier die wichtigsten Wanderwege auf den Snowdon (Achtung: Das letzte Stück ist immer das steilste):

Wanderwege

Der **Llanberis Path** (8 Kilometer, 3 Stunden) ist der einfachste und längste Pfad. Er verläuft parallel zur Bahnstrecke. Startpunkt ist Llanberis, gegenüber dem Royal Victoria Hotel. Kurz vor der Spitze trifft er auf den Snowdon Ranger (s.u.) und die drei Wanderwege ab Pen-y-Pass.

Der **Miner's Track** (6,5 Kilometer, 2½ Stunden) ist der leichteste der Wege ab Pen-y-Pass (A 4086, westlich der Kreuzung mit der A 498). Man passiert mehrere nicht mehr genutzte Kupferminen. Bus S1 von/nach Llanberis, Bus 2 von/nach Llanberis und Betws-y-Coed, Bus S97 von/nach Capel Curig, Betws-y-Coed. Gebührenpflichtiger Parkplatz bei Pen-y-Pass, ££, am Wochenende oft überlaufen.

Der **Pyg Track** (5,5 Kilometer lang, 2½ Stunden), eine steilere Version des Miner's Track, geht am westlichen Ende des Parkplatzes bei Pen-y-Pass (Parkplatzgebühren s.o.) los und erreicht nach einiger Zeit Bwlch y Moch [bulch ö mooch], den „Schweinepass", der dem Wanderweg seinen Namen gab. Bus S1 von/nach Llanberis, Bus 2 von/nach Llanberis und Betws-y-Coed, Bus S97 von/nach Capel Curig, Betws-y-Coed.

Zum **Snowdon Horseshoe** (12 Kilometer, 5–7 Stunden), einem Rundwanderweg am Kamm, vorbei an den Seen Glaslyn [glaslin] (600 Meter), Llydaw [hlidau] (450 Meter) und Llyn Teyrn [hlin tairn] (390 Meter), gelangt man ab dem Pig Track, bei Bwlch y Moch rechts. Keine leichte Strecke, z.B. muss der messerscharfe Übergang bei Crib Goch (923 Meter) überwunden werden. Weiter geht's zu Crib y Ddysgl [kriib ö thisgl] (1065 Meter), zum Snowdon, zum Y Lliwedd [ö hliweth] (898 Meter), zum Gallt y Wenallt [gahlt ö wenahlt] (619 Meter) und wieder abwärts. Nur für erfahrene Bergwanderer. Bus S1 von/nach Llanberis, Bus 2 von/nach Llanberis und Betws-y-Coed, Bus S97 von/nach Capel Curig, Betws-y-Coed.

Der **Snowdon Ranger Path** (6,5 Kilometer, 3 Stunden) beginnt bei der Jugendherberge Snowdon Ranger am See Llyn Cwellyn [hlin kwehlin]. Teils steiler, aber nicht schwieriger Aufstieg. Bus S4 von/nach Beddgelert und Caernarfon.

Der **Pitt's Head Track** (6,5 Kilometer, 3 Stunden) hat zwei Startpunkte: einen bei Pitt's Head (A 4085, 4 Kilometer nordwestlich von Beddgelert), einen weiteren am Parkplatz in Rhydd-Ddu [hrith thi]. Beide treffen sich nach einem Kilometer. Einer der leichten Aufstiege. Bus S4 von/nach Beddgelert und Caernarfon

Der **Watkin Path** (6,5 Kilometer, 3 Stunden) gehört zu den spektakulärsten, an der Spitze aber auch zu den schwierigeren Aufstiegen. Startpunkt ist die Brücke bei Bethania, fünf

Abstieg vom Snowdon

Kilometer nordöstlich von Beddgelert (A 498). Man kommt am Wasserfall Rhaeadrau [hräi-adre] vorbei, an den Ruinen der Mine Hafod y Llan [hawod ö hlaan] und dem Gladstone Rock, wo der damalige Premierminister 1892 den Pfad offiziell eröffnete. Weiter geht es zu alten Schiefersteinbrüchen und steil zum Bwlch Ciliau [bulch ki-li-e] („Pass der Zuflucht"), bevor dann das letzte steile und gefährliche Stück auf den Snowdon beginnt. Für erfahrene Bergwanderer. Bus S97 ab Beddgelert oder Capel Curig, Betws-y-Coed.

Beddgelert

♫ III/C3

[beethgelert]
www.beddgelerttourism.com

Wo sich die beiden Flüsse Glaslyn [glaslin] und Colwyn [kolwin] unter einer alten Steinbrücke treffen, liegt der idyllische Ort Beddgelert. Der Name bedeutet **„Gelerts Grab"**. *Gelert* war der Hund des Prinzen *Llywelyn* (siehe Kap. „Land und Leute/Geschichte/Mittelalter"). Dieser ging zur Jagd und ließ seinen Hund mit seinem Sohn zurück. Als er wiederkam, sah er die Wiege leer und den Hund blutverschmiert. Er nahm das Schlimmste an und tötete das Tier mit dem Schwert. Dann bemerkte er das unverletzte Baby unter den Kissen, daneben die Leiche eines Wolfes. Aber es war zu spät, der Hund war tot und *Llywelyn* lächelte nie mehr. Der Hund wurde in Ehren begraben. Sein Grab liegt inmitten einer wunderschönen Landschaft.

Beddgelert bildet einen guten Ausgangspunkt für Ausflüge in das Snowdoniagebirge. An Regentagen kann man die Kupfermine und eine Kunstausstellung besuchen und es sich dann kulinarisch gut gehen lassen. Man kann durchaus mehrere Tage hier verbringen.

Sehenswertes

Den Fluss Glaslyn entlang kommt man zu **Gelerts Grab** (s.o.).

Im zentral gelegenen **Tŷ Isaf** [tii isa], einem Häuschen aus dem 17. Jahrhundert, kann man eine Ausstellung des National Trust zu lokalem Essen und Produkten besuchen.
●Tel. (01766) 51 01 29, April–Okt. Mi.–So. 13–16 Uhr, Eintritt frei.

Etwas außerhalb (zehn bis fünfzehn Minuten zu Fuß) an der A 498 Richtung Capel Curig und Betws-y-Coed liegt die **Kupfermine Sygun**. Bereits die Römer schürften hier Erz. Man gewinnt einen guten Einblick in die Arbeit und die Arbeitsbedingungen im 19. Jahrhundert. Schön sind die natürlichen Stalaktiten und Stalagmiten. Der Rundgang erfolgt mit einer Tonbandtour, auch in Deutsch.
●www.syguncoppermine.co.uk, Tel. (01766) 89 05 95, Mitte März–Okt. tägl. 9.30–17 Uhr, £££.

Spaziergänge

Außer zum Snowdon (s.o.) bietet die Umgebung von Beddgelert weitere Möglichkeiten zum Spazierengehen und Wandern.

BEDDGELERT

Lohnenswert ist ein Spaziergang (auch für Rollstuhlfahrer) 400 Meter am rechten Ufer des Glaslyn entlang zu **Gelerts Grab** (s.o.). Weiter führt der Pfad über die Brücke und an der Straße am linken Ufer bis **Nantmor** (insgesamt zwei Kilometer). Man kann auch über Cwm Bychan [kum böchan] weiter bis zur **Kupfermine** und dann zurück gehen (insgesamt 6 Kilometer).

Mehrere ausgeschilderte Pfade führen vom pädagogischen Zentrum Deilen Las [däilen las] im **Waldgebiet Craflwyn** [krawluin] (A 498 Richtung Capel Curig und Betws-y-Coed) in die Umgebung, z.B. der Woodland Garden Walk/llwybr yr ardd goedwig.

Von einem der Pfade ist der Hügel Dinas Emrys zu sehen. Im See Llyn Dinas soll der wahre Thron von Britannien verborgen sein und wieder erscheinen, wenn eine junge Person auf einem bestimmten Stein steht.

•Informationen im Bwthyn Llywelyn (s.o.), Parken frei, Spende erwünscht (£2). Tel. (01766) 51 01 31, www.craflwyn.org.

Die ausgeschilderte Wanderung zum **Moel Hebog** (783 Meter) ist 13 Kilometer lang und beginnt an der A 4085 bei der Brücke Pont Alyn.

In Beddgelert

BEDDGELERT / Eryri

Praktische Tipps

Touristeninfo, Internet
- **Yr Hen Gapel,** Porthmadog Road (an der Straße Richtung Nantmor und Porthmadog), Tel. (01766) 89 06 15, beddgelert@eryri npa.gov.uk.

Unterkunft
- **Tanronnen Inn**£££, Village Centre, Tel. (01766) 89 03 47. Sehr schönes Hotel, stilvoll, zentrale Lage.
- **Gwesty Bach Guest House**££, Caernarfon Road, Tel. (01766) 89 05 51. Einfache Unterkunft.
- **Plas Gwyn**££, Caernarfon Road, Tel. (01766) 89 02 15, www.plas-gwyn.com. Nettes und zentrales B&B.
- **Saracen's Head**£-££, Caernarfon Road, Tel. (01766) 89 02 23. Einfaches, nettes Hotel über hübschem Restaurant.

Camping
- In der Umgebung befinden sich zwei Campingplätze. Gut ausgestattet ist die **Beddgelert Forest Site,** Caernarvon Road, Tel. (01766) 89 02 88.
- Näher an der Stadt (zehn Minuten zu Fuß), dafür mit weniger Komfort ist der große Platz **Cae Du Camping** (A 498 Richtung Capel Curig), Tel. (01766) 89 03 45.

Essen und Trinken
- **Royal Goat Hotel**££, Porthmadog Road, Tel. (01766) 89 02 24. Nettes Restaurant mit Außengastro.
- **Prince Llewelyn**££, Smith Street, Tel. (017 66) 89 02 42. Rustikal, ähnlich wie ein Pub.
- **River Garden Restaurant**£, (im Gwesty Bach Guest House). Kleines, rustikales Restaurant. Mit Außengastro am Fluss.

Landschaft bei Beddgelert

Cafés

- **Beddgelert Antiques and Tea Room,** Waterloo House, Tel. (01766) 89 05 43. Hübsches Café gegenüber der Brücke im Antiquitätenladen.
- **Lyn's Café and Tea Garden,** Church Street, Tel. (01766) 89 03 74. Nahe der Brücke über den Fluss Colwyn. Nettes Café mit Außengastro.

Pubs

In Beddgelert gibt es keine typischen Pubs. Dem Gewohnten entsprechen am ehesten:
- **Prince Llewelyn** (s.o.)
- **Tanronnen Inn** (s.o.)
- Den nächsten „normalen" Pub findet man in Rhyd-Ddu (fünf Kilometer Richtung Caernarvon), die **Cwellyn Arms** bietet Mahlzeiten und Unterkunft, Tel. (01766) 89 03 21.

Einkaufen

- **Beddgelert Woodcraft Factory Shop & Gallery/Siop Gwaith ag Oriel,** Village Centre, in der Nähe der Brücke, Tel. (01766) 89 05 86, im Sommer tägl. 9.30–17.30 Uhr, im Winter tägl. 9.30–17 Uhr. Holzschnitzereien, Schmuck, Gemälde.

Verkehrsverbindungen

- Bus S4 von/nach **Caenarfon**, Bus S96, S97 von/nach **Porthmadog**

Llanberis ♫ III/C2

[hlanberis] www.llanberis.org

Am Fuße des Snowdon, zwischen den Seen Llyn Peris und Llyn Padarn, liegt Llanberis. Von hier aus ist sowohl der Aufstieg als auch die Fahrt mit der Zahnradbahn auf den Snowdon möglich. Der nette Ort hat einige Sehenswürdigkeiten zu bieten und eignet sich gut für ein zwei- bis dreitägiges Verweilen. Die Schiefersteinbrüche zählten einst zu den größten der Welt. Kommt man von Süden über den Pass von Llanberis (A 4086) sieht man rechts den Berg Glyder Fawr (999 m).

Sehenswertes

Auf dem Gelände des **Padarn Country Park/Parc Padarn** befinden sich mehrere Sehenswürdigkeiten.

Sehr lohnend ist ein Besuch des **Welsh Slate Museum.** Die Geschichte des Schieferabbaus wird hier in einem 3D-Film und in mehreren interessanten Ausstellungen mit Vorführung veranschaulicht. Auch für Kinder ein Erlebnis. Mit Café.
- www.nmgw.ac.uk, Tel. (01286) 87 06 30, Ostern bis Okt. tägl. 10–17, Nov.–Ostern So.–Fr. 10–16 Uhr. Der Eintritt ist frei, Parkgebühr.

Auf der Fahrt mit der Schmalspurbahn **Llanberis Lake Railway** hat man einen schönen Blick über den See Llyn Padarn und den Snowdon. Die Fahrt geht ab dem Padarn Country Park nach Llanberis, dann nach Cwm Derwen und wieder zurück nach Padarn.
- Tel. (01286) 87 20 14, Ostern–Okt. So.–Fr. 11–16 Uhr, Sa. ab 12.15 Uhr, Nov.–Ostern Do ab 11 Uhr, Juli/Aug. tägl. 11–16 Uhr, ££ (hin und zurück), www.lake-railway.co.uk.

Mit der Schmalspurbahn oder über den Fußweg Padarn Walk ab dem Café ist das **Cwm Derwen Woodland Centre** zu erreichen, wo man sich über die Geschichte des dahinter liegenden Waldes informieren kann.
- Tel. (01286) 87 05 49, Ostern–Okt. So.–Fr. 11–16 Uhr, Sa. ab 12.15 Uhr,

LLANBERIS

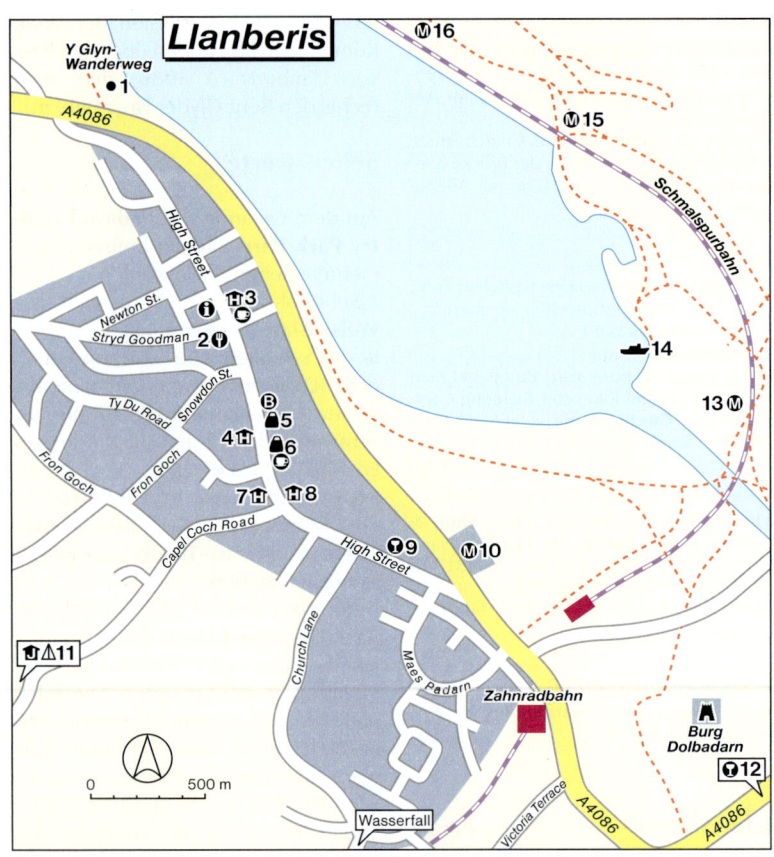

UNTERKÜNFTE
- 🏠 3 Pete's Eats
- 🏠 4 Erw Fair Guest House
- 🏠 7 Dol Peris Hotel
- 🏠 8 Heights Hotel
- 🏠 11 Jugendherberge Llanberis,
- △   Hafod Lydan Campside

ESSEN UND TRINKEN
- 🍴 2 Pete's Bistro
- 🍴 3 Pete's Eats Café
- 🍴 6 Café Honey Farm
- 🍴 9 Padarn Lake Hotel
- 🍴 12 Vaynol Arms

SEHENSWERTES
- Ⓜ 10 Electric Mountain
- Ⓜ 13 Welsh Slate Museum
- Ⓜ 15 Quarry Hospital
- Ⓜ 16 Cwm Derwen Woodland Centre

SONSTIGES
- • 1 Surf-Lines Adventures
- 🔔 5 Odyn Copr
- 🔔 6 The Snowdon Honey Farm und
- 🔔   Celtic Wines
- ⛴ 14 Snowdonia Star Boat
- ℹ   Touristeninformation
- Ⓑ   Bushaltestelle

LLANBERIS

Nov.-Ostern Do. ab 11 Uhr, Juli/August tägl. 11–16 Uhr. Eintritt frei. www.lake-railway.co.uk.

Das Museum **Quarry Hospital** ist zu Fuß zu erreichen. Man erfährt hier, wie Verletzte des Schieferabbaus verarztet wurden.

● Tel. (01286) 87 08 92, Ostern–Okt., Sa/So und während der Schulferien 10–17 Uhr, £.

Im Ort selbst kann man die 1896 eingeweihte **Zahnradbahn** mit Dampflok auf den Snowdon nehmen oder nur bei der Abfahrt zuschauen.

● Snowdon Mountain Railway, Tel. (0870) 458 00 33 (Information), Tel. (0871) 720 00 33 (Reservierung), www.snowdonrailway.co.uk, April–Okt. tägl. 9–17 Uhr (nur bei gutem Wetter und bei Nachfrage), £££.

Das Besucherzentrum **Electric Mountain** informiert über Elektrizität und ist auch für Kinder interessant.

● Tel. (01286) 87 06 36, www.fhc.co.uk, Febr.–Mai, Sept.–Dez. tägl. 10–16.30 Uhr, Juni–Aug. tägl. 9.30–17.30 Uhr, Eintritt frei.

Kostenpflichtig ist dagegen die **Untergrundtour** vom Electric Mountain zur Dinorwig Power Station in ein Labyrinth von dunklen und eindrucksvollen Tunneln, £££.

Die walisische **Burg Dolbadarn** wurde vor 1230 von *Llywelyn dem Großen* (siehe Kap. „Land und Leute/Geschichte/Mittelalter") erbaut. Im Wesentlichen steht nur noch der Turm. Die Lage am Ende des See Llyn Padarn war sehr günstig: Von hier aus konnte das Tal – gestern wie heute Tor zum Nordwesten – gut kontrolliert werden. In den 1250ern ließ *Llywelyn der Letzte* hier seinen Bruder *Owain Goch (Owain ap Gruffydd)* für 20 Jahre einkerkern. Dann kam die Burg in den Besitz von Llywelys anderem Bruder *Dafydd*. 1282 wurde sie von den Engländern eingenommen und nach nur zwei Jahre aufgegeben. Frei zugänglich, Eintritt frei.

Spaziergänge

Außer Wanderungen auf den Snowdon (s.o.) lassen sich auch kleinere Spaziergänge unternehmen, so der **Rundwanderweg Y Glyn,** ca. zwei Kilometer. Am Weg gibt es einen Bootsverleih.

Im Padarn Country Park führen mehrere ausgeschilderte Spazierwege zu den **Schiefersteinbrüchen.** Von den zugehörigen Gebäuden sind einige als Ruinen erhalten.

● Tel. (01286) 87 08 92, Eintritt frei.

Parallel zu den Schienen der Snowdon Mountain Railway gelangt man zum **Wasserfall Ceunant Mawr** (circa ein Kilometer, 20 Minuten).

Praktische Tipps

Touristeninformation

● 41b High Street, Tel. (01286) 87 07 65, llanberis.tic@gwynedd.gov.uk.

Unterkunft

● **Erw Fair**££, High Street, Tel. (01286) 87 24 00. Schönes Guest House mit Frühstücksbüffet. www.erwfair.com.
● **Dol Peris Hotel**££, High Street, Tel. (01286) 87 03 50, www.dolperis.com. Schön dekorierte, großzügige Zimmer.

LLANBERIS

- **Bunkhouse**£, im Heights Hotel, 74 High Street, Tel. (01286) 87 11 79, www.heightshotel.co.uk. Einfache, preiswerte Unterkunft.
- **Jugendherberge Llanberis**£, Llwyn Celyn, Tel. (01286) 87 02 80. Schöne Lage, Blick auf See und Berge. Der Weg ist ausgeschildert.
- **Pete's Eats**£, Unterkunft über dem Café.

Camping

- **Hafod Lydan Campside,** Capel Goch Road (500 Meter hinter der JH), Tel. (01286) 87 09 23. Einfacher, preiswerter Platz ohne Duschen. Sehr rustikal, schöne Lage, windig.

Essen und Trinken

- **Pete's Bistro**£, 43–45 High Street, Tel. (01286) 87 12 78. Gute Auswahl an preiswerten Gerichten.

Café, Internet

- **Pete's Eats Café**£, 38–40 High Street, Tel. (01286) 87 01 17, www.petes-eats.co.uk. Einfach und modern eingerichtet, viele Bergsteiger.
- **Café bei der Honey Farm**£, (s.u.). Gemütliche Atmosphäre.

Pubs

- In Llanberis gibt es kaum unabhängige Pubs, die Einheimischen suchen die Hotelbars auf, wie z.B. die im **Padarn Lake Hotel**, High Street, Tel. (01286) 87 02 60.
- Im Vorort Nant Peris gibt es **Vaynol Arms,** Tel. (01286) 87 02 84. Traditioneller Pub mit *barmeals*.

Aktivitäten

- Die Surf-Lines Adventures sind fürs **Kanufahren, Klettern** und **Wandern** zuständig. Y Glyn Lakeshore, Tel. (01286) 87 90 01, www.surf-lines.co.uk.
- **Motorboote** sind auf den Seen verboten.
- **Bootsfahrten** lassen sich bei Snowdonia Star Boat Trips buchen. Bootsfahrt auf dem See Llyn Padarn mit Erläuterungen. Gilfach Ddu, Padarn Country Park, Tel. (01248) 67 11 56, Ostern bis Okt.
  Außerhalb von Llanberis sind folgende Anlaufstellen für Aktivitäten zu nennen:

- High Trek Snowdonia, geführte **Wanderungen** und **Klettertouren,** Tal y Waen, Deiniolen, Caernarfon, Tel. (01286) 87 12 32, www.hightrek.co.uk.
- Beacon Climbing Centre, **Klettern drinnen!** Daher ganzjährig und bei jedem Wetter. Ceunant, Waunfawr (drei Kilometer westlich), www.beaconclimbing.com, Tel. (01286) 65 00 45.
- Snowdon Gliders, The Mountain Paragliding Centre, **Paragliding-Kurse,** Yr Ynys, Mynydd Llandegai, Tel. (01286) 60 03 30, www.snowdongliders.co.uk.

Einkaufen

Im Ort befinden sich mehrere **Outdoor-Fachgeschäfte**. Des Weiteren gibt es:

- **Odyn Copr,** 66 High Street, Tel. (01286) 87 13 66. Neue und alte Bücher, viel über Wales. Spezialgebiet Wandern und Klettern.
- **The Snowdon Honey Farm** und **Celtic Wines,** High Street, Tel. (01286) 87 02 18. Verschiedene walisische Honigsorten (auch zum probieren). Alles um den Honig. Sehr freundliche walisischsprachige Bedienung. Außerdem Römer-Met, Frucht- und Honigweine.
- **The Slate Shop,** Welsh Slate Museum (s.o.). Gute Auswahl an Souvenirs aus Schiefer, Holz und Metall. Auch Reiseliteratur wird hier verkauft.

Verkehrsverbindungen

- Bus 85 von/nach **Ysbyty Gwynedd,** dort umsteigen in Bus 1 nach **Bangor** und **Caernarfon,** Bus 9A nach **Caernarfon,** Bus S2 nach **Betws-y-Coed.**

Miniaturbahn in Betws-y-Coed

Atlaskarte S. III

Betws-y-Coed ⌕ III/D3

[betus ö keud]
www.betws-y-coed.co.uk

Der hübsche Ort im Schnittpunkt der Täler des Lledr [hledr], des Llugwy [hligwi] und des Conwy [komwi] wurde im 19. Jahrhundert nur für Touristen angelegt. An Ruhe und Idylle ist allerdings nur im Winter zu denken. Der Straßenort am Rande des Nationalparks bietet eine gute Infrastruktur, besonders zum Übernachten und Einkaufen. Er eignet sich gut als Ausgangspunkt für Ausflüge.

Sehenswertes

Die Steinbrücke **Pont-y-Pair** [pont ö peir] schwingt sich mit elf Bögen idyllisch über die Stromschnellen des Llugwy. Für Fußgänger ist sie gefährlich, da es schon für Autos eng ist.

Im gegenüber dem Bahnhof gelegenen **Conwy Valley Railway Museum**

befindet sich eine kleine Ausstellung zur Eisenbahn. Kinder können hier mit einer Miniaturbahn fahren.
●The Old Goods Yard, Tel. (01690) 71 05 68, tägl. 10–17 Uhr, der letzte Zug um 16.30, £.

Oldtimer gibt es im **Betws-y-Coed Motor Museum,** hinter dem Railway Museum, zu sehen. In der Regel sind über 30 Fahrzeuge ausgestellt.
●Tel. (01690) 71 07 60, Ostern bis Okt. tägl. 10–18 Uhr, £.

Spaziergänge

Von Betws-y-Coed führt ein Pfad vom Parkplatz bei der Brücke Pont-y-Pair durch das Llugwy-Tal zu den romantischen Wasserfällen **Swallow Falls** (£).

Bei Cae'n-y-Coed, 400 Meter westlich der Swallow Falls, lassen sich im **Gwydir Forest Park** Wanderungen unternehmen.

Zu den Conwy Falls (£) und nach Fairy Glen Ravine gelangt man durch das **Conwy-Fluss-Tal** Richtung Süden.

Der nahe gelegene Ort **Capel Curig** ist eine gute Ausgangsbasis zum Wandern und Angeln.

Touristeninformation
●Snowdonia National Park Visitor Centre, Royal Oak Stables (beim Bahnhof). Mit Ausstellung zum Nationalpark. Tel. (01690) 71 04 26, tic.byc@eryri-npa.gov.uk, Eintritt frei.

Unterkunft
Die Unterkünfte konzentrieren sich alle entlang der Durchgangsstraße. Jedes zweite Haus ist hier ein Hotel, Guest House oder B&B. Dennoch sollte man in dem beliebten Ferienort unbedingt vorbuchen.

●**B&B Talking Point**££, Holyhead Road, Tel. (01690) 71 09 57, jeanne.wainwright@virgin.net. Elegant und luxuriös.
●**Fairhaven Hotel**££, Holyhead Road, Tel. (01690) 71 03 07. Klein und ordentlich, mit Restaurant. Zentral.
●**B&B Cyrau View**£, Holyhead Road, Tel. (01690) 71 07 71, cyrauview771@aol.com. Nett und ordentlich.
●**B&B Bistro Betws-y-Coed**£, Holyhead Rd. Tel. (01690) 71 03 28, www.bistrobetws-y-coed.com. Ordentlich, mit Restaurant (s.u.).

Camping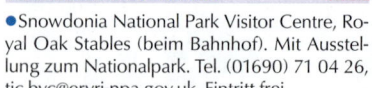
●**Riverside C&C,** Tel. (01690) 71 03 10. Zentral, hinter dem Bahnhof.

Essen und Trinken
●**Tŷ Gwyn**££-£££ (A 5 südlich der Brücke Waterloo), Tel. (01690) 71 03 83 oder 71 07 87. In der hübschen ehemaligen Kutschstation aus dem 17. Jahrhundert mit antikem Mobiliar gibt es leckere Gerichte, sowohl *barmeals* als auch anspruchsvollere Küche.
●**Royal Oak Hotel**££-£££, Holyhead Road, Tel. (01690) 71 02 19. Gute Auswahl.
●**Bistro Betws-y-Coed**£££, (s.o.). Schlicht eingerichtet, walisische Gerichte.
●**Glan Aber Hotel**££, Holyhead Road, Tel. (01690) 71 03 25. Edel, gepflegt. Gute Auswahl. Mit *barmeals*£.

Cafés
●**Caffi Caban y Pair**£, Tel. (01690) 71 05 05, Holyhead Road. Kleines Café bei der Brücke. Günstiges, warmes Essen. Eher modern eingerichtet.
●**The Alpine Coffee Shop**£, Old Station, Tel. (01690) 71 07 47. Mit Außengastro.
●**The Buffet Coach Café**£, Railway Museum, Tel. (01690) 71 05 68. Café in einem stillgelegten Waggon.

Pubs
●**Royal Oak Hotel** (s.o.). Beliebte Trendy-Bar, gelegentlich Jazz.

Einkaufen

- In der **Holyhead Road** und beim **Bahnhof** befinden sich mehrere Geschäfte, überwiegend mit Sportartikeln.

Verkehrsverbindungen

- Zug von/nach **Conwy** und **Blaenau Ffestiniog.**
- Bus S6 von/nach **Bethesda,** dort umsteigen in den Bus 6, 66, 76 von/nach **Bangor.**

Ausflüge in die Umgebung

An der A 5 liegt Richtung Bangor nach vier Kilometern das alte Häuschen **Ugly House/Tŷ Hyll** [tii hihl] („hässliches Haus"), das eigentlich gar nicht so hässlich ist. Nach der Legende soll es 1475 von zwei geächteten Brüdern gebaut worden sein. Damals hieß es, wer über Nacht ein Haus bauen könne, aus dessen Kamin bei Morgengrauen der Rauch aufstieg, dürfe es samt Grundbesitz behalten.
- Tel. (01690) 72 02 87, Ostern–Okt. tägl. 9.30–16.45 Uhr, Nov.–Ostern Mo.–Fr. 9.30–16 Uhr, £.

Östlich von Betws-y-Coed liegt der kleine Ort Capel Garmon und einen Kilometer südlich davon die neolithische Grabkammer **Capel Garmon** (2500–1900 v. Chr.). Der Eingang befand sich ursprünglich auf der Südseite. Die innere Kammer ist in T-Form angelegt. Nur ein Deckenstein ist erhalten. Zu Fuß geht man fünf Minuten ab dem Parkplatz.

Dolwyddelan III/C3

Der kleine Ort Dolwyddelan im romantischen Lledr-Tal ist nach *St. Gwyddelan* benannt, der hier im 6. Jahrhundert eine Kirche gründete. Die **Römerstraße** Sarn Helen führte durch das Tal, von Caerhun bei Conwy nach Carmarthen. Die **Burg** Dolwyddelan gilt als Geburtsort *Llywelyns des Großen,* der sie 1210–1240 ausbaute. 1283 wurde sie von den Engländern eingenommen, die bis 1290 hier blieben. Danach wurden Burgen im Binnenland immer unbedeutender. Im 15. Jahrhundert war sie aber wieder bewohnt, *Maredudd ap Ieuan* lebte hier. Heute steht nur noch der viereckige Turm. Spektakulär ist die Landschaft in der Umgebung.
- Tel. (01690) 75 03 66, Mo.–Sa. 10–17, So. 11.30–16 Uhr, Okt.–März Mo.–Sa. 10–16 Uhr, So. 11.30–16 Uhr, £.

Capel Curig III/C3
[kapel kirig]
www.visitcapel.fsnet.co.uk

Das nahe Capel Curig (an der A 5) ist ein Zentrum der **Wander- und Sportsfreunde** und zur Unterkunft auch nur solchen zu empfehlen. Beliebt ist z.B. eine Wanderung auf den Carnedd Moel Siabod (872 Meter). Infos, auch zum Klettern und Kanufahren:
- Plas-y-Brenin: The National Mountain Centre, Tel. (01690) 72 02 14, www.pyb.co.uk.

Praktische Tipps

Unterkunft/Essen und Trinken
- **Bryn Tyrch Hotel**££–£££, Tel. (01690) 72 02 23, www. bryntyrch-hotel.co.uk. Mit Restaurant und Bar. Treffpunkt der Wanderer. Rusti-

LLANRWST UND TREFRIW

kal, offener Kamin, familienfreundlich, abwechslungsreiche Küche, auch vegetarisch. Im „The Good Pub Guide 2007".

Camping
- **Llyn Gwynant Campside,** über die A 498 erreichbar, direkt am See, idyllische Lage, Tel. (01766) 89 03 40, www.gwynant.com.

Cafés
- **Pinnacle Café** (Outdoor Shop), Main Road (an der Kreuzung der Hauptstraßen), Tel. (01690) 72 02 01. Einfaches Café.
- **Caffi Bryn,** Tel. (01690) 72 02 15. Kleines Café neben Bryn Tyrch Hotel.

Einkaufen
- In dem kleinen Ort gibt es mehrere **Outdoor-Shops.**

Verkehrsverbindung
- Bus S97 von/nach **Betws y Coed,** Bus S6 nach **Bangor,** Bus S2 nach **Llanberis.**

Llanrwst und Trefriw

[hlanrust] [trewriu]   *III/D2*

Das breite Conwy-Tal zieht sich von Conwy bis nach Betws-y-Coed. Der Conwy war zur Zeit der Römer bis Llanrwst schiffbar. Die Römer haben aber auch im benachbarten Trefriw ihre Spuren hinterlassen. Der Name *Llanrwst* („Kirche des Grwst") geht auf den keltischen heiligen *Grwst* aus dem 6. Jahrhundert zurück. Einst fand der größte Wollmarkt von Nordwales in Llanrwst statt. Ende des 19. Jahrhunderts war der Conwy voll von Vergnügungsdampfern. Erst nach dem Zweiten Weltkrieg wurden diese trockengelegt. Zahlreiche kleine Sehenswürdigkeiten machen es empfehlenswert, in einem der beiden Orte zu übernachten, die Highlights zu besuchen und es sich in den Cafés von Llanrwst gut gehen zu lassen. Llanrwst ist der geschäftigere, Trefriw der ruhigere Ort.

Sehenswertes

Die **Burg Gwydir/Gwydyr** [gwödir] (15. Jahrhundert) an der westlichen Flussseite bei **Llanrwst** war der Wohnsitz der einflussreichen Familie *Wynn* (*Robert Wynn* ließ sich das Stadthaus Plas Mawr in Conwy bauen) und von *Catherine de Berain* (1535–1591), einer Kusine von *Elisabeth I.,* genannt *Mam Cymru* („Mutter von Wales"), da sie dem Land viele Kinder schenkte. Das Herrenhaus im Renaissancestil hat einen guten Ruf für seine Gärten.
- Tel. (01492) 64 16 87, www.gwydir castle.co.uk, März–Okt. Di.–Fr./So. 10–16 Uhr, März–Okt., ££.

Robert Wynn ließ sich unweit seine private Kirche **Gwydir Uchaf Chapel** bauen (1673), das Innere im Stil des Barock. Den Schlüssel kann man bei der Forestry Commission abholen.
- Tel. (01492) 64 16 87. Den Schlüssel kann man sich bei der Burg Gwydir abholen. Eintritt frei.

Im pittoresken Haus **Tu Hwnt i'r Bont** [tii hunt i'r bont] („auf der anderen Seite der Brücke") aus dem 15. Jh. sind ein Café und ein kleines Antiquariat untergebracht.

Über die dreibogige, 1636 von *Inigo Jones* erbaute Brücke **Pont Fawr** [pont waur] („große Brücke") geht es nun in die Ortsmitte von **Llanrwst.**

In der **Kirche St. Grwst** (1670) sind Holzschnitzereien aus dem 15./16. Jh. zu sehen. Sie stammen von der im 16. Jh. aufgelösten **Abtei Maenan,** die sich weiter unten am Fluss befand.
● Di.–Fr. 10–16 Uhr, Eintritt frei

Die **Gwydir Chapel** wurde 1633 für die Wynn-Familie als Mausoleum errichtet. Bemerkenswert ist der steinerne, leere Sarg, angeblich von *Llywelyn dem Großen* (1173–1240), vermutlich im 15./16. Jh. per Boot aus dem aufgelösten Kloster Conwy hierher gebracht. Das Schicksal seiner Gebeine ist unklar.
● Unregelmäßige Öffnungszeiten (falls geschlossen, bei Haus Nr. 14 fragen), Eintritt frei.

In den 1610 erbauten **Sozialhäusern** *(Almhouses)* gleich neben der Kirche ist heute eine sehr lohnenswerte Ausstellung zum Leben ihrer früheren Bewohner untergebracht.
● Tan yr Eglwys Lane, Tel. (01492) 64 25 50, www.llanrwstalmshouses.co.uk, Di.–Fr. 10.30–15.30 Uhr, Sa./So. 12–15.30 Uhr.

In **Trefriw** ist die noch produzierende **Trefriw Woollen Mill** (Wollmühle) sehenswert. Produktionsmethoden aus dem 19. Jahrhundert werden vorgestellt, ergänzt durch eine Ausstellung zum Wollerzeugungsprozess.
● Tel. (01492) 64 04 62, www.t-w-m.co.uk, Museum: Ostern–Sept. Mo.–Fr 10–13, 14–17 Uhr, Eintritt frei. Laden: Sommer: Mo.–Sa. 9.30–17.30 Uhr, Winter: Mo.–Sa. 10–17 Uhr, ganzjährig So. 10–17 Uhr.

Der dazugehörige Wasserfall **Fairy Falls** befindet sich etwas oberhalb am Fluss Crafnant.

Ein Rundgang führt nördlich von Trefriw durch die schon von den Römern genutzte eisenhaltige Heilquelle **Trefriw Wells Spa,** die auch später noch in Betrieb war. Ihre Glanzzeit hatte sie Ende des 19. Jahrhunderts. Zu sehen sind die alten Badehäuser. Das eisenhaltige Wasser kann im Laden erworben werden. Mit Café.
● www.spatone.com, Tel. (01492) 64 00 57, Ostern–Sept. tägl. 10–17.30 Uhr, Okt.–Ostern Mo.–Sa. 10 Uhr, So. 12 Uhr bis zur Dämmerung, £.

Spaziergänge

Von Llanrwst aus kann man an beiden Uferseiten des **Conwy** Richtung Norden laufen (Riverside Walk).

Von der Gwydir Uchaf Chapel führen einige Wanderwege in den **Gwydir/Gwydyr-Wald.**

Von Trefriw aus kann man vom Parkplatz am See **Llyn Crafnant** mehrere Wanderungen unternehmen.

Praktische Tipps

Unterkunft
● **Y Dolydd Meadowsweet Hotel**££, Llanrwst, Station Road, Tel. (01492) 64 21 11, www.meadowsweethotel.com. Schönes kleines Hotel mit Blick auf den Gwydir Forest.
● **Tŷ Newydd Guest House**£, Trefriw, Tel. (01492) 64 12 10, www.tynewyddtrefriw.co.uk.

Camping
● **Bodnant C&C Park,** Llanrwst, zweite Abfahrt Richtung Nebo, Tel. (01492) 64 02 48, www.brodnant-caravan-park.co.uk. Schön mit Blumen dekoriert, zehn Minuten vom Stadtzentrum.

BLAENAU FFESTINIOG

Essen und Trinken

- **Amser Da**££–£££, Llanrwst, Station Road, Tel. (01492) 64 11 88, Modern eingerichtet. 2005 von *Dining out/Bwyta Allan* mit Silber ausgezeichnet.
- **The Tannery**££, Llanrwst, Willow Street, Tel. (01492) 64 01 72. Modern eingerichtet, abwechslungsreiches Angebot, am Fluss.
- **Fairy Falls Hotel**££, Trefriw, Llanrwst Road, Tel. (01492) 64 02 50. Gute Angebote, eigener, vom Pub getrennter, Speiseraum.

Cafés

Im alten Marktstädtchen **Llanrwst** gibt es außergewöhnlich viele schöne Cafés.
- **Tu Hwnt i'r Bont,** Café und Antiquariat in malerischem Haus (s.o.).
- **Bwyty Yr Hen Aelwyd Cafe,** Denbigh Street, Tel. (01492) 64 04 51. Hübsch und klein, in altem Haus.
- **La Barrica,** The Square. Modernes Espresso-Café.
- **Café im Pickwick's Antiquitätenladen** (s.u.). Die ganz besondere Atmosphäre.
- **The Tannery** (s.o.). Wer's moderner mag.

Pubs

- **New Inn/Tafarn Newydd,** Llanrwst, Denbigh Street, Tel. (01492) 64 04 76. Hübsch eingerichtet, klein.
- **Pen y Bont Inn,** Llanrwst, Bridge Street, Tel. (01492) 64 02 02. Alter, stilvoller kleiner Pub.
- **Fairy Falls,** Trefriw (s.o.).
- **The Old Ship/Yr Hen Llong,** Trefriw, Llanrwst Road, Tel. (01492) 64 00 13. Gemütlich.

Einkaufen

- **Bys y Bawd,** Llanrwst, 29 Denbigh Street, Tel. (01492) 64 13 29, www.bysabawd.com. Walisische Bücher und andere Wales-Artikel.
- **Pickwick's,** Llanrwst, Bridge Street, Tel. (01492) 64 02 75. Antiquitätengeschäft mit Teestube.
- **Delicatessen Blas ar Fwyd,** Llanrwst, Station Road, www.blasarfwyd.com, Tel. (01492) 64 02 15. Walisische Spezialitäten.
- Laden der **Wollmühle Trefriw** (s.o.).

Verkehrsverbindungen

- Llanrwst: Bus 84 von/nach **Llandudno,** Bus S2 von/nach **Capel Curig,** Bus X1, 84 von/nach **Blaenau Ffestiniog,** Bus X19 nach **Llangollen,** Bus 19, X19 von/nach **Conwy.**
- Trefriw: Bus 19, X19 von/nach **Conwy** und **Llanrwst.**

Blaenau Ffestiniog

[bleine festiniog] ⌐III/C3
www.ffestinog.org.uk

Blaenau Ffestiniog ist ein altes **Schieferzentrum,** was man gleich beim Hineinfahren merkt. Die Häuser sind alle mit Schiefer gedeckt, was bei Sonnenschein blenden kann, bei Regen aber den grauen, düsteren Eindruck noch verstärkt. Der erste walisischsprachige Film wurde in Blaenau Ffestiniog gedreht: „*Y Chwarelwr*" [ö chwarelur] („Der Steinbrucharbeiter"), von 1935. Heute wird hier allerdings nur noch wenig Schiefer abgebaut, die Nachfrage fehlt. Ein Besuch des Ortes lohnt sich besonders für technisch Interessierte.

Schiefer, das in dünnen, ebenen Platten brechende Gestein, war einst die Hauptindustrie des Nordens. Schon die Römer nutzten ihn zur Abdeckung der Häuser vom Kastell Segontium (das heutige Caernarfon). *Edward I.* verwendete ihn für die Ausstattung seiner Burgen. Der große Durchbruch kam dann mit der britischen industriellen Revolution (ca. 1780), die zu einer verstärkten Urbanisierung und damit zu einem größeren Bedarf an Schieferdächern führte.

Atlaskarte S. III

BLAENAU FFESTINIOG 119

Heute werden nur noch in Ausnahmefällen größere Mengen an Schiefer benötigt, so etwa nach der Hurrikan-Katastrophe 1999 in Australien, als ein großer Teil der beschädigten schiefergedeckten Häuser mit Schiefer aus Wales neu gedeckt wurde.

Sehenswertes

Das **Schieferbergwerk Llechwedd** wurde 1846 eröffnet. Früher wurden hier jährlich Tausende Tonnen abgebaut. Heute wird nur noch in zwei Minen gearbeitet. In einer bessert man seit 1972 die Einnahmen durch Führungen auf. Zwei Touren stehen zur Auswahl.

Bei der knapp halbstündigen **Deep Mine Tour** fährt man in einer Bahn steil hinunter. Unten erzählt der Geist eines Arbeiters aus dem 19. Jahrhundert von dem sozialen Leben der Arbeiter. Zu sehen sind mehrere Kammern und ein unterirdischer See.

Alte Lok

BLAENAU FFESTINIOG

Miner's Tramway ist eine geführte Tour durch die Höhlen. Es wird die Arbeit im Bergwerk gezeigt, unterstützt von zahlreichen Informationstafeln. Mit Laden, Pub und Café. Anschließend kann man sich noch im Village umsehen.
● Llechwedd Slate Caverns, Tel. (01766) 83 03 06, www.llechwedd-slate-caverns.co.uk, März–Sept. tägl. 10–17.15 Uhr, Okt.–Feb. tägl. 10–16.15 Uhr, £££ (Preisnachlass für beide Touren), Village Eintritt frei.

Neben dem Queen's Hotel befindet sich der Bahnhof des Dampfzugs **Ffestiniog Railway,** der ältesten Schmalspurbahn für Passagiere, von 1863. Man kann bis nach Porthmadog fahren. Dorthin wurde früher der Schiefer transportiert. Mit Laden.
● Tel. (01766) 51 60 73 (Porthmadog), www.festrail.co.uk, Apr.–Okt., täglich mehrere Fahrten, £££ (hin u. zurück).

Im Kraftwerk **Hydro Centre Ffestiniog Power Station** erfährt man alles über den Turbinenantrieb.
● Tanygrisiau, Tel. (01766) 83 04 65, www.fhc.co.uk, Ostern, Pfingsten, Juni–Sept. So.–Fr. 10–17 Uhr, Centre Eintritt frei, geführte Tour, £.

Wanderungen

Ab Tanygrisiau (südwestlich von Blaenau Ffestiniog) lassen sich der Moelwyn Mawr (771 Meter), der Moelwyn Fach (712 Meter) und der Cnicht (691 Meter) besteigen.

Praktische Tipps

Touristeninformation
● High Street, Tel. (01766) 83 03 60, www.tic.blaenau@eryri-npa.gov.uk.

Unterkunft
● **Queen's Hotel**££, 1 High Street, Tel. (01766) 83 00 46, www.queens-snowdonia.co.uk. Zentrale Lage, gleich neben dem Dampfzug. Schöne Zimmer.

Camping
● **Llechrwd** (in Maentwrog), Tel. (01766) 59 02 40, llechrwd@hotmail.com. Der nächstgelegene, gut ausgestattete Campingplatz.
● **Bryn Tirion** (vier Kilometer nördlich im Lledr-Tal, bei der Burg Dolwyddelan), Tel. (01690) 75 03 66. Einfacher, aber idyllischer.

Essen und Trinken
● **Queen's Hotel**£-££ (s.o.). *Barmeals*

Pubs
Traditionelle Pubs in Blaenau Ffestiniog sind:
● **Queen's Hotel** (s.o.)
● **The Commercial/Y Cwm,** Commercial Square, Tel. (01766) 83 02 96. Zentrale Lage.
● **Y Meirion,** High Street, Tel. (01766) 83 07 61. Ebenfalls zentral.
● **The Wynnes Arms/Arfbais Wynnes,** Manod Road, Tel. (01766) 83 04 01. Am Südende des Ortes.

In Wales gibt es ein reichhaltiges Käseangebot

BLAENAU FFESTINIOG

Snowdonia/Eryri

Einkaufen

- Bei der **Schiefermine** gibt es mehrere Geschäfte mit Souvenirs.
- Im Ort befindet sich neben der Touristeninformation **Slate World**, Fence Gate, High Street, Tel. (01766) 83 10 28. Verschiedene Schieferartikel. Gravuren möglich.

Verkehrsverbindungen

- Zug von/nach **Llandudno**
- Bus 1 von/nach **Caernarfon,** Bus 35 von/nach **Dolgellau,** Bus 84 von/nach **Llandudno**

Ausflüge in die Umgebung

↗ III/C3

Südlich von Llan Ffestiniog (im Süden von Blaenau) führt ab der Biegung der A 4108 bei Bont Newydd ein Pfad den Fluss Cynfa entlang Richtung Osten und durch die Schlucht zum Rhaeadr y Cwm [hreadr ö kum], dem **„Wasserfall des Tals"**.

Im Besucherzentrum der **Nuclear Power Station** bei Trawsfynydd (südlich von Blaenau Ffestiniog an der A 470) erfährt man alles über Atomenergie. Ein Besuch ist auch für Kinder lohnenswert.

- Tel. (01766) 54 06 22, www.bnfl.com, März–Oktober 9.30–16.30 Uhr, Eintritt frei.

Unterkunft

- **Hostel Llys Ednowain**£, Pen-y-Gareg Street, Trawsfynydd, Tel. (01766) 77 03 24, rheolwr.llysednowain@virgin.net. Ordentliche Herberge neben dem Heritage Centre.

Die Insel Môn (Anglesey/ Ynys Môn)

[önis moon]

Überblick

Wie alle Inseln hat Môn ihren ganz eigenen Charakter. Mit ca. 715 Quadratkilometern ist sie etwas größer als die Isle of Man.

Der englische **Name** Anglesey bedeutet „Fjord", von altnordisch o̧ngull abgeleitet. *Tacitus* nannte die Insel *Mona*, wovon sich das walisische *Môn* ableitet, die Bedeutung ist unklar. Die Waliser setzen oft noch *mam Cymru* [mam kömri] („Mutter von Wales") hinzu, eine Anspielung auf die einst reichen Kornfelder der Insel, die früher ganz Wales versorgten. Inzwischen setzt sich auch im englischen Sprachgebrauch der Name *Môn* immer mehr durch.

Die Insel war bereits in der mittleren Steinzeit relativ dicht besiedelt, was hauptsächlich auf die zentrale Lage in der Irischen See zurückzuführen ist. Zu dieser Zeit waren Seereisen wesentlich sicherer und schneller als der Landweg. Die Irische See war daher Hauptverkehrsweg im westlichen Britannien und Irland, Môn ein idealer Haltepunkt. Die Insel war immer gut erreichbar. Die Römer drangen dort ein, indem sie einfach durch die Meerenge schwammen. Am Ende der prähistorischen Periode war Môn das Zentrum der Druiden (keltische Priester), die von den Römern massakriert wurden und schließlich von der Bildfläche verschwanden. Später (7.–13.

Sandstrand bei Newborough

Atlaskarte S. II

DER SÜDOSTEN

Jahrhundert) war die Insel die Hochburg der Prinzen von Gwynedd mit Hauptsitz in Aberffraw, 850–1050 Angriffsziel der Wikinger.

Von der **Landschaft** her ist Môn weniger spektakulär als andere Gegenden in Wales. Es gibt aber sehr hübsche Küstenabschnitte, besonders entlang der Nordküste. Quer über die Insel führt eine Autobahn nach Holyhead zur Fähre nach Irland. Ansonsten lohnt sich ein Besuch vor allem wegen der zahlreihen **Altertümer,** der Burg in Beaumaris und der Klosteranlage Penmon im Nordosten. Will man die Insel gut kennen lernen, empfiehlt sich eine Rundtour wie hier im Uhrzeigersinn beschrieben (zum Küstenpfad siehe auch im Kapitel „A–Z/Sport und Aktivitäten").

Der Südosten ⌖ II/B2

Menai Bridge/Porthaethwy

[por~~theith~~wi]

Das „Tor zur Insel Môn" (nach der gleichnamigen Brücke benannt) durchfahren viele Touristen zu schnell, denn die schönen Ecken erschließen sich nur demjenigen, der aussteigt, nach Church Island geht, die Belgian Promenade entlang schlendert und einen der schönen Pubs besucht. Der Ort bietet angenehme Möglichkeiten, den Abend und die Nacht zu verbringen.

Sehenswertes

Von der Menai Suspension Bridge aus ist die Britannia Bridge gut sichtbar. Beide Brücken verbinden die Insel Môn mit dem Festland und sind architektonische Besonderheiten des 19. Jahrhunderts. Die **Menai Suspension Bridge** von *Thomas Telford* (1826 erbaut, 1939 erweitert) ist eine Hängebrücke. 176 von 323 Metern hängen frei zwischen den Hauptpfeilern. Die **Britannia Bridge** von *Robert Stephenson* (1850) wurde ursprünglich nur von Zügen in Eisenröhren befahren. Nach dem Brand von 1970 nutzte man die stehen gebliebenen Pfeiler, um die Autostraße A 5/A 55 und neue Eisenbahnschienen anzulegen.

Zwischen den Brücken liegen einige kleine Inselchen. Eine von ihnen ist **Church Island/Ynys Tysilio** [tösilio] mit der kleinen Kirche St. Tysilio, deren Schutzpatron hier 630 n. Chr. die erste Kirche gründete. Die jetzige stammt aus dem 14. Jahrhundert. Die Insel bietet wunderschöne Blicke über die Meerenge und die beiden Brücken. Zu erreichen ist sie am besten zu Fuß ab dem Parkplatz Coed Cyrnol [keud körnol] an der A5 neben dem Supermarkt oder ab der Belgian Promenade/Promenâd Belgiad von der anderen Seite des Wäldchens. Während des Ersten Weltkriegs hatten belgische Flüchtlinge hier einen Damm zur Insel gebaut.

Im anlässlich des 250. Geburtstags des Baumeisters *Thomas Telford* (1957–1834) neu eröffneten **Canolfan Thomas Telford Centre,** im Jahre 2007, sind Exponate zur Geschichte der beiden Brücken und zum Ort Menai Bridge ausgestellt. Zu Telfords bedeutendsten Bauwerken gehört die Menai Suspension Bridge von 1826. Kinder unter 16 Jahren müssen von einem Erwachsenen begleitet werden. Mona Road, Tel. (01248) 71 50 46, Ostern/Mitte Juni–Mitte September tägl. 10–16 Uhr, £, für Kinder ist der Eintritt frei.

Spaziergang

Die **Belgian Promenade** führt weiter zur Beach Road, Water Street und St. George's Road, vorbei an den beiden Pieren Princess Pier und St. George Pier. Am östlichen Ende des Ortes sieht man die Inseln Ynys Faelog [önis weilog] und Ynys Gaint [önis geint].

Unterkunft

● **Anglesey Arms Hotel**££, Mona Road, Tel. (01248) 71 23 05. Stilvolles Hotel, gutes Preis-Leistungsverhältnis. Am Kreisverkehr, nahe Church Island.
● **Victoria Hotel**££, Telford Road, Tel. (01248) 71 23 09, vicmenai@barbox.net. Geschmackvoll eingerichtet.

Essen und Trinken

● **Tafarn y Bont**£££, Telford Road, Tel. (01248) 71 68 88. Klein und stilvoll mit mehreren Räumen.
● **Anglesey Arms Hotel**££ (s.o.). Warme Atmosphäre, schöne Holzstühle, gute Auswahl an traditionellen Gerichten.

Cafés

● **Café Florence**£, 4 Bridge Street, Tel. (01248) 71 51 74. Nettes Café.
● **Stafford House**£–££, 11 High Street, Tel. (01248) 71 23 68. Schönes Café im Delikatessenladen. Kleine warme Gerichte.

Der längste Ortsname

DER SÜDOSTEN

Pubs

- **Liverpool Arms,** St. George's Pier, Tel. (01248) 71 24 53. Kleiner, gemütlicher Pub.
- **Tafarn y Bont** (s.o.)
- **Anglesey Arms** (s.o.)
- Die **Bar im Victoria Hotel** (s.o.) ist etwas größer und wirkt edler.

Verkehrsverbindungen

- Bus 58 von/nach **Bangor** und **Penmon,** Bus 62 von/nach **Amlwch,** Bus 4 von/nach **Holyhead** und **Bangor.**

Ausflug in die Umgebung

Das **Schmetterlingszentrum Pili Palas** („Schmetterlinge"), drei Kilometer nordöstlich, zeigt einheimische und exotische Schmetterlinge. Außerdem ein Reptilien-, ein Tropen- und ein Vogelhaus. Laden und Café.

- Penmynydd Road, Tel. (01248) 71 24 74, www.pilipalas.co.uk, Mitte Februar–März tägl. 10.30–16.30, April–Oktober tägl. 10–17.30 Uhr, Nov./Dez. 11 Uhr–Dämmerung, ££.

Llanfairpwllgwyngyllgogerychwyrndrobwllllandysiliogogogoch

[hlanweirpuhlgwingihlgogeröchwirndrobuhlhlantösiliogogogoch]

Von Menai Bridge oder über die Britannia Bridge gelangt man gleich nach *Llanfair P.G.,* so die allgemein akzeptierte Abkürzung für den langen **Ortsnamen.** Dieser beruht auf einer Erfindung des frühen 20. Jahrhunderts, um Touristen anzulocken – ein Konzept, das sich bis heute bewährt hat. Der Name lässt sich am besten am Bahnhof fotografieren. Er bedeutet: „St. Marienkirche am Teich der weißen Haselsträucher in der Nähe des schnellen Strudels an der roten Grotte der Kirche des heiligen Tysilio". Versuchen Sie einmal ihn auszusprechen oder lassen Sie ihn sich vorlesen!

Im alten Bahnhof von 1848, als die Strecke Chester–Holyhead eröffnet wurde, ist die **Glasgalerie Oriel Tŷ Gorsaf** unterbracht. Zu sehen sind Werke verschiedener Künstler aus Wales und England. Station Yard, Tel. (01248) 71 78 76, www.orieltygorsaf. co.uk, Mi.–So. 10–17 Uhr, Di. 12–17 Uhr, Eintritt frei.

Touristeninformation

- Station Site (neben James Pringles Weavers s.u.), Tel. (01248) 71 31 77, llanfairpwll@nwtic.com.

Essen und Trinken/Pubs

In der Nähe des Bahnhofs befinden sich die folgenden zwei Pubs, welche *barmeals* und mehr anbieten:
- **Tafarn Tŷ Gwyn**££, Holyhead Road, Tel. (01248) 71 55 99. Mit Glasanbau.
- **The Penrhos Arms**££, Holyhead Road, Tel. (01248) 71 48 92. Traditioneller Pub.
- **Sidings Restaurant**£-££, James Pringle Weavers (s.u.), Tel. (01248) 71 71 71. Großes Café mit kleinen Gerichten. Ideal zum Frühstücken, viele Touristen.

Einkaufen

- **James Pringle Weavers,** The Station, Tel. (01248) 71 71 71. Walisische Souvenirs, Spezialitäten, Wollwaren. Ein Stempel mit dem langen Ortsnamen steht frei zur Verfügung. Mo.–Sa. 9–17.45, So. 11–17 Uhr.

Verkehrsverbindungen

- Zug von/nach **Bangor/Conwy, Holyhead**.
- Bus 4 von/nach **Bangor** und **Holyhead**, Bus 42 von/nach **Aberffraw**.

Plas Newydd

[plaas newith]

Am Ufer des Menai Strait (der Meerenge) liegt das **elegante Landhaus** Plas Newydd („Neuer Palast") aus dem 18. Jahrhundert, der Sitz des Marquis der Insel Môn, heute vom National Trust verwaltet. Zu sehen sind eindrucksvolle Räume neogotischer und klassizistischer Architektur, zahlreiche Familienporträts und andere Kunstobjekte. Im Militärmuseum sind Relikte des ersten Marquis ausgestellt, der die Kavallerie bei der Schlacht von Waterloo 1815 kommandierte. Bei schönem Wetter sind Bootstouren auf dem Menai Strait möglich. Mit Café.
- Tel. (01248) 71 47 95, plasnewydd@nationaltrust.org.uk, April–Okt. Sa.–Mi. Haus: 12–17 Uhr, der Garten: 11–17.30 Uhr, ££.

Auf dem Plas Newydd Gelände befindet sich auch die neolithische **Grabkammer Bryn yr Hen Bobl** [brin ör heen bobl]. Der Eintritt ist nur mit einem Ticket für die Gärten (£) gestattet.

Fährt man die A 4080 noch ein bisschen weiter Richtung Süden, so geht es an der nächsten Kreuzung rechts nach etwa einem Kilometer zur circa 4000 Jahre alten neolithischen **Grabkammer Bryn Celli Du** [brin kehli dii], die 1865 und 1925–29 ausgegraben wurde. Der Hügel ist nachträglich auf-

Atlaskarte S. II Die Insel Môn (Anglesey/Ynys Môn) **DER SÜDOSTEN**

geschüttet worden. Man kann in das Ganggrab zur zentralen Kammer hineingehen. Ungewöhnlich ist der die Anlage umgebende Steinkreis. Am 21. Juni (Sommersonnenwende) fällt das Sonnenlicht genau in den Gang.
● Tel. (029) 20 50 02 00, Eintritt frei.

Spaziergang

Die Gärten von Plas Newydd (s.o.) bieten verschiedene Blumen, darunter auch Wildblumen. Man gelangt bis ans Meer.

Verkehrsverbindung

● Bus 42 von/nach **Bangor** und **Aberffraw**.

Neolithische Grabkammer Bryn Celli Du

Brynsiencyn

[brin-schenkin]

Dieser heute ruhige Ort war im Jahr 61 n. Chr. möglicherweise der Schauplatz harter Kämpfe, als die Römer Menai Strait überquerten, um gegen die Druiden zu kämpfen.

Sehenswertes

Biegt man gleich hinter dem Ortsausgang (Geschwindigkeit freigegeben, A 4080) die erste Straße rechts ein, gelangt man nach ca. 500 Metern (auf der linken Seite) zu den Resten des römischen **Caer Lêb**, das vermutlich im 3. Jh. n. Chr. genutzt wurde. Die Erdwälle sind noch gut sichtbar.

Der Südosten (Anglesey/Ynys Môn)

Weiter bis zur T-Kreuzung, dort links und gleich wieder rechts, ist bald die neolithische **Grabkammer Bodowyr** auf einem Feld rechter Hand erreicht. Das einfache Ganggrab mit pilzförmiger Deckplatte und hohem Schwellenstein gehört wie Barclodiad y Gawres und Bryn Celli Ddu (beide auf der Insel Môn) zur irischen Tradition.

Nun fährt man die nächste Straße links zur B 4419, hier wieder links, die A 4080 wieder links und parkt dann am ersten Parkplatz auf der linken Seite. In fünf Minuten erreicht man von hier zu Fuß das neolithische **Castell Bryn-Gwyn,** eine befestigten Anlage, die 2500–2000 v. Chr. gebaut wurde und später weitergenutzt wurde.

Bei Regenwetter lohnen sich für Familien u.a. folgende Attraktionen:

Im **Anglesey Sea Zoo/Sw Môr Môn** [suu moor moon], dem größten Meeresaquarium von Wales, sind einheimische Meerestiere zu beobachten. Mit Spielplatz, Laden und Teestube. Anfahrt: Von Brynsiencyn die A 4080 Richtung Newborough fahren und dann links in die B 4419 abbiegen.
- Tel. (01248) 43 04 11, www.angleseyseazoo.co.uk, April–Okt. tägl. 10–18 Uhr, £££.

Im **Anglesey Chocolate Farm & Foel Farm Park** werden Schokoladenspezialitäten hergestellt, die man im Laden kaufen oder im Teeraum genießen kann. In der Zwischenzeit dürfen die Kinder die Tiere ansehen und streicheln. Anfahrt: Vom Zoo aus weiter auf der B 4419.
- Tel. (01248) 43 06 46, April–Okt. tägl. 10.30–17.30 Uhr, ££.

Unterkunft

- **Tal-y-Foel**££, Dwyran, Tel. (01248) 43 03 77, www.tal-y-foel.co.uk. Schöne Unterkunft in der Nähe des Sea Zoos, mit Reithof.

Camping

- **Y Fron,** Tel. (01248) 43 03 10, www.froncaravanpark.co.uk. Kleiner Familiencampingplatz. Rechts an der Straße nach Niwbwrch.

Café

- **Foel Farm Shop & Café,** s.o.

Einkaufen

- Im Laden des Anglesey Sea Zoos kann man das selbst gewonnene **Seesalz** Halen Môn [halen moon] erwerben. Tel. (01248) 43 08 71, www.seasalt.co.uk.

Verkehrsverbindung

- Bus 42 von/nach **Bangor** und **Aberffraw.**

Newborough/Niwbwrch

[niuburch]

Der Ort wurde von *Edward I.* gegründet. Im 16. Jahrhundert war Newborough die Hauptstadt der Insel Môn. Heute erscheint der kleine Ort eher bedeutungslos.

Sehenswertes

Vor Newborough liegt **Anglesey Model Village and Gardens.** Zu sehen sind hier Modelle von Gebäuden und eine Eisenbahn im Maßstab 1:12. Ein Besuch eignet sich besonders mit Kindern.
- Tel. (01248) 44 04 77, Ostern bis Sept. tägl. 10.30–17.30 Uhr, £.

An der Straße nach Llanddwyn liegt neben der Kirche **Llys Rhosyr** [hlis hrosir], wo die walisischen Prinzen vor der Invasion Edwards I. im 13. Jahrhundert Hof hielten. Damals war es üblich, mehrere königliche Höfe zu haben; einer davon war Llys Rhosyr. Das archäologische Grabungsfeld ist frei zugänglich, eine Info-Tafel liefert Frklärungen.

Eine weitere Sehenswürdigkeit ist das **Tacla Taid Transport Museum.** Ausgestellt sind über 60 Fahrzeuge ab den 1920er Jahren. Tel. (01248) 44 03 44, Ostern–Okt. tägl. 10.30–17.30 Uhr, ££.

Spaziergänge

Newborough eignet sich besonders für eine Wanderung durch das Naturschutzgebiet **Newborough Warren.** Biegt man am Kreisverkehr nicht nach Malltraeth ab, sondern folgt der kleinen Straße geradeaus (Sackgasse), gelangt man zu einem Parkplatz. Von hier lässt sich eine Wanderung durch Kiefernwald und Sanddünen bis zum Newborough Warren unternehmen.

Wer es nicht so weit bis zu den Dünen haben will, kann auch später beim Parkplatz „Malltraeth" halten. Bei Malltraeth befindet sich **einer der größten Dünenstrände Europas.** Der seltene, ursprünglich in Südeuropa beheimatete, Seidenreiher brütet hier.

Dort kann man am Strand bleiben oder weiter den Pfad links nach **Abermenai Point** gehen. Achtung: bei einsetzender Flut kann es dort gefährlich werden!

Nach rechts gelangt man an der Küste nach **Llanddwyn Island,** mit einem Leuchtturm aus dem Jahr 1837. Die heilige *Dwynwen* (siehe Kap. „Feste und Feiertage"), Tochter des Königs *Brychan Brycheiniog,* gründete hier ein Kloster nach einer traurigen Liebesgeschichte und wurde so zur Schutzheiligen der walisischen Liebenden. Früher kamen Pilger zu ihrer Quelle (Klippenrand am nördlichen Ende der Insel). Die Ruinen der Abtei sind noch sichtbar.

Wer mit dem Auto auf der A 4080 unterwegs ist, kann eine schöne Pause am an der Straße gelegenen **Llyn Parc Mawr** [hlin park maur] einlegen. Ein künstlich angelegter See soll hier die Ansiedelung von Tieren unterstützen. Es gibt zwei Spazierwege, wahlweise 110 oder 650 Meter.

Strand

● Am **Sandstrand Llanddwyn** kann man auch baden. Für die Fahrt hierher mit dem Auto werden Gebühren erhoben, ££.

Verkehrsverbindung

● Bus 42 von/nach **Bangor** und **Aberffraw**

Der Südwesten

Aberffraw

⤴ II/B2

[aberfrau]

Auf der Fahrt nach Aberffraw sieht man rechts bei Hermon einen alten Mühlturm. Vom 7.–13. Jh. war Aberfraw die Hauptstadt des unabhängigen Königreichs Gwynedd, das entstanden war, nachdem die Römer ihre Vorherrschaft über die westlichen Pro-

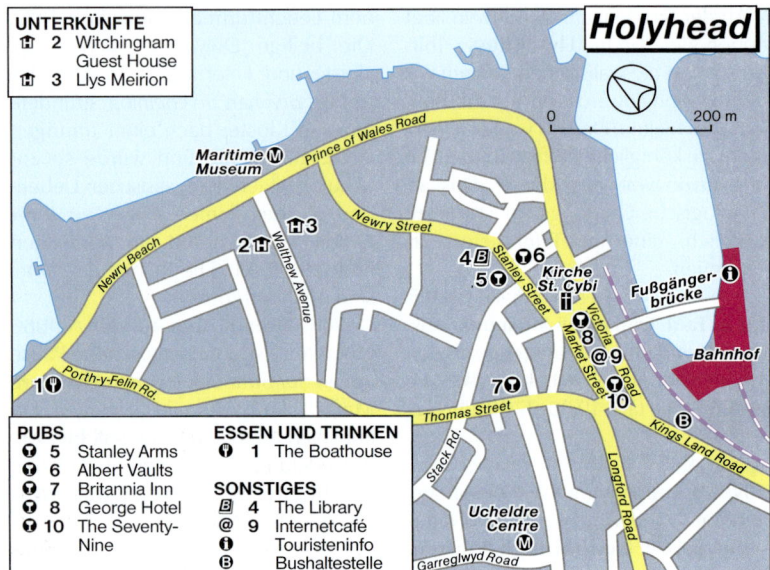

vinzen verloren hatten. Der im 6. Jh. hier residierende König *Maelgwn* wurde als „Drache der Insel" bekannt. *Llywelyn der Große,* der ganz Gwynedd unter seine Herrschaft gebracht hatte, nannte sich 1230 selbst „Prinz von Aberffraw und Herr des Snowdon". Heute gibt es keine alten Gebäude. Nur der normannische Bogen in der Dorfkirche soll vom ehemaligen Königspalast Aberffraw stammen. Die Prinzen hatten normannische Architekten beschäftigt, waren politisch aber unabhängig von den Normannen.

Sehenswertes

Auf der Hinreise kommt man an **Llangadwaladr** vorbei. Dort befinden sich die Gräber der walisischen Prinzen aus der Zeit, als Aberffraw die Hauptstadt von Gwynedd war. In der Kirche St. Cwynfan mit Teilen aus dem 12./13. Jahrhundert ist in der linken Wand ein Gedenkstein an *Cadfan,* dem König von Gwynedd, zu sehen. Sein Enkelsohn war der berühmte *Cadwaladr,* König von Gwynedd im 7. Jahrhundert.

Der östliche Ortseingang von Aberffraw führt parallel zu einer alten **Brücke** aus dem Jahr 1731.

Ein Abstecher links in den Ort führt zur **Kirche St. Beuno,** deren schönes Kirchenschiff einen Blick nach drinnen wert ist. Draußen befindet sich eine Informationstafel zur Geschichte der

DER SÜDWESTEN

Umgebung und zu einigen weiteren Sehenswürdigkeiten. Eintritt frei.

Außerhalb des Ortes, weiter auf der A 4080, kommt man zur neolithischen **Grabkammer Barclodiad y Gawres** (ca. 2000 v. Chr.), die seit Ausgrabungen von 1958 durch eine Betonkuppel gestützt wird. Das Ganggrab ist mit den berühmten Denkmälern des Boyne-Tals in Irland vergleichbar. Das Besondere sind die abstrakten Linien auf fünf Steinen. Kunst in Großsteingräbern kommt sonst selten vor; die meisten Beispiele sind in Spanien, der Bretagne und Irland zu finden. Barclodiad y Gawres wurde wohl von Menschen errichtet, die in der mittleren Steinzeit enge Beziehungen zu Irland hatten. Zehn Minuten zu Fuß vom Parkplatz, Eintritt frei.

Strände

- Bei der Grabkammer befindet sich der kleine **Sandstrand Porth Trecastell,** Parkgebühr im Sommer.
- Ein großer Sandstrand ohne Klippen, **Traeth Crugyll** [treith krigihl], befindet sich bei Rhosneigr.

Café

- **Café Llys Llewelyn,** Tŷ Croes, Stryd Llywelyn, Tel. (01248) 75 27 37. Nettes Café im Llys Llewelyn Accomodation Centre, mit Souvenirladen. Am nordwestlichen Ortsausgang.

Verkehrsverbindungen

- Bus 42 von/nach **Bangor,** Bus 25 von/nach **Holyhead.**

Holyhead/Caergybi und Holy Island/Ynys Gybi ⇗XX

[kaergöbi] [önis göbi]
www.holyisland.org

Die Insel Holy Island liegt in der Irischen See, an der Westküste der Insel Môn, von der sie nur durch eine kaum wahrnehmbare Meerenge getrennt ist. Die Hafenstadt Holyhead liegt im Norden, Rhoscolyn im Süden und Trearddur in der Mitte. Prähistorische Denkmäler, spektakuläre Klippen und ein paar schöne Strände machen die kleine Insel sehenswert.

Ursprünglich ein römisches Fort, dann eine keltisch-christliche Siedlung, ist Holyhead heute eher eine **Industriestadt** mit einem großen wichtigen Hafen. In der Stadtmitte befindet sich das kleine, rechtwinklige römische Fort Caer Gybi („Fort des Cybi") aus dem 3.–4. Jh. n. Chr., von dem der walisische Name *Caergybi* stammt. *St. Cybi* nutzte den Schutz der römischen Wälle, als er hier im 6. Jh. eine Kirche gründete. Die Stadt entwickelte sich um das Römerfort herum.

Der **Fährhafen** befindet sich auf Salt Island/Ynys Halen [önis halen]. Paketboote zwischen Holyhead und Irland werden bereits 1573 erwähnt. Westlich des Fähranlegers liegt der neue Hafen.

Holyhead ist kein Ferienort, sondern lohnt sich allenfalls als Basis für eine Rundfahrt zu den Sehenswürdigkeiten der Insel. Im Süden bei Rhosneigr gibt es durchaus nette Ecken.

Holyhead Mountain Hut Group

Sehenswertes in Holyhead

Von der Market Street gelangt man zur Kirche **St. Cybi.** Das heutige Gotteshaus stammt aus dem 15.-17. Jahrhundert, der restaurierte Chor jedoch aus dem 13. Jahrhundert. Der Kirchhof ist frei zugänglich. Die Römermauer außen herum ist rekonstruiert. Von hier aus hat man einen schönen Blick zur Fähre.

- Die Kirche ist im Sommer Mo.-Sa. 11-18 Uhr geöffnet. Tel. (01407) 76 30 01.

Die neue **Fußgängerbrücke The Celtic Gateway/Y Porth Celtaidd** verbindet den Fährhafen, den Bahnhof und die Touristeninformation mit der Market Street im Stadtzentrum. Stahlbögen und Schieferskulpturen stellen Schiffe dar.

Beim neuen Hafen befindet sich das **Holyhead Maritime Museum** mit einer Ausstellung zur maritimen Geschichte Holyheads von der Römerzeit bis heute. Mit Café und Laden.

- Newry Beach, Tel. (01407) 76 97 45 oder 76 43 74, www.holyheadmaritimemuseum.co.uk, Frühjahr-Herbst tägl. 10-16 Uhr, £. Mit Café££-£££, Tel. (91407) 76 34 33. Blick auf's Meer.

Im **Ucheldre Centre,** in einer ehemaligen Klosterkirche, findet man eine kleine Gemäldeausstellung.

- Tel. (01407) 76 33 61, www.ucheldre.org, Mo.-Sa. 10-16.30 Uhr, So. 14-16.30 Uhr. Eintritt frei.

Die Insel Môn (Anglesey/Ynys Môn) **DER SÜDWESTEN**

An der alten Straße von Holyhead nach Trearddur befinden sich zwei **Menhire** aus der Jungsteinzeit oder frühen Bronzezeit. Der erste heißt **Tŷ Mawr** und steht rechts der Straße in einer leichten Rechtskurve, der zweite heißt **Trearddur** (wie der Ort). Er scheint auf einer kleinen Erhebung zu stehen und ist von Steinen umgeben.

Inselrundfahrt von Nord nach Süd

Mit dem Auto oder dem Bus 22 geht es zunächst zur **Insel South Stack/Ynys Lawd** [önis laud] mit einem Leuchtturm, der über 400 steinerne Stufen zugänglich ist.
●Ostern bis Sept. tägl. 10.30–17 Uhr, £– ££. Tel. (01407) 76 32 07.

Im RSBP Nature Reserve South Stack sind **Hochseevögel** zu beobachten. Eingehendere Informationen dazu erhält man im Ellin's Tower/Twr Elin RSPB Seabird Centre/Canolfan Gwylio Adar Môr.
●Tel. (01407) 76 49 73 Ostern bis Sept. tägl. 10–17 Uhr, Eintritt frei.

Anbei befindet sich die **Holyhead Mountain Hut Group/Cytiau'r Gwyddelod** [kiti-e'r gwithelod]. Der walisische Name „Hütten der Iren" ist irreführend, denn tatsächlich stammen die Grundmauern von noch etwa zehn erhaltenen runden Steinhütten aus dem Neolithikum und wurden vermutlich bis zur Römerzeit genutzt. Iren können allerdings jederzeit herübergekommen sein.

Die beiden fast drei Meter hohen **Menhire Penrhos Feilw** stammen vermutlich aus der Bronzezeit. Sie stehen drei Meter voneinander entfernt auf einem Feld. An der Plas Road befindet sich eine Informationstafel.

Das **Trefignath Burial Chamber** besteht gleich aus drei verschiedenen Grabkammern. Das erste Grab war ein Steinkistengrab mit Eingang nach Nordwesten. Beim zweiten Grab, das ursprünglich von Steinen bedeckt war, ist die Deckplatte gebrochen. Der von zwei kleineren Steinen markierte Eingang und der Vorhof deuten nach Nordosten. Das dritte Grab ist restauriert worden. Die beiden großen Portalsteine deuten nach Nordosten.

Spaziergänge

Ein **Küstenpfad** führt fast um ganz Holy Island herum.

Zum **Holyhead Mountain/Mynydd Twr** [mönith tuur] gelangt man vom Parkplatz bei South Stack. Auf dem Gipfel befinden sich die Wälle eines eisenzeitlichen Forts, Caer y Twr, sowie die Reste eines römischen Wachturms. Von hier aus hat man bei klarem Wetter einen guten Blick auf die Isle of Man und nach Irland.

Touristeninformation
●Ferry Terminal, Tel. (01407) 76 26 22, holyhead.tic@nwtic.com.

Internet
●**Internetcafé,** Market Street, Tel. (01407) 76 00 44, oder **The Library/Y Llyfrgell,** Maes-yr-Haf, Tel. (01407) 76 29 17.

Unterkunft
Die besten **B&Bs** befinden sich in der ruhigen Walthew Avenue, z.B.:
●**Llys Meirion**£, 3 Walthew Avenue, Tel. (01407) 76 49 50. Preiswert, aber ohne Frühstück.

DER SÜDWESTEN Die Insel Môn (Anglesey/Ynys Môn)

- **Witchingham Guest House**£, Holyhead, 20 Walthew Avenue, Tel. (01407) 76 24 26.
- **JH Anglesey Outdoors,** Porth Dafarch Rd., Tel. (01407) 76 93 51, www.angleseyoutdoors.com. Außerhalb von Holyhead, an der Westküste nahe des Strandes Porth Dafarch. Neben dem Zeltplatz (s.u.).
- In Rhoscolyn: **B&B Glan Towyn**£-££, Tel. (01407) 86 03 80. Freundliches B&B in der Nähe des Strandes und des White Eagle Inn.

Camping

Es gibt keinen Campingplatz direkt in Holyhead. Die nächsten sind:
- **Tyn Rhos Camping Site,** Trearddur Bay, Tel. (01407) 86 03 69. Großer Campingplatz, eigene Abteilung für Zelte. Mit Bar.
- **Valley of the Rocks,** Porth Dafarch Road, Tel. (01407) 76 57 87. Guter Platz, mit Familien-Pub nicht weit vom Strand Porth Dafarch.
- **Anglesey Outdoors,** Tel. (01407) 76 93 51. Einfacher, preiswerter Campingplatz. Neben Valley of the Rocks.

Essen und Trinken

- **The Boathouse Hotel**£-££, Holyhead, Newry Beach, Tel. (01407) 76 20 94, Restaurant mit Blick auf die Marina. Fischgerichte.
- **White Eagle Inn**£, Rhoscolyn, Tel. (01407) 86 02 67. Großer Pub für Strandtouristen, *barmeals*. Familienfreundlich. Mit Terrasse.
- **The Waterfront**£-££, Lon Isallt, Trearddur Bay, Tel. (01407) 86 00 06. Mit Außengastro und schönem Blick auf die Bucht. Neben den *lifeboats*.

Pubs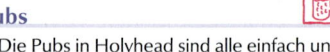

Die Pubs in Holyhead sind alle einfach und traditionell:
- **Albert Vaults,** 32 Stanley Street, Tel. (01407) 76 36 97.
- **The Stanley Arms**£-££, 25 Stanley Road, Tel. (01407) 76 27 02. Pub mit *barmeals*.
- **George Hotel,** Market Street, Tel. (01407) 76 20 05.
- **The Seventy-Nine,** 79 Market Street, Tel. (01407) 76 39 39.

- **Britannia Inn,** Thomas Street, Tel. (01407) 76 24 95.
- **White Eagle Inn,** Rhoscolyn (s.o.)

Baden

- **Kleine Strandbuchten** in der Nähe der Campingplätze Valley of the Rocks und Sea & Surf Centre (s.o.) sind Porth Dafarch und Porth y Post.
- **Größere Strände:** Trearddur Bay (Tauchen, Wasserski, Fischen); Borthwen bei Rhoscolyn; Silver Bay (östlich von Borthwen), nur zu Fuß zu erreichen (außer für Benutzer des Caravan-Parks).

Verkehrsverbindungen

- Bus 4 von/nach **Holyhead** und **Bangor,** Bus 22 von/nach **Holyhead** und **South Stack** (nur im Sommer), Bus 23 von/nach **Holyhead** und **Trearddur, Rhoscolyn.**
- Man kann sich auch überlegen, einen der günstigen Tagestrips nach Dublin zu nutzen. Für Fußgänger ohne Gepäck ab £19.

Der Westen

Llanddeusant ⚐II/A-B1

[hlanthäisant]

Die **Mühle Llynnon** aus dem Jahr 1776 ist die einzige noch arbeitende Windmühle in Wales. Das Mehl steht im Laden zum Verkauf. Mit Café.
- Anfahrt ab der A 5025 bei Llanfaethlu, Tel. (01407) 73 07 97, Ostern bis Sept. tägl. 11–17 Uhr, £.

Ausflüge in die Umgebung

Beim See Llyn Llywenan [hlin hlöwenan] sind die beiden neolithischen **Grabkammern Presaddfed** zu sehen. Nur die südliche ist gut erhalten und wird heute von den Schafen als Unterstand genutzt. Die Klassifizierung beider Denkmäler ist unklar. Die Anfahrt erfolgt über Bodedern Richtung Llangefni, hinter Bodedern die erste Straße links.

Church Bay/Porth Swtan ⚐II/A1

[por**th** sutan]

Fährt man von der A 5025 links ab, gelangt man zu den **Sandstränden** bei Church Bay/Porth Swtan. Der walisische Name soll von schwedischen Wikingern stammen (*Swt-* = „Schwed-"), die hier im frühen Mittelalter von Irland her landeten.

Einst waren **strohgedeckte Häuser** auf der Insel Môn und im übrigen ländlichen Wales weit verbreitet. An der Church Bay steht das letzte erhaltene Exemplar der Insel Mon *(the last thatched cottage/y tŷ to gwellt olaf).* Es symbolisiert die einfache walisische Lebensweise. Eine Innenbesichtigung ist möglich.
- Tel. (01407) 73 05 01, www.swtan. co.uk, Ostern–September Fr.–So. 12–16.30 Uhr, £.

Spaziergang

Der **Küstenpfad** um die Insel Môn führt auch an Porth Swtan vorbei.

Strohgedecktes Haus an der Church Bay

Essen und Trinken
- **Lobster Pot**££££, Tel. (01407) 73 02 41. Viel Hummer, aber auch anderes. Für den, der Fisch mag.
- **Church Bay Inn**££, Tel. (01407) 73 08 67. Oberhalb, in der Nähe der Kirche. Außengastro mit Blick aufs Meer.

Pubs
- **Church Bay Inn** (s.o.).

Strand
- Die kleine **Klippenbucht mit Sandstrand** ist ideal zum Baden.

Verkehrsverbindungen
- Bus 61 von/nach **Llanrhuddlad** oder **Llanfaethlu** und **Amlwch, Holyhead**. Kein Direktbus zu den Sehenswürdigkeiten.

Der Norden   II/B1

Cemaes

[kemeis]
www.cemaes-bay.co.uk

Der ruhige, **nette Ferienort** eignet sich gut als Quartier für mehrere Tage.

Die kleine Ausstellung im Besucherzentrum der **Wylfa Nuclear Power Station** (seit 1971) lohnt sich besonders für Kinder. Man lernt viel über Atomenergie. Mit Führungen und Café. Auf einem Wanderweg (nature trail/llwybr natur) lässt es sich die Beine vertreten. *Wylfa Information Centre*, Tel. (01407) 71 14 00, März–Okt. tägl. 10–16 Uhr, Nov.–Febr. Mo.–Fr. 10–16 Uhr, Eintritt frei.

Spaziergänge

Nicht weit ist es bis zur idyllischen **Llanbadrig Kirche** aus dem 14. Jahrhundert, der nördlichsten in Wales (von der A 5025 beim Schild The Gadlys abbiegen). Möglicherweise stand an dieser Stelle schon im 5. Jahrhundert ein Gotteshaus. **St. Patrick** soll hier einst gestrandet sein. Geboren in Südwales, wurde er mit 16 Jahren von Piraten als Sklave nach Irland verkauft. Er floh und ging nach Frankreich, wo er zunächst Mönch und dann mit 45 Jahren Bischof wurde. 432 n. Chr. ging er zur Mission nach Irland. Er hat sehr viel für die Christianisierung Irlands getan und ist heute der Nationalheilige der Iren (der *St. Patricks Day* ist der 17. März). Der walisische Name der der Küste vorgelagerten kleinen Insel Middle Mouse/Ynys Badrig („Patricks Insel") gereicht ihm zur Ehre.

Weiter östlich erreicht man auf dem Küstenpfad das eisenzeitliche **Fort Dinas Gynfor** [dinas gönwor].

In westlicher Richtung führt er zur Wylfa Power Station und zum Wylfa Head und zur **Cemlyn Bay.** Cemlyn gilt als Mekka für Vogelbeobachter. Es gibt einen Naturlehrpfad bei der Wylfa Nuclear Power Station (ca. 1 km, Dauer: eine Dreiviertelstunde).

Unterkunft
- **Woburn Hill Hotel**££, High Street, Tel. (01407) 71 13 88, www.woburnhillhotel.com. Ruhiges, einfaches, kleines Hotel, fünf Minuten vom Zentrum entfernt.
- **Treddolphin Guesthouse**££, Beach Road, Tel. (01407) 71 03 88. Klein, freundliche Atmosphäre. Ruhiger gelegen als das Harbour. Blick auf die Bucht.

 Atlaskarte S. II — Die Insel Môn (Anglesey/Ynys Môn) **DER NORDEN**

●**Harbour Hotel**££, Tel. (01407) 71 02 73. www.angleseyharbour.co.uk. Mit Meerblick und Pub. Viel Rummel.

Essen und Trinken

●**Woburn Hill Hotel**£££, Café-ähnliches Restaurant im Glashaus. Im Pub auch *barmeals*££.
●**Smugglers Bar & Restaurant** im **Harbour Hotel**££ (s.o.). *Barmeals*.
●**The Stag Inn**£, Tel. (01407) 71 02 81. Angeblich nördlichster Pub in Wales, gemütlich und alt. *Barmeals*.

Pubs

●**The Stag Inn** (s.o.)
●**The Harbour Hotel** (s.o.). Laute Musik.
●**Woburn Hill Hotel** (s.o.). Eine traditionelle *Lounge* Bar für den, der es ruhiger mag.

Strände

●**Cemaes Bay** (westlich des Ortes), Sandstrand Traeth Mawr, beliebt, in der Bucht.
●**Cemlyn Bay,** Kiesstrand, weniger Trubel.

Verkehrsverbindungen

●Bus 61 von/nach **Amlwch** und **Holyhead**.

Amlwch

[amluch]
www.amlwch.net

Die Römer fanden als erste **Kupfer** auf dem Berg Parys Mountain/Mynydd Trysglwyn [mönith trösgluin]. Eine reichhaltige Ader wurde 1768 entdeckt. In den nächsten 50 Jahren boomte Amlwch mit über 5000 Einwohnern und 1000 Pubs. Heute ist der Ort wesentlich ruhiger.

Sehenswertes

Der natürliche Hafen hatte seine Hochblüte im 19. Jahrhundert, als er als Kupferexporthafen des nahe gelegenen Parys Mountain genutzt wurde. Heute befindet sich hier im **Sail Loft Visitor Centre** eine Ausstellung zur Industriegeschichte. Mit Café.

●Tel. (01407) 83 22 55, www.copperkingdom.co.uk, Ostern–Pfingsten, tägl. 11–14 Uhr, Pfingsten–Sept. tägl. 11–17 Uhr, Eintritt frei.

Im **Watch House** von 1819 (1835 erweitert) unterhält der National Trust eine kleine Ausstellung über die Geschichte von Amlwch.

●Unregelmäßige Öffnungszeiten, Eintritt frei

Spaziergänge

Ein Spazierweg führt vom Parkplatz an der B 5111 zum **Parys Mountain**. Das kupferfarbene Gestein ist gut zu erkennen. Tel. (01407) 83 22 55, www.copperkingdom.co.uk.

Der **Küstenpfad** führt östlich nach Point Lynas/Trwyn Leinws [tru-in läinus] mit dem Leuchtturm von 1835, westlich nach Bull Bay/Porth Llechog [porth hlechog] und weiter nach Porth Wen mit einem natürlichen Felsbogen und verlassenen Kalköfen.

Touristeninformation

●Im Sail Loft Visitor Centre am Hafen, Tel. (01407) 83 22 55 (s.o.).

Unterkunft

●**Pen y Cefn**£-££, Salem Street, Tel. (01407) 83 21 22, penycefn@cymru1.net. Ordentliche Unterkunft am Ortsausgang.

Essen und Trinken

●**Liverpool Arms,** Machno Street, am Hafen, Tel. (01407) 83 06 71. Traditioneller Pub mit *barmeals*.

- **Café im Sail Loft Visitor Centre** (s.o.). Kleines gemütliches Café am Hafen, rustikal.

Pubs

Traditionelle Pubs mit *barmeals*:
- **Liverpool Arms,** (s.o.)
- **Adelphi Vaults,** Quay Street. Kleiner, traditioneller Pub.

Strände

Die nächsten Strände sind:
- Llaneilian: **Sandstrand Porth Eilian** [porth äili-an]
- Bull Bay: **Sandstrand Porth Llechog** [porth hlechog]

Verkehrsverbindungen

- Bus 61 von/nach **Holyhead,** Bus 32 von/nach **Llangefni,** Bus 62 von/nach **Bangor.**

Der Nordosten

Moelfre   ⌐ II/B1

[meulwre]

Moelfre bedeutet „kahler Hügel". Der nette kleine Fischerort zählt zu den schönsten auf der Insel Môn und eignet sich mit seinen Sehenswürdigkeiten sehr gut als Basis für Ausflüge in die Umgebung.

Sehenswertes

Von der Ortsmitte führt ein Spazierweg 500 Meter am Meer entlang zur **Lifeboat Station.** Zu sehen sind u.a. Rettungsboote.
- Sa./So. u. Feiertage 10–17 Uhr, Eintritt frei.

Unterwegs bietet sich ein Abstecher zum **Seawatch Centre an.** Hier erfährt man alles über Rettungsboote und Schiffswracks. Zum Beispiel strandete hier 1859 die „Royal Charter", die Gold nach Liverpool brachte. Viele Leute der Besatzung ertranken, weil sie sich zu viel Gold in die Taschen steckten und dadurch zu schwer zum Schwimmen waren. Sie wurden bei der Kirche in Llanallgo begraben. Viele Goldsucher kamen sogar aus Amerika hierher.
- Tel. (01248) 41 02 77, Ostern bis September, Di.–So. 11–17 Uhr. Eintritt frei.

Geht man weiter, so sieht man vor der Küste bei Ebbe die Reste des **Wracks** der „Hindlea Llongyddrylliad", die hier 1959 gesunken ist, sowie die kleine **Insel Moelfre.**

Außerhalb des Ortes, an der A 5025 (Richtung Moelfre), befinden sich gleich drei prähistorische Sehenswürdigkeiten:

Die neolithische **Grabkammer Lligwy** wurde ca. 2500–2000 v. Chr. errichtet. Der große Deckstein wiegt 28 Tonnen.

Die Anordnung der Siedlung **Din Lligwy Hut Group** deutet auf die Römerzeit. Grabungen lassen jedoch sowohl auf eine eisenzeitliche als auch auf eine spätere Nutzung schließen. Zuletzt war die Siedlung im 4. Jahrhundert n. Chr. bewohnt. Man erkennt einen Grenzwall, zwei runde und sieben rechtwinklige Gebäude.

Daneben befindet sich die Ruine der mittelalterlichen Kirche **Hen Gapel Lligwy** aus dem 12. Jahrhundert, z.T. im 14. Jahrhundert erneuert, im 16. Jahrhundert erweitert.

DER NORDOSTEN

Spaziergang

Trotz seiner geringen Höhe von 178 Metern hat man vom **Mynydd Bodafon** einen schönen Blick über die ganze Insel. Zu erreichen: von der A 5025.

Unterkunft

- **B&B Fron**££, Tel. (01248) 41 05 76, www.fronbb.fsnet.co.uk. Sehr schön, an der Bucht, mit Meerblick, Zimmer ohne Bad.
- **Deanfield**£-££, (A 5018, südlich des Ortes), www.deanfieldhouse.co.uk, Tel. (01248) 41 08 99, 150 Meter vom Strand. Frühstücksraum mit Meerblick. Kinder unter 16 Jahren sind nicht erwünscht.

Camping

- **Melin Rhos Holiday Park,** bei Lligwy (erste Abfahrt nach Moelfre, dann rechts nach Din Lligwy), Tel. (01248) 41 02 13. Ruhige Lage.

Essen und Trinken

- **Kinmel Arms**££, Tel. (01248) 41 02 31. Urig, wie ein Pub, Meerblick, Außengastro.
- **Ann's Pantry**££, Tel. (01248) 41 03 86. Hübsch dekoriert, Meerblick, Außengastro.

Pubs

- **Kinmel Arms** (s.o.)
- **Parciau Arms,** in Marianglas (südwestlich von Moelfre), Tel. (01248) 85 37 66. Mit Bar und Restaurant££.

Strand

- **Sandstrand Lligwy Beach/Traeth Lligwy** mit Blick auf die Insel Dulas.

Verkehrsverbindungen

- Bus 62 von/nach **Amlwch** und **Bangor.**

Siedlung Din Lligwy

Penmon ⌦III/C1

[penmon]

Der walisische Name der dem Ort Penmon vorgelagerten Insel **Puffin Island/Ynys Seiriol** [önis säiriol] („Insel des Seiriol") bezieht sich auf den heiligen *Seiriol,* der hier im 6. Jahrhundert eines der ersten Klöster der Insel Môn errichtete und dieses später nach Penmon verlegte, nachdem er Leiter des augustinischen Klosters Penmon geworden war.

Sehenswertes

Die Reste des **Klosters Penmon** liegen an der Straße zum Parkplatz des Aussichtspunktes auf Puffin Island. Die heutigen Gebäude stammen aus dem 12./13. Jahrhundert. In der gut erhaltenen Kirche kann man zwei keltische Hochkreuze aus dem 10. Jahrhundert bewundern. Der Taufstein (circa 1000 n. Chr.) war ursprünglich die Basis eines dieser Kreuze und löste im 19. Jahrhundert das Kapitell-ähnliche Taufbecken auf dem Pfeiler (circa 1150) ab.

Weitere Reste des Klosters Penmon sind die Ruine des Speisesaals (13. Jahrhundert) und das Taubenhaus (ca. 1600), das Platz für etwa 1000 Vogelpärchen bot.

Die **Quelle St. Seiriol** war der Grund, warum das Kloster an dieser Stelle gebaut wurde. Der erste Überbau entstand 540.

Bootstrips nach Puffin Island lassen sich beim Kiosk am Pier in Beaumaris buchen:

Bootstrips

● **Starida Puffin Island Cruises,** Tel. (01248) 81 02 51, www.starida.co.uk.
● **Cerismar Sightseeing Cruises,** Tel. (01248) 81 07 46, cerismar@hotmail.com.

Beaumaris/Biwmares ⌦II/C2

[biumares] www.beaumaris.org.uk

Der gepflegte, touristische Ort an der Meeresküste ist einer der Höhepunkte der Insel Môn. Neben der beeindruckenden Burg findet man hier einige Museen und Gebäude verschiedener Epochen, darunter auch Fachwerkhäuser, einen schönen Segelhafen und angenehme Unterkünfte.

Der Name *Beaumaris* („Schöne Marschlandschaft") war von *Edward I.* bewusst gewählt worden, um Siedler aus England anzulocken. Bis heute hört man hier weniger Walisisch auf den Straßen als in anderen Orten der Insel.

Die Burg

Die ganze Menai Strait (Meerenge) konnte einst von der **Burg** aus kontrolliert werden. Sie ist die größte und letzte in der **Burgenkette Edwards I.,** wurde aber nie fertig gestellt, da Geld und Baustoffe vorher ausgingen (Baubeginn war 1295). Dennoch wird sie oft als die schönste der edwardianischen Burgen angesehen. Das Besondere ist die völlig symmetrische „Mauern-in-Mauern"-Bauweise mit Burggraben und zwei Verteidigungsringen um den Burgkern. Jeder Ring war separat zu verteidigen. Die Burg sollte un-

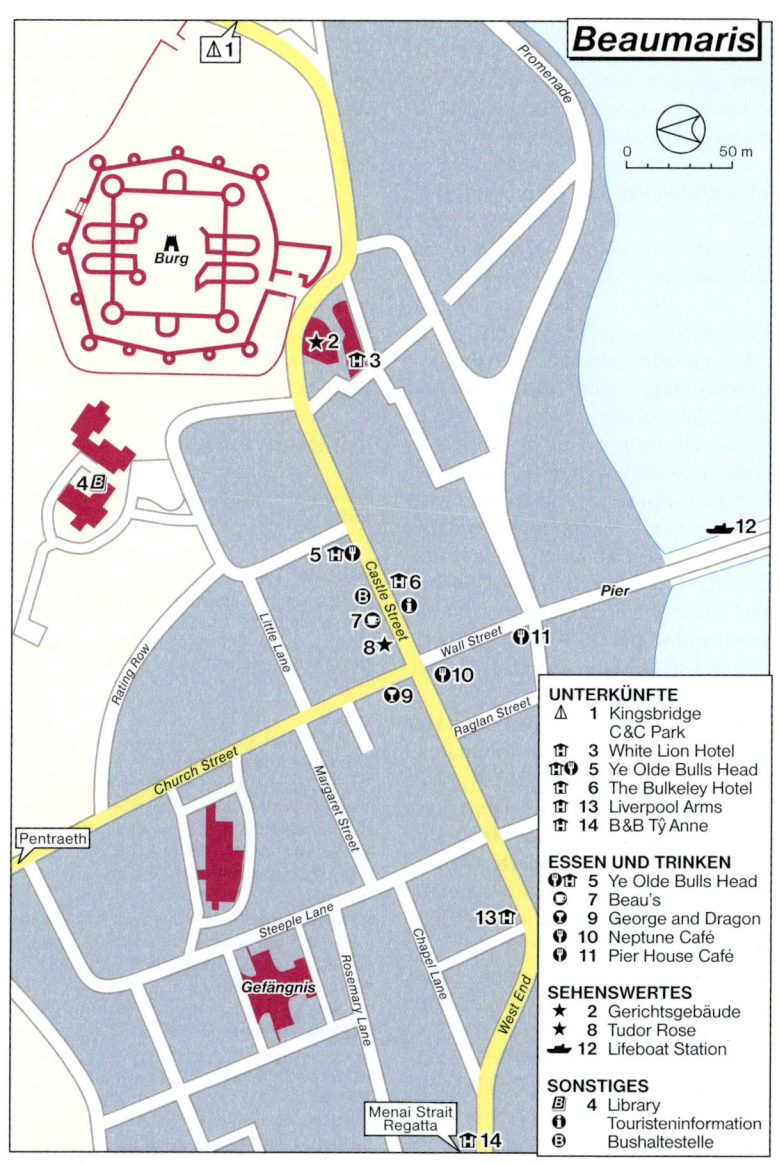

einnehmbar sein. Unauffällig in ihre Umgebung eingefügt, lässt sie sich in ihrer ganzen Pracht am besten von hinten betrachten. Die Burg von Beaumaris gehört zum Weltkulturerbe der UNESCO. Mit kleinem Laden.
● Tel. (01248) 81 03 61, Apr.–Mai/Okt. tägl. 9.30–17 Uhr, Juni–Sept. tägl. 9.30–18 Uhr, Nov.–März Mo.–Sa. 9.30–16 Uhr, So. 11–16 Uhr, ££.

Weitere Sehenswürdigkeiten

Das Gerichtsgebäude, **Courthouse/County Hall,** wurde 1614 erbaut und im 19. Jahrhundert stark verändert. Es ist das älteste noch aktive Gericht in Großbritannien, wenngleich auch hier nur noch einmal im Monat Recht gesprochen wird. An den anderen Tagen kann man das Gebäude mit einer Tonbandführung erkunden. Der Gerichtssaal ist viktorianisch geprägt.
● Tel. (01248) 81 16 91, Ostern–Sept. tägl. 10.30–17 Uhr, Ticket in Verbindung mit dem:

Gaol & Courthouse/Carchar a Llys Biwmares [karchar a hliis biumares]. Das Gefängnis wurde 1829 als „Mustergefängnis" mit relativ hohem Standard erbaut und zeigt die Haftbedingungen des 19. Jahrhunderts. Die Gefangenen mussten tüchtig arbeiten. Mit Tonbandführung und wechselnden Ausstellungen.
● Gaol & Courthouse: Steeple Lane, Tel. (01248) 81 09 21 (Gefängnis), Tel. (01248) 81 16 91 (Gericht).

Einen Blick wert ist auch das **Fachwerkhaus Tudor Rose,** 32 Castle Street, das ca. 1400 erbaut wurde. Hier ist ein Kunstgewerbegeschäft untergebracht.

Die **Menai Strait Regatta** wird südwestlich des Ortes ausgetragen und ist bei Seglern sehr beliebt. Sie steht im Ruf, zu den schönsten von Nordwales zu gehören. Die Wettfahrt findet jedes Jahr zwei Wochen lang im August statt.

Spaziergang

Vom Pier genießt man einen schönen Blick. Hier befindet sich auch die im Jahr 2000 neu gebaute **Lifeboat Station.** Zu sehen ist das Rettungsboot Atlantic 75 B768, das 2003 78 Mal eingesetzt wurde.

Touristeninformation

● Townhall, 21 Castle Street. Keine offizielle Touristeninformation, Prospekte sind aber dort erhältlich.

Internet

● **The Library** im Health Centre bei der Burg, Tel. (01248) 81 06 59, Mo. 16–19 Uhr, Mi./Do. 10–13 Uhr, Fr. 10–13, 14–17 Uhr, Sa. 10–12 Uhr.

Unterkunft

● **Ye Olde Bull's Head Inn**£££, Castle Street, Tel. (01248) 81 03 29, www.bullsheadinn.co.uk, Alte Postkutschenstation, 1472 erbaut, 1617 erneuert. War früher wichtig, als Reisende die Insel noch über Beaumaris betraten. *Charles Dickens* soll auch hier gewesen sein. Luxuriös.
● **B&B Tŷ Anne**£££, 10 West End, Tel. (01248) 81 07 19. Luxuriöses B&B, sehr schön eingerichtet. Mit Meerblick. Für den Genießer.
● **The Bulkeley Hotel**£££, Castle Street, Tel. (01248) 81 04 15, www.bulkeleyhotel.co.uk. Elegantes, gediegenes Hotel mit Restaurant. Zentrale Lage.
● **Liverpool Arms**££–£££, Castle Street, Tel. (01248) 81 03 62, www.liverpoolarms.co.uk. Stilvolles, altes Haus; ein Raum auch mit Himmelbett. Zentrale Lage. Mit Pub.

Atlaskarte S. II

Die Insel Môn (Anglesey/Ynys Môn)
DIE MITTE

●**White Lion Hotel**££, Castle Square, Tel. (01248) 81 05 89. Einfacheres Hotel bei der Burg.

Camping

●**Kingsbridge C&C Park** (in Llanfaes, B 5109, hinter dem Ort scharf links), Tel. (01248) 49 06 36, www.kingsbridgecaravanpark.co.uk. Großer Platz, zelten auf leichter Schräglage.

Essen und Trinken

●**The Loft Restaurant**£££, im Ye Olde Bulls Head Inn. Elegante Einrichtung, 3-Gänge-Menüs für Genießer.
●**Brasserie**££, im Ye Olde Bulls Head Inn (s.o.). Exotische Gerichte.
●**Liverpool Arms**££ (s.o.). Essen im stilvollen Pub mit Dachbalken und Nischen, schön dekoriert.
●**Pier House Café**££, The Front, Tel. (01248) 81 03 21. Schöner Meerblick, gute Auswahl. Nur tagsüber geöffnet.
●**Neptune Café**£-££, 27 Castle Street, Tel. (01248) 81 29 90. Im ersten Stock werden Fischgerichte serviert.

Café

●**Beau's**, 30 Castle Street. Kleiner, alter, uriger Raum.

Pubs

●**Ye Olde Bulls Head**, Castle Street, (s.o.)
●**George and Dragon**, Church Street, Tel. (01248) 81 04 91. 1595 ursprünglich rechteckig erbautes Gebäude. Einige alte Balken und Täfelungen sind noch erhalten, ebenso ein paar alte Truhen – eine zeigt die Geschichte von *St. George* und dem Drachen.

Verkehrsverbindungen

●Bus 50 von/nach **Llangefni**, Bus 58 von/nach **Penmon** und **Bangor**, Bus 53 von/nach **Bangor**

Die Mitte
⌕ II/B2

Llangefni

[hlangewni]

Die Marktstadt Llangefni („Kirche am Cefni") hat ihren Namen vom Fluss Cefni. Der wenig touristische Ort ist nicht zur Übernachtung geeignet. Ein Besuch lohnt sich vor allem wegen der Oriel Ynys Môn.

Sehenswertes

Die **Oriel Ynys Môn** ist ein Museum zur Geschichte und Geographie der Insel. Außerdem ist hier eine Kunstausstellung untergebracht. Zu sehen sind interessante Exponate zu Archäologie, Geschichte, Geologie, Mythos und Religion früherer Generationen. Die Ausstellung gliedert sich in verschiedene Teile der Insel Môn. So erfährt man etwas vom Königshof *Llywelyns* bei Aberffraw und Näheres über das ehemalige Bergwerk Parys Mountain.
●Rhosmeirch, Tel. (01248) 72 44 44, www.angleseyheritage.org, tägl. 10.30–17 Uhr, Eintritt frei.

Essen und Trinken/Pub

●**The Bull Hotel**££, Bulkley Square, Tel. (01248) 72 21 19, www.welsh-historic-inns.com. Etwas anders als andere ältere Pubs.

Einkaufen

●**Cwpwrdd Cornel, Canolfan y Fowndai**, High Street, Tel. (01248) 25 02 18. U.a. Bücher über Wales in einer Seitenarkade.

Verkehrsverbindungen

●Bus 32 von/nach **Amlwch**, Bus 4, 42 von/nach **Bangor**.

Caernarfon und Bangor

Überblick

Das Gebiet am Menai Strait war bereits seit der frühen Eisenzeit besiedelt. Über die Meerenge kann man bis zur Insel Môn sehen. Auch die Römer ließen sich hier nieder. *Edward I.* erkannte die strategische Wichtigkeit und baute in Caernarfon eine seiner eindrucksvollsten Burgen.

Caernarfon II/B2

www.visitcaernarfon.com

Die Stadt an der Flussmündung des Seiont war seit der Römerzeit ununterbrochen bewohnt. Bekannt ist sie für ihre **edwardianische Burg,** zweifellos einer der Höhepunkte auf einer Burgenrundreise. Aus derselben Zeit stammt die erhaltene Stadtmauer, die die Altstadt umgibt. Verwinkelte Gassen und Häuser aus dem 17.–19. Jh. laden zu Spaziergängen ein. Die bei Touristen beliebte Stadt bietet darüber hinaus auch eine gute Auswahl an Unterkünften, Restaurants und Pubs.

Prince Charles wurde 1969 in Caernarfon, der Hauptstadt von Gwynedd, gekrönt. Dies war ungewöhnlich, denn nachdem 1282 der letzte echte walisische Prinz, *Llywelyn der Große,* gefallen war, erbte der älteste Sohn des englischen Königshauses den Titel und wurde entweder im Schloss Windsor oder in London gekrönt. Der gewählte

Burg Caernarfon

CAERNARFON

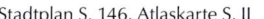

Schauplatz, die von Engländern gegen das walisische Volk gebaute Burg Caernarfon, inmitten des stark walisischsprachigen und patriotischen Nordwestens von Wales (Caernarfon ist eine der Hochburgen der nationalen Plaid-Cymru-Partei), ließ alte Hassgefühle wieder aufflammen. Zwei Mitglieder der militanten Gruppe „Free Wales Army" versuchten den Zug zu sprengen, in dem Prinz *Charles* saß. Sie starben selbst dabei.

Sehenswertes

Die Burg

Mit dem Bau der majestätischen Burg, dem stärksten Glied in der Kette von Burgen *Edwards I.* in Wales, wurde 1283 begonnen. Sie sollte Stärke symbolisieren und die Waliser beeindrucken. Heute beeindrucken die **achteckigen Türme** eher die englischen Touristen, die hierher pilgern. Am besten ist es, sie von der anderen

CAERNARFON

Flussseite des Seion zu bewundern. Zusammen mit der Burg Beaumaris ließ sich die Menai Strait, eine wichtige Wasserstraße, gut kontrollieren.

Der **symbolische Status** der Burg wurde durch die Geburt des Sohnes *Edwards I.* hier noch unterstützt, denn der nützte dies geschickt aus, indem er den Walisern einen Prinzen gab, der „in Wales geboren ist, kein Wort Englisch spricht und dem walisischen Volk nie etwas Böses angetan hat." Die Waliser fühlten sich so natürlich übers Ohr gehauen.

Das Königstor bildet den Eingang der Burg. Auf der Rasenfläche des inneren Hofs standen ursprünglich im Bürgerkrieg zerstörte Gebäude. Von der Küche sind die Grundmauern erhalten. Die „Prince of Wales Exhibition" befindet sich im nordöstlichen Turm. Dort lässt sich die Krönung von Prince *Charles* nachvollziehen. Mit Souvenirladen.
● Tel. (01286) 67 76 17, Apr./Mai, Okt. tägl. 9.30–17 Uhr, Juni–Sept. tägl. 9.30–18 Uhr, Nov.–März Mo.–Sa. 9.30–16, So. 11–16 Uhr, ££.

In der Burg ist auch das **Museum of the Royal Welsh Fusiliers** untergebracht, mit einer Ausstellung zum ältesten Infanterieregiment von Wales.
● Tel. (01286) 67 33 62, rwfusiliers@callnetuk.com, Eintritt frei mit Castle Ticket.

Weitere Sehenswürdigkeiten

Das **Maritime Museum** am Victoriadock berichtet über Caernarfons Seefahrtgeschichte.
● Tel. (01286) 67 51 94, Mai–Mitte Sept. tägl. 12–16 Uhr, £.

Römerfans kommen in **Segontium**, wie die Römer Caernarfon nannten, voll auf ihre Kosten. Das erste Fort wurde hier 77 n. Chr. durch den römischen Gouverneur, *Gnaeus Julius Agricola*, errichtet. Es sollte als Basis zur Eroberung der Insel Môn dienen und wurde bis 383 n. Chr. genutzt. Im Museum ist eine kleine Ausstellung zu den Römern in Wales zu sehen. Sehr lohnend!
● Beddgelert Road, Tel. (01286) 67 67 67, www.segontium.org.uk, 12.30–16.30 Uhr, Eintritt frei.

Die **Schmalspurbahn** der Welsh Highland Railway/Rheilfordd Eryri fährt circa 18 Kilometer nach Rhyd-Ddu, geplant ist eine Erweiterung bis nach Porthmadog.
● Tel. (01286) 67 70 18, Aug.–Okt., ££.

Spaziergänge

Von der **Promenade** aus hat man einen schönen Blick auf die Insel Môn.

Der Wander- und Radweg **Lôn Las Menai** führt in Richtung Bangor und beginnt am Saveway Supermarket (6,5 Kilometer).

Der **Küstenpfad** der Halbinsel Llŷn beginnt am Parkplatz der Burg.

Praktische Tipps

Touristeninformation

● Castle Street (gegenüber der Burg), Tel. (01286) 67 22 32, caernarfon.tic@gwynedd.gov.uk.

Unterkunft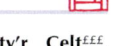

● **Celtic Royal Hotel/Gwesty'r Celt**£££, Bangor Street, Tel. (01286) 67 44 77, www.

celtic-royal.co.uk. Luxushotel, hoher Standard. Mit Restaurant.
● **Cartref Guest House**££, 23 Market Street, Tel. (01286) 67 73 92, cartref@caernarfon. com. Ruhig, zentral und nett.
● **B&B Caer Menai**££, 15 Church Street, Tel. (01286) 67 26 12, www.caermenai.co.uk. Ruhige Lage, Zimmer z.T. mit Meerblick.
● **B&B Tegfan**£–££, 4 Church Street, Tel. (01286) 67 37 03, tegfanbb@yahoo.co.uk. Ruhige Lage, lockere Atmosphäre.
● **Hostel Totters**£, Plas Porth Yr Aur, 2 High Street, Tel. (01286) 67 29 63, www.totters. co.uk. Zentral und sauber. Mit kontinentalem Frühstück.

Camping

● **Cadnant Valley C&C Park,** Cae Garw, Llanberis Road, Tel. (01286) 67 31 96, www. cwmcadnantvalley.co.uk. Gut ausgestattet, zehn Minuten zum Stadtzentrum.

Essen und Trinken

● **Villa Marina Tŷ'r Eidal**£££, 9 Segontium Terrace, Tel. (01286) 67 72 90. Kleines Restaurant mit mediterranem Flair.
● **Stone's Bistro**££, 4 Hole in the Wall Street, Tel. (01286) 67 11 52. Restaurant mit markanter Mischung aus rustikalem und elegantem Stil.
● **Floating Restaurant**£–££, Slate Quay, Tel. (01286) 67 28 96. Schiffsrestaurant mit Blick auf Menai Strait, nur im Sommer.
● **The Anglesey Arms**££, The Promenade, Tel. (01286) 66 91 41. Rustikaler Pub, laute Musik. *Barmeals,* Außengastro mit Blick auf die Insel Môn.
● **The Black Boy Inn**££, Northgate Street, Tel. (01286) 67 30 23. Historischer Pub von etwa

„Pub des schwarzen Jungen"

1552, innerhalb der Burgmauern. Sehr rustikal, Fachwerk. *Barmeals.*

Pubs

- **Ship & Castle,** 9–11 Bangor Street, Tel. (01286) 67 23 03. Niedrige Decken schaffen eine gemütliche Atmosphäre.
- **The Hole in the Wall Inn**£, Hole in the Wall Street, Tel. (01286) 67 11 18. Rustikal und einfach. *Barmeals.*

Einkaufen

- **Craft Cymru,** Castle Ditch, Tel. (01286) 67 59 39. Souvenirs und Bekleidung.
- **Gray-Thomas,** 9–11 Castle Ditch, Tel. (01286) 67 26 02. Souvenirs und Bücher.

Verkehrsverbindungen

- Bus 1 von/nach **Blaenau Ffestiniog,** Bus 12 von/nach **Pwllheli,** Bus 1, 5, 9A von/nach **Bangor,** Bus S4 von/nach **Beddgelert.**

Ausflug in die Umgebung

Ein Besuch des **Caernarfon Airworld Aviation Museum** lohnt sich nur für Flugzeugfans. Ausgestellt sind circa zehn britische RAF-Flugzeuge aus der Zeit nach dem Zweiten Weltkrieg. Außerdem kann man verschiedene Rundflüge unternehmen, sie kosten ab £29. Man fährt von Caernarfon zunächst die A 487 (Richtung Porthmadog), dann die A 499 (Richtung Pwllheli) und folgt dann der Ausschilderung ab Llandwrog.

- **Dinas Dinlle,** Tel. (01286) 83 08 00, www.air-world.co.uk, März–Okt. 9–18 Uhr, ££.

Um walisische Kultur geht es in dem 2007 neu eröffneten **Kate Roberts' Heritage Centre Cae'r Gors** („Feld des Sumpflandes") in Rhosgadfan (ausgeschildert). *Kate Roberts* (1891–1985) war eine der führenden walisischen Schriftstellerinnen des 20. Jh., ins Deutsche übersetzt wurde u.a. „Katzen auf einer Versteigerung". Geboten werden ein Film über ihr Leben und Wirken sowie eine Führung durch ihr Elternhaus mit verschiedenen Spezialthemen. Ein Besuch verschafft überdies einen guten Einblick in das Leben in Wales.

- **Rhosgadfan,** Tel. (01286) 83 17 15, www.caergors.org, im Sommer Di.–Fr. 10–16 Uhr, Sa./So. 13–16 Uhr, ££.

Bangor ⌑ III/C2

Bangor, am östlichen Ende des Menai Strait, ist das Tor zur Insel Môn. Gleichzeitig ist es von hier auch nicht weit bis zur Nordküste und nach Snowdonia. Trotz seiner zentralen Lage wird die Stadt von Touristen wenig frequentiert. Seit *St. Deiniol* hier 525 n. Chr. die erste Kirche gründete, ist Bangor Domstadt und eine der ältesten christlichen Gemeinden Großbritanniens. Die 1872 gegründete Universität verleiht Bangor ein gewisses Flair, das allerdings im Sommer, zur Zeit der Semesterferien, nur wenig spürbar ist. Partnerstädte sind Soest (zwischen Dortmund und Paderborn) und das österreichische Bregenz.

Sehenswertes

Die von *St. Deiniol* 525 gegründete Kirche wurde 546 **Kathedrale,** als der

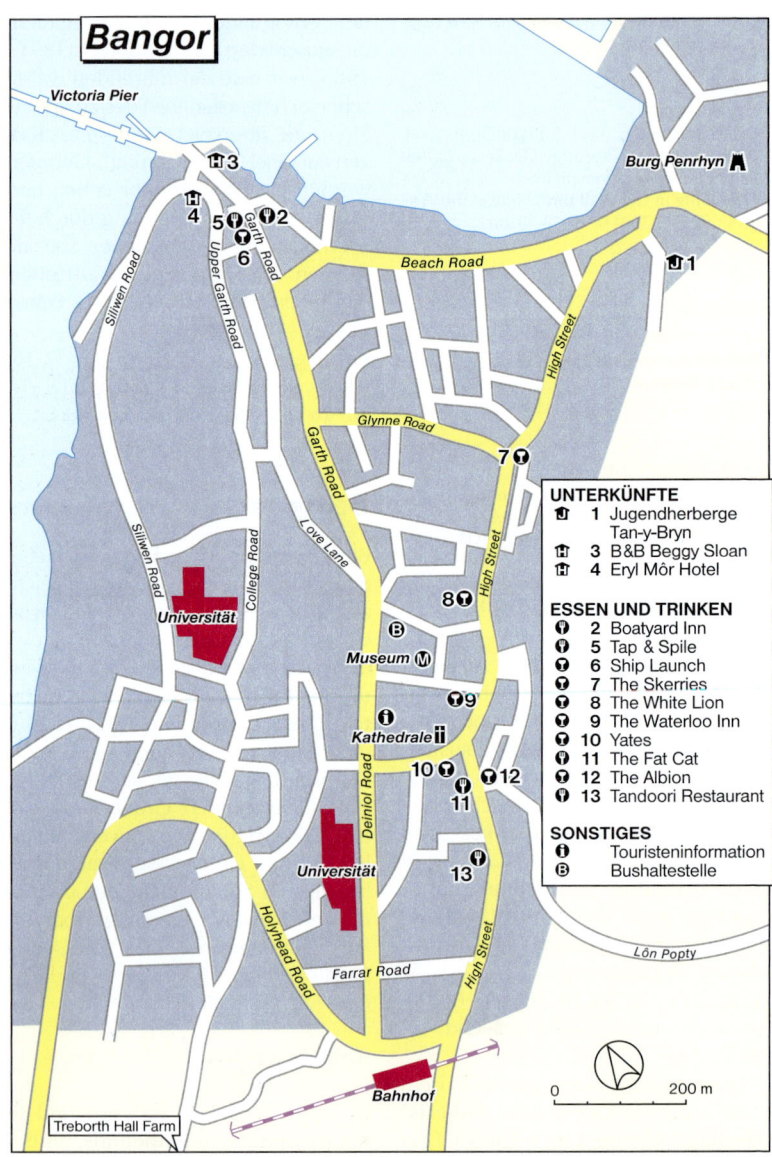

Gründer zum Bischof geweiht wurde. Seitdem wird sie kontinuierlich genutzt, was einzigartig in Großbritannien ist. Von der ersten Kathedrale ist wenig bekannt. Sie wurde nach ihrer Zerstörung von den Normannen 1071 neu gebaut und dann mehrmals teilweise wieder zerstört, so dass das jetzige Gebäude dem 13.-15. Jahrhundert zuzurechnen ist. 1866 wurde erneut restauriert.

Anbei befindet sich ein **Garten** mit allen biblischen Bäumen, die in diesen Breiten gedeihen.
- Mo.-Fr. 8-18 Uhr, Sa. 8-13 Uhr, So. 8-18 Uhr (außer zum Gottesdienst), Eintritt frei.

Im **Bangor Museum and Art Gallery** ist eine kleine Ausstellung zur Geschichte und zur Gegend von Bangor zu sehen. Mit wechselnden Kunstausstellungen.
- Gwynedd Road, Tel. (01248) 35 33 68, Di.-Fr. 12.30-16.30, Sa. 10.30-16.30 Uhr, Eintritt frei.

Die im neogotischen Stil errichtete **Universität** steht auf einem Hügel oberhalb der Stadt. Die Baumeister haben sich bei der Errichtung des Hauptgebäudes offenbar die Kathedrale zum Vorbild genommen. Ein Besuch lohnt allein für die schöne Sicht auf die Stadt.

Vom **Victoria Pier** aus hat man einen romantischen Blick auf die Menai Strait und die Suspension Bridge. Eine Touristeninformation befindet sich im Kiosk rechter Hand. Eine kleine Gebühr (£) wird erhoben.

Spaziergang

Der Pfad **Lôn Las Ogwen** führt von Porth Penrhyn am Fluss Cegin [kegin] entlang nach Tregarth (6,5 Kilometer).

Praktische Tipps

Touristeninformation
- Deiniol Road, Tel. (01248) 35 27 86, bangor.tic@gwynedd.gov.uk.

Unterkunft
- **Eryl Môr Hotel**££, 2 Upper Garth Road, Tel. (01248) 35 37 89, www.erylmorhotel.co.uk. Schön eingerichtetes Haus, mit Meerblick. Beim Pier.
- **B&B Peggy Sloan**£, 4 Green Bank, Tel. (01248) 36 44 26. Sehr gutes B&B, schön und sauber, Zimmer z.T. mit Meerblick. Beim Pier.
- **Jugendherberge Tan-y-Bryn**£, Tel. (01248) 35 35 16, bangor@yha.org.uk. Nettes Steingebäude, zehn Minuten zum Pier, fünfzehn Minuten zum Stadtzentrum. Ruhig und klein.

Camping
- **Treborth Hall Farm,** The Old Barn, www.treborthleisure.co.uk, Tel. (01248) 36 41 04. Campingplatz auf Ferienkomplex. Nahe dem Kreisverkehr zur Menai Bridge. Angenehm.

Essen und Trinken

In der Innenstadt gibt es zwar nur wenige Restaurants, dafür aber viele Cafés und Schnellimbisse in der High Street.
- **Tandoori Restaurant**££, 111 High Street, Tel. (01248) 36 46 64. Typischer Inder mit guter Auswahl.
- **The Fat Cat Café Bar**£, High Street, Tel. (01248) 37 04 45. Gemütliches, modernes Café mit warmen Speisen. Walisische Schauspieler essen hier oft zu Abend.

Beim Pier sind folgende zu empfehlen:
- **Eryl Môr Hotel**££ (s.o.)
- **Pub Tap & Spile/Tap a Sbell,** Siliwen Road, Tel. (01248) 37 08 35. Gemütlicher kleiner Pub mit *barmeals*.

Pubs

In der Innenstadt:
- **The Skerries,** 374 High Street, Tel. (01248) 35 22 77. Traditioneller Pub, schön dekoriert.
- **Yates,** Glanrafon Road, Tel. (01248) 35 58 66, www.yates-bars.com. Groß und szenig. Bei der Kathedrale. Mit *barmeals*£-££.
- **The Albion,** 160 High Street, Tel. (01248) 37 05 77. Traditioneller, typischer Pub.
- **The Waterloo Inn,** Waterloo Street, Tel. (01248) 35 55 20. Verwinkelter Pub mit Holz. Laute Musik, sehr gemütlich.
- **The White Lion,** 295 High Street, Tel. (01248) 37 40 51. Traditionell, viele Stehplätze.

Beim Pier:
- **Tap & Spile** (s.o.)
- **Boatyard Inn/Yr Iard Gychod,** Garth Road, Tel. (01248) 36 24 62. Gemütlicher Pub.
- **Ship Launch,** 83 Garth Road, Tel. (01248) 36 40 67. Traditionell und einfach.

Verkehrsverbindungen

- Zug von/nach **Holyhead** und **Conwy.**
- Bus 4 von/nach **Holyhead,** Bus 5, X5, 9a von/nach **Llandudno,** Bus 1, 5, 9a von/nach **Caernarfon.**

Ausflüge in die Umgebung

Burg Penrhyn [penhrin]

Die Burg Penrhyn bei Llandegai wurde 1820–1845 vom dem Architekten *Thomas Hopper* aus Schiefer und Stein erbaut. Sie war der Herrensitz des Schieferbarons *Richard Pennant,* der nebenbei noch mit Jamaika-Zucker ein Vermögen machte. In der neoromanischen Burg ist ein Puppenmuseum untergebracht. Der viktorianische Garten ist sehr gepflegt. Mit Café.
- Tel. (01248) 35 30 84, penrhyncastle @nationaltrust.org.uk, Burg: Apr.–Juni, Sept./Okt. Mi.–Mo. 12–17 Uhr, Juli/Aug. Mi.–Mo. 11–17 Uhr; Garten: Apr.–Juni, Sept./Okt. Mi.–Mo. 11–17 Uhr, Juli/Aug. 10–17 Uhr, ££–£££.

Abergwyngregyn [abergwingregin]

Von Abergwyngregyn (an der A 55 Richtung Conwy) führt eine kleine Straße in das Vorgebirge der **Carneddau** [karnethe]. Vom Parkplatz an deren Ende gelangt man über einen ausgeschilderten Wanderweg zu den circa 30 Meter hohen Wasserfällen **Aber Falls** (vier Kilometer, eine Stunde für einen Weg). Parkgebühr.

Cafés

- **Caffi yr Hen Felin,** Cae'r Felin, Tel. (01248) 68 94 54. Ideal für Wanderer. Hier sind weitere Informationen zum Naturschutzgebiet Coedydd Aber [keudith aber] erhältlich.

Der Uhrenturm in Bangor

Atlaskarten S. II, VI-VII

Die Halbinsel Llŷn

ÜBERBLICK

Die Halbinsel Llŷn

[hliin]

www.visitllyn.com

Überblick

Die Halbinsel Llŷn deutet wie ein Zeigefinger nach Irland und tatsächlich siedelten hier bis ins 5. Jahrhundert viele **Iren.** Selbst der Name *Llŷn* soll mit dem irischen Wort *leithinis* („Halbinsel") in Verbindung stehen. Die Vorfahren jener Iren mögen auch einige der eisenzeitlichen Forts und neolithischen Grabkammern gebaut haben.

Während die **Berge** im Nordosten fast ins Meer fallen und atemberaubende Blicke bis zur Insel Môn und nach Snowdonia gestatten, ist der Rest der Halbinsel eher flach. Llŷn ist dünn besiedelt und strahlt **Ruhe** aus, wenn man von den belebten Ferienorten Abersoch, Pwllheli und Criccieth einmal absieht.

Der Norden

Ruinen des eisenzeitlichen Fort Tre'r Ceiri

CLYNNOG FAWR

Im Mittelalter durchquerten viele Pilger die Halbinsel auf dem Weg nach Bardsey, einer kleinen, der Südwestspitze vorgelagerten Insel. Die **alte Pilgerstraße** verlief von Clynnog Fawr über Llanaelhaearn, Pistyll, Nefyn, Edern, Tudweiliog, Penllech, Llangwnnadl bis nach Aberdaron.

Heute führt der **Llŷn-Küstenpfad** rund um die Halbinsel. Er beginnt in Caernarfon und endet in Porthmadog.
- **Information:** Tel. (01600) 86 08 46, www.lleyncoastalpath.com, Countryside Council/Cynor Cefn Gwlad, www.ccw.gov.uk, Gwynedd Council/Cyngor Gwynedd, Tel. (01286) 67 22 55, www.gwynedd.gov.uk.

Für die Erkundung der Halbinsel sind ein bis zwei Tage einzuplanen. Die hier vorgestellte **Route** umrundet Llŷn von Nordosten gegen dem Uhrzeigersinn über die Südwestspitze bis Südosten. Die letzte Station ist Porthmadog, das Tor nach Snowdonia.

Clynnog Fawr *II/B3*

[klönnog waur]

Das kleine Örtchen an der A 499 bildet den nördlichen Zugang zur Halbinsel Llŷn. Ein Zwischenstopp hier ist ein guter Auftakt für eine Rundfahrt. Schon im Mittelalter war Clynnog Fawr ein bedeutender Haltepunkt für Pilger auf dem Weg nach Bardsey.

Sehenswertes

Die **Kirche St. Beuno** geht auf eine Gründung des hl. *Beuno* zurück, der hier um 616 ein Kloster und 630 eine Kirche gründete. *Beuno,* ein Nachkomme der Prinzen von Powys und Onkel von *St. Winefride* (siehe „Nordwalisisches Grenzland/Gebirgszug Clwyd und Grenzland/Holywell"), war im Kloster Bangor in das geistliche Amt eingesetzt worden. Er stammt aus der Nähe von Welshpool und soll damals so wütend darüber gewesen sein, dass am Severn auch Englisch (statt nur Walisisch) gesprochen wurde, dass er nach Clynnog Fawr zog.
- Ostern–Okt. täglich von 10 Uhr bis zur Dämmerung, Eintritt frei.

Der eher unspektakulären **Quelle** auf der anderen Straßenseite werden Heilkräfte zugesprochen. Im 18. Jahrhundert soll der Historiker *Thomas Pennant* hier die Heilung eines Gelähmten beobachtet haben.

Spaziergang

Zum **Portaldolmen Clynnog** am Meer geht man links der Kirche hinun-

Steinhütten bei Tre'r Ceiri

Yr Eifl und Tre'r Ceiri

ter, unten wieder links, ein kurzes Stück auf geteertem Weg, geradeaus, dann an der Kreuzung links (rechts befindet sich ein Privathaus), schließlich über ein Gatter hinweg und weiter geradeaus bis zum Ziel.

Praktische Tipps

Essen und Trinken/Pub

- **Y Beuno**££, Oriel Fach Clynnog, Tel. (01286) 66 07 85. Netter Pub, Restaurant und Bistro.

Strand

- Beim Dolmen gibt es einen **Kiesstrand.**

Verkehrsverbindung

- Bus 12 von/nach **Pwllheli** und **Caernarfon.**

Yr Eifl und Tre'r Ceiri

[ör äiwl] [tree-r käiri]   II/B3

Das **Bergmassiv** Yr Eifl hat drei Gipfel, auch wenn der Name eigentlich „Die zwei Gabeln" bedeutet. Der westliche, der direkt vom Meer aufragt, und der mittlere sind vom Parkplatz nördlich von Llithfaen aus zu erreichen. Der östliche Gipfel birgt ein eisenzeitliches Fort von beeindruckenden Ausmaßen.

Tre'r Ceiri bedeutet „Stadt der Riesen" und ist das besterhaltene **eisenzeitliche Fort** in Wales mit Resten von etwa 150 Hütten für circa 500 Personen. Die Mauern sind noch in gutem Zustand. Diese Tatsache sowie die weite Ausdehnung der Anlage ma-

Yr Eifl und Tre'r Ceiri

chen Tre'r Ceiri so besonders. Die Siedlung war mindestens bis ins 4. Jahrhundert n. Chr. bewohnt. Die Außenmauer schließt auch ein bronzezeitliches Hügelgrab *(cairn)* mit ein, was auf eine frühe Nutzung des Platzes hindeutet. Die hohe Lage auf dem Berg bewahrte die Steine der Siedlung vor anderweitiger Nutzung und damit die Anlage vor der Zerstörung. Man kann sich hier gut vorstellen, wie eine eisenzeitliche Siedlung in neuem Zustand ausgesehen haben muss. Der steile Aufstieg (etwa eine Dreiviertelstunde) lohnt auch wegen der schönen Aussicht über Nordwales.

●**Anfahrt:** Von Llanaelhaearn fährt man die B 4417 Richtung Nefyn nach oben und dort rechts in die nächste Parkbucht. Ein markierter Fußpfad führt rechts nach oben.

Verkehrsverbindung
●Bus 12 von/nach **Llanaelhaearn.**

Blick auf Aberdaron

Aberdaron ♿VI/A1

[aberdaron] www.aberdaronlink.co.uk.

An den unattraktiven Bergbausiedlungen des Nordens vorbei geht es nun zu einem kleinen, **charmanten Ort** an der Südwestspitze der Halbinsel. *Aberdaron, „Mündung des Daron"*, wo sich im Mittelalter der Pilgerreiseverkehr nach Bardsey einschiffte, ist auch heute noch ein beliebter Haltepunkt mit schönen Cafés und zwei netten Pubs.

Sehenswertes

Die direkt am Meer gelegene **Kirche St. Hywyn** [höwin] trägt den Namen ihres Gründers *Hywyn,* der im 5. Jahrhundert im Gefolge von *St. Cadfan* aus der Bretagne hierher kam. Die ältesten Teile der heutigen Kirche stammen aus dem 12. Jh. Sehenswert sind das Holzschiff, das achteckige Taufbecken, möglicherweise aus dem 8. Jh., sowie der Varacius- und der Senacusstein, letztere mit den Inschriften: *VERACIUS PBR HIC IACIT* („Veracius, der Priester, liegt hier") und *SENACVS PRSB HIC IACIT CVM MVLTITVDINEM FRATVM* („Senacus, der Priester, liegt hier mit der Menge der Gebrüder").
●Tel. (01758) 76 02 78, www.st-hywyn.org.uk, im Sommer tägl. 10–17 Uhr und im Winter tägl. 13.30–15.30 Uhr. Eintritt frei.

Spaziergang

Von der **Promenade am Strand** kann man atemberaubende Blicke auf die Bucht und die Insel Ynys Gwylan-fawr [önis gwölan-waur] genießen.

Praktische Tipps

Unterkunft
●**The Ship Hotel**££, Tel. (01758) 76 02 04, www.theshiphotelaberdaron.co.uk. Zentral, familiäre Atmosphäre. Ordentliche Zimmer, z.T. mit Meerblick. Walisischsprachig.

Camping
●**Fferm Caerau Farm,** B 4413, Tel. (01758) 76 04 81. Oberhalb des Ortes, etwa 15 Minuten zu Fuß. Schöner Blick auf das Meer.

Essen und Trinken
●**Ty Newydd Hotel**££, Tel. (01758) 76 02 07. Schön, mit Meerblick, Fischgerichte.
●**The Ship Hotel**££ (s.o.), modern eingerichtetes Restaurant. Im Good Food Guide 2008.
●**Penbryn Bach**£££, Uwchmynydd, Tel. (01758) 76 02 16. Fischgerichte. Lohnt den Abstecher.

Cafés
●**Y Gegin Fawr,** Tel. (01758) 76 03 59. Schönes, Café mit Außengastro. Um 1300 erbaut. Altes Pilgergasthaus. Hier kehrten die Wallfahrer ein, bevor sie nach Bardsey fuhren.
●**Tearooms Hen Blas Crafts**£, Tel. (01758) 76 04 38. Gemütliches Café am Fluss, mit Außengastro. Auch warme Gerichte.

Pubs
●**The Ship Hotel** (s.o.), traditioneller Pub.

Einkaufen
●In der **Kirche St. Hywyn** gibt es einen Laden, in dem man u.a. Souvenirs erstehen kann.
●Im Laden des **Bardsey Island Trust** an der Brücke kann man Bardsey-Souvenirs kaufen. Nur im Sommer.

Strände

- **Sand- und Kiesstrand,** zum Baden gut geeignet.

Verkehrsverbindung

- Bus 17, 17b von/nach **Pwllheli.**

Ausflug in die Umgebung

Der Strand bei **Methlem** (nördlich von Aberdaron) trägt den Namen *Whistling Sands/Porth Oer* [por**th** eur]: Der Sand soll beim Begehen flüstern. Der walisische Name bedeutet allerdings „Kalter Hafen".

Bardsey/Ynys Enlli

[abersooch] ♪VI/A1-2

Die kleine Insel liegt drei Kilometer vor der Südwestspitze von Llŷn in der Irischen See, die hier sehr rau werden kann. Wer nach Bardey fährt, muss damit rechnen, nicht zum geplanten Zeitpunkt wieder zurückzukommen. Manchmal ist die nächste Überfahrt erst eine Woche später möglich. Der Besuch birgt also ein gewisses Risiko. Nicht umsonst bedeutet der walisische Name **„Insel der Strömungen".**

Im 6. Jahrhundert gründete *St. Cadfan* hier ein Kloster. Seit dieser Zeit war die Insel ein berühmtes **Pilgerzentrum.** Drei Pilgerreisen nach Bardsey waren gleichwertig mit zweien nach St. David's in Pembrokeshire oder einer nach Rom. Die Legende spricht von Bardsey als „der Insel der 200 Heiligen". Vermutlich waren es Pilger, die gekommen waren, um zu sterben. Krankheiten soll es dort nicht gegeben haben, Todesursache war die Altersschwäche.

Auf der Insel gibt es weder Einkehrmöglichkeiten noch Geschäfte. Proviant sollte mitgebracht werden!

Sehenswertes

Auf der Insel sind nur noch einige spärliche Klosterreste zu erkennen. Bewahrt sind der **Glockenturm** der augustinischen Abtei St. Mary aus dem 13. Jahrhundert und ein paar **Keltenkreuze.** Nach Auflösung der Klöster 1536 wurde die Insel zunächst zur Seeräuberei genutzt. Es folgten Ackerbau und Fischfang.

Ein weiterer Grund für einen Besuch auf Bardsey ist die Gelegenheit zur **Vogelbeobachtung:** Eissturmvögel, Gryllteisten und Schwarzschnabelsturmtaucher nisten hier.

Praktische Tipps

Unterkunft

- Es gibt keine B&Bs oder dergleichen. Nur einige Hütten mit Selbstverpflegung sind wochenweise zu mieten, Buchungen beim Bardsey Island Trust, s.u.

Verkehrsverbindung

- Beim **Bardsey Island Trust** in Aberdaron bei der Brücke können Fahrten nach Bardsey gebucht werden (3½ Stunden Aufenthalt). Abfahrt tägl. 10 Uhr, £££. Auch Wochenend- oder Wochenaufenthalte sind möglich. Y Gegin Fawr, Tel. (01758) 76 06 67 oder (01766) 81 06 63, www.bardsey.org.

Atlaskarte S. VI

Die Halbinsel Llŷn
ABERSOCH 159

Abersoch ⌅VI/B1

[önis enhli]
www.abersochtouristinfo.co.uk

Wer nun von der Einsamkeit genug hat, der ist in Abersoch genau richtig. Der touristische Ort hat sich zum geschäftigen **Wassersportzentrum** entwickelt, mit Segelschulen, Surfern und vielen Badegästen, was bei gleich zwei schönen Stränden wenig verwundert. Viele Engländer kommen jedes Jahr hierher.

Eine Wanderung von fünf Kilometern führt südwestlich zum Sandstrand Porth Neigwl, der bei Surfern sehr beliebt ist.

Praktische Tipps

Touristeninformation und Internet
● Lôn Pen Cei, Tel. (01758) 71 29 29, www.abersochtouristinfo.co.uk.

Unterkunft
● **The Neigwl Hotel**£££, Lon Sarn Bach, Tel. (01758) 71 23 63, www.neigwl.com. Luxushotel mit Restaurant und Meerblick.
● **The Egryn B&B**££, Lon Sarn Bach, Tel. (01758) 71 23 32, enquiries@egryn.com. Kleines, nettes Hotel.

Essen und Trinken
● **Neigwl Hotel** £££, (s.o.) schönes Hotelrestaurant.
● **St. Tudwal's Inn**££, High Street, Tel. (01758) 71 25 39. Pub und Restaurant, *barmeals*. Entspannte Atmosphäre, Außengastro.
● **Vaynol Arms**££, Lôn Pen Cei, Tel. (01758) 71 27 76. *Barmeals,* traditionell, Außengastro.

Café
● **Abersoch Café,** Lôn Pen Cei, Tel. (01758) 71 34 33. Modern eingerichtet, relativ teuer.

Pubs
● **Vaynol Arms** (s.o.)
● **St. Tudwal's Inn** (s.o.)
● **The Riverside Hotel,** Tel. (01758) 71 24 19. Hotelbar mit Hafenblick.

Einkaufen
● In der Hauptstraße gibt es einige Sportartikelgeschäfte.

Strände
● **Zwei Sandstrände,** nördlich und südlich des Ortes

Cafés mit Außengastronomie laden zum Verweilen ein

PWLLHELI
Die Halbinsel Llŷn

Verkehrsverbindung
● Bus 18 von/nach **Pwllheli**.

Ausflug in die Umgebung

Auf dem Weg nach Pwllheli bietet sich ein Zwischenstopp in Llanbedrog, im **Plas Glyn y Weddw** [plaas glin ö wethu] an. Das hübsche viktorianische Herrenhaus im neugotischen Stil ist eine der ältesten Kunstgalerien von Wales. Hauptsächlich sind Werke lokaler Künstler ausgestellt. Gut für Regentage. Mit schönem Café.
● www.oriel.org.uk, Tel. (01758) 74 07 63, Juli/Aug. tägl. 11–17 Uhr, März–Juni, Sept.–Dez. Mi–Mo. 11–17 Uhr, ££.

Pwllheli ⟶VI/B1

[puhl-heli] www.pwllheli.org.uk

Die Hauptstadt der Halbinsel Llŷn bietet keine wirklichen Sehenswürdigkeiten, ist aber **Verkehrsknotenpunkt** und als Basis für Ausflüge geeignet. Wer mit öffentlichen Verkehrsmitteln reist, kann hier beim Umsteigen einen Pub aufsuchen oder einkaufen gehen. Der Name *Pwllheli* bedeutet „Salzwassertümpel".

Praktische Tipps

Touristeninformation
● Station Square, Tel. (01758) 61 30 00, pwllheli.tic@gwynedd.gov.uk.

Unterkunft
● **The Crown Hotel,** 37–39 High Street, Tel. (01758) 61 26 64, www.zen7493.zen.co.uk. Schöne Zimmer, alle *en suite*. Es kann über dem Pub laut werden.
● **Bay View Guest House**£, 1 Bay View Terrace, Tel. (01758) 61 38 08. Einfaches und preiswertes B&B.

Essen und Trinken
● **The Mitre**££, The Square, Tel. (01758) 61 42 01. Traditioneller, gemütlicher Pub, *barmeals*.
● **Ffa Caffi,** High Street, Tel. (01758) 61 31 43. Gemütlich, italienischer Kaffee.

Pubs
● **The Mitre** (s.o.)
● **The Castle/Y Castell,** High Street, Tel. (01758) 70 49 31. Einfacher Pub.
● **The Crown Hotel,** (s.o.), traditionell.

Einkaufen
● **Buchladen Llên Llŷn,** Y Maes, Tel. (01758) 61 29 07. Viele Bücher über Wales.
● **Y Bwtri,** 10 Y Maes, Tel. (01758) 61 31 13. Delikatessen.

Verkehrsverbindung
● Bus 17, 17B von/nach **Aberdaron,** Bus 18 von/nach **Abersoch,** Bus 3 von/nach **Porthmadog.**

Ausflug in die Umgebung

Bei Llangybi (nordöstlich Pwllhelis) entspingt die **Quelle St. Cybi.** Der heilige *Cybi* kam im 6. Jahrhundert n. Chr. aus Cornwall und soll die heilkräftige Wirkung der Quelle entdeckt haben. Die Ruinen eines Wärterhäuschens aus dem 18./19. Jahrhundert deuten auf eine Nutzung als Pilgerstätte hin und machen den ehemaligen Kurbetrieb gut vorstellbar. Die fünf Minuten Fußweg ab der Straße (ausgeschildert) sind durchaus lohnenswert.
● Tel. (01766) 81 00 47, frei zugänglich, Eintritt frei.

Criccieth/Cricieth ⌘VI/B1

[kriki-eth] www.criccieth.co.uk

Dominiert von seiner charakteristischen Burg, liegt der atmosphärische nette Ort klein und bescheiden unterhalb am Meer. Wie viele Badeorte blühte Criccieth im 19. Jahrhundert auf, als das Baden im Meer viktorianische Mode wurde und die Bahnlinie entstand. Wegen seiner guten Infrastruktur und der günstigen Lage als Ausgangspunkt für Ausflüge auf der Halbinsel Llŷn und nach Snowdonia ist Criccieth für eine oder mehrere Übernachtungen empfehlenswert.

Sehenswertes

Die **Burg** gehörte ursprünglich den walisischen Prinzen und fiel später an *Edward I.*, der sie geschickt in seine Burgenkette integrierte, denn strategisch war sie sehr wichtig: An drei Seiten von Wasser umgeben, konnte der Zugang zur Halbinsel Llŷn von hier gut kontrolliert werden. Charakteristisch ist das doppelte Torhaus, gebaut von *Llywelyn dem Großen,* vermutlich zwischen 1230 und 1240. *Edward I.* nahm einige Erweiterungen vor, bevor *Owain Glyndŵr* schließlich die Burg einnahm und niederbrannte (siehe Kap. „Geschichte/Mittelalter").
● Tel. (01766) 52 22 27, Apr./Mai/Okt. tägl. 10–17 Uhr, Juni–Sept, tägl. 10–18 Uhr; Nov.–März Mo.–Sa. 9.30–16 Uhr, So. 11–16 Uhr, £. Laden und Ausstellung über die Burgen der walisischen Prinzen. Eintritt mit Burg-Ticket.

Spaziergang

Hinter der Chapel of Art kann man rechts zum **Hügel Dinas** spazieren und weiter durch das Tal in Richtung Bahnhof.

Praktische Tipps

Unterkunft
● **George IV. Hotel**££, High Street, Tel. (01766) 52 21 68, www.georgeivhotel.com. Großes, schönes Hotel an der Hauptstraße.
● **Gwesty Marine Hotel**££, Castle Street, Tel. (01766) 52 29 46, marinecricceth@lineo ne.net. Einfaches Hotel in Meernähe. Einige Zimmer mit Meerblick.
● **Môr Heli Guest House**££, 21 Marine Terrace, Tel. (01766) 52 28 02. Schönes B&B, alle Zimmer mit Meerblick.
● **Bay View Guest House** £–££, 28 Marine Terrace, Tel. (01766) 52 28 66, www.bayviewso wnsite.co.uk. Gut ausgestattet, Wanderer und Radfahrer willkommen.

Camping
● **Tyddyn Cethin C&C Park,** Tel. (01766) 52 21 49. Am Fluss Dwyfor, gut ausgestattet.

Essen und Trinken
● **Tir-a-Môr Restaurant**£££, 1–3 Mona Terrace, Tel. (01766) 52 30 84. Schlichte, schöne Einrichtung, große Auswahl an Weinen.
● **Bwyty Tiffins Restaurant**££–£££, 38 High Street, Tel. (01766) 52 21 65. Caféähnlich, Holzstühle.
● **The Bryn Hir Arms,** High Street, Tel. (01766) 52 24 93. Traditioneller Pub mit *bar-meals*££ und Biergarten. An der Hauptstraße.

Café
● **Caffi Cwrt Tŷ Tê Tea Rooms,** Y Maes, Tel. (01766) 52 24 30. Nettes, kleines Café.

PORTHMADOG UND TREMADOG

Pubs

- The Castle Inn/Y Castell, 1 Parciau Terrace, Tel. (01766) 52 35 15. Traditioneller Pub beim Bahnhof, Außengastro.
- The Prince of Wales££, High Street, Tel. (01766) 52 25 56. Traditioneller Pub.

Baden

- Kies- und Sandstrand
- Lohnend ist der Weg zum Sandstrand **Black Rock Sands** bei Morfa Bychan (in östlicher Richtung).

Verkehrsverbindungen

- Zug von/nach **Pwllheli** und **Porthmado**. Bus 3 von/nach **Pwllheli** und **Porthmadog**, Bus 1 von/nach **Caernarfon**.

Ausflug in die Umgebung

Bei Golan im Norden von Criccieth ist die alte **Brynkir Woolen Mill** noch in Betrieb. Bisweilen kann man bei der Arbeit in der Wollmühle zuschauen. Mit Handarbeitsladen.
- Tel. (01766) 53 02 36, Ostern–Okt. Mo.–Fr. 10–16.30 Uhr (oder nach Vereinbarung), Eintritt frei.

Porthmadog und Tremadog ⵏVII/C1

[porthmadog] [tre-madog]

www.porthmadog.co.uk

Beide Orte entstanden erst zu Beginn des 19. Jahrhunderts, als bei Blaenau Ffestiniog Schiefer abgebaut wurde und Porthmadog als wichtigster **Exporthafen** diente. Der Name *Porthmadog* („Hafen des Madog") und der des benachbarten *Tremadog* („Stadt des Madog") gehen auf den Unternehmer *William Madock* zurück, der die Flussmündung des Aberglaslyn trockenlegen ließ, den Fluss umleitete, einen Kanal baute und 1811 den Hafen anlegte. Tremadog, der Geburtsort von *Lawrence of Arabia*, ist ein Beispiel für die Stadtplanung des frühen 19. Jh. Ursprünglich sollte der Ort viel größer werden. Aber der Bau der Cambrian Railway (1867) kam dazwischen, denn der abgebaute Schiefer konnte nun per Bahn nach England transportiert werden. Die letzte Schiffsflotte Porthmadogs wurde 1945 aufgegeben.

Nachdem 1954 jedoch die **Schmalspurbahn** nach Blaenau Ffestiniog vor der Schließung bewahrt werden konnte, ging es mit Porthmadog wieder aufwärts. Es entwickelte sich zum Touristenort und eignet sich gut zur Zwischenstation. Während es im belebten Porthmadog mehrere Sehenswürdigkeiten zu besuchen gibt, lohnt sich das ruhige Tremadog eher um im Royal Madoc Hotel zu logieren.

Sehenswertes

In Porthmadog kann man an den Kaianlagen des Hafens entlang zum **Maritime Museum** hinter der Touristeninformation schlendern. Das Museum beherbergt eine kleine Ausstellung zur Geschichte des Ortes und des Hafens. Das letzte Schiff wurde 1913 im Hafen gebaut. Als es vom Stapel gelassen werden sollte, zerbrach die Champagnerflasche nicht. Dies soll der Grund dafür sein, dass das Schiff auf seiner Jungfernfahrt verloren ging.

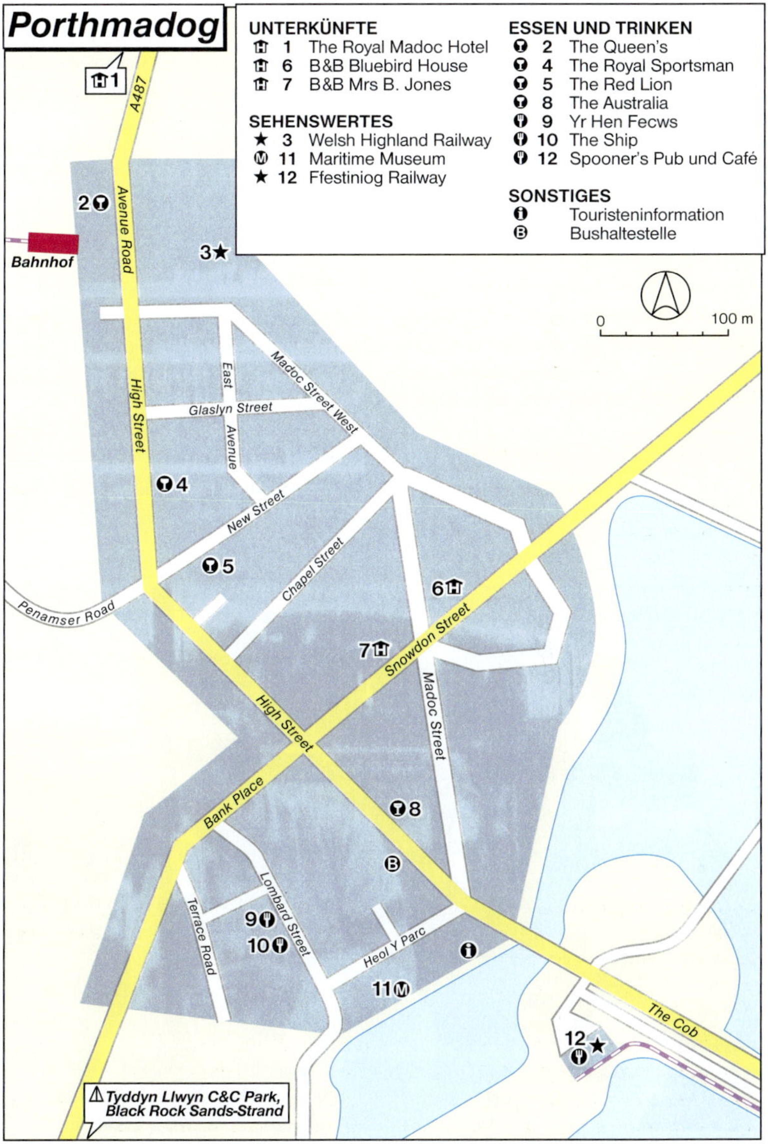

PORTHMADOG UND TREMADOG

Porthmadog

UNTERKÜNFTE
- 🏠 1 The Royal Madoc Hotel
- 🏠 6 B&B Bluebird House
- 🏠 7 B&B Mrs B. Jones

SEHENSWERTES
- ★ 3 Welsh Highland Railway
- Ⓜ 11 Maritime Museum
- ★ 12 Ffestiniog Railway

ESSEN UND TRINKEN
- 🍴 2 The Queen's
- 🍴 4 The Royal Sportsman
- 🍴 5 The Red Lion
- 🍴 8 The Australia
- 🍴 9 Yr Hen Fecws
- 🍴 10 The Ship
- 🍴 12 Spooner's Pub und Café

SONSTIGES
- ℹ Touristeninformation
- Ⓑ Bushaltestelle

PORTHMADOG UND TREMADOG

● 1 Oakley Wharf, Tel. (01766) 51 37 36, Ostern–Sept. tägl. 11–17 Uhr, £.

Die Hauptattraktion des Ortes ist sicher die Dampflokschmalspurbahn **Ffestiniog Railway.** Die Strecke nach Blaenau Ffestiniog zählt zu den schönsten in Wales. Bei der dreistündigen Fahrt mit dem **Talking Train** erfährt man per Knopfdruck etwas über die Gegend.

● Harbour Station, Tel. (01766) 51 60 00, www.festrail.co.uk, März–Okt., die Tour Blaenau Ffestiniog hin und zurück £££, der Talking Train nach Tan-y-Bwlch kostet hin und zurück £££.

Die zweite Schmalspurbahn, die **Welsh Highland Railway,** führt derzeit nur circa einen Kilometer weit bis Pen-y-Mount. Geplant ist eine Erweiterung bis Caernarfon (dort bis Rhyd-Ddu). Die Dampflokomotive darf bestiegen werden. Die Tickets gelten den ganzen Tag.

● Tremadog Road, Tel. (01766) 51 34 02, Zeitplan-Tel. (0870) 3 21 24 02, Apr.–Okt., ££.

Praktische Tipps

Touristeninformation
● High Street, Tel. (01766) 51 29 81, porthmadog.tic@gwynedd.gov.uk.

Internet
● **Computershop** Porthmadog, High Street, Tel. (01766) 51 49 44.

Stadtplan S. 163, Atlaskarte S. VII **PORTHMADOG UND TREMADOG**

Unterkunft

Die ruhigsten und angenehmsten B&Bs, mit persönlicher Atmosphäre, befinden sich in **Porthmadog** in der Snowdon Street. Die Unterkünfte in der High Street sind dagegen lauter und teurer.
- **B&B Mrs B. Jones**£, 26 Snowdon Street, Tel. (01766) 51 31 46. Nettes B&B.
- **B&B Bluebird House**£, 60 Snowdon Street, Tel. (01766) 51 44 04. Ordentliches Haus.

In **Tremadog** gibt es ein stilvolles Hotel:
- **The Royal Madoc Hotel**££, Market Square, Tel. (01766) 51 20 21, www.hotel-gwynedd.com.

Camping

- **Tyddyn Llwyn C&C Park,** Morfa Bychan Road, Tel. (01766) 51 22 05, www.tyddynllwyn.com. Nur einen Kilometer von Porthmadog entfernt, aber nicht am Meer gelegen. Gut ausgestattet.

Essen und Trinken

Porthmadog:
- **Yr Hen Fecws Restaurant**££-£££, 16 Lombard Street, Tel. (01766) 51 46 25, www.henfecws.com. Hübsch eingerichtet, mit sichtbaren Dachbalken.
- **The Ship**££, 14 Lombard Street, Tel. (01766) 51 29 90. Charaktervoll, mit Deckenbalken. *Barmeals.*
- **Spooner's**£, bei der Ffestiniog Railway (s.o.). Tel. (01766) 51 60 32. Pub und Café mit Außengastronomie und den Blick auf die Dampfloks.

Tremadog:
- **The Royal Madoc Hotel**££ (s.o.).

Pubs

Porthmadog:
- **The Red Lion,** New Street, Tel. (01766) 51 23 07. Ruhiger, traditioneller Pub in einer Nebenstraße.
- **The Royal Sportsman Hotel Bar,** 131 High Street, Tel. (01766) 51 20 15. Traditionell.
- **The Queen's Hotel Lounge,** Avenue Road, Tel. (01766) 51 25 83. Großer Raum, ruhig.
- **The Australia**£, High Street, Tel. (01766) 51 09 31. Traditioneller Pub.

Strand

- Fünf Kilometer westlich liegt der Sandstrand **Black Rock Sands** bei Morfa Bychan.

Verkehrsverbindungen

- Zug von/nach **Pwllheli** und **Barmouth.**
- Bus 1 von/nach **Caernarfon,** Bus 32 von/nach **Dolgellau,** Bus 3 bon/nach **Pwllheli,** Bus 97, S96, S97 von/nach **Beddgelert.**

Ausflug in die Umgebung

Von den Briten sehr geliebt ist **Portmeirion,** ein vom walisischen Architekten *Sir Clough Williams-Ellis* 1925–1973 im italienischen Stil angelegtes Dorf in privater Hand, das praktisch nur aus Hotels und Gastronomie besteht. Ein Besuch lohnt sich für den, der noch nie in Italien gewesen ist.
- Im Südosten Porthmadogs, unweit der A 496, Tel. (01766) 77 00 00, www.portmeirion-village.com, täglich 9.30–17.30 Uhr, ££.

Bei der Ffestiniog Railway in Porthmadog

Die Nordküste Überblick

Die Nordküste von Wales, die westlich der Flussmündung des Dee/Dyfrdwy [döwrdui] beginnt, war schon immer der schnellste Weg von Mittelengland zur Insel Môn und weiter zur Fähre nach Irland. Ausgrabungen haben gezeigt, dass bereits die Römer von ihrer Festung Deva bei Chester/Caer [keir] bis nach Segontium bei Caernarfon marschierten. Im 13. Jahrhundert ließ *Edward I.* hier einige Burgen bauen, jede einen Tagesmarsch von der anderen entfernt. Die erste entstand 1277 bei Flint/Y Fflint [ö flint]. Ihre Ruinen können heute besichtigt werden.

Das „Tor zu Wales", wegen der langen Sandstrände auch **„goldene Küste"** genannt, wurde Ende des 19. Jahrhunderts zur bevorzugten Urlaubsgegend englischer Arbeiterfamilien aus dem Raum Liverpool, Manchester und Birmingham. Ausnahmen sind Llandudno und Conwy, die eher den vornehmeren Badegästen des viktorianischen Zeitalters vorbehalten waren.

Fährt man heute auf der A 548 die Küste entlang (anstatt die autobahnähnliche A 55 zu nutzen), entdeckt man dennoch einige versteckte Sehenswürdigkeiten zwischen den Touristenzentren. Die hier beschriebene Route verläuft von Ost nach West.

In Hawarden kann man sich nicht verlaufen

Hawarden/Penarlâg

[pen-arlaag] ⌀V/C2

Der hübsche kleine Ort mit seinen netten Pubs ist ein guter Auftakt für die Fahrt entlang der Nordküste.

Sehenswertes

Hawarden kann gleich mit zwei Burgen aufwarten. Beide befinden sich auf dem Gelände des **Castle Park,** das durch eine kleine Tür in einem imposanten Holztor zu betreten ist.

Die Ruine der **edwardianischen Burg** aus dem 13. Jahrhundert besteht aus einem Steinturm auf einem Hügel linker Hand und ist schon von weitem zu sehen. Der Vorgängerbau, ein normannischer Holzturm, wurde 1265 von *Llywelyn dem Großen* erobert und zerstört. Der englische Lord *Robert de Montalt* übernahm 1267 den Platz und musste versprechen, hier nie wieder eine Festung zu bauen. Aber schon zehn Jahre später stand die steinerne Burg an gleicher Stelle.

● Park tägl. im Sommer bis 21 Uhr, im Winter bis 19 Uhr, Eintritt frei, Zutritt zur Burgruine nur an einigen Sonntagen im Sommer, £.

Die zweite Burg ist ein **gotisiertes Herrenhaus** aus dem 18. Jahrhundert, das man im viktorianischen Zeitalter *Hawarden Castle* nannte. Einst lebte hier der Premierminister *William Edwart Gladstone*. Kein Zutritt.

In der **St. Deiniol's Library** ist eine kleine Ausstellung zu *Gladstones* Leben und Werk zu sehen. Das Gebäude wurde 1889 im neogotischen Stil errichtet, *Gladstone* spendete seine Bibliothek. An ihn erinnert auch die Gladstone's Memorial Fountain vor dem Haus. Mit Café.
●Church Lane, Tel. (01244) 53 23 50, www.st-deiniols.org, geöffnet Mo.–Fr. 10–16.15 Uhr, Sa. 10–13.30 Uhr, Eintritt frei, Spenden willkommen.

Eine kleine **Zelle in einer Mauer** an der Main Street/Ecke Cross Tree Lane diente im 17. Jh. als Gefängnis. Frei zugänglich, Eintritt frei, mit Café.

Praktische Tipps

Unterkunft
●**Church View House**£, The Highway, Tel. (01244) 53 48 33, duncan.mclachlan@btinternet.com.

Essen und Trinken
●**The Hawarden Brasserie**£££, 68 The Highway (an der Straße nach Ewloe), Tel. (01244) 53 53 53, www.brasserie1016.com/hawarden. Edle Küche, eher einfach eingerichtet.
●**The Fox & Grapes**££, 6 The Highway, Tel. (01244) 53 25 65. Großer Pub, gute Auswahl.

Pubs
●**The Fox & Grapes** (s.o.)
●**The Glynne Arms**, 3 Glynne Way, Tel. (01244) 52 03 23. Traditionell, stilvoll und gemütlich.
●**Blue Bell**, 4 The Highway, Tel. (01244) 53 48 85. Traditioneller Pub.

Verkehrsverbindungen
●Zug von/nach **Wrexham**.
●Bus 4, von/nach **Mold**, Bus 11, X44 von/nach **Chester**.

Ausflug in die Umgebung

Mit einem Spaziergang im Waldgebiet Wepre Park/Parc Gwepra lässt sich ein Besuch der nordwestlich Hawardens gelegenen **Burg Ewloe** gut verbinden. Die von *Llywelyn dem Letzten* 1257 erweiterte Burg fiel 1277 an die Engländer. Als die Festung von Flint 1283 fertig gestellt war, verlor Ewloe jegliche Bedeutung.
●Frei zugänglich, Eintritt frei.

Flint/Y Fflint ∂V/C1

[ö flint]

Der heute sehr englisch anmutende Ort erhielt 1284 das Stadtrecht. Zum Besuch der Burg erscheint ein kurzer Abstecher empfehlenswert.

Die Burg

Weit weniger bekannt als die benachbarten, weiter westlich gelegenen Festungen, bildet die Burg Flint das **Osttor zu Nordwales**. Die erste Burg *Edwards I.* wurde hier 1284 vollendet und 1294 von den Engländern niedergebrannt, die verhindern wollten, dass sie in walisische Hände fiel. Man baute sie aber wieder auf. 1399 wurde *Richard II.* hier gefangen gehalten (von *Shakespeare* in „Richard II." erwähnt). Im Bürgerkrieg zerstörten *Cromwells* Truppen abermals die Anlage. Von der Ruine hat man heute einen schönen Blick über die Flussmündung des Dee.

GREENFIELD/MAESGLAS, PRESTATYN

● Tel. (01352) 73 30 78 oder Tel. (012 22) 50 02 61 (Denkmalschutzbehörde CADW), Eintritt frei.

Essen und Trinken/Pub

● **The Ship Hotel**£–££, Market Square, Tel. (07961) 43 12 69. Groß und rustikal.

Greenfield/Maesglas

[meisglas] ♫V/C1

Die Attraktion Greenfields ist die Abtei Basingwerk/Dinas Basing, die übrigens auch zu Fuß von der Heilquelle St. Winefride (siehe Kap. „Gebirgszug Clwyd u. Grenzland/Holywell") zu erreichen ist. Autofahrer halten auf dem Parkplatz kurz vor der Abfahrt B 5121 nach Holywell am Schild „Museum of Buildings & Farm, Country Park" und gehen ein Stück den Hügel hinauf.

Sehenswertes

Die **Abtei Basingwerk** wurde vermutlich 1131 von *Ranulf,* dem Earl von Chester, als „Tochterabtei" der Abtei Savigny in der Normandie gegründet. 1157 wurde das nahe gelegene Kloster Basingwerk hierher verlegt und sein Name übernommen. Zu voller Blüte gelangte die Abtei im 15. Jahrhundert. Zu dieser Zeit kamen zahlreiche Besucher, die auch das nahe gelegene Holywell aufsuchten. *Gutun Owain* schrieb hier „Beirdd y Tywysogion/ The Cronicle of the Princes". 1536 wurde das Kloster geschlossen. Heute ist es nur noch eine Ruine. Infotafeln vermitteln weitere Hintergründe. Noch mehr erfährt man aber im angeschlossenen Besucherzentrum. Mit Laden.

● Greenfield Valley Heritage Park, Abtei: Tel. (01352) 71 41 72, www.greenfieldvalley.com, tägl. geöffnet, Eintritt frei.

Das Besucherzentrum bildet gleichzeitig den Eintritt zur **Abbey Farm & Agriculture Museum,** wo rekonstruierte Gebäude der Gegend, eine viktorianische Schule und landwirtschaftliche Gebäude zu sehen sind.

● Apr.–Okt., tägl. 10–16.30 Uhr, ££.

Spaziergang

Vom Heritage Park führt ein Pfad zur Heilquelle St. Winefride in Holywell.

Prestatyn ♫IV/B1

[prestatin]

Wer in Prestatyn nach Sehenswürdigkeiten sucht, wird enttäuscht. Die Vorzüge des von englischen Caravan-Urlaubern frequentierten Ferienortes sind seine **Strände.**

Am nördlichen Ende des Fernwanderwegs **Offa's Dyke** gelegen (siehe Kap. „A–Z/Sport und Aktivitäten/ Wandern"), ist hier auch das für Wanderer interessante Offa's Dyke Path Centre zu finden, in dem Wissenswertes zur Geschichte sowie weitere Infos zum Offa's Dyke und der Umgebung vermittelt werden, u.a. mithilfe einer audiovisuellen Präsentation.

Pub in Flint

Vom Barkby Beach gelangt man in östlicher Richtung schnell zu den **Dünen** von Gronant. Der Spaziergang lässt sich hin und zurück auf etwa zwei Stunden ausdehnen.

Praktische Tipps

Touristeninformation

- **Offas Dyke Centre,** Central Beach, Tel. (01745) 88 90 92. Infos zum Offa's Dyke und zur Umgebung.

Camping

- **Nant Mill Caravan & Tenting Park,** Gronant Road, Tel. (01745) 85 23 60, www.nantmilltouring.co.uk. Großer, sehr exponierter Platz mit nur wenigen Bäumen. An der Durchgangsstraße.

Essen und Trinken

- **The Suhail Tandoori Indian Restaurant**££, 12 Bastion Road, Tel. (01745) 85 68 29. Großes indisches Restaurant in einer ehemaligen Kirche, gutes Essen.

Pubs

- **The Royal Victoria,** Sandy Lane, Tel. (01745) 85 46 70.

- **Cross Foxes,** 1 Melider Road, Tel. (01745) 85 49 84. Großer Pub mit *barmeals*.

Strände

An allen drei Stränden Prestatyns sind Parkgebühren zu entrichten. Hier die Sandstrände von Ost nach West:
- Vom **Barkby Beach** aus sind die Dünen Gronant schnell zu erreichen.
- Der **Central Beach** liegt näher am Offa's Dyke Visitor Centre als die anderen Strände.
- Der **Ffrith Beach** ist der schönste.

Verkehrsverbindung

- Zug von/nach **Chester** und **Holyhead**.
- Bus 11 von/nach **Chester** und **Y Rhyl**.

Rhyl/Y Rhyl ⚑ IV/B1

[ö hriil] www.rhyl.com

Der Ende des 19. Jahrhunderts gegründete Badeort besteht heute aus Spielhallen, Imbissbuden und Souvenirläden. Die lange Promenade ist mit **Fun-Zentren** gespickt. Wer's mag ...

Die Unterkünfte sind aufgrund der großen Konkurrenz recht preiswert. Hauptsächlich verbringen englische Arbeiterfamilien hier ihre Ferien.

Ein **Spaziergang** führt vom Marine Lake am Fluss Clwyd entlang zum Rhuddlan Castle.

Praktische Tipps

Touristeninformation
- West Parade, Tel. (01745) 34 45 15, rhyl.tic@denbighshire.gov.uk.

Unterkunft

5 Gehminuten zum Zentrum, sauber und ordentlich sind:
- **Brynteg Guest House**££, 42 River Street, Tel. (01745) 33 85 49, www.rhylguesthouse.co.uk.
- **Wavecrest Guest House**£, 28 River Street, Tel. (01745) 35 16 46.

Camping
- **Henllys Farm C&C,** Towyn Road, Tel. (01745) 35 12 08. Groß, trotzdem eng. Der Platz selbst ist schon fast eine Sehenswürdigkeit.

Essen und Trinken
- **Aromas**££, 95 High Street, Tel. (01745) 35 32 09, wie Pub eingerichtet, gute Auswahl.
- **The Garfields Hotel**£-££, 54 West Parade, Tel. (01745) 33 41 29. Touristische Hotelbar.

Pubs
- **The Swan Inn,** Wellington Road, Tel. (01745) 33 66 94. Mit Billard, gemütlich.
- **The Lorne,** High Street, Tel. (01745) 36 20 21. Groß und gemütlich.
- **The George Hotel,** Queen Street, Tel. (01745) 33 82 20. Traditioneller Pub.

Aktivitäten

Die wichtigsten Vergnügungseinrichtungen an der Promenade von Ost nach West:
- **Theater Pavilion/Y Pafiliwn,** Tel. (01745) 33 00 00.
- **Sun Centre,** Tel. (01745) 33 00 00, www.rhylsuncentre.co.uk. Schwimmhalle mit zwei Becken und allerlei Unterhaltung, £.
- **East Parade Bowls,** Tel. (01745) 33 06 51. Zum Bowling.
- **Events Arena,** Konzerte und Freiluftveranstaltungen. Informationen dazu in der Touristeninformation.
- **SeaQuarium,** Tel. (01745) 34 46 60, www.seaquarium.co.uk. Großes Aquarium mit vielen Meerestieren, ££.
- **Apollo Cinema,** Tel. (01745) 35 38 56. Großes Kino mit fünf Leinwänden.

Einkaufen
- **Siop-y-Morfa,** 109 Stryd Fawr, Tel. (01745) 33 91 97, www.siopymorfa.com. Viele Souvenirs, vor allem solche mit dem walisischen Drachen. Walisische Bücher.

Strand

- Langer Sandstrand bei der Promenade.

Verkehrsverbindung

- Zug von/nach **Chester** und **Holyhead**.
- Bus 12 von/nach **Llandudno**.

Llandudno ⌂IV/A1

[hlandidno] www.llandudno.com

Llandudnos früheste Geschichte geht auf *St. Tudno* zurück, der im 6. Jahrhundert den Hügel Great Orme/Pen y Gogarth [pen ö gogarth] als Standort für seine Kirche wählte. Erst Mitte des 19. Jahrhunderts entwickelte sich die Stadt zum **viktorianischen Badeort** für Reiche und Schöne. Berühmte Gäste waren u. a. *Otto von Bismarck, Napoleon III., Disraeli, Gladstone* und die Königin von Rumänien. In der Mostyn Street gab es damals die besten Geschäfte Großbritanniens außerhalb von London. Wer die Promenade entlang geht, kann sich die alte Pracht noch gut vorstellen. Anfang des 20. Jahrhundert öffnete sich der Ort auch anderen Touristen. Preiswertere Unterkünfte entstanden im Zentrum. Bis heute ist Llandudno ein belebter Ferienort, wenn auch die großen Hotels im Laufe der Zeit etwas von ihrem alten Glanz eingebüßt haben.

Sehenswertes

Im **Alice in Wonderland Centre – The Rabbit Hole** erleben die Besucher mittels einer 20-minütigen Tonbandführung durch mit lebensgroßen Puppen animierte Szenen einige Episoden des beliebten Märchens.
- 3-4 Trinity Square, Tel. (01492) 86 00 82, www.wonderland.co.uk. Von Ostern bis Okt. Mo.–Sa. 10–17 Uhr, So. 10–16 Uhr, Nov. bis Ostern Mo.–Sa. 10–17 Uhr, £.

Im **Llandudno Museum** sind Exponate zur Geschichte der Region und zu den Römern ausgestellt. Besonders interessant sind die bronzezeitlichen Fundstücke von Great Orme.
- Chardon-House, 17–19 Gloddaeth Street, Tel. (01492) 87 65 17, Ostern bis Okt. Di.–Sa./Feiertage 10.30–13, 14–17, So. 14.15–17 Uhr, Nov.–Ostern Di.–Sa. 13.30–16.30 Uhr, £.

In der Ausstellung **The Home Front Experience** erfährt man alles über das Leben der britischen Zivilbevölkerung im Zweiten Weltkrieg.
- New Street, Tel. (01492) 87 10 32, März–Nov., Mo.–Sa. 10–16.30 Uhr, So. 11–15 Uhr, £.

In der **Oriel Mostyn Gallery** gibt es wechselnde Ausstellungen mit Gemälden, Töpferei und Skulpturen.
- 12 Vaughan Street, Tel. (01492) 87 92 01, www.mostyn.org, Di.–Sa., 10–13, 13.30–17 Uhr, Eintritt frei.

Great Orme/Pen y Gogarth

Der 209 Meter hohe Kalksteinhügel Great Orme/Pen y Gogarth [pen ö gogarth] verspricht eine gute **Aussicht** bis zur Insel Môn.

Bereits in der Bronzezeit gab es oben eine Siedlung. Das heimische Kupfererz wurde hier eingeschmolzen und vermutlich nach ganz Europa ex-

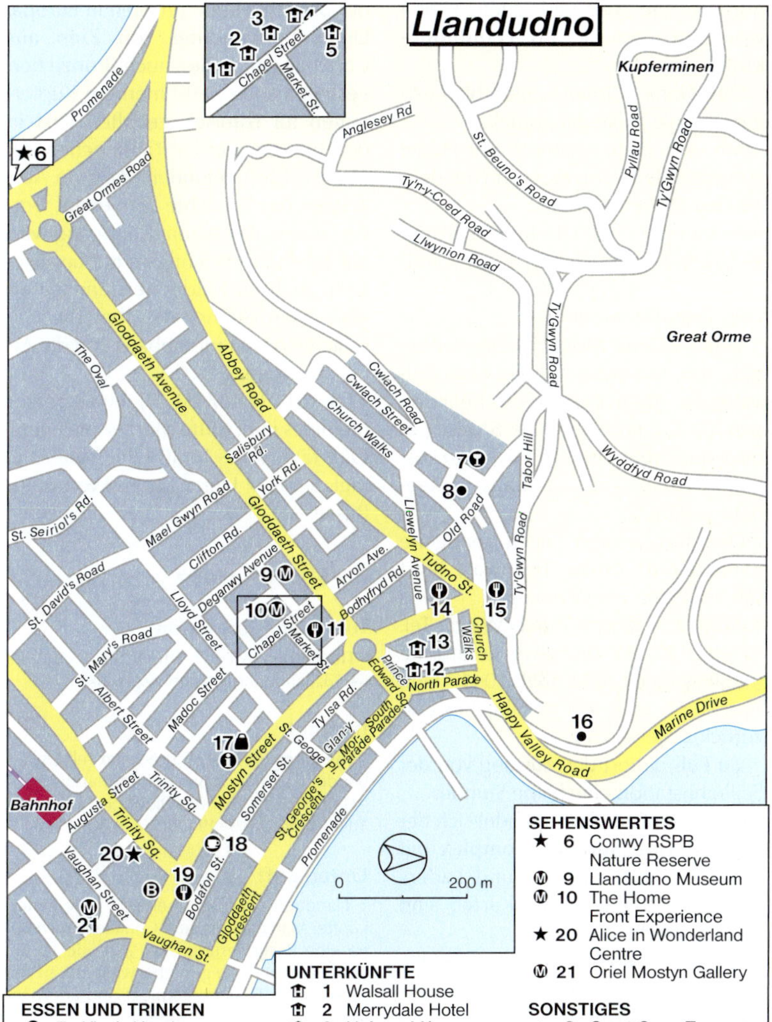

Atlaskarte S. IV

Die Nordküste
LLANDUDNO 173

Llandudno

SEHENSWERTES
- ★ 6 Conwy RSPB Nature Reserve
- Ⓜ 9 Llandudno Museum
- Ⓜ 10 The Home Front Experience
- ★ 20 Alice in Wonderland Centre
- Ⓜ 21 Oriel Mostyn Gallery

UNTERKÜNFTE
- 🏠 1 Walsall House
- 🏠 2 Merrydale Hotel
- 🏠 3 Hafan-y-Môr Guest House
- 🏠 4 No 9
- 🏠 5 Hawarden Villa
- 🏠 12 White Court Hotel
- 🏠 13 St. Tudno Hotel

ESSEN UND TRINKEN
- ❶ 7 King's Head
- ❶ 11 Cottage Loaf
- ❶ 14 Rose Tudor Hotel
- ❶ 15 Empire Hotel
- ◯ 18 Leopold's Café
- ❶ 19 The Kings Arms

SONSTIGES
- ● 8 Great Orme Tramway
- ● 16 Seilbahn
- 🔒 17 The Victoria Shopping Centre
- ❶ Touristeninformation
- Ⓑ Bushaltestelle

portiert, wie weit verbreitete Funde von Grabschmuck aus **Llandudno-Kupfer** nahe legen.

Der Name *Orme* („Seeschlange") geht auf die Wikinger zurück.

Mit dem Auto lässt sich der Hügel entgegen dem Uhrzeigersinn auf dem **Marine Drive** umfahren.

● Im Sommer 9–20 Uhr und im Winter 9–16 Uhr kostenpflichtig: £, sonst frei.

Wie hinaufkommen?

Verschiedene Möglichkeiten bieten sich, um den steilen Hügel hinaufzukommen. Auf halber Strecke befinden sich die Kupferminen. Die **Straße** parallel der Great Orme Tramway ist kostenlos, oben wird allerdings Parkgebühr verlangt.

Die stilvolle, von Seilen gezogene Bahn, **Great Orme Tramway,** fährt seit 1902 den Hügel hinauf.

● Victoria Station, Church Walks, Tel. (01492) 87 93 06, www.greatormetramway.co.uk, Okt. tägl. 10–17 Uhr, Apr.–Sept. tägl. 10–18 Uhr, hin und zurück ££, einfach £.

Zu Fuß dauert der Aufstieg von der Seilbahnstation eine halbe Stunde.

Oben am Parkplatz befindet sich der **Great Orme Summit Complex** mit Besucherzentrum, Café und Laden. Prospekte mit genauen Karten sind hier erhältlich.

● Tel. (01492) 86 09 63, Ostern bis Okt. tägl. 9.30–18 Uhr, Nov. bis Ostern nur Sa./So. 12–16 Uhr.

Die Kupfermine

Sehr sehenswert sind die **Great Orme Bronze Age Copper Mines,** in der Bronzezeit die größten in Europa. Unter Verwendung von Zinn aus Cornwall wurde hier auch Bronze hergestellt. Lange hatte man die Kupferminen für römisch gehalten. Erst in den 1980ern wurden Tierknochen (ca. 2000 v. Chr.) gefunden, die zum Auskratzen der Schächte verwendet worden waren. Bei einem Rundgang wird auf Tafeln das Wichtigste gut und einfach, auch für Kinder verständlich erklärt. Man erfährt viel über die Geschichte des Kupferabbaus und die Arbeitsbedingungen.

● Tel. (01492) 87 04 47, www.greatormemines.info. Mitte März–Apr./Sept./Okt. tägl. 9.30–16.30 Uhr, Mai–Aug. tägl. 9.30–17 Uhr, £££, Parkverbot für Busse.

Praktische Tipps

Touristeninformation

● **The Library,** Mostyn Street, Tel. (01492) 87 64 13, llandudnotic@conwy.gov.uk.

Internet

● **The Library,** Mostyn Street (im selben Gebäude wie die Touristeninformation), Tel. (01492) 57 40 10, Mo./Di./Fr. 9–18 Uhr, Mi. 10–17 Uhr, Do. 9–19 Uhr, Sa. 9.30–13 Uhr.

Unterkunft

Llandudno verfügt über sehr viele Unterkünfte. Man hat hier gute Chancen, auch ohne eine Reservierung das Passende zu finden. Die Hotels liegen überwiegend an der Promenade. Elegant, gepflegt und am Meer sind:

● **St. Tudno Hotel & Restaurant**£££, Promenade, www.st-tudno.co.uk, Tel. (01492) 87 44 11.

● **White Court Hotel**££, 2 North Parade, Tel. (01492) 87 67 19 www.whitecourthotel.co.uk.

Stadtplan S. 173, Atlaskarte S. IV

LLANDUDNO

Viele kleinere Unterkünfte befinden sich in der Chapel Street. Schön, gepflegt und ruhig sind folgende:
- **No 9**££, 9 Chapel Street, Tel. (01492) 87 72 51, www.no9llandudno.co.uk. Geschmackvolle Zimmer, hoher Standard.
- **Merrydale Hotel**£, 6 Chapel Street, Tel. (01492) 86 09 11.
- **Walsall House**£, 4 Chapel Street, Tel. (01492) 87 52 79, www.walsallhouse.co.uk.
- **Hawarden Villa**£, 27 Chapel Street, Tel. (01492) 86 04 47.
- **Hafan-y-Môr Guest House**£, 8 Chapel Street, Tel. (01492) 87 52 72, www.hafan-y-mor-guesthouse.co.uk.

Essen und Trinken

- **St. Tudno Hotel**£££ (s.o.). Gepflegtes Restaurant, gute Auswahl an Speisen.
- **The Empire Hotel, Poolside Restaurant**£££, Church Walks, Tel. (01492) 86 05 55, reservations@empirehotel.co.uk. Günstige Menüangebote, walisisches Lamm. Elegante Einrichtung.
- **Rose Tor Hotel**££, 120–124 Upper Mostyn Street, Tel. (014 92) 87 04 33, www.rose-tor-hotel.co.uk. Zentral gelegenes Haus, elegant eingerichtet.
- **The Kings Arms**£–££, 17 Mostyn Street, Tel. (01492) 87 58 82. *Barmeals* in einfachem Pub.
- **Cottage Loaf**£–££, 1 Market Street, Tel. (014 92) 87 07 62. Großer, rustikaler Pub, *barmeals*.

Café

- **Leopold's Café,** Mostyn Street, Tel. (01492) 87 62 55. Hübsches Café in der Arkade.

Pubs

- **King's Head,** Old Road, Tel. (01492) 87 79 93. Der älteste Pub in Llandudno, bei der Tram. Schön eingerichtet, mit offenem Kamin.
- **The King's Arms** (s.o.)
- **Cottage Loaf** (s.o.)

Einkaufen

- In der Mostyn Street gibt es viele Geschäfte, in denen es sich zu stöbern lohnt, besonders im **The Victoria Shopping Centre,** Mostyn Street, Tel. (01492) 87 21 00. Viele kleine Läden in der Arkade.

Verkehrsverbindung

- Zug von/nach **Llandudno Junction,** weiter von/nach **Holyhead** und **Rhyl.**
  Bahnlinie Conwy Valley Line von/nach **Blaenau Ffestiniog.**
- Bus 5, 9A von/nach **Bangor** und **Caernarfon,** Bus 84 von/nach **Blaenau Ffestiniog,** Bus 12 nach **Y Rhyl.**

Ausflüge in die Umgebung

Das **Conwy RSPB Nature Reserve** befindet sich südwestlich der Stadt. Hauptsächlich sind hier viele Vögel zu beobachten.
- Llandudno Junction, Tel. (01492) 58 40 91, Eintritt frei.

Colwyn Bay/Bae Colwyn

In Colwyn Bay ist der **Welsh Mountain Zoo** ein beliebtes Ausflugsziel. Im Bergzoo leben wilde Tiere, wie zum Beispiel Löwen, Affen, Elefanten und kalifornische Seelöwen in Gehegen, die sich gut in die Landschaft einfügen. Die besondere Attraktionen sind Shows mit frei fliegenden Falken (nur April–Oktober) und die Seelöwenfütterung. Insgesamt eine große Anlage.
- Old Highway, Tel. (01492) 53 29 38, www.welshmountainzoo.org, März–Okt. tägl. 9.30–17 Uhr, im Nov.–Feb. tägl. 9.30–16 Uhr, £££.

Rhôs-on-Sea

Die kleine **Kirche St. Trillo in** Rhôs-on-Sea/Llandrillo-yn-Rhos, gleich unterhalb der Straße, ist durchaus einen kurzen Halt wert. Teile stammen aus dem 6. Jahrhundert. Von hier soll Prinz *Madoc ap Owain Gwynedd* 1170 seine Reise nach Amerika angetreten haben, über 300 Jahre vor *Christoph Columbus*. Frei zugänglich, Eintritt frei.

Pub

●Anschließend kann man im **Pub Rhos Fynach** einkehren, Rhos Road, Tel. (01492) 54 81 85. Groß, mit überdachter Terrasse.

Conwy
⌨ IV/A1

[konwi] www.conwy.com

Der malerische Ort Conwy ist sicher einer der Höhepunkte auf der Fahrt entlang der Nordküste. Die beeindruckende Burg, von vielen als die stattlichste der Festungen *Edwards I.* angesehen, und die vollständig erhaltene Stadtmauer mit 21 Türmen vermitteln **mittelalterliches Flair.** Die vielseitige Architektur der Altstadthäuser und die diversen Sehenswürdigkeiten laden zum Herumschauen und Entdecken ein. Spaziergänge am Kai lassen von weiten Fahrten träumen. Conwys Einwohner verdienten früher ihren Lebensunterhalt mit Muschelnsammeln.

Der Fluss Conwy wird auch der „walisische Rhein" genannt. Er bildet die natürliche Grenze, die die Prinzen von Gwynedd zu verteidigen hatten, wobei ihnen der breite Strom mit den dahinter liegenden „wilden" Bergen zum Vorteil gereichte. Noch heute stellt der Fluss ein Hindernis dar. Auf der Brücke zur Burg Conwy gibt es regelmäßig Verkehrsstaus, besonders im Sommer.

Sehenswertes

Die **Burg Conwy** ist mit ihren acht großen runden Türmen ein schönes Beispiel edwardianischer Militärarchitektur. 1283–1287 wurde sie erbaut, um zu beeindrucken, was zweifellos gelungen ist. Nach dem Bürgerkrieg im 17. Jahrhundert nicht mehr genutzt, ist das Innere sehr gut erhalten, eine Besichtigung durchaus lohnend.
●Tel. (01492) 59 23 58, April–Mai/Okt. tägl. 9.30–17 Uhr, Juni–Sept. tägl. 9.30–18 Uhr, Nov.–März Mo.–Sa. 9.30–16 Uhr, So. 11–16 Uhr, ££.

In der Touristeninformation befindet sich eine kleine Ausstellung zur Burg Conwy, Eintritt frei.

Die nahe, von *Thomas Telford* 1826 gebaute **Suspension Bridge** ist eine elegante Brücke, die seinerzeit die Fähre ersetzte. Das restaurierte Zollhaus ist im Stil des 19. Jh. eingerichtet.
●Tel. (01492) 57 32 82, April–Okt, tägl. 11–17 Uhr, £.

Die über einen Kilometer lange **Stadtmauer** mit 21 Türmen und drei Original-Stadttoren ist heute noch begehbar. Der Zugang erfolgt von der Rosehill Street, Upper Gate Street, Bangor Road und Berry Street. Den besten Blick hat man von dem Abschnitt, der am Porth Uchaf/Upper Gate Street beginnt und bei der Berry Street endet.
●Frei zugänglich, Eintritt frei

Am Kai steht das angeblich kleinste Haus Großbritanniens. Als Fotomotiv macht sich **The Smallest House** besonders gut. Die beiden kleinen Innenräume messen nur 2,75 x 1,53 Me-

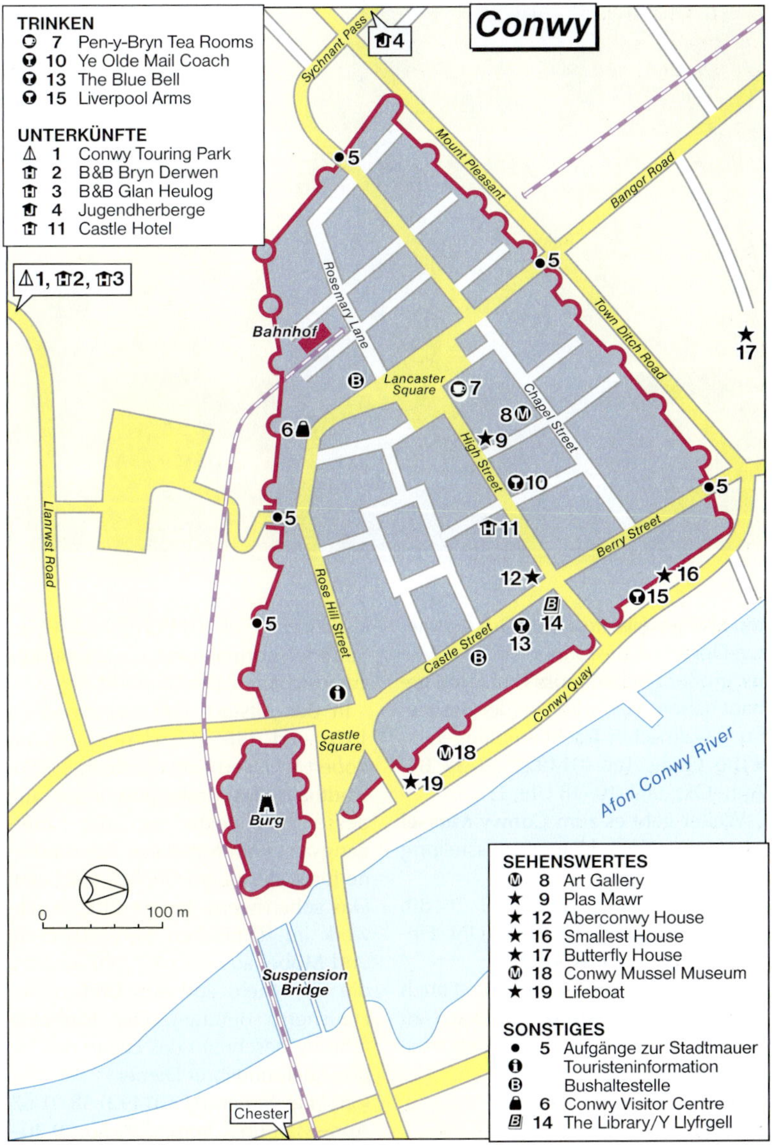

Atlaskarte S. IV

Die Nordküste
CONWY 177

Conwy

TRINKEN
- 7 Pen-y-Bryn Tea Rooms
- 10 Ye Olde Mail Coach
- 13 The Blue Bell
- 15 Liverpool Arms

UNTERKÜNFTE
- 1 Conwy Touring Park
- 2 B&B Bryn Derwen
- 3 B&B Glan Heulog
- 4 Jugendherberge
- 11 Castle Hotel

SEHENSWERTES
- 8 Art Gallery
- 9 Plas Mawr
- 12 Aberconwy House
- 16 Smallest House
- 17 Butterfly House
- 18 Conwy Mussel Museum
- 19 Lifeboat

SONSTIGES
- 5 Aufgänge zur Stadtmauer
- Touristeninformation
- Bushaltestelle
- 6 Conwy Visitor Centre
- 14 The Library/Y Llyfrgell

Burg Conwy

ter, also jeweils circa vier Quadratmeter. Der letzte Bewohner, ein 1,92 Meter großer Fischer, muss Probleme gehabt haben. Man wird von der Besitzerin in walisischer Tracht empfangen.
● The Quay, Tel. (01492) 59 34 84, Apr.–Okt. tägl. 10–18 Uhr, £.

Weiter geht es zum **Conwy Mussel Museum,** einer kleinen Ausstellung zum Muschelfang.
● The Quay, Tel. (01492) 59 26 89, Ostern–Aug. tägl. 10.30–17 Uhr. Eintritt frei, Spende erwünscht.

Wie in vielen Küstenstädten, ist auch hier ein **Rettungsboot** (Lifeboat) zu besichtigen. Die „Arthur Bate" existiert seit 1966.
● The Quay, Tel. (01492) 59 23 47, im Sommer normalerweise nachmittags zu besichtigen, der Eintritt ist frei.

In der Altstadt fällt das zwischen 1576 und 1585 für den Kaufmann *Robert Wynn* erbaute elizabethanische Stadthaus **Plas Mawr** [plaas maur] auf, dessen Architektur aus der Übergangszeit vom Mittelalter zur Moderne für Wales ungewöhnlich erscheint. Das sehenswerte Innere birgt Stuckwerk im flämischen Renaissancestil und Möbel aus dem 17. Jahrhundert, die die Macht und den Einfluss des Hausherrn betonen. Die Tonbandführung beschreibt das Leben des Tudor-Adels und ihrer Diener.
● 20 High Street, Tel. (01492) 58 01 67, Apr.–Mai und Sept. Di.–So. 9.30–

17 Uhr, Juni–Aug. Di.–So. 9.30–18 Uhr, ££.

Eine weitere architektonische Perle ist das **Aberconwy House/Tŷ Aberconwy,** das mittelalterliche Haus eines Kaufmanns vom Anfang des 14. Jahrhunderts und gleichzeitig das älteste der Stadt. Die möblierten Räume veranschaulichen das tägliche Leben in verschiedenen Zeitabschnitten seiner Geschichte.
●Castle Street, Tel. (01492) 59 22 46, Apr.–Okt. Mi.–Mo. 11–17 Uhr, £.

In der **Art Gallery** der Royal Cambrian Academy of Art, ist auf zwei Stockwerken eine wechselnde Gemäldeausstellung zu sehen.
●Crown Lane, Tel. (01492) 59 34 13, Di.–Sa. 11–17 Uhr, So. 13–16.30 Uhr, Eintritt frei.

Außerhalb der Stadtmauer lohnt sich für Schmetterlingsfans ein Besuch im **Conwy Butterfly Jungle/Tŷ Glöyn Byw Conwy.** Im Treibhaus fliegen tropische Schmetterlinge frei herum. Mit Souvenirladen.
●Bodlondeb Park, Tel. (01492) 59 31 49, www.conwy-butterfly.co.uk. Apr.–Aug. tägl. 10–17.30 Uhr, Sept./Okt. tägl. 10–16 Uhr, ££.

Praktische Tipps

Touristeninformation
●The Castle, Rose Hill Street, Tel. (01492) 59 22 48, conwytic@conwy.gov.uk.

Internet
●**The Library/Y Llyfrgell,** Castle Street, Tel. (01492) 59 62 42 oder 57 40 20, Mo./Do./Fr. 10–17.30 Uhr, Di. 10–19 Uhr, Sa. 10–13 Uhr.

Unterkunft
●**Castle Hotel**£££, High Street, Tel. (01492) 58 28 00, www.castlewales.co.uk. Elegant, zentral gelegen.

Etwas außerhalb (ein Kilometer Richtung Trefriw) befinden sich zwei ausgezeichnete B&Bs in ruhiger Lage:
●**B&B Glan Heulog**£–££, Llanrwst Road, Tel. (01492) 59 38 45. Schön und in Sichtweite der Burg.
●**B&B Bryn Derwen**£, Llanrwst Road, Tel. (01492) 59 61 34. Geschmackvolles B&B.
●**JH Larkhill,** Sychnant Pass, Tel. (0870) 77 05 774. Auf dem Hügel, 10 Min. zu Fuß zum Zentrum.

Camping
●**Conwy Touring Park,** Trefriw Road, Tel. (01492) 59 28 56, www.conwytouringpark.com. Etwa zwei Kilometer vom Zentrum entfernt, nur für Familien und Paare.

Essen und Trinken
●**Skakespeare's Restaurant**£££, im Castle Hotel (s.o.). Gepflegte Atmosphäre, besondere Speisen.
●Ansonsten gibt es in Conwy überall **Schnellimbisse** und kleine **Cafés.**

Café
●**Pen-y-Bryn Tea Rooms**£, High Street, Tel. (01492) 59 64 45. Hübsches Café, schön in warmen Farben eingerichtet. Auch warme Gerichte.

Pubs
●**Ye Olde Mail Coach,** High Street. Netter Pub mit Stühlen.
●**The Blue Bell,** Castle Street, Tel. (01492) 59 24 79. Traditioneller Pub.
●**Liverpool Arms,** The Quay, Tel. (01492) 56 21 61. Traditioneller Pub. Man kann draußen sitzen und die Segelboote beobachten.

Einkaufen
●**Conwy Visitor Centre,** Rose Hill Street, Tel. (01492) 59 62 88. Viele Souvenirs, auch Auskünfte zu Conwy und zur Region.

Verkehrsverbindung

- Zug von/nach **Holyhead, Chester** und **Blaenau Ffestiniog.**
- Bus 5 von/nach **Bangor** und **Caernarfon**, Bus 19 von/nach **Llanrwst**, Bus 27 von/nach **Old Colwyn.**

Ausflüge in die Umgebung

Rowen

Hinter dem kleinen Ort Rowen (südlich Conwys) beginnt eine **Römerstraße**, die bis Abergwyngregyn [abergwingregin] an der Nordküste führt (siehe Kap. „Caernarfon und Bangor/Bangor") und ursprünglich sogar von *Canovium* bis *Segontium* (bei Caernarfon) verlief. Der Abschnitt zwischen Rowen und Abergwyngregyn ist aber der einzig heute noch begehbare und führt über das Nordende des Gebirges Carneddau [karnethe]. Eine Strecke ist etwa zehn Kilometer lang und man benötigt zwei bis drei Stunden bis zum Ziel.

Bodnant Garden/Gardd Bodnant

Auf der anderen Seite des Conwy-Tals, an der A 470, befindet sich der 1875 angelegte Bodnant-Garten, der zu den schönsten in Wales gehören soll. Zu sehen sind Rhododendron, Kamelien und Magnolien im Frühjahr, Kräuter, Rosen und Wasserlilien im Sommer, schöne Farben im Herbst.

- Tel. (01492) 65 04 60, www.bodnantgarden.co.uk, März–Okt. täglich 10–17 Uhr, £££.

Penmaenmawr [penmeinmaur]

Lohnend ist eine Wanderung zu dem vorgeschichtlichen Steinkreis **Penmaenmawr** (ca. 3000 v. Chr), ein Ring von ca. 30 Steinen. Aus Richtung Bangor kommend, fährt man an der Gabelung Richtung Synant (Hen Ffordd Conwy), dann die Graiglwyd Road rechts und am Schild „To Green Gorge" links, auf einer engen Straße hinauf zu einem kleinen Parkplatz zwischen zwei Säulen. Hier geht man den Feldweg rechts (östliche Richtung) und immer geradeaus, an einer Gabelung rechts (Schild „Druid Circle"), vorbei an dem Bauernhof Ty'n y ffrith und Bryn Derwydd. Einfacher Weg, ca. 20 Minuten.

Plas Mawr in Conwy

Das nordwalisische Grenzland

Überblick

Das Grenzland entspricht in etwa der ehemaligen Grafschaft Clwyd [kluid] und ist in der Tat vom **Clwyd-Tal** und dem circa 35 Kilometer langen **Clwyd-Gebirgszug** geprägt. Die Region erhebt Anspruch darauf, das Zuhause von *Owain Glyndŵr* (1349–1416), dem großen kriegerischen walisischen Prinzen zu sein (siehe Kap. „Land und Leute/Geschichte/Mittelalter"). Er wurde auf Sycharch Castle geboren, in der Nähe von Llansilin, Oswestry, das 1403 bis auf die Grundmauern niederbrannte.

Die hügelige malerische Gegend, auch The Marches genannt, ist nicht so spektakulär wie z.B. Snowdonia im Nordwesten, dafür aber voller versteckter Sehenswürdigkeiten. Einige davon hat man im 19. Jahrhundert als **„Sieben Wunder von Wales"** bekannt machen wollen:

1. Der Wasserfall Pistyll Rhaeadr (siehe Kap. „Mittelwales/Llanrhaeadr-ym-Mochnant")
2. Der Kirchturm von St. Giles in Wrexham, der den Architekten der „Houses of Parliament" inspiriert haben soll
3. Der höchste Berg von Wales, der Snowdon (siehe Kap. „Snowdonia")
4. Die großen alten Eiben auf dem Friedhof St. Mary in Overton (bei Wrexham)
5. Die heilige Quelle St. Winefride in Holywell
6. Die Brücke von Llangollen
7. Die Gresford Bells bei Wrexham

In Versform klingt das dann folgendermaßen: *„Pistyll Rhaeadr and Wrex-*

DAS CLWYD-TAL VON LLANGOLLEN NACH RHUDDLAN

ham Steeplem, Snowdon's mountain without its people, Overton Yew Trees, St. Winefride's Well, Llangollen Bridge and Gresford Bells."

Das Clwyd-Tal von Llangollen nach Rhuddlan

Llangollen ⇒V/C3

[hlangohlen] www.llangollen.org.uk

Die kleine Stadt im malerischen Flusstal des Dee/Dyfrdwy [döwrdui], unterhalb der Ruinen der Burg Dinas Bran war schon Ende des 18. Jahrhunderts ein Touristenort. Zu seinem Aufblühen trug die seit dem 14. Jahrhundert bestehende Brücke nicht unerheblich bei: Es gab weit und breit keinen anderen Flussübergang. Die Briten strömen jedes Jahr zu dem **internationalen Eisteddfod** hierher. Die vielen kleinen Sehenswürdigkeiten, die gute touristische Infrastruktur und die Ausflugsziele in der Umgebung sprechen für einen mehrtägigen Aufenthalt in Llangollen.

Sehenswertes

Die schöne **Brücke** von Llangollen aus dem Jahr 1347 zählt zu den sieben Wundern von Wales.

Im **Royal International Pavilion,** einer modernen Messehalle auf der anderen Flussseite, findet jedes Jahr im Juli für eine Woche das Internationale Eisteddfod statt. Ansonsten wird der Komplex als Galerie genutzt. Auch ein Kino ist hier untergebracht.
●Abbey Road, Tel. (01978) 86 01 11, www.royal-pavilion.co.uk, Mo.–Fr. 10–16 Uhr, Eintritt frei.

Das **Heimatmuseum** zeigt die Geschichte Llangollens und Umgebung.
●Parade Street, Tel. (01978) 86 28 62, www.llangollenmuseum.org.uk. Tägl. 10–16, Mi. 13–16 Uhr.

Beim **Horse Drawn Boats and Canal Exhibition Centre** kann man zweistündige motorgesteuerte Bootsfahrten auf dem Kanal unternehmen. Uriger ist allerdings die von Pferden gezogene Fahrt von 45 Minuten Dauer. Im Exhibition Centre erfährt man die Geschichte dazu.
●Llangollen Wharf, Tel. (01978) 86 07 02, www.horsedrawnboats.co.uk, Ostern–Okt. tägl. ab 11.30 Uhr, ££–£££.

Vom Bahnhof, der Llangollen Railway Station, lassen sich auf bequeme Art und Weise landschaftlich schöne Fahrten mit dem **Dampfzug** unternehmen: nach Corwen (etwa 13 Kilometer) und zurück, www.llangollenrail.llangollen-railway.co.uk.
●Tel. (01978) 86 09 51, Apr.–Okt., £££

Etwas für's Auge bietet **Plas Newydd** [plaas newith], in exquisiter Fachwerkarchitektur und mit seinen Gärten das Heim der Ladies of Llangollen, zweier exzentrischer Damen aus Irland, die 1790–1831 hier wohnten. Innen kann man die schöne Einrichtung aus dem 18. Jahrhundert bewundern.
●Hill Street, Tel. (01978) 86 13 14, Ost.–Okt., tägl. 10–17 Uhr, £, Gärten Eintritt frei.

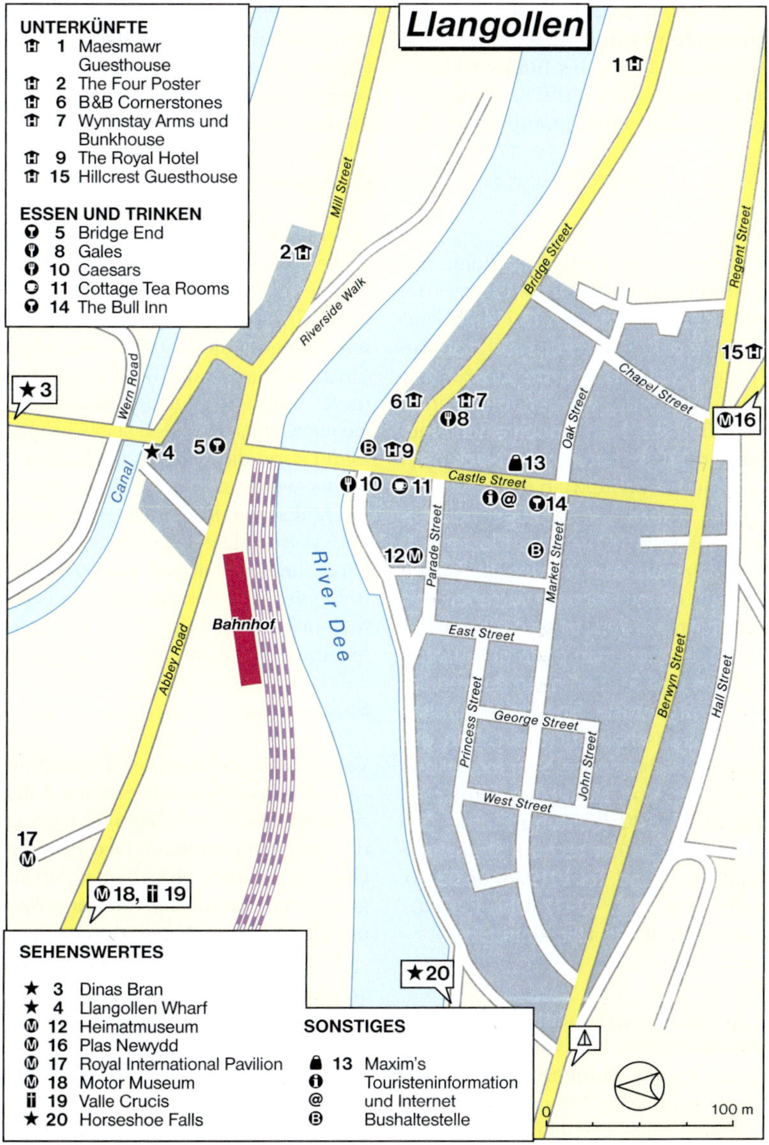

Atlaskarte S. V — Das nordwalisische Grenzland — **DAS CLWYD-TAL** — 183

Llangollen

UNTERKÜNFTE
- 1 Maesmawr Guesthouse
- 2 The Four Poster
- 6 B&B Cornerstones
- 7 Wynnstay Arms und Bunkhouse
- 9 The Royal Hotel
- 15 Hillcrest Guesthouse

ESSEN UND TRINKEN
- 5 Bridge End
- 8 Gales
- 10 Caesars
- 11 Cottage Tea Rooms
- 14 The Bull Inn

SEHENSWERTES
- ★ 3 Dinas Bran
- ★ 4 Llangollen Wharf
- Ⓜ 12 Heimatmuseum
- Ⓜ 16 Plas Newydd
- Ⓜ 17 Royal International Pavilion
- Ⓜ 18 Motor Museum
- ⋒ 19 Valle Crucis
- ★ 20 Horseshoe Falls

SONSTIGES
- 🔒 13 Maxim's
- ℹ Touristeninformation
- @ und Internet
- Ⓑ Bushaltestelle

Der Norden

0   100 m

Das Clwyd-Tal von Llangollen nach Rhuddlan

An der A 542 befindet sich das **Llangollen Motor Museum** mit Oldtimern der 1920er bis 1960er Jahre.
●Pentrefelin, Tel. (01978) 86 03 24, www.llangollenmotormuseum.co.uk, März–Okt. Di.–So. 10–17 Uhr, im Winter nach Vereinbarung, £.

Valle Crucis

Die relativ gut erhaltene Ruine der **Zisterzienser-Abtei** Valle Crucis („Tal des Kreuzes") aus dem 13./14. Jh. liegt romantisch im Tal. Hier spürt man Ruhe und Stille. Das erste Kloster war 1201 gegründet worden, die Brände von 1236 machten jedoch einen Neubau im 13. Jh. notwendig. Nach dem Aufstand von Owain Glyndŵr im 15. Jh. wurde der Ostflügel neu gebaut. 1537 löste man das Kloster auf. Im 18. Jahrhundert wurden die Ruinen z. T. mit neuen Dächern versehen und als Bauernhof genutzt. In der Mitte des 19. Jh. begann man dann mit Ausgrabungen und Säuberungen der verblieben Anlagenreste. Eine kleine Ausstellung veranschaulicht das Leben der Zisterziensermönche. Sehr lohnend!
●Anfahrt: Von Llangollen fährt man auf der A 542 Richtung Ruthin. Die Abtei liegt an der rechten Straßenseite. Abbey Road, Tel. (01978) 86 03 26, Apr.–Sept. tägl. 10–17 Uhr, £, Okt.–März tägl. 10–16 Uhr, Eintritt frei.

Dinas Bran

Ein Spaziergang führt ab Llangollen Wharf an der Schule vorbei den Hügel hinauf zu den **Ruinenresten** der Burg Dinas Bran. Man hat dort einen sehr schönen Blick. Der Hügel war schon in der Eisenzeit besiedelt. Es ist allerdings unklar, wer die jetzige Burg errichtet hat; am wahrscheinlichsten erscheint *Gruffydd Maelor II.*, Sohn des *Madog ap Gruffydd Maelor I.*, in den 1260ern. 1277 nahm *Henry de Lacy*, der Graf von Lincoln, die Burg ein. 1282 war sie kurze Zeit im Besitz von *Dafydd ap Gruffydd*, dem Bruder von *Llywelyn dem Letzten*. Nach *Llywelyns* Tod bei Cilmeri wurde *Dafydd* von *Edwards* Truppen gefangen genommen und hingerichtet. 1402 versuchte *Owain Glyndŵr*, die Burg einzunehmen. Während der Regierungszeit *Heinrichs VIII.* beschrieb sein Chronist *John Leland* die Burg als totale Ruine. Später wurde sie ein beliebtes Motiv für Maler der Romantik, wie *Turner* und *Wilson*. Die Legende verbindet Dinas Bran mit dem König *Bran von Britannien* aus den Mythenepen der Mabinogi (siehe Kap. „Land und Leute/Kunst/Dichtkunst").

Spaziergänge

Außer den Spaziergängen zur Abtei Valle Crucis und zur Burg Dinas Bran seien hier noch die **Horseshoe Falls** erwähnt. Die Wasserfälle sind entlang der Uferpromenade am Dee zu erreichen. Sie wurden von *Thomas Telford* gebaut, um die Kanäle von Llangollen und Ellesmere mit Wasser zu versorgen.

Touristeninformation

●Castle Street, Tel. (01978) 86 08 28, llangollen@nwtic.com.

Plas Newydd in Llangollen

Internet

● **Llangollen Library,** Castle Street, im selben Gebäude wie die Touristinfo. Tel. (01978) 86 90 00, llangollen.library@denbighshire.gov.uk.

Unterkunft

● **The Royal Hotel**£££, Bridge Street, Schlichter, eleganter Stil mit zwei Bars, Restaurant und Café.
● **Hillcrest Guesthouse**££, Hill Street, Tel. (01978) 86 02 08. www.hillcrest-guesthouse.com. Edel eingerichtet, mit Kronleuchtern. Ruhig.
● **The Four Poster**££, 1 Mill Street, Tel. (01978) 86 10 62, www.the-four-poster.co.uk. Ruhig und stilvoll.
● **B&B Cornerstones**££-£££, 15 Bridge Street, Tel. (01978) 86 15 69, www.cornerstonesguesthouse.co.uk. Nettes B&B, zentrale Lage.
● **Wynnstay Arms**££ und **Bunkhouse**£, 20 Bridge Street, Tel. (01978) 86 07 10, www.wynnstay-arms.co.uk. Unterkunft über Pub.
● **Maesmawr Guesthouse**£, Church Street, Tel. (01978) 86 04 77 Sehr schönes, altes Haus, ruhige Lage. Mit Blick auf den Fluss und Dinas Bran.

Essen und Trinken

● **The Royal Hotel**££-£££, (s.o.), Tel. (01978) 86 02 02. Mehrere Räume, für jeden Geschmack.
● **Gales Vine Bar**££ (Gales of Llangollen), 18 Bridge Street, Tel. (01978) 86 00 89. Hübsch und klein, kontinental angehaucht.
● **Caesars**££-£££, Tel. (01978) 86 01 33. Flussblick, eher wie ein Café eingerichtet.
● **Wynnstay Arms**£-££ (s.o.). Gute *barmeals* in der Kutschstation aus dem 17. Jahrhundert, stilvoll, Biergarten.
● **The Corn Mill**££-£££, Dee Lane, Tel. (01978) 86 95 55, www.cornmill-llangollen.co.uk. In einer alten Mühle, die von Mönchen der Abtei Valle Cruus gegründet und 1786 neu gebaut wurde. Rustikal und gemütlich.

DAS CLWYD-TAL VON LLANGOLLEN NACH RHUDDLAN

Café
- **Cottage Tea Rooms,** 5 Castle Street, Tel. (01978) 86 09 76, nettes Café.
- **Fouzi's Café bar,** Castle Street, Tel. (01978) 86 13 40, moderne Einrichtung.

Pubs
- **Wynnstay Arms** (s.o.)
- **Bridge End,** Mill Street, Tel. (01978) 86 06 34. Traditioneller Pub.
- **The Bull Inn,** 20 Castle Street, Tel. (01978) 86 02 20. Rustikaler, traditioneller Pub. Mit Biergarten.

Einkaufen
- Das **Antiquariat** über Maxim's Café bietet eine gute Auswahl. Auch an Sonntagen geöffnet. 17 Castle Street, Tel. (01978) 86 03 34.

Verkehrsverbindung
- Bus X 94 von/nach **Dolgellau** und **Wrexham.**

Chirk Castle/ Castell y Waun [Kastehl ö wein]

Das südöstlich Llangollens gelegene Chirk Castle/Castell y Waun [kastehl ö wein] wurde 1310 von *Edward I.* als Grenzburg angelegt, indem er die ursprüngliche walisische Festung ausbauen ließ. Aus dieser Zeit stammt der Kerker unter dem Westflügel. Nach zahlreichen Veränderungen ist es heute ein **prächtiges Herrenhaus,** was sich besonders in der feudalen Inneneinrichtung widerspiegelt. Sehenswert ist das schmiedeeiserne Tor (1711–1721) aus der Werkstatt von *Robert Davies,* eines der wenigen Beispiele für den englischen Barock. Lohnend sind auch die **Gärten.** Beim See sind deutliche Reste des Offa's Dyke erhalten (siehe Kap. „Land und Leute/ Geschichte/Mittelalter"). Das Schloss war seit 1330 durchgehend bewohnt und ist daher sehr gut erhalten. Seit 1555 ist es das Heim der Myddelton-Familie, die immer noch hier wohnt. Die Anlage ist aber mittlerweile in den Händen des National Trust.

- Tel. (01691) 77 77 01, Apr.–Sept. Mi.–So. Schloss 12–17 Uhr, £££, Gärten 10–18 Uhr, ££, Okt. Schloss 12–16 Uhr, £££, Gärten 10–17 Uhr, ££.

Corwen [korwen] ⌕IV/B3

Das kleine Corwen bietet gleich mehrere Sehenswürdigkeiten. Bei der Kirche steht im Hof ein **Runenstein** mit der einzigen bislang in Wales sicher als Runen identifizierten (wenn auch kaum lesbaren) Inschrift.

Die Mauerreste des eisenzeitlichen **Forts Caer Drewyn** erreicht man vom Square die Green Lane/Y Lôn Las entlangfahrend. An der Kinderkrippe *(nursery)* biegt man rechts ab. Parken kann man am Erholungszentrum *(Corwen Recreation Centre).* Ein Stück rechts davon geht es nun die Straße hoch und den ersten Fußweg links (circa eine halbe Stunde). Oben wird man mit einem prächtigen Ausblick belohnt.

Glan-yr-afon [glan-ör-awon] ⌕IV/B3

In Glan-yr-afon empfielt sich ein Besuch der **Glaswerkstatt** *(Glassblobbery).* Dort kann man zusehen, wie auf Wunsch Tierfiguren aus geschmolzenem Glas hergestellt werden (kein

Das schmiedeeiserne Tor
vor dem Schloss Chirk

Stadtplan S. 189, Atlaskarte S. IV   **Das nordwalisische Grenzland**   **DAS CLWYD-TAL**

Kaufzwang). Der Künstler unterhält sich dabei nett mit den Kindern und erzählt kleine Geschichten.
- Tel. (01490) 46 04 40, www.glass blobbery.com. Ostern–Weihnachten Mi.–Mo. 10–17 Uhr, Juli/Aug. tägl.

Unterkunft

- Eine preiswerte Unterkunft bei Glan-yr-afon findet man im **Bunk House Tyn-yr-Erw,** Tel. (01490) 46 04 64, www.tynyrerwbunkhouse.co.uk. Sehr gutes Preis-Leistungsverhältnis, Abendessen, Frühstück und Lunchpaket inklusive. Anfahrt: Auf der A 494 Richtung Bala und bei Bethel scharf rechts abbiegen. Dann nach circa drei Kilometern an der Telefonzelle scharf links Richtung Soar abzweigen. Wo die Straße nach rechts schwenkt, fährt man weiterhin geradeaus. Das Bunk House liegt beim ersten Bauernhof auf der rechten Seite.

Ruthin/Rhuthun   IV/B2

[hrithin] www.ruthin-wales.co.uk

Ruthin wurde auf einem Hügel aus **rotem Sandstein** gebaut, um von hier den Fluss Clwyd gut überwachen zu können. Das hübsche alte Marktstädtchen besticht durch seine vielen Fachwerkhäuser aus dem 14. bis 17. Jahrhundert im reizvollen Kontrast zu rotem Backstein.

Sehenswertes

St. Peter's Square bildet das Herz der Stadt. Ein Blick in die **Kirche St. Peter** aus dem 14. Jahrhundert lohnt sich vor allem für wegen der schönen Holzdecke aus Eichenpanee-

len, ein Geschenk *Heinrichs VII.* Das schmiedeeiserne Tor von 1727 stammt aus der Werkstatt von *Robert Davies* (siehe Kap. „Llangollen/Chirk Castle)".

Im **Old Courthouse,** einem Fachwerkhaus von 1401 (heute Sitz der Nat West-Bank), befanden sich früher ein Gerichtssaal und das Gefängnis.

Vor der Barclays-Bank, dem „Exmewe Haus" (Geburtshaus des Goldschmieds und Kaufmanns *Sir Thomas Exmewe)* steht der **Maen Huail-Stein** [mein hi-eil]. Hier soll der Legende nach *Huail,* der Bruder des walisischen Führers *Gildas,* von *Artus* wegen einer Frauengeschichte geköpft worden sein.

Die Castle Street führt zum **Nant Clwyd-Haus,** einem elisabethanischen Stadthaus aus dem 16. Jahrhundert, und weiter zur **Burg,** die *Edward I.* 1277 als eine seiner ersten Festungen errichten ließ. 1296 wurde sie von *Reginald de Grey* erweitert und 1400 erfolglos von *Owain Glyndŵr* angegriffen, der stattdessen lieber die Stadt abbrannte. Heute wird die Burg als Hotel genutzt. Das Gebäude und die zugehörigen Gärten dürfen nur von Gästen betreten werden. Bei der Rezeption oder telefonisch kann man sich aber für ein mittelalterliches Bankett anmelden – ein eindrucksvolles Urlaubserlebnis.

●Tel. (01824) 70 34 35, www.ruthincastle.co.uk, mehrmals pro Woche, £££.

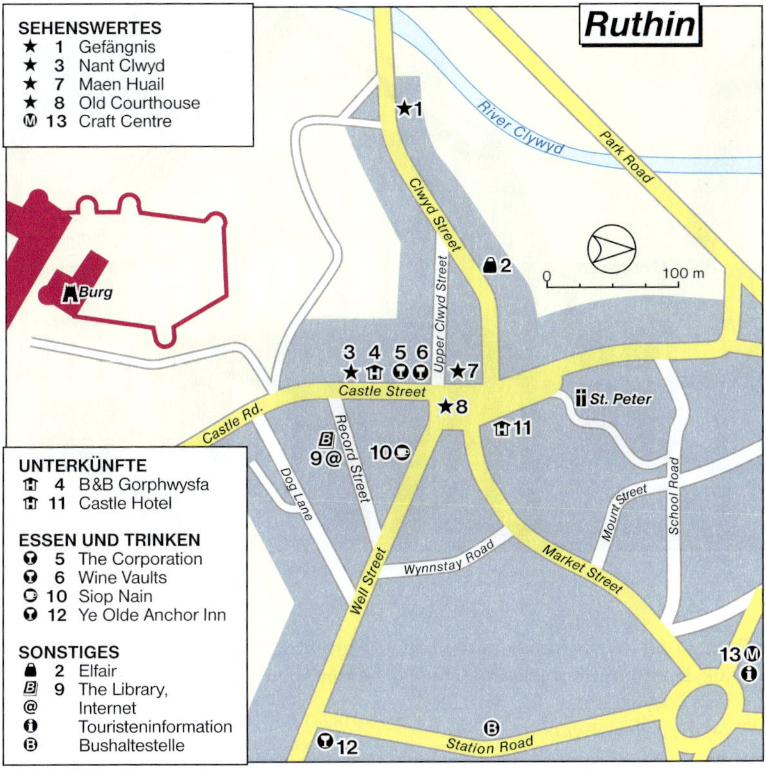

Atlaskarte S. IV Das nordwalisische Grenzland **DAS CLWYD-TAL** 189

Ruthin

SEHENSWERTES
- ★ 1 Gefängnis
- ★ 3 Nant Clwyd
- ★ 7 Maen Huail
- ★ 8 Old Courthouse
- Ⓜ 13 Craft Centre

UNTERKÜNFTE
- 🏠 4 B&B Gorphwysfa
- 🏠 11 Castle Hotel

ESSEN UND TRINKEN
- 🍴 5 The Corporation
- 🍴 6 Wine Vaults
- ☕ 10 Siop Nain
- 🍴 12 Ye Olde Anchor Inn

SONSTIGES
- 🔒 2 Elfair
- 📚 9 The Library,
- @ Internet
- ℹ Touristeninformation
- Ⓑ Bushaltestelle

Im **Ruthin Gaol/Carchar Rhuthun** [karchar hrithin] erlebt man anhand einer Tonbandführung einen Tag im Leben eines viktorianischen Gefangenen. Bei der Tour durch das ganze Gefängnis lassen sich die Verhältnisse des 19. Jh. gut nachvollziehen. Lohnend!
● Clwyd Street, Tel. (01824) 70 82 81, März–Okt. tägl. 10–17 Uhr, Nov.–Feb. Sa./So. 10–17 Uhr, £–££.

Voraussichtlich im Sommer 2008 eröffnet das neue Gebäude des **Ruthin Craft Centre** mit einer modernen Galerie mit wechselnden Ausstellungen.

Im Gefängnis von Ruthin

DAS CLWYD-TAL VON LLANGOLLEN NACH RHUDDLAN

●Park Road, www.ruthincraftcentre.org.uk, Eintritt frei. Kontakt über: *Retail Gallery*, 2 Well Street, Tel. (01824) 70 47 74, thegallery@rccentre.org.uk.

Internet
●**The Library,** Record Street (01824) 70 52 74, ruthin-library@denbighshire.cov.uk, Mo./Mi./Do./Fr. 9.30–17.30 Uhr, Di. 9.30–20 Uhr, Sa. 9.30–12.30 Uhr.

Unterkunft
●**Ruthin Castle**£££, Tel. (01824) 70 26 64, www.ruthincastle.co.uk. Noble Unterkunft, elegante Atmosphäre.
●**Castle Hotel**£££, St. Peters Square, Tel. (01824) 70 24 79, www.castle-hotel-ruthin.co.uk. Georgianische Architektur.
●**B&B Gorphwysfa**££, Castle Street, Tel. (018 24) 70 75 29. Schöne alte Paneele, rustikal.

Camping
●**Minffordd Campsite,** in Llanbedr D.C., etwa drei Kilometer von Ruthin entfernt, Tel. (01824) 70 71 69, mincamp@gn.apc.org. Ein einfacher, kleiner Platz in idyllischer Lage.

Essen und Trinken
Die Auswahl an empfehlenswerten Einkehrmöglichkeiten ist erstaunlich gering.
●**Ruthin Castle**£££ (s.o.)
●**Castle Hotel**££–£££ (s.o.). Schlicht und angenehm eingerichtet.

Café
●**Siop Nain,** 6 Well Street, Tel. (01824) 70 35 72. Kleines Café im Fachwerkhaus.

Nant Clwyd-Haus in Ruthin

Stadtplan S. 189, Atlaskarte S. IV Das nordwalisische Grenzland **DAS CLWYD-TAL** 191

Pubs

- **Ye Olde Anchor Inn,** 2 Rhos Street, Tel. (01824) 70 28 13. Schön und stilvoll.
- **Wine Vaults,** 2 Castle Street, Tel. (01824) 70 20 67. Traditioneller Pub.
- **The Corporation,** 4 Castle Street, Tel. (01824) 70 46 39. Traditioneller Pub.

Einkaufen

- **The Welsh Craft & Book Shop Elfair,** 16–18 Clwyd Street, Tel. (01824) 70 25 75. sioned@elfair.fsnet.co.uk. Gute Auswahl an walisischen Souvenirs und Walesbüchern.
- **Souvenirshop** im Ruthin Gaol/Carchar Rhuthun (s.o.).

Verkehrsverbindung

- Bus 1 von/nach **Mold,** Bus 51, X50, X51 von/nach **Denbigh,** Bus X51 von/nach **Corwen,** Bus X50 nach **Wrexham.**

Llanynys

Die **Kirche St. Saeran** in Llanynys [hlanönis] (nordwestlich Ruthins) hat ihren Ursprung im 6. Jahrhundert, Teile des heutigen Gebäudes stammen jedoch aus dem 13. Jahrhundert. Besonders zu beachten ist die Wandmalerei von *St. Christopher,* dem Schutzpatron der Reisenden, aus dem 15. Jahrhundert.

Essen und Trinken

- Anschließend kann man im **Cerrigllwydion Arms** einkehren, Tel. (01745) 89 02 47. Rustikaler Pub, Natursteinwände, Restaurant.

Llanrhaeadr

Die **Kirche St. Dyfnog** in Llanrhaeadr [hlanhräi-adr] (A 525 Richtung Denbigh) ist für ihr schönes Fenster, dem Jesse Window, bekannt. Die ältesten Teile des heutigen Gotteshauses stammen noch aus dem 13. Jh. *St. Dyfnog* hatte wegen der Nähe zur heiligen Quelle schon im 6. Jahrhundert hier eine Kirche gegründet. Jene Quelle ist bei den Einheimischen als „römisches Bad" bekannt. Hinter St. Saeran führt ein Pfad bachaufwärts dorthin.

- Tel. (01745) 89 02 50, Eintritt frei.

Brenig-See und Clocaenog Forest

Im Westen Ruthins zeigt das **Besucherzentrum** am Brenig-See und dem Waldgebiet Clocaenog Forest eine kleine Ausstellung zur Geologie, Archäologie, Geschichte und Naturgeschichte. Ein archäologischer Lehrpfad von 18 km führt um den See herum.

- **Llyn Brenig Visitor Centre,** Tel. (01490) 42 04 63, Mitte März–Mitte Okt. tägl. 9–17 Uhr, Eintritt frei, Parkgebühr.

Pub

- In der Nähe kann man im **Sportsmans Arms** einkehren, Bryn Trillyn, Tel. (01745) 7 02 14. Vielleicht höchster Pub in Wales (472 Meter), traditionell.

Mold/Yr Wyddgrug

In der Stadt Mold (von Ruthin über die A 494 zu erreichen) lohnt der Besuch des **Daniel Owen Museums,** zur Geschichte Molds und seiner Umgebung. Mit Kunstgalerie.

- Earl Road, Tel. (01352) 75 47 91, Mo./Di., Do./Fr. 9.30–19, Mi. 9.30–17.30, Sa. 9.30–15 Uhr, Eintritt frei.

Touristeninformation und Internet

- **Mold Library,** Museum and Gallery, Earl Road Tel. (01352) 75 93 31, mold@nwtic.com.

DAS CLWYD-TAL VON LLANGOLLEN NACH RHUDDLAN

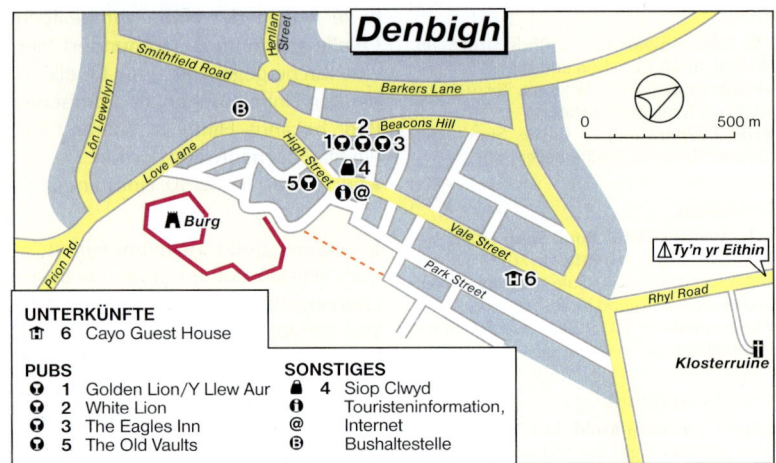

Denbigh/Dinbych ⌐ IV/B2

[dinbich] www.visitdenbigh.co.uk

Das auf einer Römersiedlung errichtete Denbigh wird im 11. Jahrhundert erstmals urkundlich als Grenzstadt erwähnt. *Dinbych* bedeutet „kleine Festung" und verlieh auch der ehemaligen Grafschaft Denbighshire ihren Namen. 200 Jahre königlicher Sitz der walisischen Prinzen, fiel Denbigh 1282 in die Hände *Edwards I.* Danach begann die Entwicklung zur mittelalterlichen Stadt: Burg und Stadtmauern wurden vollendet. Heute erscheint Denbigh weniger bedeutend und man erkennt erst auf den zweiten Blick, wie interessant der Ort dennoch ist. Seine Gebäude aus dem 16. Jahrhundert vermitteln einen gewissen Charme.

Sehenswertes

Die **Burg** wurde 1282–1310 von *Henry de Lacy*, dem Grafen von Lincoln, der im Dienste *Edward I.* stand, erbaut. Mit ihren ehemals sieben Türmen zählt sie zu den größeren in Wales. Im Bürgerkrieg hielt sie den Truppen *Cromwells* stand. Besonders beeindruckend ist das große Torhaus mit einer Statue *Edwards I.* Einen schönen Blick auf die Berge von Clwyd kann man von hier genießen.

•Tel. (01745) 81 33 85, April–September tägl. 9.30–17.30 Uhr, £.

Bei der Burg beginnt die ebenfalls ab 1282 errichtete **Stadtmauer.** Zu den Überresten gehört ein Stadttor, das **Burgess Gate,** mit Infotafeln.

Unweit davon steht die unvollendete **Leicester's Church,** erbaut von *Robert Dudley*, dem Grafen von Leicester, Liebling *Elisabeths I.,* der sie ursprünglich als Kathedrale für die Diözese geplant hatte.

Von dem 1289 von *Sir John Salusbury von Llewen* gegründeten **Karmeliten-Mönchskloster** *(friary/ffreierdy)* ist nur noch die Kirchenruine erhalten. Ein Besuch ist für an Kirchengeschichte Interessierte angesagt.
● Abbey Road, Eintritt frei

Touristinfo/Internet
● **The Library,** Hall Square, Tel. (01745) 81 63 13, denbigh.library@denbighshire.gov.uk. Mo./ Mi. 9.30–19 Uhr, Di./Do./Fr. 9.30–17 Uhr, Sa. 9.30–12.30 Uhr. Mit kleiner Ausstellung.

Unterkunft
● **Cayo Guest House**££, 74 Vale Street, Tel. (01745) 812686, stay@cayo.co.uk. Sehr schöne Unterkunft.

Camping
● **Ty'n yr Eithin Caravan Park,** Mold Road, Tel. (01745) 81 32 11. Zentrumsnah, gepflegt.

Essen und Trinken, Pubs
Die Pubs in Denbigh sind alle traditionell:
● **The Old Vaults,** High Street, Tel. (01745) 81 51 42. Traditioneller Pub.
● **Golden Lion/Y Llew Aur,** Back Row, Tel. (01745) 81 22 27. Kleiner Pub mit netter Atmosphäre.
● **White Lion**£–££, Back Row, Tel. (01745) 81 21 55, *barmeals.*
● **The Eagles Inn**£–££, Back Row, Tel. (01745) 81 32 03, *barmeals.*

Einkaufen
● **Siop Clwyd,** 33 High Street, Tel. (01745) 81 34 31. Walisische Bücher und Souvenirs.

Verkehrsverbindung
● Bus 51, X50, X51 von/nach **Ruthin,** Bus 14 von/nach **Mold,** Bus 51, X50, X51 nach **Y Rhyl,** Bus 9 von/nach **Llansannan.**

St. Asaph/Llanelwy ⌕IV/B1

[hlanelwi] www.stasaph.co.uk

St. Asaph ist nur unwesentlich größer als St. David's, die kleinste Stadt Großbritanniens, hat dafür aber den kleinsten Dom des Landes. Der englische Name bezieht sich auf *St. Asaph,* den Nachfolger des Domgründers *St. Kentigern.* Der walisische Name heißt „Kirche des (Flusses) Elwy". Die kleine Stadt bietet als einzige Sehenswürdigkeit die Kathedrale und lohnt sich daher nur für einen kurzen Besuch.

Kathedrale St. Kentigern
St. Kentigern gründete hier 560 eine Klostergemeinschaft. Das heutige Gebäude aus dem 13. Jahrhundert wurde im 19. Jahrhundert grundlegend umgebaut. Ab 1601 war **William Morgan** hier Bischof, nachdem seine walisische Bibelübersetzung 1588 erschienen war (siehe Kap. „Mittelwales/ Montgomeryshire/Llanrhaeadr-ymMochnant). *Y Beibl* [ö bäibl] „Die Bibel" setzt bis heute den Standard für die walisische Schriftsprache. In der Kathedrale befindet sich eine Ausstellung zur Bibelübersetzung mit einer schönen Ausgabe der William Morgan-Bibel.

Des Weiteren beachte man das walisisch-griechisch-hebräische Wörterbuch aus dem 19. Jahrhundert von

Das Clwyd-Tal von Llangollen nach Rhuddlan

Richard Robert Jones, bekannt als *Dic Aberdaron,* ein Autodidakt, der mehr oder weniger als Tramp lebte. Das Translators' Memorial Monument erinnert an ihn. Die Statue vor der Kathedrale auf der anderen Seite ist *William Morgan* gewidmet.
- Tel. (01745) 58 34 29, www.stasaphcathedral.org.uk, tägl. 8–18 Uhr, Eintritt frei.

Spaziergang
An der Flussbrücke Elwy beginnt der Roe Plas Amenity Park, mit Schwarzpappeln und weiteren Bäumen.

Touristeninformation
- In der Kathedrale

Unterkunft
- **The New Inn**£, Lower Denbigh Road, Tel. (01745) 58 25 88. Einfache Unterkunft über dem Pub.

Essen und Trinken
- **The Barrow** ££-£££, High Street, Tel. (01745) 58 22 60. Nettes, kleines Restaurant für die Abendstunden. Ursprünglich waren hier im 17. Jahrhundert Sozialhäuser für acht Witwen. Auch *barmeals*£.

Pubs
- **Bryn Dinas,** High Street, Tel. (01745) 58 21 28. Netter, traditioneller Pub gegenüber der Kathedrale.

Verkehrsverbindung
- Bus 51, X50, X51 von/nach **Ruthin** und **Y Rhyl.**

Ausflug in die Umgebung
Bei Bodelwyddan (an der A 55) gibt es ein schlossähnliches **Landhaus** aus dem 19. Jahrhundert mit kostbar ausgestatteten Innenräumen und Kunstgalerie zu besichtigen. Schöne Gärten.
- Tel. (01745) 58 40 60, www.boddelwyddan-castle.co.uk, Ost.–Juli, Sept./Okt. Sa.–Do. 10.30–17 Uhr, Aug. tägl. 10.30–17 Uhr, Nov.–Ost. Do. 10.30–17 Uhr, Sa./So. 10.30–16 Uhr, Schloss und Gärten ££, nur Gärten £.

Die schlanke Turmspitze aus Kalkstein der **Marble Church** von 1860 (Abfahrt ab dem Kreisverkehr, A 55) ist schon von weitem ein Blickfang. Innen sind verschiedene Arten von Marmor verarbeitet.
- Tägl. 9–19 Uhr, Eintritt frei

Rhuddlan und Dyserth ⌐IV/B1

[hrithlan], [döserth]

Das kleine Rhuddlan, bereits 921 als *Cledemutha* gegründet, ist heute nur wegen seiner eindrucksvollen Burg bekannt – die erste, die *Edward I.* bauen ließ. Das nahe gelegene Dyserth lohnt sich wegen des Wasserfalls. Vom einstigen Schloss ist kaum noch etwas zu sehen. Die beiden ruhigen Orte liegen in der ehemaligen Grafschaft Flintshire/Sir Fflint.

Sehenswertes
Die **Burg Rhuddlan** (1277–1282 erbaut) gehört zu dem Burgenring *Edwards I.* in seinem Kampf gegen die Waliser und diente ihm als Residenz. Die Flusslage ermöglichte Versorgung vom Wasser aus, wobei der Gillot's Tower Versorgungsbooten Schutz bot.
- Tel. (01745) 59 07 77, Apr.–Sept. tägl. 10–17 Uhr, £.

Atlaskarte S. IV-V   GEBIRGSZUG CLWYD UND DAS GRENZLAND

Im **Parliament House** in der High Street soll *Edward I.* 1283 sein Parlament einberufen haben. Hier unterzeichnete er 1284 die *Statute of Rhuddlan* („Die Gesetze von Rhuddlan"), nach denen Wales fortan von den Engländern regiert werden sollte (siehe Kap. „Land und Leute/Geschichte/Mittelalter).

Der 18,5 m hohe **Wasserfall** von Dyserth liegt im unteren Teil des Ortes. Der Fluss dazu entspringt bei der Quelle St. Asaph's Well/Ffynnon Asaph im nahe gelegenen Örtchen Cwm, £.

In der **Kirche St. Bridget** und Cwyfan (1873–1875 restauriert), in der Nähe des Wasserfalls, steht ein fast komplett erhaltenes pränormannisches Keltenkreuz sowie die mit keltischem Knotenmuster verzierte Basis eines zweiten.

Spaziergang

Südlich der Burg Rhuddlan führt ein Fußpfad zum **Twt Hill [tut hill]**, auf dem einst eine normannische Festung gestanden hat – der Vorgängerbau der edwardianischen Burg. Heute ist nur noch der Erdhügel zu sehen.

Essen und Trinken/Café

- **Kings Head/Pen y Brenin**££, Rhuddlan, High Street, Tel. (01745) 59 03 45. Einfaches Restaurant.
- **Castle Café**£-££, Rhuddlan, Castle Street, Tel. (01745) 59 11 90. Kleines Café, Souvenirverkauf.

Pubs

- **The Castle Inn,** Rhuddlan, Castle Street, Tel. (01745) 59 03 91. Rustikal und gemütlich.
- **New Inn/Tafarn Newydd,** Dyserth, Waterfall Road, Tel. (01745) 57 04 82. Traditioneller Pub schräg gegenüber dem Wasserfall.

Der Gebirgszug Clwyd und das Grenzland

Holywell/Treffynnon ⌂V/C1

[trefönnon]

www.holywell-town.gov.uk

Holywell („Heilige Quelle") ist bis heute ein katholischer **Wallfahrtsort,** bekannt als das „Lourdes von Wales", auch wenn der zugehörige Industrieort eher ernüchternd wirkt.

Die **Quelle St. Winefride/Ffynnon Sanctaidd y Santes Gwenffrewi,** eins der „Sieben Wunder von Wales", verdankt ihren Namen der walisischen Nonne *Gwenfrewi* aus dem 7. Jahrhundert. Es heißt, dass sie Opfer eines Vergewaltigungsversuchs des Prinzen *Caradog* wurde. Als sie fliehen wollte, schlug er ihr den Kopf ab. Dort entsprang die heilige Quelle. Der heilige *Beuno,* Schutzpatron von Nordwales, soll sie ins Leben zurückgerufen haben. Sie wurde Äbtissin.

Tatsächlich hatten bereits die Römer ihre Krankheiten an der wundertätigen Quelle geheilt. Spätere Pilger waren *Heinrich V.,* der Sieger von Agincourt, und der Stuart-König *James II.*

Die 1490 von *Margaret Beaufort,* der Mutter König *Heinrichs VII.,* gestiftete **Kapelle** umschließt die Quelle von drei Seiten. Bis heute kann man in dem heiligen Wasser baden. Einmal im Jahr, am Pfingstsonntag, ist Segnung. Pilger kommen in Scharen. Mit den

DER GEBIRGSZUG CLWYD UND DAS GRENZLAND

Opferkerzen lassen sich in britischer Währung die Fürbitten günstiger finanzieren, 20 Pence oder 0,50 Euro werden verlangt. Mit kleinem Museum und Laden.
●Greenfield Road, Tel. (01352) 71 30 54, www.saintwinefrideswell.com, von Apr.–Sept. So.–Fr. 9–17.30 Uhr, Sa. 9–17 Uhr, Okt.–März tägl. 10–16 Uhr, £.

Touristinfo, Internet
●The Library, North Street (beim Somerfield Supermarkt), Tel. (01352) 71 31 57, holywell library@hotmail.com. Mo./Mi. 9.30–17 Uhr, Di./Do./Fr. 9.30–19 Uhr, Sa. 9.30–12.30 Uhr. Den Schildern zum Leisure Centre folgen.

Unterkunft
●**Greenhill Farm**££, Bryn Celyn, Tel. (01352) 71 32 70, www.greenhillfarm.co.uk. Angenehmer Bauernhof, 16. Jahrhundert, 20 Minuten Fußweg bis zur Quelle.

Essen und Trinken/Pub
●**Royal Oak**£, Greenfield Road, Tel. (01352) 71 44 63. Großer, eher moderner Pub mit Außengastro. *Barmeals.*

Verkehrsverbindungen
●Bus 126 von/nach **Mold,** Bus H2 von/nach **Prestatyn.**

Ausflüge in die Umgebung
Zwei Kilometer westlich von Whitford, nahe der Abzweigung nach Trelogan, steht das keltische Kreuz **Maen Achwyfaen** (10./11. Jahrhundert) mit Motiven aus der Wikingerzeit. Mit 3,35 Metern ist es das höchste Keltenkreuz in Wales und England.

Wrexham/Wrecsam V/C2

[wrek-sam] www.wrecsam.com

Die Gegend um Wrexham war spätestens seit der Bronzezeit besiedelt, wie der Skelettfund des „Bymbo Man" beweist. Die Römer siedelten bei Plas Coch am Rande der Stadt, gründeten eine Ziegelfabrik im nahe gelegenen Holt, bauten Blei bei Ffrith ab und lagerten bei Chirk. Während des Mittelalters wurde Wrexham zu einer bedeutenden Marktstadt. Die erste urkundliche Erwähnung erfolgte bereits im Jahr 1161.

Die Industriestadt ist gut zum Einkaufen geeignet. Viele Touristen sind hier nicht anzutreffen. Die Atmosphäre der Grenzstadt ist sehr englisch.

Die Pilgerstätte in Holywell

Atlaskarte S. V **DER GEBIRGSZUG CLWYD UND DAS GRENZLAND**

Sehenswertes

Hauptattraktion ist die imposante **Kirche St. Giles** aus dem 15. Jahrhundert, mit ihrem 45 Meter hohen Westturm eins der „Sieben Wunder von Wales". *Elihu Yale* liegt hier begraben. Er hatte in Boston eine Schule gegründet, aus der später die Yale-Universität entstand.
- Church Street, Tel. (01978) 35 58 08, www.openchurchnetwork.co.uk, März-Dez. tägl. 10–16 Uhr, Jan./Feb. tägl. 11–15 Uhr, Eintritt frei.

Im **Wrexham County Borough Museum** geht es um die Geschichte der Stadt von ihren Anfängen bis heute. Auch das Skelett des „Bymbo Man" kann hier besichtigt werden. Der Schwerpunkt liegt aber auf dem 19. Jh.
- Lambpit Street, Tel. (01978) 31 79 70, Mo.–Fr. 10–17, Sa. 10.30–15 Uhr. Der Eintritt ist frei.

Im **Techniquest** lernen Kinder bis zu 10 Jahren physikalische Prozesse verstehen. Eintritt nur in Begleitung Erwachsener.
- Newi Plas Coch, Tel. (01978) 29 34 00, www.techniquest-newi.org, in den Schulferien Mo.–Fr. 10–16.30, Sa./So. 11–16.30, sonst Di.–Fr. 10–16 Uhr. Abfahrt 5 von der 483, ££.

Touristeninformation
- Lambpit Street, Tel. (01978) 29 20 15, tic@wrexham.gov.uk.

Internet
- **The Library,** Rhosddu Road, Tel. (01978) 20 20 90, Mo.–Fr. 9–19 Uhr, Sa. 9–16 Uhr.

Unterkunft
- **Wynnstay Arms Hotel**£££, Yorke Street, Tel. (01978) 29 10 10. Großes, angenehmes Hotel, zentral.

Essen und Trinken
- **Perellis**££-£££, 7 Town Hill, Tel. (01978) 36 33 33. Rustikales Restaurant.
- **Bar Cyprum**£, im Wynnstay Arms Hotel (s.o.). Zum Mittagessen empfehlenswert, groß, ähnlich wie ein Pub.

Pubs
- **Welsh Fusilier,** 40 Chester Street, Tel. (01978) 34 00 41. Großer, traditioneller Pub.
- **Old Vaults,** Chester Street, Tel. (01978) 36 47 83. Traditioneller Pub, einfache Leute.
- **Nags Head,** Mount Street, Tel. (01978) 26 11 77. Netter traditioneller Pub in der Nähe der Kirche.
- **Horse & Jockey,** Hope Street, Tel. (01978) 35 10 81. Klein und dunkel. Strohdach.

Einkaufen
- **Butchers Market/Marchnad y Cigyddion,** High Street, Tel. (01978) 29 70 28. Mo.–Sa. 9–17 Uhr. Allgemeiner Markt im Gebäude aus dem Jahr 1848.

Verkehrsverbindungen
- Zug von/nach **Shrewsbury** und **Chester.**
- Bus 1 nach **Chester,** Bus 40 von/nach **Mold,** Bus 555, X5 von/nach **Llangollen,** Bus 2 von/nach **Oswestry.**

Herrenhaus Erddig

Das Herrenhaus Erddig [erthig] (südlich von Wrexham) stammt aus dem 17./18. Jahrhundert und ist wegen seiner Innenräume, der Stallungen und des gepflegten Parks sehenswert. Hier wohnte die Yorke-Familie 1773–1973. Das Familienleben im 18. Jahrhundert wird anschaulich dargestellt. Alles ist originalgetreu wieder hergerichtet.
- Anfahrt: Der Weg ist ab der A 525 (Richtung Whitchurch) und der A 483 (Richtung Oswestry) ausgeschildert. Tel. (01978) 31 51 51, erddig@natio

DER GEBIRGSZUG CLWYD UND DAS GRENZLAND

naltrust.org.uk, Sa.-Mi. Haus: Apr.-Sept., 12-17 Uhr, Okt. 12-16 Uhr, Park: Apr.-Juni/Sept. 11-18 Uhr, Juli/Aug. 10-18 Uhr, Okt. 11-17 Uhr, Haus und Park : £££, nur Park ££.

Gresford

Die schöne **Kirche All Saints** in Gresford (A 483 in nördlicher Richtung) gehört wegen ihrer Glocken zu den „Sieben Wundern von Wales". Sie sind allerdings nur nach Voranmeldung zu besichtigen. Geläutet wird sonntagmorgens und -abends. Die Kirche birgt des Weiteren einen römischen Altar und eine schöne, geschnitzte Holzdecke mit Wappen.

● Tel. (01978) 85 22 36 oder 29 20 15, Mai-Sept. Mo.-Fr. 10.30-16, Sa. 14-16 Uhr, geplant ist ganzjährig Mo.-Sa. vom Morgengrauen bis zur Dämmerung, www.openchurchnetwork.co.uk. Eintritt frei.

Holt ↗V/D2

In Holt (A 534 gen Osten) gab es einst eine römische Ziegelei. Heute führt hinter der Brücke aus dem 14. Jahrhundert am Fluss Dee rechts ein Pfad zu den Resten einer **edwardianischen Burgruine** aus dem 13. Jh. Der Bauherr war 1282-1311 *John de Warren,* der das Land in dieser Gegend von *Edward I.* als Belohnung für seine Dienste erhalten hatte. 1675-1683 wurden fast alle Steine abgetragen und zum Bau des acht Kilometer entfernten Eaton Hall verwendet.

Atlaskarte S. V **DER GEBIRGSZUG CLWYD UND DAS GRENZLAND**

Clywedog Trail [klöwedog]

Die **Bersham Ironworks** (südwestlich von Wrexham) sind Teil des Clywedog Trails, wo verschiedene Industriedenkmäler zu sehen sind. Hier hatte *John Wilkinson,* der Industriepionier aus dem 18. Jahrhundert, seine ersten Hüttenwerke. In den 1990ern wurde das Gelände ausgegraben.
- Mitte Apr.–Mitte Juli Sa./So. 12–17 Uhr, Mitte Juli/Aug. Do.–Mo. 12–17 Uhr, Eintritt frei, Parkmöglichkeit weiter hinten.

Eine kleine Ausstellung im **Heritage Centre** (ausgeschildert) informiert nicht nur über die Industriegeschichte, sondern auch über Archäologie, Wissenschaft und Technik sowie Sozialgeschichte. Mit Laden.
- Tel. (01978) 26 15 29, Ostern–Okt. Mo.–Fr. 10–17 Uhr, Sa./So. 12–17 Uhr, Nov.–Ostern Mo.–Fr. 10–16 Uhr Eintritt frei.

Die frühere Blei- und Zinkmine **Minera Lead Mines** liegt auf einem großem Areal. Zu sehen sind das ehemalige Maschinenhaus, ein Schachteingangskran und Erz erzeugende Maschinen im kleinen Museum des ehemaligen Erzhauses.
- Mitte Apr.–Mitte Juli Sa./So. 12–17 Uhr, Mitte Juli/Aug. Do.–Mo. 12–17 Uhr, Eintritt frei.

Overton/Owrtyn   ⇗V/C3

Die Eiben bei der hübschen Kirche von Overton/Owrtyn [ourtin] zählen ebenfalls zu den „Sieben Wundern von Wales". Sie sollen bis zu 3000 Jahre alt sein und hätten damit schon lange vor der ersten christliche Siedlung hier gestanden. Zu finden: südlich von Wrexham, an der A 539.
- Tel. (01978) 29 20 15, frei zugänglich, Eintritt frei.

Caergwrle

Im nördlich von Wrexham gelegenen (A 541) Caergwrle [kaergurle] führt ein Fußpfad gegenüber dem Castle Inn hinauf zur **Burgruine** aus dem 13. Jahrhundert. Die Festung lies *Dafydd ap Gruffydd,* der Bruder *Llywelyn des Letzten,* errichtet. Von hier griff er die englische Garnison bei Hawarden an. Nach der Eroberung gab *Edward I.* sie seinem Sohn. 1308 wurde sie *John von Cromwell* geschenkt, der sie verfallen ließ. Bereits 1335 war sie nur noch eine Ruine.
- Frei zugänglich, Eintritt frei.

Wrexham

Mittelwales

Mittelwales

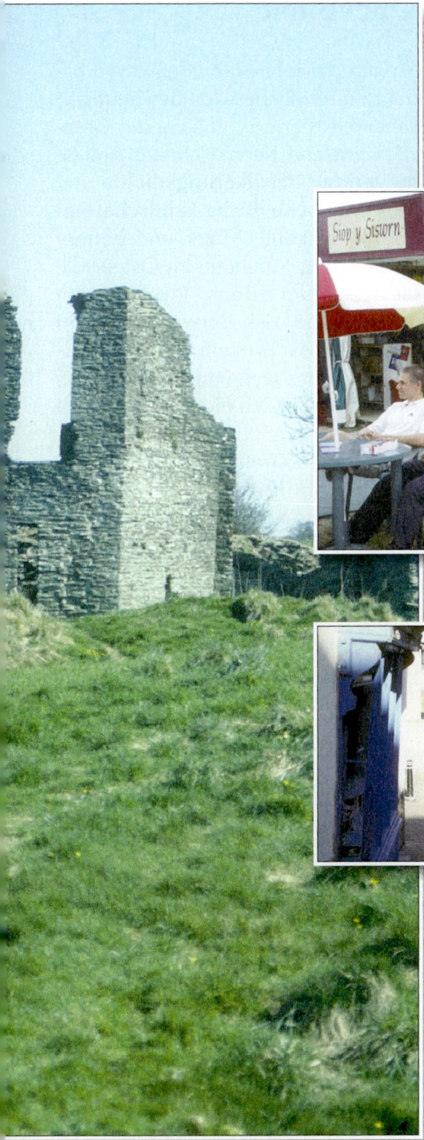

075w Foto: st

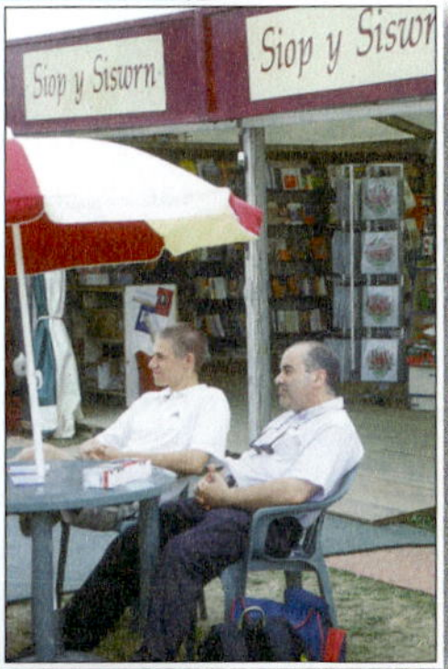

076w Foto: st

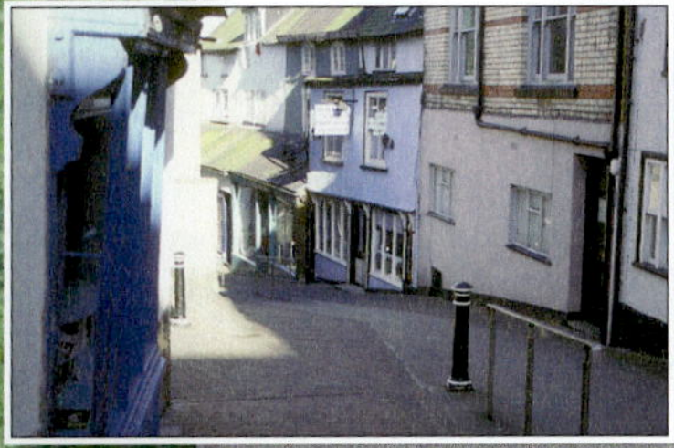

Burg Emlyn

Auf dem Kulturfestival Eisteddfod

In Knighton

Montgomery-shire/ Sir Drefaldwyn

[siir drewalduin]

Überblick

Montgomeryshire/Sir Drefaldwyn bildet den nördlichen Teil des heutigen Landkreises Powys, entlang der Grenze zu England. Kennzeichnend sind eine **geringe Bevölkerungsdichte** und sehr **unterschiedliche Landschaften:** bewaldete Hügel, Täler und höhere Berge (Long Mountain im Osten, Clifaesty Hill im Süden, Plynlimon im Westen und die Berwyn-Berge im Norden). Machynlleth an der Flussmündung des Dyfi und Llanidloes am Fluss Severn bilden die westlichen Eingangstore nach Montgomeryshire, Montgomery/Trefaldwyn und Welshpool/Y Trallwng die östlichen.

Der Name *Montgomery* leitet sich von dem Normannen *Roger de Mont-*

gomery ab, dem ersten Fürst von Shrewsbury. Er baute seine Burg bei Hendomen, nordwestlich der heutigen Stadt. 1223 ließ der englische König *Heinrich II.* eine weitere in einem neuen Montgomery errichten – der heutigen Stadt, der 1227 eine Verfassungsurkunde gewährleistet wurde. Die dortige Kirche St. Nicholas stammt ebenfalls von 1227. Die Burg wurde 1644 während der englischen Bürgerkriege geschleift.

Llanrhaeadr -ym-Mochnant ◊ IX/C1

[hlanhreadr-öm-moochnant]

Der kleine Ort war im Mittelalter noch eine bedeutende Marktstadt. In jüngerer Zeit eignete er sich hervorragend als **Kulisse** zu dem Film „Der Engländer, der auf einen Hügel stieg und von einem Berg hinunterkam", mit *Hugh Grant* in der Hauptrolle: Da behaupten zwei Landvermesser aus London, dass es sich bei der Erhebung beim Dorf nicht um einen Berg, sondern um einen Hügel handele, 20 Fuß würden fehlen. Die heimatliebenden Einwohner schaffen Abhilfe, indem sie die 20 Fuß aufschütten, und seitdem ist der Berg in allen Landkarten verzeichnet. Der Film charakterisiert die Waliser sehr treffend (siehe auch „Literatur-, Theater- und Filmhinweise" im Anhang).

Llanrhaedr-ym-Mochnant war die Gemeinde des Bischofs **William Morgan,** der als erster 1588 die Bibel ins Walisische übersetzte, was sehr zum Überleben der walisischen Sprache bis zum heutigen Tag beitrug.

Für einen Ort so nahe der Grenze zu England ist Llanrhaeadr-ym-Mochnant erstaunlich walisisch geblieben.

Sehenswertes

In der Kirche St. Dogfan befindet sich eine Ausstellung zur **Bibelübersetzung.** Hier stand bereits im 6. Jahrhundert ein Kloster der keltischen frühchristlichen Kirche. Das Alter des jetzigen Gebäudes ist ungewiss, Teile stammen aus dem 14., das Kirchenschiff aus dem 13. Jahrhundert. Der Eintritt ist frei. Tel. (01691) 78 02 47.

Der beeindruckende **Wasserfall Pistyll Rhaeadr** zählt zu den „Sieben Wundern von Wales" (siehe Kap. „Das Nordwalisische Grenzland/Überblick), da er vermutlich der höchste des Landes ist. Ein Pfad führt zur Spitze. Der Aufstieg wird durch die schöne Aussicht belohnt. Eintritt frei, Parkgebühr.

Montgomery

LLANRHAEADR-YM-MOCHNANT

Praktische Tipps

Unterkunft
- **Powys House**£, The Square, Tel. (01691) 78 02 01. Angenehmes B&B, zentrale Lage.

Essen und Trinken
- **Wynnstay Arms Hotel**££, Marquet Square, Tel. (01691) 78 02 10, www.wynnstay-arms-hotel.com. *Barmeals* in der Hotelbar.
- **Tan-y-Pist-tyll Café**££, Tel. (01691) 78 03 92. Uriges Café, bei dem man draußen am Pistyll Rhaeadr sitzen kann.

Pubs
- **The Wynnstay Arms Hotel,** (s.o.). Traditionell.
- **The Hand Inn/Tafarn Llaw,** Park Street, Tel. (01691) 78 04 13. Aus dem 16. Jh. Sehr gemütlich, urige Atmosphäre.

Verkehrsverbindung
- Bus D 79 von/nach **Oswestry.**

Ausflüge in die Umgebung

Llangynog ⟂VIII/B1

Die Kirche **Pennant Melangell** (12. Jahrhundert) bei Llangynog [hlangönog] ist durchaus einen Abstecher wert. Der Ort strahlt Ruhe und Frieden aus. Die Legende berichtet von der irischen Prinzessin *Melangell,* die einen Hasen unter ihren Röcken versteckte, um ihm Zuflucht vor der Jagdgesellschaft des Prinzen *Brochwel* zu gewähren. Der Prinz war so beeindruckt von ihrer Güte, dass er ihr das Tal schenkte, wo sie eine religiöse Gemeinschaft gründete. Heute ist sie die Schutzpatronin der Hasen. Die Kirche war früher ein Pilgerziel.

VRYNWY LAKE/LLYN EFYRNWY

●Tel. (01691) 86 04 08, Ostern–Okt. tägl. 10–18 Uhr, Nov.–Ostern 10–16 Uhr. Eintritt frei.

Pubs

Anschließend lässt es sich in Llangynog schön einkehren:
●**The Tanat Valley Inn**££, Tel. (01691) 86 02 27. Alter, stilvoller Pub aus dem 16. Jahrhundert mit offenem Kamin.
●**The New Inn**£, Tel. (01691) 86 02 29. Ebenfalls schön, wenn auch nicht so spektakulär.

Llanfyllin

Der Name der alten Marktstadt Llanfyllin [hlanwöhlin] stammt vom keltischen heiligen *Myllin,* der im 7. Jahrhundert als Erster bei völligem Untertauchen getauft haben soll. Der St. Myllin's-Tag ist am 17. Juni.

Zur **Quelle St. Myllin** gelangt man über die Narrow Street, dann weiter schräg rechts nach oben. Achtung: Wo der geteerte Weg nicht mehr weiter geht, scharf links abbiegen!

Vrynwy Lake/ Llyn Efyrnwy ⌒VIII/B1

[hlin ewörnwi]

Der 6,5 Kilometer lange See dient der Wasserversorgung Liverpools. Um diese zu sichern, wurde der Ort Llanwddyn geflutet, dessen Ruinen in trockenen Sommern, wenn der Wasserspiegel genügend absinkt, noch zu sehen sind. Um den künstlichen See herum führt eine 18 Kilometer lange Straße. Der Film „Vier Hochzeiten und ein Todesfall" wurde hier gedreht. Baden und Zelten sind verboten.

Sehenswertes

Der **Straining Tower** im Wasser verleiht dem See „deutsche Romantik", die von den späten Viktorianern so sehr geschätzt wurde.

Die **Brücke Llanymynech** stammt aus dem Jahr 1826.

Spaziergänge und Aktivitäten

Mehrere **Wanderpfade** sind ausgeschildert. Am Nordwestende des Sees beginnt der Rhiwargor Trail (Parkplatz Rhiwargor, anderthalb Stunden). Am Südostende gelangt man vom Parkplatz am Visitor Centre oder dem Village Car Park zum Grwn-oer Trail (eine Stunde), zum Sculpture Park, zum Craig Garth-Bwlch Trail (zwei Stunden), zum Viewpoint Trail (30–40 Minuten ab Craig Garth-Bwlch Trail) und zum Water Trail. Genaue Beschreibun-

Llangynog

gen enthält ein bei der Touristeninfo erhältlicher Prospekt.

Beim Artisans, Gifts & Cycle Hire (am Coffee Shop/Visitor Centre Car Park) kann man **Fahrräder** ausleihen, auch solide Mountainbikes. Das Minimum beträgt zwei Stunden.
- Erwachsene und Kinder: ££/Stunde, Tandem £££/Stunde.

Boote werden am Südwestufer des Sees beim Bethania Watersports Centre verliehen.
- Tel. (01691) 87 06 15.

Praktische Tipps

Touristeninformation
- **Valley Arts & Crafts,** Unit 2, am Südostende des Sees, Tel. (01691) 87 03 46, laktic@pwys.gov.uk.
- **Vyrnwy RSPB Visitor Centre,** am Südostende des Sees, Tel. (01691) 87 02 78, vyrnwy@rspb.org.uk.

Unterkunft
- **Lake Vyrnwy Hotel**£££, Llanwddyn, Tel. (01691) 87 06 92, www.lakevyrnwy.com. Auf der anderen Seite der Brücke (und der Touristeninformation). Luxuriöses Hotel mit Seeblick. Restaurant und Pub anbei. Sehr schön.
- **The Oaks B&B**££, Llanwddyn, Tel. (01691) 87 02 50, www.vyrnwyaccommodation.co.uk. Bei der Touristeninformation. Ordentlich, aber kein Luxus, kein Seeblick.

Essen und Trinken
- **Lake Vyrnwy Hotel Restaurant**£££ (s.o.), sehr edel mit antiken Möbeln.
- **The Old Barn Café/Caffi'r Hen Ysgubor**£, Llanwddyn, Unit 1, (neben der Touristinfo), Tel. (01691) 87 03 77. Nettes Café mit Außengastronomie.

Pubs
- **The Tavern** im Vyrnwy Hotel, Tel. (01691) 87 09 08. Außengastronomie mit Seeblick,

barmeals ££. Hier kann man den Seeblick am besten genießen.

Einkaufen
- **Valley Arts & Crafts** (bei der Touristeninformation). Mehrere kleine Läden mit Handwerkskunst und Souvenirs.

Verkehrsverbindung
- Bus 445 von/nach **Oswestry**.

Welshpool/ Y Trallwng   ⌑IX/C2

[ö trahlung] www.welshpool.org

Das Ortsbild der geschäftigen Marktstadt verschönern Fachwerkhäuser und georgianische Architektur. Kleine Gassen zweigen von der Hauptstraße ab.

Ursprünglich *Pool* genannt, wurde Welshpool 1263 als *Burgus de Pola* Bezirkshauptstadt, 1972 dem aber wieder enthoben. Seit 1835 heißt die Stadt *Welshpool* zur Unterscheidung von *Poole* in Dorset.

Sehenswertes

Powis Castle
Die Hauptattraktion Welshpools ist sicher die südlich gelegene Burg Powis – eine der wenigen vollständig erhaltenen mittelalterlichen Burgen von Wales. Die im 13. Jahrhundert aus rotem Sandstein erbaute Ritterburg sollte ursprünglich die Grenze nach England schützen. Im 16. Jahrhundert ließ *Sir Edward Herbert* sie zum **elisabethanischen Herrenhaus** umbauen.

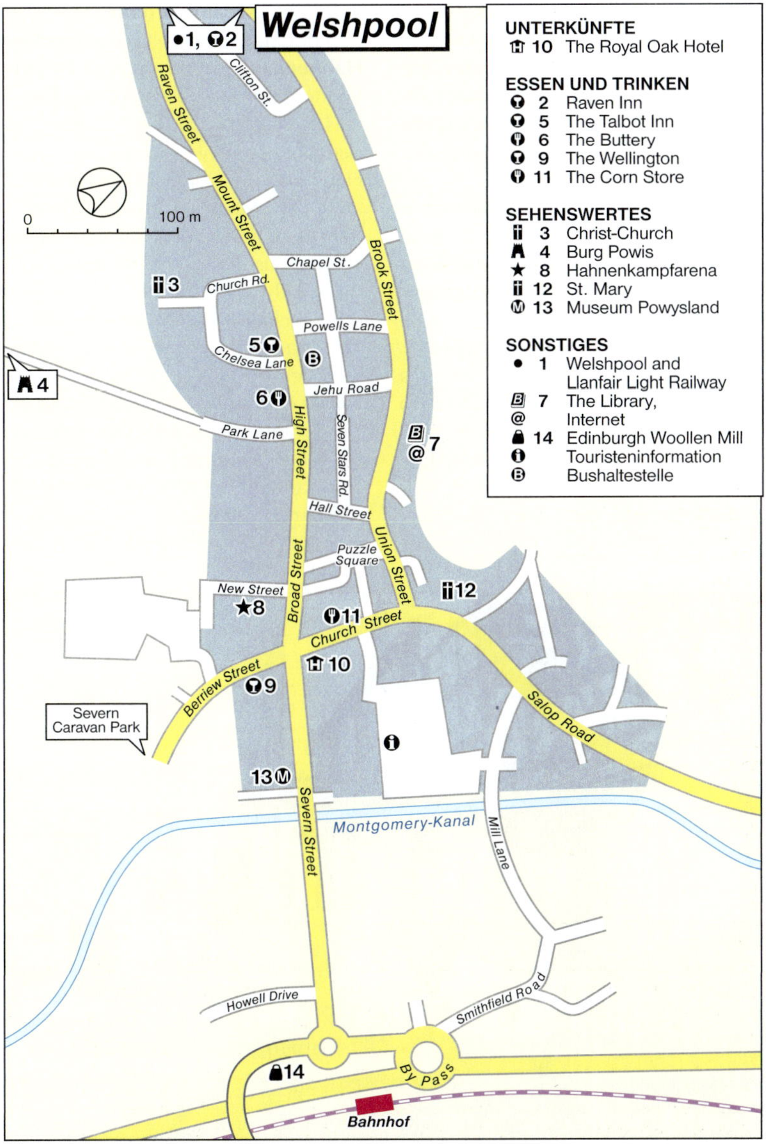

WELSHPOOL/Y TRALLWNG

Welshpool

UNTERKÜNFTE
- 🏨 10 The Royal Oak Hotel

ESSEN UND TRINKEN
- 2 Raven Inn
- 5 The Talbot Inn
- 6 The Buttery
- 9 The Wellington
- 11 The Corn Store

SEHENSWERTES
- 3 Christ-Church
- 4 Burg Powis
- ★ 8 Hahnenkampfarena
- 12 St. Mary
- Ⓜ 13 Museum Powysland

SONSTIGES
- • 1 Welshpool and Llanfair Light Railway
- B 7 The Library,
- @ Internet
- 14 Edinburgh Woollen Mill
- ℹ Touristeninformation
- Ⓑ Bushaltestelle

Welshpool/Y Trallwng

Im Inneren sind Stuckwerk, Schnitzereien, Stilmöbel und Gemälde zu besichtigen. Das **Clive Museum** enthält eine Sammlung von Schätzen, die der Baron *Clive* aus Indien mitbrachte (Er hatte 1784 die letzte Erbin der Herbert-Familie geheiratet).

Die gepflegten, vom italienischen und französischen Stil des 18. Jahrhunderts beeinflussten **Terrassengärten** laden zu romantischen Spaziergängen ein. Sehr lohnenswert!

● Tel. (01938) 55 19 29, Herrenhaus/Museum: Apr.–Mitte Sept. Do.–Mo. 13–17 Uhr, Mitte Sept.–Okt. Do.–Mo. 13–16 Uhr, Gärten: Apr.–Mitte Sept. Do.–Mo. 11–18 Uhr, Mitte Sept.–Okt. Do.–Mo. 11–16.30 Uhr. Herrenhaus und Gärten £££, nur Gärten ££–£££.

Sehenswürdigkeiten in der Stadt

In der Stadt selbst ist die achteckige **Hahnenkampfarena** aus dem 18. Jahrhundert nur von außen zu besichtigen Das Schild „the cockpit/y talwrn" an der Highstreet weist den Weg. Der Hahnenkampf wurde 1849 verboten.

Die **St. Mary's Church/Eglwys y Santes Fair** in der Church Street stammt aus dem 13. Jahrhundert. Der eiszeitliche runde Stein im Kirchhof soll angeblich der Abtsstuhl von *Strata Marcella* sein.

Neben der Kirche steht das **Grace Evan's Cottage.** *Grace Evans* hatte das Häuschen von *Lord Nithsdale* geschenkt bekommen, nachdem sie ihn 1716 aus dem Tower in London geschmuggelt hatte.

WELSHPOOL/Y TRALLWNG

Die **Christ-Church** aus walisischem Granit im anglo-normannischen Stil stammt aus dem 19. Jahrhundert. Heute dient sie als privater Wohnsitz.

Das Museum **Powysland** im Süden der Innenstadt zeigt Exponate zur Heimatgeschichte. Das bemerkenswerteste Stück ist ein Schild aus der Eisenzeit.
- Severn Street, Tel. (01938) 55 46 56, Mo./Di./Do./Fr. 11–13, 14–17 Uhr, Mai–Sept. Sa./So. 10–13, 14–17 Uhr, Okt.–April Sa. 11–14 Uhr, £.

Spaziergänge und Aktivitäten

Welshpool liegt an den **Fernwanderwegen** Offa's Dyke, Glyndwr's Way und Severn Way (siehe Kap. „A–Z/Sport und Aktivitäten/Wandern").

Am Ufer des **Montgomery-Kanals** kann man in beiden Richtungen spazieren gehen (Severn-Way).

Bei **Welshpool Wharf** findet man noch einen Abschnitt der ehemals von Pferden gezogenen Bahn.

Der **Dampfzug** (Welshpool and Llanfair Light Railway) am nördlichen Ende der Innenstadt führt über 13 Kilometer nach Llanfair Caereinion.
- Tel. (01938) 81 04 41, Apr.–Okt., £££.

Praktische Tipps

Touristeninformation
- Vicarage Gardens car park, Church Street, Tel. (01938) 55 20 43, weltic@powys.gov.uk.

Internet
- **The Library/Y Llyfrgell,** Union Street, Tel. (01938) 55 30 01, Mo. 9.30–19, Di./Mi. 9.30–17, Do./Sa. 9.30–13, Fr. 9.30–16 Uhr.

Unterkunft
Welshpool verfügt über nur wenige Unterkünfte.
- **The Royal Oak Hotel**£££, The Cross, Tel. (01938) 55 22 17, www.royaloakhotel.info. Das einzige Hotel in Welshpool, zentral, an der Hauptstraße.
- **Severn Bunkhouse**£ (s.u.). Kleine, preiswerte Herberge am Caravan Park.

Camping
- **Severn Caravan Park,** in Cilcewydd (südöstlich von Welshpool), Forden, Tel. (01938) 58 02 38, www.severncaravans.co.uk. Ab der A 490 Richtung Church Stoke. Sehr angenehmer, ruhiger Platz am Fluss. Zelte sind willkommen.

Essen und Trinken
- **The Royal Oak Hotel**££–£££, (s.o.). Hotelrestaurant, für größere Gruppen geeignet.
- **The Corn Store**££, 4 Church Street, Tel. (01938) 55 46 14, thecornstore@aol.com. Obgleich eher wie ein Café eingerichtet, erhält man hier ordentliche, sehr schmackhafte Mahlzeiten.
- **The Buttery Tea Rooms & Licensed Restaurant**£–££, 8 High Street, Tel. (01938) 55 26 58. Sehr stilvoll in schönem Fachwerkhaus.

Pubs
- **The Talbot Inn,** 16 High Street, Tel. (01938) 55 37 11. Kleiner Pub aus dem 15./16. Jahrhundert.
- **Raven Inn,** Raven Square Station (Schmalspurbahn), Tel. (01938) 55 30 70. Netter Pub mit Biergarten.
- **The Wellington,** 2 Berriew Street, Tel. (01938) 55 33 15. Typischer Pub, gemütlich.

The Buttery Tea Rooms

Einkaufen

- **Edinburgh Woollen Mill and Restaurant,** Old Station, Tel. (01938) 55 66 22. Große Auswahl an Kleidung.

Verkehrsverbindung

- Zug von/nach **Shrewsbury/Birmingham** und **Aberystwyth**
- Bus 75, 420, 775 von/nach **Shrewsbury**, Bus 420, 775 von/nach **Newtown,** Bus D71 von/nach **Oswestry.**

Ausflüge in die Umgebung

Tregynon IX/C2

Gregynog Hall liegt bei Tregynon (südwestlich Welshpools) versteckt in friedlicher Einsamkeit. Ein Besuch lohnt sich alleine schon wegen der schönen Gärten. Vom Parkplatz führen mehrere Spazierwege über das Gelände (Prospekt im Haus erhältlich). Das Fachwerkhaus wird als Konferenzzentrum genutzt und von der Universität verwaltet. Mit eigener Druckerei.
- Tel. (01686) 65 02 24, www.wales.ac.uk/gregynog, Eintritt frei

Meifod IX/C1

In Meifod (nordwestlich Welshpools an der A 495) lohnt ein Abstecher zur **Kirche St. Tysilio und St. Mary.** Das schöne Kreuz in keltischem Muster stammt aus dem 9./10. Jahrhundert. Oben befindet sich ein Malterserringkreuz mit Christusdarstellung, unten ein großes lateinisches Kreuz. Mit schönen Mustern in der kelto-nordischen Tradition.

MONTGOMERY/TREFALDWYN

Montgomery/ Trefaldwyn ⌕ IX/C2

[trewaldu-in]

Die kleine Grenzstadt war einst das administrative Zentrum von Montgomeryshire. Der gepflegte, sehr anglisierte Ort weist eine angenehme Mischung aus Fachwerkhäusern, rotem Backstein und georgianischer Architektur auf.

Sehenswertes

Die **Burg Montgomery** (ab Dragon Hotel ausgeschildert) wurde 1224–1233 vom englischen König *Heinrich III.* während seines Feldzugs gegen *Llywelyn den Großen* gebaut, dessen Attacken von 1228 und 1231 sie auch standhielt. 1649 wurde die Burg im Bürgerkrieg zerstört. Der Aufstieg zur Burgruine wird mit einem schönen Blick über Montgomery belohnt.
● Tel. (029) 20 50 02 00, Eintritt frei.

Die **Kirche St. Nicholas** aus dem 13. Jahrhundert ist wegen ihres Fachwerkschiffs, der schönen Holzschnitzerei und der imposanten Grabstätte sehenswert. Es handelt sich um das Grab des örtlichen Grundbesitzers *Sir Richard Herbert* und seiner Frau *Magdalena,* deren acht Kinder hinter ihnen knien. Eintritt frei.

Das **Rathaus** von 1748 wurde in rotem Backstein direkt am symmetrisch angelegten Marktplatzes errichtet.

Wenige Schritte rechts davon befindet sich das **Glockenmuseum,** wo nicht

Lokal in Meifod

Gregynog Hall

MONTGOMERY/TREFALDWYN

nur Glocken, sondern auch Exponate zur Stadtgeschichte ausgestellt sind.
● Arthur Street, Tel. (01686) 66 83 13, www.oldbellmuseum.org.uk, Apr.–Sept. Mi.–Fr./So. (August auch Mo./Di.) 13.30–17 Uhr, Sa./Feiertage 10.30–17 Uhr, £.

Praktische Tipps

Unterkunft

● **Dragon Hotel**£££, Market Square, Tel. (01686) 66 83 59, www.dragonhotel.com. Fachwerkhaus des 17. Jahrhunderts. Gehobener Stil, aber kein Luxushotel.

Essen und Trinken

● **Dragon Hotel**£££ (s.o). Edles Restaurant mit sehr gutem Essen.

Pubs

● **The Checkers Hotel,** Broad Street, Tel. (01686) 66 83 55. Alter gemütlicher Pub mit Außengastronomie. Man sitzt in der Sonne, mit Blick über den Marktplatz.
● **The Dragon Hotel** (s.o). Stilvoller Pub, auch Ex-Kanzler Schröder war hier Gast.

Café

● **Ivy House,** Bischops Castle Street, Tel. (01686) 66 87 76. Geschmackvoll, aber nicht edel.
● **Castle Kitchen**££, Broad Street, Tel. (01686) 66 87 95. Nettes Café mit warmen Speisen.

Verkehrsverbindung

● Bus G1 von/nach **Welshpool,** Bus 558 von/nach **Shrewsbury,** Bus 528 von/nach **Newtown.**

Newtown/ Y Drenewydd ♪IX/C2-C3

[ö drenewith] www.newtown.org.uk

Hier ist nomen nicht omen. *Newtown* („Neue Stadt") wurde schon 973 um eine kleine Burg herum gegründet. Im Mittelalter Marktstadt, entwickelte sich der Ort im frühen 19. Jahrhundert zum Zentrum der Flanellproduktion.

Die breite Hauptstraße führt zum Fluss Severn. Wegen seiner vielen Museen (mit freiem Eintritt) ist ein Aufenthalt in Newtown durchaus empfehlenswert, auch wenn der Ort wenig auf Touristen eingestellt ist.

Sehenswertes

Im **Robert Owen-Gedächnismuseum** ist eine schöne Ausstellung mit vielen Informationen über den in Newtown geborenen frühen Sozialisten (1771–1858) zu sehen. *Owen* war 1800 bis 1829 Leiter einer Baumwollspinnerei in Schottland, wo er den Arbeitstag auf 10½ Stunden begrenzte, Kinderarbeit (unter 10 Jahren) verbot und Läden einrichtete, in denen die Arbeiter preiswert einkaufen konnten. In den USA gründete er 1824 eine Modellsiedlung, die jedoch scheiterte.
●Severn Street, Tel. (01686) 62 63 45, Mo.–Fr. 9.30–12, 14–15.30 Uhr, Sa. 9.30–11.30 Uhr. Eintritt frei.

In der **Oriel 31 Davies Memorial Gallery** finden wechselnde Ausstellungen statt.
●Back Lane Car Park, Tel. (01686) 62 50 41, Mo.–Sa. 10–17 Uhr, Eintritt frei.

Im **Textilmuseum** erfährt man alles über die Wollherstellung im 19. Jh.
●Auf der Broad Street über den Fluss, am Kreisverkehr rechts ab, das Museum liegt auf der linken Seite. Tel. (01686) 55 46 56, Mai–Sept. Mo./Di., Do.–Sa. 14–17 Uhr.

Spaziergang

Der **Riverside Walk** führt am Ufer des Severn entlang.

Praktische Tipps

Unterkunft
●**Yesterdays Guesthouse**££, Severn Square, Tel. (01686) 62 26 44, www.yesterdayshotel.com. Schöne, ruhige Lage.

Camping
●**Old Smithy,** in Abermule (westlich von Montgomery), Tel. (01686) 63 06 57. Netter Campingplatz, ruhige Lage.

Essen und Trinken
●**The Elephant & Castle**££, Broad Street, Tel. (01686) 62 62 71. *Barmeals* in großem Pub.
●**Black Boy Restaurant**££, Broad Street, Tel. (01686) 62 64 36. In gemütlichem, alten Pub von 1640.

Café
●**Bank Cottage Tea Rooms,** The Bank, Tel. (01686) 62 57 71. Sehr empfehlenswert. Sehr schönes Café.

Pubs
●**The Buck Inn,** 19 High Street, Tel. (01686) 62 26 99. Alter Pub im Fachwerkhaus aus dem 17. Jahrhundert. Gemütlich.

Burgruine bei Montgomery

- **The Sportsman,** 17 Severn Street, Tel. (01686) 62 88 5. Traditioneller Pub mit *barmeals*.
- **Castle Vaults,** 46 Broad Street, Tel. (01686) 62 75 17. Gemütlich.
- **Victoria Vaults,** 15 Broad Street, Tel. (01686) 62 64 36. Klein und gemütlich.

Verkehrsverbindung

- Zug von/nach **Aberystwyth** und **Shrewsbury.**
- Bus 420 von/nach **Welshpool** und **Shrewsbury,** Bus 528 von/nach **Montgomery,** 704 von/nach **Llandrindod Wells,** Bus 522 von/nach **Llanidloes** und **Machynlleth.**

Ausflüge in die Umgebung

Die **Burgruine Dolforwyn** bei Abermule/Abermiwl (ab der A 483 ausgeschildert) ist der traurige Rest der letzten von einem walisischen Prinzen auf eigenem Grund und Boden gebauten Burg. 1273–1277 ließ *Llywelyn der Letzte* sie entgegen dem Verbot von König *Edward I.* errichten. *Llywelyn* antwortete *Edward,* dass er nicht die Erlaubnis des Königs bräuchte, um auf seinem eigenen Land eine Burg zu bauen. Doch schon 1277 wurde die Festung von *Roger Mortimer* eingenommen und lag trotz einiger Renovierungsversuche 1398 in Ruinen.

Nach der Autofahrt geht es noch einmal zu Fuß 500 Meter steil den Berg hinauf. Infotafeln liefern Erklärungen. Frei zugänglich, Eintritt frei.

Llanidloes VIII/B3

[hlanid-leus] www.llanidloes.com

Das nette kleine Marktstädtchen hat seinen Namen von *St. Idloes,* der hier im siebten Jahrhundert eine Kirche errichtete. Wohlstand hat man sich in Llanidloes durch Bleiabbau in den umgebenden Hügeln und durch Wollhandel erworben. Es hat für seine Größe erstaunlich viele Pubs.

Sehenswertes

Die **Markthalle** im Schnittpunkt der vier Hauptstraßen bildet das Herz der Stadt. Unter dem Teil, der von Pfeilern getragen wird, wurde der Markt abgehalten. Das Tudor-Fachwerk-Haus stammt aus der Zeit um 1600.

Gegenüber steht das NatWest Bankgebäude (Ecke China Street und Great Oak Street) ebenfalls in schönem Fachwerk.

Das **Heimatmuseum** bietet Wissenswertes zur Geschichte von Llanidloes und zur Bergbaugeschichte dieser Gegend.

- The Town Hall, Great Oak Street, Tel. (01686) 41 37 77, tägl. (außer Mi.) 11–13 und 14–17 Uhr, im Winter Sa. Nachm. und So. geschlossen, £.

Spaziergänge

Llanidloes liegt an den **Fernwanderwegen Severn** und **Glyndŵr** (s. Kap. „A–Z/Sport, Aktivitäten/Wandern").

Kürzere Strecken sind Gorn und Bryn Du (zwei Stunden), Glyn-y-Coed

 Atlaskarte S.VIII

Montgomeryshire/Sir Drefaldwyn **MACHYNLLETH** 215

(zwei Stunden), Marsh's Pool (zweieinhalb bis drei Stunden), The Severn Loop (ein bis zwei Stunden) und Allt Goch (eine Stunde). Näheres dazu erfährt man in der Touristeninformation.

Praktische Tipps

Touristeninformation und Internet

● **The Library/Y Llyfrgell**, Mount Lane, Tel. (01686) 41 28 55, cspllanidloes@powys.gov. Mo./Sa. 10–14, Di./Do. 16.30–19, Mi./Fr. 10–17 Uhr. Zu finden: vor dem Mount Hotel links abbiegen, die Touristeninformation befindet sich nach einigen Schritten auf der linken Seite.

Unterkunft

● **Lloyds Hotel**££, 6 Cambrian Place, Tel. (01686) 41 22 84 od. 41 26 66, www.lloyds hotel.co.uk. Elegant und stilvoll.
● **Mount Inn Hotel**££, China Street, Tel. (01686) 41 22 47, mountllani@aol.com. Einfaches, aber schönes altes Hotel.

Camping

● **Dol-llys Farm**, Tel. (01686) 41 26 94. Gut ausgestatteter Campingplatz am Fluss Severn.

Essen und Trinken

● **Lloyds Hotel**£££ (s.o.). Mehrgängemenüs, individuell gestaltbar, nur auf Vorbestellung.
  Barmeals gibt's in folgenden Pubs:
● **Red Lion Hotel**££, 8 Longbridge Street, Tel. (01686) 41 22 70. Traditioneller Pub.
● **Mount Inn Hotel**£ (s.o.). Alter Pub.
● **Royal Head Hotel**£, 4 Shortbridge Street, Tel. (01686) 41 25 83. Traditioneller Pub.

Café

● **Cobblers Tea Room**£, High Street. Rustikal und sehr gemütlich. Nobel.
● **The Great Oak Café**£, 12 Great Oak Street, Tel. (01686) 41 32 11. Alternativ angehaucht.

Pubs

● **The Crown & Anchor Inn**, 41 Longbridge Street, Tel. (01686) 41 23 98. Gemütlich.
● **The Angel Hotel**££, High Street, Tel. (01686) 41 23 81. Alter Pub von 1748.
● **The Mount Inn** (s.o.)
● **Unicorn Hotel**££, Longbridge Street, Tel. (01686) 41 31 67. Traditioneller Pub.
● **Royal Head Hotel** (s.o.)
● **Red Lion Hotel** (s.o.)

Einkaufen

● Es gibt hier einen **Laura Ashley Shop** (siehe Exkurs „Berühmte Waliser"), weil die Firma im nahe gelegenen Carno gegründet wurde. Great Oak Street, Tel. (01686) 41 25 57.
● In derselben Straße erwähnenswert ist der **Buchladen Great Oak**, 35 Great Oak Street, Tel. (01686) 41 29 59. Gute Auswahl.
● Ansonsten befinden sich kleine Geschäfte in der **Longbridge Street.**

Verkehrsverbindung

● Bus 420, 525 von/nach **Aberystwyth.** Bus 420 nach **Newtown/Welshpool,** Bus 522 nach **Machynlleth.**

Machynlleth ↗VIII/A2

[machön-hleth]

Bei Machynlleth beginnt das breite Flusstal des Dyfi. Das kleine, von viktorianischen Häusern geprägte Marktstädtchen entstand bei einer Furt nahe am Meer. Die erste Brücke wurde erst 1533 gebaut. *Owain Glyndŵr,* der Führer einer Gruppe von Rebellen, die die walisische Unabhängigkeit erreichen wollten (siehe Kap. „Land und Leute/ Geschichte/Mittelalter"), wurde hier zum „Prinzen von Wales" erklärt.

Wer von Aberystwyth nach Machynlleth fährt, sieht links der Straße den malerisch mitten im Nirgendwo liegenden Bahnhof Dovey Junction, der nur mit dem Zug erreichbar ist.

Sehenswertes

Der neugotische, 24 Meter hohe **Uhrenturm** am Schnittpunkt der beiden Hauptstraßen ist das Wahrzeichen der Stadt. Er wurde 1874 zu Ehren *Lord Castlereaghs,* dem ältesten Sohn des Marquis von Londonderry gebaut.

Im **Senedd-Dŷ-Parliament House** soll 1404 das Parlament von *Owain Glyndŵr* getagt haben. Das dortige kleine Owain Glyndŵr Museum erklärt die Geschichte des letzten Aufstandes gegen die englische Besatzung anhand von Tafeln. Lohnend!
●Interpretive Centre, 73 Heol Maengwyn, Tel. (01654) 70 28 27, Ostern–Sept., Mo.–Fr. 19–15 Uhr. Eintritt frei

Eine frühere Kirche und angrenzende Gebäude werden mit dem Museum für moderne Kunst **Y Tabernacl** stilvoll weiter genutzt, teils mit Dauer-, teils mit Wechselausstellungen. Das hölzerne Auditorium ist sehenswert. Hier finden auch Konzerte, Filmvorführungen und Theatervorstellungen statt, so beispielsweise im August das Festival Gŵyl Machynlleth [gwiil machón-hleth], eine Kombination aus Klassik, Volksmusik und Theater.
●Heol Penrallt, Tel. (01654) 70 33 55, www.momawales.org.uk, Mo.–Sa. 10–16 Uhr, Eintritt frei

Das in einem stillgelegten Schieferbruch gelegene **Zentrum für alternative Technologie „CAT"** (nördlich von Machynlleth, rechts der 487) ist ein kleines Dorf mit alternativen Energie- und Wirtschaftsformen, das streng nach ökologischen Bedingungen funktioniert (Recycling, Kompost etc.). Es ist daher ein echtes Muss für Ökofreaks. Wer mehr als drei Kilometer zum CAT radelt oder wandert, bekommt 10% des Eintritts erstattet.
●Tel. (01654) 70 24 00, www.cat.org.uk, Apr.–Juli, Sept./Okt. tägl. 10–17.30 Uhr, Aug. tägl. 9.30–18 Uhr, Nov.–Ostern tägl. 10 Uhr bis zur Dämmerung.

Spaziergänge und Fahrrad fahren

Ein kleiner **Spaziergang** führt gegenüber der Touristinformation zum Plas Machynlleth, weiter bis fast zur A 487 und dann links hoch zur Römertreppe (Roman Steps). Es ist allerdings nicht sicher, dass die Römer hier wirklich beteiligt waren.

Machynlleth liegt am **Fernwanderweg Glyndŵr.**

Es gibt drei **Routen für Mountainbikes:** eine grün markierte von 16 km Länge, eine orange von 23 km und eine rote von 32 km Länge. Schräg gegenüber vom Senedd-Dŷ befindet sich eine Infotafel.

Des Weiteren führt eine **Fahrradstrecke** von Machynlleth zum CAT.

Praktische Tipps

Touristeninformation
●**Royal House,** Penrallt Street, Tel. (01654) 70 24 01, mactic@powys.gov.uk.

Atlaskarte S.VIII   Montgomeryshire/Sir Drefaldwyn **MACHYNLLETH**

Unterkunft

- **The Wynnstay Hotel**££, Maengwyn Street, Tel. (01654) 70 29 41, www.wynnstay-hotel.com. Luxuriöse Unterkunft in alter Kutschstation. Zentrale Lage. Sonderangebote für mehrere Tage in Verbindung mit Abendessen (s.u.).
- **The White Lion Hotel**£££, Pentrerhedyn Street, Tel. (01654) 70 34 55. Alte Kutschstation, Fachwerkhaus, ebenfalls zentral.
- **Llys Maldwyn**£, Heol-y-Doll, Tel. (01654) 16 54 70 36 41, annettestrauch@freenetname.co.uk. Familiäre Unterkunft im Haus des Fotografen *Mark Robert Davey*, deutschsprachige Wirtin, kostenloser Fahrradverleih, zentrale Lage. Kein warmes Frühstück. Das schöne Fachwerkhaus war früher eine Schule.

Essen und Trinken

- **Wynnstay Arms**£££ (s.o.). Eines der besten Restaurants in Wales. Zur Auswahl stehen der geschmackvolle Speisesaal oder die Lounge mit offenem Kamin. 2005 für die beste Weinkarte Großbritanniens gekürt. Gäste können auch ihren eigenen, frisch gefangenen Fisch zubereiten lassen (Preisnachlass). Empfehlenswert ist der gemischte Vorspeisenteller. Unbedingt vorher reservieren!
- **Wholefood Café/Bwyty Cyfanfwyd, Y Plas,** 14 Maengwyn Street, Tel. (01654) 70 26 24. Essen aus biologischem Anbau vom CAT.
- **The Taj Mahal**££, 21 Penrallt Street, Tel. (01654) 70 30 88. Schöner Inder mit guter Küche.

Café

- **Wholefood Café/Bwyty Cyfanfwyd, Y Plas,** Tel. (01654) 70 26 24.

Pubs

- **The White Lion** (s.o.)
- **Skinners Arms,** 14 Heol Penrallt Street, Tel. (01654) 70 23 54. Traditioneller Pub, einfach.

Einkaufen

- Souvenirs findet man im **Owain Glyndŵr Centre** (s.o.).

Verkehrsverbindung

- Zug von/nach **Shrewsbury** und **Aberystwyth.**
- Bus 28, X32 von/nach **Aberystwyth,** Bus 522 von/nach **Newtown,** Bus 28 von/nach **Tywyn,** Bus 32 von/nach **Dolgellau.**

Ausflug in die Umgebung

Im kleinen Schieferminenstädtchen **Corris** sind das Corris Craft Centre, King Arthur's Labyrinth und der alte Dampfzug der Corris Railway zu besichtigen.

Bei der geführten Untergrundtour durch die Höhlen geht es um das Mythenepos der „Mabinogi" (siehe Kap. „Land und Leute/Kunst/Dichtkunst") und den sagenhaften britannischen König Artus. Warme Kleidung ist ratsam. Wer sowohl an der Labyrinth- als auch an der Bard's Quest-Tour teilnimmt, erhält Rabatt. Besonders für Kinder geeignet.

- Tel. (01654) 76 15 84, www.kingarthurslabyrinth.com. Apr.–Okt. tägl. 10–17 Uhr, ££.

Im Crafts Centre kann man walisische Handwerkskunst erwerben und im Café einkehren. Mit Touristeninformation und Spielplatz.

- Tel. (01654) 76 12 44, www.corriscraftcentre.co.uk, Apr.–Okt., täglich 10–17.30 Uhr, Eintritt frei.

Für Eisenbahnfans lohnt eine Fahrt mit der **Corris Railway** von Corris nach Maespoeth, wo eine Führung stattfindet. Mit kleinem Museum.

- Tel. (01654) 76 13 03, www.corris.co.uk, Ostern–Sept. 11–16 Uhr (an unterschiedlichen Tagen).

Merioneth/ Sir Feirionydd

[siir wäirionith]

Überblick

Merioneth ist nach dem 445 n. Chr. in Schottland geborenen *Merion* benannt, der das Land von seinem Großvater *Cunedda Wledig* als Belohnung für verdienstvolles Kämpfen bei der Invasion von Nordwales geschenkt bekam. Es bildet heute den südlichen Teil des Landkreises Gwynedd und gehört teilweise auch zum Nationalpark Snowdonia.

Merioneth ist eines der Gebiete, wo sich die walisische Sprache am besten erhalten hat. Die an der Küste relativ dicht besiedelte Gegend wird nach Nordosten hin immer einsamer. Ab Dolgellau führt nur noch eine Straße über Bala nach Corwen. Die Täler verlaufen alle von Nordosten nach Südwesten. In der Mitte liegt bei Y Bala der Llyn Tegid, der größte natürliche See in Wales, umgeben von den Berggipfeln Aran Benllyn und Arenig Fawr sowie dem Berwyn-Gebirge, das sich hervorragend zum Wandern eignet.

Y Bala und Llyn Tegid

[ö bala], [hlin tegid]   ⌑VII/D1

Der von Gebirgszügen umgebene, aber selbst in einem Tal liegende Straßenort **Y Bala** war schon vor seiner Gründung durch *Roger de Mortimer* (1310) zur Kontrolle der rebellischen Waliser befestigt worden. Die Geschichte erzählt vom Nonkonformismus. Noch heute gibt es hier überdurchschnittlich viele Kirchen. Wolle,

Y Bala und Llyn Tegid

insbesondere in der Form von Wollsocken, machte den Ort im 18. und 19. Jahrhundert berühmt. Heute ist Y Bala als Hochburg des Walisischen bekannt. Der ruhige Flecken bietet dem Besucher eine gute Basis für Ausflüge in die Umgebung.

An erster Stelle ist natürlich der große See **Llyn Tegid** (6,4 x 1,3 Kilometer) zu nennen, der (im Gegensatz zu den zahlreichen Wasserreservoiren) auch zum Baden und für Wassersport, insbesondere zum Windsurfen genutzt werden kann. Ein besonderer Fisch, der *Gwyniad,* eine Art Lachs, ist nur hier anzutreffen. Und das Monster *Teggie,* die walisische Entsprechung von *Nessi* vom Loch Ness in Schottland, soll ebenfalls hier leben. Der Legende nach soll der Llyn Tegid als Strafe für den Prinzen *Tegid Foel* entstanden sein: Seine Burg wurde vom See überflutet.

Sehenswertes

In der Mitte der Hauptstraße steht die **Statue von Thomas Edward Ellis** (1859-1899), einer der wichtigsten Politiker Wales'. 1886 wurde er als Abgeordneter der Liberalen ins Parlament gewählt, wo er sich sehr für walisische Fragen einsetzte, z. B. für die Einrichtung einer walisischen Nationalbibliothek und für die Trennung von der *Church of England,* der anglikanischen Kirche.

Im **Heritage Centre/Canolfan Dreftadaeth** [kanolwan drewtadeith], dem kulturellen Zentrum des Ortes in einer ehemaligen Kirche, sind wechselnde Ausstellungen zum kulturellen Erbe Y Balas zu sehen.

●Heol y Plase, Tel. (01678) 52 03 20, Apr.-Sept., Mo.-Fr. 12-17 Uhr, Sa. 10-17 Uhr, Eintritt frei.

Der ehemalige Bergfried ist mit Bäumen bewachsen und als **Tomen-y-Bala** bekannt. Über den Ursprung des Hügels gibt es verschiedene Theorien: Römerfort oder Grab eines walisischen Prinzen? Wahrscheinlich stand hier einst ein normannischer Burghügel mit hölzernem Turm. In der Nähe gibt es zwei weitere solcher Normannen-Hügel: einer nahe Penybont bei Pont Mwnwgl y Llyn, wo der Fluss Dee den Llyn Tegid verlässt, ein anderer circa zwei Kilometer östlich, *Tomen y Castell* („Burghügel") genannt. Ein spiralenförmiger Fußweg führt auf den Hügel Tomen-y-Bala hinauf. Oben hat man vom kleinen Stadtgarten einen schönen Blick auf den Llyn Tegid und die Berge.

●Heol y Dolmen, Schlüssel bei den „Council Offices", 22-24 High Street, Eintritt frei.

Spaziergänge und Aktivitäten

Am Südostufer des Llyn Tegid führt ein Pfad bis zur Südspitze des Sees. Ein **Spaziergang** rund um Bala startet bei der Touristeninformation (Prospekt dort erhältlich).

Vom östlich gelegenen Llandrillo (B 4401) aus kann man die **Berge** Cadair Bronwen und Cadair Berwyn besteigen, von Llanuwchlyn (im Südwesten) den Aran Benllyn und den Aran Fawddwy.

Y Bala und Llyn Tegid

Sheepdog Centre bei Ewe-Phoria

Die Schmalspurbahn, **Bala Lake Railway,** fährt viermal täglich am See Llyn Tegid von Y Bala nach Llanuwchllyn am südlichen Seeufer, hin und zurück circa eineinhalb Stunden.
● Tel. (01678) 54 06 66, www.balalake-railway.co.uk, Apr.–Sept., £££.

Im **Canoeing Centre Canolfan Tryweryn** (A 4212, nordwestlich) kann man Kayaks, Kanus, Surfbretter und Ruderboote mieten, wer möchte mit Lehrer. Auch Mountain Biking und Klettern ist hier möglich.
● Tryweryn, Tel. (01678) 52 10 83, www.ukrafting.co.uk.

Praktische Tipps

Touristeninformation
● Pensarn Road (südlich der Ortsmitte), bala.tic@gwynedd.gov.uk, Tel. (01678) 52 10 21.

Unterkunft
● **White Lion Royal Hotel**£££, 61 High Street, Tel. (01678) 52 03 14, john@welsh-historic-inns.com. Alte Kutschstation. Das heutige Gebäude ist von 1759. Hier übernachtete auch *George Borrow* (siehe „Anhang/Literaturhinweise"). 1889 kehrte Königin *Victoria* ein (Hätte sie auch übernachtet, dürfte das Hotel das *Royal* vor den *White Lion* stellen). Mit Restaurant.
● **Plas Coch**££, 52–54 High Street, Tel. (01678) 52 03 09. Kutschstation aus dem 18. Jahrhundert. Schönes Hotel mit Restaurant, zentrale Lage.
● **Llys Gwynedd**£, Fordd y Gerddi, Tel. (01678) 52 09 22. Ruhiges, nettes B&B.

Stadtplan S. 222, Atlaskarte S. IV, VII Merioneth/Sir Feirionydd **HARLECH** 221

- **Lletty-Lodge**£, 32 Heol Tegid, Tel. (01678) 52 17 00, www.bala-backpackers.co.uk. Die preiswerte Herberge.

Camping

- **Glanllyn,** A 494 (sieben Kilometer südlich), Tel. (01678) 54 02 27, www.glanllyn.com. Gut ausgestatteter Campingplatz am See.
- **Pen-y-Bont,** B 4402, Llangynog Road, Tel. (01678) 52 05 49, www.penybont-bala.co.uk. Zehn Minuten Fußweg nach Y Bala. Kleiner Platz mit allem Notwendigen.
- **Llanuwchllyn,** Bryn Gwyn (südwestlich), Godre'r Aran, Tel. (01678) 54 06 87. Kleiner, einfacher und preiswerter Campingplatz in schöner Lage.

Essen und Trinken

- **White Lion**£££ (s.o.). Schönes Restaurant.
- **Plas-yn-Dre**££-£££, 29 High Street, Tel. (01678) 52 12 56. Nettes Restaurant mit Außengastro. Plas-yn-Dre („Stadtpalast") war einst das Zuhause der noblen Lloyd-Familie.
- **Neuadd y Cyfnod**££, 2 High Street (bei der Brücke), Tel. (01678) 52 12 69. Altes Schulgebäude, gute Auswahl an Gerichten, Außengastro.
- **Plas Coch**££ (s.o.). *Barmeals* im gemütlichen Hotelpub.

Cafés

- **Loch Caffi,** Pensarn Road, Tel. (01678) 52 02 26. Mit alter Decke, Außengastro.

Pubs

- **Ye Olde Bulls Head,** High Street, Tel. (01678) 52 04 38. Schöner, alter Pub mit Dachbalken.
- **The Ship,** 35 High Street, Tel. (01678) 52 04 14. Traditioneller, einfacher Pub.
- **Plas Coch** (s.o.)
- **Tafarn yr Eryrod/Eagles Inn,** in Llanuwchllyn (südwestlich), Tel. (01678) 54 02 78. Sehr gute *barmeals*, einfacher Dorfpub.
- **The Goat Hotel**£, 47 High Street, Tel. (01678) 52 11 89. Einfacher Pub, zentral.

Verkehrsverbindungen

- Bus X 94 von/nach **Dolgellau** und **Wrexham.**

Ausflug in die Umgebung

↗ IV/B3

In Llangwm zeigt das **Ewe-Phoria Agri Theatre and Sheepdog Centre** eindrucksvoll, wie man einem Hund beibringen kann, Schafe nach verschiedenen Pfeiftönen zu treiben. Auch an Regentagen ist ein Besuch ein Erlebnis: Schafscheren und 13 verschiedene Schafrassen auf der Bühne werden präsentiert. Mit Café.

- **Llangwm,** Tel. (01490) 46 03 69, www.ewe-phoria.co.uk. Ostern–Aug. Mi.–Fr., So. 12–15 Uhr, Sept./Okt. Mi./Fr./So. 12–15 Uhr, Shows 13 Uhr, ££.

Harlech ↗ VII/C1

[haarlech] www.harlech.com

Einer der Höhepunkte an der Küstenstraße ist sicher Harlech. Dort thront auf einem Felsen, hoch über dem Meer, eine der imposantesten edwardianischen Burgen. Die kleine, nette Stadt dahinter, Upper Harlech/Harlech Uchaf [haarlech icha] genannt, bietet hervorragende Ausblicke auf die Dünen Morfa Harlech bis zur Halbinsel Llŷn und zum Gebirge Snowdonia. Kombiniert mit einem schönen Strand, Wandermöglichkeiten und interessanten Ausflugszielen, eignet sich Harlech als Standort für mehrere Tage.

HARLECH

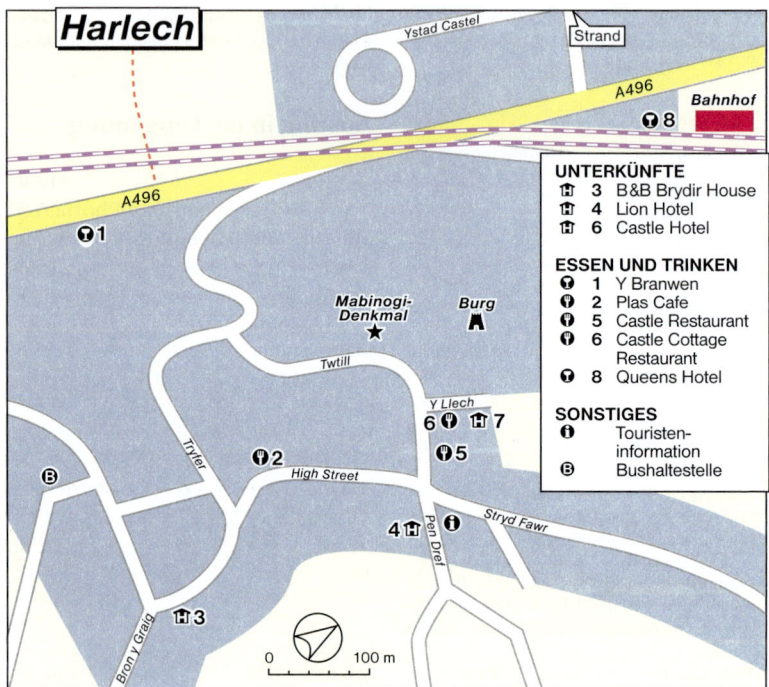

Die Burg

Die Besichtigung der 1289 von *Edward I.* errichteten Burg ist sehr lohnend. Ursprünglich reichte das Meer bis an die Festung heran, sodass sie während der Madog-Attacken von Irland aus zu Wasser verpflegt werden konnte. Heute trennt ein ein Kilometer breiter Streifen Dünen die Anlage vom Meer. *Owain Glyndŵr* eroberte die Burg 1404 und nutzte sie fünf Jahre lang als Hauptquartier. Der Innenhof ist quadratisch mit einem Turm an jeder Ecke und einem wuchtigen Torhaus an der Ostseite.

●Tel. (01766) 78 05 52, Juni–Sept. tägl. 9.30–18 Uhr, Apr.–Mai/Okt. tägl. 9.30–17 Uhr, Nov.–März Mo.–Sa. 9.30–16, So. 11–16 Uhr, ££.

Außerhalb der Burg befindet sich eine **Statue** mit einem Mabinogi-Motiv (siehe Kap. „Land und Leute/Kunst/ Dichtkunst"). *Branwen,* die Schwester des Königs *Bendigeidfran,* der von Harlech aus regierte, musste aus Gründen der Staatspolitik den König von Irland heiraten, der sie schlecht behandelte. Sie schickte durch einen Vogel eine Botschaft an ihren Bruder. In dem darauf folgenden Krieg wurde ihr Sohn *Gwern* getötet: Das Denkmal zeigt den verstümmelten *Bendigeidfran* auf einem Pferd mit seinem toten Neffen.

Spaziergänge

Im **Naturschutzgebiet Morfa Harlech** laden mehrere Wanderwege zum Wandern und Spazierengehen ein.

Praktische Tipps

Touristeninformation
●High Street, März–Okt. Tel. (01766) 78 06 58, tic.harlech@eryri-npa.gov.uk.

Unterkunft
●**Castle Hotel**££, Castle Square, Tel. (01766) 78 05 29, www.harlechcastlehotel.co.uk. Einfaches Hotel gleich bei der Burg, mit Restaurant.
●**B&B Brydir House**££, High Street, Tel. (01766) 78 03 16. Nett und sauber. Zentral.
●**Lion Hotel**£, Pendref, Tel. (01766) 78 07 31. Einfaches Hotel, zentral gelegen, mit Pub und Restaurant.

Camping
●**Min y Don Camp Site,** Beach Road, Tel. (01766) 78 02 86. Netter, familienfreundlicher Campingplatz, zehn Minuten zu Fuß zum Meer.

Essen und Trinken
●**Castle Cottage**£££, Y Llech, Tel. (01766) 78 04 79, www.castlecottageharlech.co.uk. Gehobene Küche, traditionell und innovativ. Viel Fisch, lokal angebaute Zutaten.
●**Castle Restaurant**££–£££, Castle Square, Tel. (01766) 78 04 16. Gegenüber der Burg, mit walisischen Spezialitäten. Klein und nett.

●**Plas Cafe**££, High Street, Tel. (01766) 78 02 04. Gebäude aus dem 17. Jh., schöner Blick. Café und Restaurant mit Außengastro.

Pubs
Die Pubs sind in Harlech alle traditionell und einfach.
●**Lion-Hotel,** gemütlich.
●**Y Branwen,** Ffordd Newydd, Tel. (01766) 78 04 77, modern eingerichtet.
●**Queens Hotel,** Morfa Road, Tel. (01766) 78 04 80, traditionell.

Strand
●Zum Baden ideal ist der schöne **Sandstrand** bei Morfa Harlech mit seinen Dünen.

Verkehrsverbindungen
●Bus 38 von/nach **Barmouth** und **Blaenau Ffestiniog.**
●Zug (Bahnhof im unteren Ortsteil) von/nach **Pwllheli** im Norden und **Dovey Junction** im Süden.

Ausflüge in die Umgebung

Nordwärts
Nördlich von Harlech (A 496) steht im Kirchhof von **Llanfihangel-y-Traethau** [hlanwihangel ö treithe] ein länglicher viereckiger hoher Stein. Die lateinische Inschrift aus der Mitte des 12. Jahrhunderts verläuft im Uhrzeigersinn herum: *HI(c) EST SEPVLCRV (m)WLEDER MAT(r)IS/ODELEV Q(u)I P(r)IMV(m) EDIFICAV(it)/HANC EC(c) L(esi)A(m)/IN TE(m)P(o)R(e) EWINI REG(is)* („Hier ist das Grab von Wleder, der Mutter von Odeleu, der als Erster diese Kirche baute in der Zeit von König Owain"). Damit ist *Owain,* der berühmte König von Gwynedd gemeint, der 1137–1170 regierte.

BARMOUTH/ABERMAW

Südwärts

In Llanfair ist der **Steinbruch** Chwarel Hên Slate Caverns mit neun künstlichen Höhlen zu besichtigen. Souvenirladen und Café sind vorhanden.
- Tel. (01766) 78 02 47, www.llanfairslatecaverns.co.uk, Ostern–Sept. tägl. 10–17 Uhr, Okt. 11–16 Uhr, ££.

In Llandanwg lohnt sich ein Abstecher zur Außenbesichtigung der idyllisch in Dünen und Sand gelegenen **Kirche St. Tanwg** (15. Jahrhundert). Dach und Fenster sind noch im Originalzustand. Die erste Kirche stand bereits im 5. Jahrhundert hier. Jeden dritten Sonntag im Monat wird um 18.30 Uhr Gottesdienst abgehalten, in den Sommerferien jeden Sonntag.
- Tel. (01766) 78 02 57

In der kleinen **Kirche St. Peter,** am nördlichen Ende des Ortes Llanbedr, befindet sich ein Stein mit Spiralrillen im Stil derer der Grabkammer Barclodiad y Gawres, letztendlich aus Irland importiert (vgl. Kap. „Insel Môn/Südwesten/Aberffraw).
- Tel. (01824) 70 41 60, Eintritt frei

Das Gebiet **Mochras** an der Küste bietet u. a. mit den Dünen von Shell Island ein tolles Naturerlebnis – Sandstrände, Wildblumen und viele Muscheln. Die Straße führt sieben Kilometer durch das Gelände. Von Harlech kommend, bei Llanbedr rechts ab, der Weg ist ausgeschildert.
- Tel. (01341) 24 14 53, www.shellisland.co.uk, pro Auto ££.

Im Ort Dyffryn Ardudwy, an der A 496 ein Stück hinter der Tankstelle links, befinden sich zwei **neolithische Grabkammern,** die 1961/62 ausgegraben wurden. Die dabei entdeckten Fundstücke sind heute im Nationalmuseum in Cardiff ausgestellt. Die langen Hügelgräber gehören zum Typ der Portaldolmen an der Irischen See (siehe Kap. „Land und Leute/Geschichte/Vorgeschichte").
- Frei zugänglich, Eintritt frei.

Ostwärts

Eine schmale Straße führt ab Harlech Richtung Osten ins Flusstal des Arto, an dessen Ende der kleine See Llyn Bychan liegt. Von Cwm Bychan aus wandert man hinauf zu den **Roman Steps,** einer Steintreppe, die einst als Route für Packpferde verwendet wurde.

Barmouth/Abermaw

[abermo]   ↗VII/C2
www.barmouth-wales.co.uk

An der Mündung des Mawddach liegt lang gestreckt zwischen Meer und Bergen das im Sommer sehr belebte Barmouth/Abermaw („Mündung des Maw"), durch seine breiten Sandstrände bereits zu viktorianischer Zeit ein beliebter Badeort. Der Naturforscher *Charles Darwin* hielt sich gerne hier auf. Dinas Oleu hinter dem Ort, auch das „walisische Gibraltar" genannt, erlaubt traumhafte Blicke auf die Bucht und ist gleichzeitig der Ausgangspunkt für den Panoramawanderweg über die nördlichen Hügel des Mawddachtals. Barmouth bietet viele günstige Übernachtungsmöglichkeiten.

BARMOUTH/ABERMAW

Sehenswertes

Am **Hafenkai** entlangschlendernd, kann man die Schiffe beobachten. Linker Hand führt die 1866 eröffnete schmale **Eisenbahnbrücke** (87 Meter) über die Mündung des Mawddach. Im Sommer bieten sich hier außerdem folgende Sehenswürdigkeiten:

Das **Tŷ Gwyn Museum,** ein einstöckiges mittelalterliches Hallenhaus, wird mit der Unterstützung der *Tudors* in Meirionydd in Verbindung gebracht. *Jasper Tudor,* der Onkel von *Heinrich VII.,* soll hier den Sturz *Richards III.* geplant haben. Neben Infos zur Dynastie der *Tudors* sind einige Schiffswracks ausgestellt.

Das Rundhaus **Tŷ Crwn** von 1762 diente als Gefängnis für betrunkene Seeleute. Ein Eingang war für den Seemann, der zweite für die weibliche Begleitung. Es war rund konstruiert, damit sich der Teufel nicht in einer Ecke verstecken konnte. Heute sind hier alte Fotos von Barmouth ausgestellt.
● The Quay, Apr.–Okt. tägl. 13–16 Uhr, Eintritt frei.

Spaziergänge

Neben der 381 Millimeter schmalen Bahnlinie der Fairbourne Railway (die schmalste in Wales) gibt es noch die Bahnlinie der normalen Hauptstrecke (Caoast Line), neben der ein Fußgängersteg einen Spaziergang zur **Landzunge von Fairbourne** ermöglicht (ein Weg circa vier Kilometer). Man genießt dabei den Blick auf die Berge, das Mündungsbecken und die Küste.

Wer nicht denselben Weg zurückgehen will, kann mit der **Fähre,** Tel. (01341) 28 13 98, £ oder dem Zug, Tel. (01341) 25 03 62, www.fairbourne railway.com fahren, £££.

Zum **Aussichtspunkt Dinas Oleu** [dinas ole] auf 265 Metern Höhe geht man ab der Church Street eine beliebige Gasse hoch und folgt oben am Höhenweg den Schildern. Die „Burganlage des Lichts" ist der erste Besitz, der dem National Trust nach seiner Gründung im Jahr 1895 anvertraut wurde. Man hat hier einen schönen Blick über die Bucht und kann auf einer Karte nachvollziehen, was alles zu sehen ist.

Praktische Tipps

Touristeninformation
● Square Talbot Place, Tel. (01341) 28 07 87, barmouth.tic@gwynedd.gov.uk.

Unterkunft
Obwohl die Zahl der Unterkünfte groß ist, empfiehlt es sich im Voraus zu buchen. An der Promenade befinden sich zahlreiche Übernachtungsmöglichkeiten, z.B.:
● **Bae Abermaw Hotel**£££, Panorama Road, Tel. (01341) 28 05 50, www.baeabermaw. com. Luxushotel mit stilvoller Innenausstattung und Blick über die Bucht.
● **Arbour Hotel**££, The Promenade, Tel. (01341) 28 04 59. Elegant, mit Meerblick.
● **B&B Seashell**£, Marine Parade, Tel. (01341) 28 11 80, www.seashell-bb.co.uk. Angenehmes B&B, günstige Einzelzimmer.
● **Crystal House Hotel**£, Marine Parade, Tel. (01341) 28 06 03. Das preiswerteste Hotel am Meer.
● In der Stadt ist man gut aufgehoben im **Tal-y-Don Hotel**££, High Street, Tel. (01341) 28 05 08. Kleines, preiswertes Hotel mit Pub und *barmeals*.

- Am Hafen ist zu empfehlen: **Sunray Guest House**£, The Quay, Tel. (01341) 28 09 85, familiäres B&B. Sauber, schöne Zimmer, mit Meerblick.

Camping
- **Caerddaniel Caravan Park**, etwas nördlich in Llanaber, Tel. (01341) 28 06 11. Am Meer, schöne Lage.

Essen und Trinken
In der Hauptstraße und am Hafen finden sich Einkehrmöglichkeiten, z.B.:
- **Anchor Restaurant**££, The Quay, Tel. (01341) 28 11 26. Kleines, caféähnliches Restaurant mit Außengastro. Blick auf Wasser und Brücke.
- **Isis Pizzeria**£-££, The Quay, Tel. (01341) 28 03 85. Einfach und preiswert.

Cafés
- **The Old Tea Rooms**£, Walsall House, Church Street, Tel. (01341) 28 01 94. Gebäude aus dem frühen 18. Jahrhundert, sehr gemütlich.

Pubs
- **The Last Inn**, Church Street, Tel. (01341) 28 05 30. Sehr schöner Pub mit Außengastro und *barmeals*.
- **Crown Hotel,** Church Street, Tel. (01341) 28 03 26. Gemütlich.
- **Tal-y-Don Hotel** (s.o.). Traditioneller Pub.

Strand
- Sandstrand

Verkehrsverbindungen
- Zug von/nach **Machynlleth** und **Pwllheli**.
- Bus X94 von/nach **Dolgellau**, Bus 38 von/nach **Blaenau Ffestiniog**.

Das Lokal „Dylanwad Da" in Dolgellau

Ausflug in die Umgebung

Sehenswert ist die **Kirche von Llanaber** (drei Kilometer nördlich, A 496) aus dem 13. Jahrhundert mit Holzdach aus dem 16. Jahrhundert. Innen sind hinten links zwei Inschriften aus dem 5. bis 6. Jahrhundert zu erkennen: *AETERN[I(?)]/ET/AETERN[(a)E(?)]* („(Der Stein) von Aeternus ud Aeterna (?)") sowie *CAELEXTI(s)/MONEDO/RIGI(s)* („(der Stein) von Caelextis (i.e. Caelestis) Monedorix").

Dolgellau ⌕VII/D2

[dolgehle]
www.dolgellau.com

Kennzeichnend für die alte Marktstadt im Tal des Mawddach, an der Kreuzung von drei Römerstraßen, sind die dunklen Schieferhäuser. Der walisische Freiheitskämpfer *Owain Glyndŵr* versammelte hier sein letztes Parlament. Im 17. Jahrhundert suchte eine Gruppe von Quäkern Zuflucht in Dolgellau und in den 1860ern war es ein Zentrum des Goldrauschs, denn damals produzierte die heute geschlossene Goldmine im Waldgebiet Coed y Brenin noch. Schon die Römer hatten in dieser Gegend nach dem Edelmetall geschürft.

Walisisches Gold ist sehr teuer und nicht ohne weiteres erhältlich. Von hier stammt übrigens das Gold der Eheringe von Queen *Elisabeth,* Prince *Charles* und Lady *Diana*.

Sehenswertes

Die **Quäker-Ausstellung** in der Touristeninformation am zentralen Platz informiert über die Geschichte der hier beheimateten Quäker, die bis 1689, als der *Act of Toleration* herauskam, verfolgt wurden. Ein Teil von ihnen floh nach Amerika und gründete in Pennsylvania u.a. den Ort Bangor und das Bryn Mawr College.

Im Gebäude ist außerdem eine Ausstellung zum **Nationalpark Snowdonia** zu sehen.

● Eldon Square, Snowdonia National Parks, Tel. (01341) 42 28 78, Ostern bis Okt. tägl. 10–13 und 14–18 Uhr, Nov. bis Ostern Mo. Do.–So. 10.30–16.30 Uhr.

Die **Kirche St. Mary** hinter der Touristeninformation stammt aus dem 18. Jahrhundert und weist schöne Fenster auf.

Spaziergänge/Wanderungen

Die Ausstellung zum Nationalpark Snowdonia in der Touristeninformation (s.o.) erteilt auch Auskunft über verschiedene Wanderwege in der Umgebung: z.B. die je fünf Kilometer langen Precipice Walk/Llwybr Cynwch und Torrent Walk.

Des Weiteren eignet sich das **Waldgebiet Coed y Brenin** (14 Kilometer nördlich, A 470) mit Besucherzentrum, Tel. (01341) 44 07 42, gut als Ausgangspunkt für Wanderungen und

Spaziergänge. Es gibt auch mehrere ausgeschilderte Strecken für Mountainbikefahrer, Tel. (01341) 42 22 89.

Praktische Tipps

Touristeninformation
● Eldon Square, Tel. (01431) 42 28 88, tic.dolgellau@eryri-npa.gov.uk.

Unterkunft
● **Y Meirionydd**££, Smithfield Square (ehemaliges Gefängnis), Tel. (01341) 42 25 54, www.themeirionydd.com. Schön und elegant.
● **B&B Bryn Yr Odyn**££, Maescaled, Tel. (01341) 42 34 70, rgwynbrynyrodyn@aol.com. Mit ortskundigem Besitzer und schönem Garten. 1 km vom Zentrum, an der Straße nach Tywyn.
● **B&B Arosfyr Farm**£, Penycefyn Road, Tel. (01341) 42 23 55. Auf dem Hügel, Blick auf die Berge. 400 m zum Zentrum.

Camping
● **Tan-y-Fron Holiday Home Park,** Arran Road, Tel. (01341) 42 26 38. Kleiner Campingplatz in Stadtnähe. Kinder willkommen.

Essen und Trinken
● **Bwyty Dylanwad Da**£££, 2 Smithfield Street, Tel. (01341) 42 28 70. Modern mit hellen Holzmöbeln eingerichtet. Der Schauspieler *Richard Gere* aß hier Lamm.
● **The Old Goal House**££, im Hotel Y Meirionydd (s.o.). Rustikal mit Natursteinwänden.
● **Y Sospan**££-£££, Queens Square (hinter der Touristeninformation), Tel. (01341) 42 31 74. Sehr schönes Restaurant, stilvoll, Giebeldecke aus Holz. Von 1606.

● **Royal Ship Hotel**££, Queens Square, Tel. (01341) 42 22 09. Traditionell.

Cafés
● **Y Sospan Tea Room** (s.o.). Von 1606.

Pubs
● **The Unicorn,** Smithfield Square, Tel. (01341) 42 27 42. Hübscher Pub neben dem Clifton Hotel.
● **Cross Keys Inn,** Mill Street, Tel. (01341) 42 33 42. Traditionell.
● **Stag Inn,** Bridge Street, Tel. (01341) 42 25 33. Einfacher Pub.

Einkaufen
● **Meirion Mill,** in Dinas Mawddwy (an der A 470 Richtung Welshpool, kein Bus). Tel. (01650) 53 13 11, Wollwaren und mehr. Spazierweg zum Arthur's Stone. Parken kostenlos. Mo.–Sa. 10–17, So. 10.30–17 Uhr.

Verkehrsverbindungen
● Bus X94 von/nach **Y Bala** und **Barmouth,** Bus 32, X32 nach **Machynlleth,** Bus X32 nach **Aberystwyth.**

Ausflüge in die Umgebung

Sehenswert ist die Ruine der um 1200 unter der Schirmherrschaft von *Maredudd ap Cynan* gegründeten **Zisterzienserabtei Cymer** (A 470, circa zwei Kilometer nördlich). Der Ort strahlt Ruhe und Frieden aus. Die Mönche betrieben einst Schafzucht, züchteten Pferde und beschäftigten sich mit Metallurgie. Zur Zeit der Auflösung der Klöster (1536) versteckten sie einen vergoldeten Silberkelch und einen Hostienteller in den Bergen. Nachdem man die Stücke im 19. Jahrhundert wiedergefunden hatte, sind

Aufstieg zum Cadair Idris

sie heute im Nationalmuseum in Cardiff ausgestellt.
- Tel. (01341) 42 28 54, Eintritt frei

Essen und Trinken
- Anschließend bietet sich eine Einkehr im **George III. Hotel**£££ an. Tel. (01341) 42 25 25. Sehr gutes Restaurant mit wunderschöner Aussicht.

Cadair Idris ⇗VII/C2

[kadeir idris]

Vom 892 Meter hohen Cadair Idris heißt es, er sei noch **spektakulärer** als der Snowdon. Dieser Eindruck wird durch die oft tief hängenden Wolken noch verstärkt. Auch ist er einsamer, die Touristen können hier nicht mit einer Bahn hinauffahren. Der Name bedeutet „Thron des Idris", eines legendären Riesen, der auf der Bergspitze Pen-y-gadair ein steinernes Observatorium unterhalten haben soll. Wer auf dem Gipfel übernachtet, soll verrückt, blind oder zum Dichter werden.

Man hat die Wahl zwischen drei **Aufstiegen:** 1. Pfad Minffordd (zweieinhalb Stunden, steil und anstrengend), 2. Pfad Llanfihangel (vier Stunden, wenig anstrengend), 3. Pfad Pony (ab Tŷ Nant, am beliebtesten). Für Auf- und Abstieg sollte ein ganzer Tagesmarsch eingeplant werden.

Unterkunft
- **Gwesty Minffordd Hotel**£££, Talyllyn, Tel. (01654) 76 16 65, www.minffordd.com. Sehr schönes, kleines Hotel. Guter Ausgangspunkt zum Aufstieg auf den Cader Idris.

Das Dysenni-Tal ⌂VII/C2

Das Dysenni-Tal verläuft südlich des Cadair Idris parallel zur Talyllyn Railway. Diese **Schmalspurbahn** mit Dampflok war ursprünglich zum Transport des bei **Abergynolwyn** [abergönolwin] gewonnenen Schiefers von dort bis zur Küste gebaut worden.

Die Ruinen von **Castell-y-Bere** liegen malerisch im Tal bei Llanfihangel-y-Pennant [hlanwöhangel ö pennant]. Die walisische Burg wurde 1221 unter *Llywelyn dem Großen* zum Schutz der Bergpässe errichtet, die Türme in typisch walisischer D-Form. Nach der Eroberung durch *Edward I.* im Jahr 1283 verfiel sie. Man hat von hier einen wunderbaren Blick auf den Cadair Idris.

•Tel. (029) 20 50 02 00, frei zugänglich, Eintritt frei. Parken kostenlos.

In **Llanfihangel-y-Pennant** ist in der Kirche St. Michael eine interessante Ausstellung zur Weberstochter *Mary Jones* zu sehen, die vom Tal zu Fuß ins 40 Kilometer entfernte Y Bala aufbrach, um dort ein Exemplar der ins Walisische übersetzten Bibel zu erhalten. Bemerkenswert ist eine dreidimensionale Karte aus Patchwork, die das Tal abbildet. Offene Kirche, Eintritt frei. Parken kostenlos.

Das **Mary-Jones-Denkmal** befindet sich weiter Richtung Cadair Idris, an den Ruinen des Tyn-y-ddôl-Hauses, Eintritt frei.

Ab Dolgoch führt ein Spaziergang zum Wasserfall **Dolgoch Falls.** Parken

vor dem Dolgoch Falls Hotel, Parkgebühr.

Essen und Trinken/Pub

● **Railway Inn**, in Abergynolwyn, Main Street, Tel. (01654) 78 22 79. Gemütlicher, kleiner Pub mit *barmeals*. Mit Restaurant£-££. Vorher buchen, wer nicht im Pub essen will. Offener Kamin.
● **Dolgoch Falls Hotel**, in Dolgoch, Bruncrug, Tel. (01654) 78 22 58. Zum Kaffee- und Teetrinken, mit Außengastro.

Llwyngwril ⌕VII/C2

[hluinguril]

Rund 45 Kilometer lang ist die **Küstenstraße** von Fairbourne nach Aberdyfi. Die Ausläufer des Berges des Cadair Idris enden hier. Straße und Bahnstrecke gibt es seit Mitte des 19. Jh. Dies zog viele Besucher aus den industriellen Zentren Englands an. Wirtshäuser wurden zu Hotels erweitert. Der traditionelle Weizenbau wich Anfang des 20. Jh. der Schafzucht.

Man erzählt, dass die Küstenlandschaft die Domäne des **Riesen Gwril** war, nach dem der Ort Llwyngwril („Busch des Gwril") benannt wurde.

Die erste Straße südlich des Ortes linker Hand führt zur **Hügelfeste Castell y Gaer** [kastehl ö geir] aus dem 1. Jahrtausend v. Chr. (rechts der Straße). Es handelt sich um eine Kombination aus Stein und Erde. Reste sind an der südlichen und der östlichen Seite erhalten. Der Wall war vier Meter dick mit einem Eingang an der Südost-Ecke. Auch von hier bietet sich ein Panoramablick, Eintritt frei

Praktische Tipps

Einkaufen/Essen und Trinken

● **Oriel Ystafell De Llwyngwril Art Gallery with Tea Rooms**£. Tel. (01341) 25 00 54, www.llwyngwril-gallery.co.uk. Bilder, Karten und Schmuck. Mit Café. Parken kostenlos.

Verkehrsverbindungen

● Bus 28 von/nach **Dolgellau** und **Machynlleth**.
● Zug von/nach **Barmouth** und **Tywyn**.

Tywyn ⌕VII/C3

[töwin] www.tywyn-ctc.org.uk

Der Badeort Tywyn („Meeresufer") bietet sich als guter Ausgangspunkt für Wanderungen an und ist ein lohnendes Ziel für Eisenbahnfans und Leute, die sich für die walisische Sprache interessieren. Trotz seines Strandes ist der Ort weniger touristisch.

Bereits im 6. Jahrhundert befand sich hier ein vermutlich von *Cadfan* aus der Bretagne gegründetes Kloster,

Castell-y-Bere

das Mitte des 10. Jahrhundert seinen Einfluss über ganz Merioneth ausgedehnt hatte.

Sehenswertes

Die **Kirche St. Cadfan** beherbergt die früheste Inschrift in walisischer Sprache aus dem frühen 8. Jahrhundert, den so genannten Cadfan-Stein: *CENGRUI (oder TENGRUI) CIMALTED GU(REIC) ADGAN ANT ERUNC DU BUT MARCIAU* („Ceingrwy, Frau des Adgan (liegt hier), nahe Bud (und) Meirchiaw"), *CUN BEN CELEN TRICET NITANAM* („Cun, Frau des Celen, Trauer und Verlust bleiben").

Das Grabmal aus dem 13. Jh. am Altar weist eine Besonderheit auf: Das „weinende Auge", eine Unebenheit im Stein, geht der Legende nach auf ein gebrochenes Herz zurück.
● High Street (östl. Ende), täglich 9–17 Uhr (im Sommer länger), Eintritt frei.

Die **Schmalspurbahn Talyllyn** ist die zweitälteste in Wales und führt bis Abergynolwyn (siehe Kap. „Das Dysenni-Tal").
● Neptune Road, Wharf Station, Tel. (01654) 71 04 72, www.talyllyn.co.uk, hin und zurück in etwa zwei Sunden (bei ca. 20 km/h), Apr.–Okt., tägl. mehrere Fahrten, £££ für Hin- und Rückweg.

Praktische Tipps

Touristeninformation
● High Street, Tel. (01654) 71 00 70, tywyn. tic@gwynedd.gov.uk.

Camping
● **Vaenol C&C Site,** Aberdovey Road, Tel. (01654) 71 14 73. Großer Campingplatz in der Nähe des Zentrums.

Pub
● **Tredegar Arms**££, 10 College Green, Tel. (01654) 71 03 68. Traditioneller Pub.

Cafés
● **The Jolly Roger**£, 7 College Green, Tel. (01654) 71 19 67. Einfaches Café mit kleinen warmen Gerichten.

Strand
● Kies- und Sandstrand

Verkehrsverbindungen
● Zug von/nach **Machynlleth** und **Pwllheli.**
● Bus 28 von/nach **Dolgellau** und **Machynlleth.**

Aberdyfi ⊿VII/C3

[aberdöwi] www.aberdyfi.org

Wer mit dem Auto von Machynlleth anreist, dem bietet sich südlich ein schöner Blick über die Mündung des Dyfi zu den Dünen von Ynyslas. Buchten sucht man vergeblich, nur zwischen Aberdyfi und Tywyn befinden sich einige Strände.

Der Name *Aberdyfi* („Mündung des Dyfi") beschreibt die Lage des ehemaligen Fischerortes. Die viktorianischen Fassaden deuten auf eine touristische Erschließung im 19. Jahrhundert hin. Aberdyfi ist durchaus einen kleinen Bummel oder eine Übernachtung in einer der Unterkünfte am Meer wert.

Den malerischen Blick auf den Strand Traeth Maelgwyn im Süden sollte man dabei nicht verpassen.

Spaziergang

Ab dem Bahnhof Penhelic im Süden führt der Küstenpfad nach **Picnic Island**. Man folge dem Schild *„Roman Road and Picnic Island"* am südlichen Ende der Eisenbahnbrücke.

Praktische Tipps

Touristeninformation
- Wharf Gardens, Tel. (01654) 76 73 21, tic.aberdyfi@eryri-npa.gov.uk. Mit kleiner Ausstellung zur Gegend.

Unterkunft
Die folgenden Unterkünfte haben alle Meerblick (Buchung empfehlenswert!):
- **Penhelig Arms**££-£££, nahe Bahnhof Penhelig, Tel. (01654) 76 72 15, www.penheligarms.com. Leicht gehobener Standard.
- **B&B Seabreeze**££, 6 Bodfor Terrace, Tel. (01654) 76 74 49, www.seabreeze-aberdovey.co.uk. Haus im maritimen Stil.
- **B&B Awel y Môr**££, 4 Bodfor Terrace, Tel. (01654) 76 70 58. Zwei Häuser weiter, nette kleine Unterkunft.

Camping
- **Caethle Chalet & Caravan Park**, an der Aberdovey Road, Tel. (01654) 71 05 87. Zwischen Aberdyfi und Tywyn.

Essen und Trinken
- **Penhelig Arms**££-£££ (s.o.). Vornehmes Restaurant mit ausgefallenen Speisen.
- **The Dovey Inn**££-£££, Sea View Terrace, Tel. (01654) 76 73 32. Traditionelle Gerichte im netten Pub.
- **The Britannia Inn**££, Sea View Terrace, Tel. (01654) 76 74 26. Einfaches Restaurant mit Meerblick.

Pubs
- **Dovey Inn** (s.o.)

Verkehrsverbindungen
- Zug von/nach **Dovey Junction** und **Barmouth** (Bahnhof in Penhelig, 800 Meter östlich, oder in Aberdyfi selbst, 800 Meter westlich der Touristeninformation).
- Bus 28 von/nach **Machynlleth** und **Dolgellau**.

Strand
- Der Ort hat einen Sandstrand.

Ceredigion Überblick

Ceredigion liegt an der walisischen Westküste zwischen den Flüssen Dyfi [döwi] im Norden, Teifi [täiwi] im Süden sowie den Cambrian Mountains/ Mynyddoedd Cambria [minödeuth kambria] im Osten. Im Jahr 415 als unabhängiges Fürstentum gegründet, wurde es nach dem walisischen Prinzen *Ceredig* [keredig] benannt. Über die Hälfte der Einwohner spricht hier Walisisch. Ceredigion ist relativ dünn besiedelt, Großstädte sucht man hier vergebens. Es gibt nur einige ländliche Marktstädte. Die Gegend bietet neben kulturellen Sehenswürdigkeiten reichlich Gelegenheiten zum Baden, Wandern und für Wassersport.

Cardigan Bay/ Bae Ceredigion

Die Cardigan Bay nimmt zwischen der Halbinsel Llŷn im Norden und der Halbinsel von Pembrokeshire im Süden den Großteil der walisischen Westküste ein. Der Abschnitt zwischen dem kleinen Ort Aberarth im Norden und Cardigan im Süden wird *Cardigan Heritage Coast/Arfordir Treftadaeth Aberteifi* genannt, was so viel wie „Küste des Erbes von Cardigan" bedeutet. In **stillen Buchten** tummeln

Die Bucht bei Aberystwyth

sich hier Delfine, Robben und Tümmler sowie viele Wasservögel.

Im 18. Jahrhundert wurde an dieser Küste viel **geschmuggelt**. Die versteckten Höhlen und kleinen Buchten boten dafür ideale Voraussetzungen. Geschmuggelt wurde u. a. französischer Brandwein, Tabak, Tee, Wein und Salz. Der Ort Penbryn war als „Smugglers' Valley" bekannt.

Von der angenehmen Küstenstraße (A 487) führen kleine Abstecher zu den Badeorten. Viele sind nach den Flussmündungen benannt, so etwa Aberteifi („Mündung des Flusses Teifi"), Aberaeron („Mündung des Flusses Aeron") und Aberystwyth „Mündung des Flusses Ystwyth".

Die hier vorgeschlagene Route verläuft von Nordosten nach Südwesten.

Borth/Y Borth ⇨VII/C3

[ö bor~~th~~]

Der lang gezogene Badeort mit seinem sechs Kilometer langen Sandstrand ist bei Sommergästen recht beliebt. Ein Besuch lohnt sich besonders wegen der **Sanddünen** im Norden des Ortes.

Am Südende des Strandes kann man bei Ebbe versteinertes Holz im Sand finden.

Im **Animalarium** haben Interessierte die seltene Gelegenheit, einmal echte Schlangen anzufassen.

● Tel. (01970) 87 12 24, www.animalarium.co.uk, von April bis Oktober täglich 10–18 Uhr, November bis März 11–16 Uhr, ££–£££.

Spaziergänge

Im Norden befindet sich Ynyslas mit Sanddünen im **Naturschutzgebiet Dyfi** (Dyfi National Nature Reserve), Tel. (01970) 87 16 40.

Der **Küstenpfad** führt Richtung Süden acht Kilometer weit nach Aberystwyth. Die Strecke ist landschaftlich sehr schön, wegen der Höhen und Tiefen aber auch recht anstrengend.

Touristeninformation
- High Street, Tel. (01970) 87 11 74, borthtic@ceredigion.gov.uk, Ostern–Sept.
- Visitor Centre in Ynyslas, Tel. (01970) 87 16 40.

Unterkunft
- **Pebbles B&B**£–££, High Street, Tel. (01970) 87 13 62, admin@pebblesguesthouse.com. Zimmer z.T. mit Meerblick.
- **Jugendherberge Morlais**£, High Street, Tel. (01970) 87 14 98, rentahostel@yha.org.uk. Am nördlichen Ende von Borth. Meernah.

Camping
- **Ynys Fergi-Farm**, Tel. (01970) 87 13 44. www.camping-ynysfergi-borth.com. Preiswerter Platz beim Animalarium. Mit Dusche und WC.

Pubs
- **The Friendship Inn,** High Street, Tel. (01970) 87 12 13. Seit 1860 Pub.
- **Victoria Inn,** High Street, Tel. (01970) 87 14 17.
- **The Railway Inn,** High Street, Tel. (01970) 87 13 48.

Strand
- **Langer Sandstrand,** ideal zum Baden. Im Sommer recht belebt.

Verkehrsverbindungen
- Zug von/nach **Aberystwyth, Shrewsbury.**
- Bus 509, 510, 512 von/nach **Aberystwyth.**

Aberystwyth ⌗VII/C3

[aberistu-ith]
www.visitaberystwyth.com

Aberystwyth, die Stadt am Meer zwischen drei Hügeln, ist unbestritten das kulturelle und intellektuelle Zentrum von Mittelwales: einerseits aufgeschlossene **Universitätsstadt,** andererseits konservativer **viktorianischer Badeort.** Welche Seite man kennen lernt, hängt von der Reisezeit ab, denn die Hauptsaison fällt gewöhnlich in die vorlesungsfreie Zeit von Juli bis September.

Aberystwyth ist in allen Aspekten mit der walisischen Kultur verbunden. Mehrere nationale Einrichtungen haben hier ihren Sitz. Der Ort war schon immer ein wenig „anti", was sich z.B. darin zeigt, dass er auch die „homosexuelle Hauptstadt von Wales" genannt wird.

Gute Einkaufsmöglichkeiten, Badestrände und gute Restaurants sowie Ausflugsziele in der Umgebung wird man als Tourist ebenfalls zu schätzen wissen.

Geschichte

Die erste Festung auf dem Hügel Pen Dinas südlich der Stadt geht auf die Eisenzeit zurück (circa 600 v. Chr.). Die Ursprünge des Ortes liegen gleich nebenan in einem Fischerdorf am Fluss Ystwyth, etwas südlich von Aberystwyth, das sich erst später rund um die im 13. Jahrhundert gebaute Burg entwickelte. Im 19. Jahrhundert blühte die kleine Bade- und Univer-

Aberystwyth-Zentrum

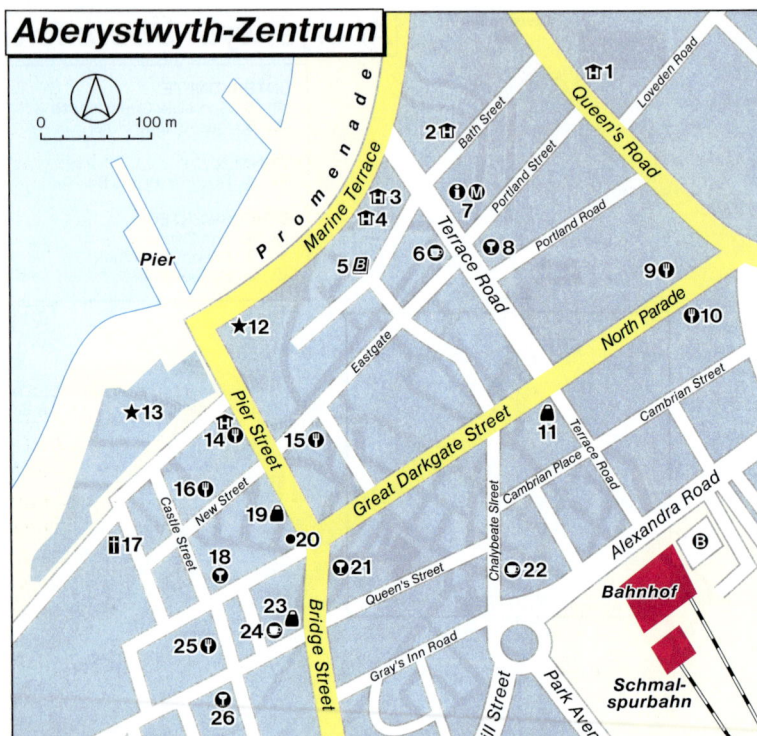

UNTERKÜNFTE
- 🏨 1 Savannah Guest House
- 🏨 2 Maes-y-Môr
- 🏨 3 The Belle Vue Royal Hotel
- 🏨 4 Gwesty Cymru
- 🏨 14 The Cambria

RESTAURANTS
- 9 Harry's
- 10 Little Italy
- 14 Tides
- 15 The Orangery/Yr Orendy
- 16 La Taberna Casa Miguel
- 25 Gannet's

CAFES
- 6 The Varsity
- 22 MG's Coffee House
- 24 Blue Creek

PUBS
- 8 Salt
- 18 The Angel Inn
- 21 Yr Hen Lew Du
- 26 Ship & Castle

SEHENSWERTES
- Ⓜ 7 Ceredigion-Museum
- ★ 12 Cymdeithas yr Iaith Gymraeg
- ★ 13 Altes College

SONSTIGES
- 🅱 5 The Library/Y Llyfrgell
- 🔒 11 Siop y Pethe
- ⛪ 17 St. Michael
- 🔒 19 Kraxi
- • 20 Uhrenturm
- 🔒 23 Llyfrau Ystwyth Books
- ℹ Touristeninformation
- 🅱 Bushaltestelle

sitätsstadt auf und wurde an das Eisenbahnnetz angeschlossen. 1872 wurde hier die erste Universität von Wales gegründet. Die viktorianischen Fassaden und das alte College an der Promenade geben dem Ort seinen Flair. Auch die Nationalbibliothek von Wales hat hier ihren Sitz.

Innenstadtrundgang

Die meisten Besucher werden wohl zunächst zur Einstimmung einen Spaziergang an der **Promenade** machen, die sich über mehr als zwei Kilometer erstreckt und im Sommer mit Flaggen von 50 Nationen geschmückt ist. Vom Bahnhof aus gelangt man durch die gegenüberliegende Terrace Road zur „Prom". Von hier aus kann man an sehr klaren Tagen sogar die Südwest- und Nordwestspitzen von Wales erkennen.

Am nördlichen Ende ragt der **Constitution Hill/Craig Clais** [kreig kleis] 131 Meter in die Höhe. Wer nicht laufen möchte, kann dort mit der längsten elektrischen Bergbahn Großbritanniens (seit 1896) hinauffahren.
●Tel. (01970) 61 76 42, www.aberystwythcliffrailway.com, Apr.–Okt. tägl. 10–18 Uhr, Nov.–März Mi.–So. 10–16 Uhr, £.

Die ohnehin schon hervorragende Aussicht lässt sich durch einen Blick durch die **Camera Obscura,** die die größten Linsen der Welt aufweisen soll, noch verbessern.
●Tel. (01970) 61 76 42, im Winter: Mi.–So. 10–16 Uhr, im Sommer tägl. 10–17 Uhr. In Kombination mit Bergbahn Eintritt frei, ansonsten £.

Geht man auf der Promenade in entgegengesetzter Richtung (also nach Süden), kommt man an viktorianischen Stadthäusern mit Erkern vorbei bis zum **hölzernen Pier,** der heute mit Spielhallen und Gaststätten bestückt ist.

Gegenüber befindet sich das Büro der „Cymdeithas yr Iaith Gymraeg" [kömdäithas ör jeith gömreig], der **„Gesellschaft für walisische Sprache",** die 1963 in Aberystwyth gegründet wurde.

Daneben steht das alte College aus Sandstein. Die neugotische Villa von 1790 war Ende des 19. Jh. zu einem viktorianischen Hotel umgebaut und kurz danach als erstes Universitätsgebäude genutzt worden. 1893 erhielt das College zusammen mit den Colleges von Cardiff und Bangor das Recht als „University of Wales" eigene akademische Titel zu verleihen.

Hinter dem College lohnt es sich, einen Blick in die **Kirche St. Michael** mit ihren schönen Fenstern zu werfen.
●Tel. (01970) 61 71 84, wechselnde Öffnungszeiten, Eintritt frei

An der Promenade geht es weiter zu einem Schieferriff, das die beiden Strände von Aberystwyth trennt. Die **Ruine** stellt den Rest einer Burg dar, die 1277–1295 von *Edward I.* während seines Feldzuges gegen die Waliser erbaut, 1404 von *Owain Glyndŵr* eingenommen und schließlich 1649 von *Cromwells* Männern im Englischen Bürgerkrieg gesprengt wurde. Die erste Burg von Aberystwyth war bereits 1110 weiter südlich an der Mündung des Ystwyth erbaut worden. Der Stein-

kreis ist neu und soll an das Eisteddfod von 1915 erinnern (siehe Kap. „A–Z/ Feste und Feiertage").
● Frei zugänglich, Eintritt frei

Die South Marine Terrace führt zum **Hafen** (Marina/Y Lanfa [ö lanwa]), der vor einigen Jahren beträchtlich erweitert wurde, sodass jetzt über hundert Schiffe hier anlegen können. Der erste Hafen war bereits um 1280 eingerichtet worden.

In die Stadtmitte gelangt man nun z.B. rechts über die South Road und dann links in die Bridge Street. Am **Uhrenturm** lässt sich auf Bänken eine kleine Ruhepause einlegen, bevor man rechts die **Einkaufsstraße** Great Darkgate Street hinuntergeht und links in die Baker Street einbiegt. Vorbei an der **Baptistenkirche** geht man an der öffentlichen Leihbücherei rechts in die Corporation Street. Geradeaus befindet sich die **Touristinfo,** darüber das **Ceredigion-Museum (Coliseum),** ein ehemaliges Theater von 1904. Die dort ausgestellten historischen Objekte haben mit der Entwicklung Ceredigions zu tun und stammen aus den Bereichen Landwirtschaft, Seefahrt und Bleiminen. Außerdem sind eine alte Apotheke, eine Bauernkate, antike Uhren und Haushaltsgeräte zu sehen.
● Terrace Road, Tel. (01970) 63 30 88, http://museum.ceredigion.gov.uk, Mo.–Sa. 10–17 Uhr, im Sommer manchmal auch So., Eintritt frei.

Rundgang: Nationalbibliothek, Univiertel und Schmalspurbahn

Zur Nationalbibliothek (National Library/Llyfrgell Genedlaethol) und dem modernen Univiertel geht man den Hügel Penglais hinauf. Alternativ kann man mit Stadtbus Nr. 504/505 fahren (alle 15 Min.). Der etwa halbstündige Aufstieg (über North Parade, dann Penglais Road rechts abbiegen) wird mit einem wunderbaren Blick über Aberystwyth bis zum Meer belohnt.

Das Gebäude der **Nationalbibliothek** wurde Anfang des 20. Jh. gebaut, nachdem man sich für Aberystwyth als Standort entschieden hatte; die Hauptstadt Cardiff erhielt das Nationalmuseum. Die Bibliothek enthält eine Sammlung aller walisischen Bücher und Schriften in 167 Kilometer Bücherregalen. Das sind immerhin über fünf Millionen Bücher, Karten, Fotografien, Gemälde und Drucke, über 1500 Stunden walisische Fernseh- und Radiosendungen und das walisische Filmarchiv. Das älteste Buch in walisischer Sprache, das Llyfr Du Caerfyrddin („Das schwarze Buch von Carmarthen") aus dem 12. Jh., die erste walisische Bibelübersetzung (1588) und die Originalpartitur der Nationalhymne werden ebenfalls hier aufbewahrt.
● Penglais Road, Tel. (01970) 63 28 00, www.llgc.org.uk. Mo.–Sa. 10–17 Uhr, an Feiertagen und in der ersten Oktoberwoche geschlossen, Eintritt frei.

Die modernen **Universitätsgebäude** befinden sich noch etwas weiter oben auf dem Hügel bei der Hugh-Owen-Bibliothek (Unibibliothek). Zu Fuß geht man etwa zehn Minuten.

Gleich daneben liegt das **Arts Centre/Canolfan Celfyddydau.** Dort kann man eine Keramikausstellung im Erdgeschoss, eine wechselnde Gemäl-

deausstellung im ersten Stock, mehrere kleine Läden, ein Café und ein kleines Kino aufsuchen.
● Tel. (01970) 62 32 32, www.aberystwythartscentre.co.uk. Mo.–Sa. ab 9 Uhr, So. 12–17.30 Uhr, Eintritt frei.

Auf dem Rückweg kann man gegenüber der Nationalbibliothek schräg rechts die Stufen hinuntergehen und dann durch die Coedlan Iorwerth Avenue zur Caradog Road, die links zur Llanbadarn Road abbiegt. Geradeaus geht es weiter die Buarth Road hinauf und an der T-Kreuzung links zur **School of Art/Yr Ysgol Gelf,** einer weiteren Kunstausstellung.
● Tel. (01970) 62 24 60, Mo.–Fr. 9.30–17 Uhr, Eintritt frei.

Gegenüber führt ein Pfad hinunter zur Plascrug Avenue und weiter rechts bis zur Alexandra Road. Am Bahnhof sieht man die Gleise der **Schmalspurbahn,** die ins reizvolle Tal des Rheidol bis nach Devil's Bridge fährt. Die 19 Kilometer lange, einstündige Fahrt auf der 1902 eröffneten Bahnstrecke lohnt sich wegen der romantischen Landschaft und Natur.
● Park Avenue, Tel. (01970) 62 58 19, www.rheidolrailway.co.uk, Apr.–Okt., mehrmals tägl., £££ hin und zurück.

Spaziergänge

Aberystwyths höchster Hügel ist der **Pen Dinas** südlich des Stadtzentrums, wie der nahe gelegene Strand Tan-y-Bwlch Naturschutzgebiet. Man überquert den Fluss Rheidol über die Trefechan Bridge, folgt vor dem Hügel der Hauptstraße links und biegt rechts in den ersten Fußpfad ein. Der Weg führt in südlicher Richtung bald über einen dicht bewachsenen Weg und dann rechts den baumlosen Hügel hinauf zum **Wellington-Denkmal** (Arthur Wellesley, Herzog von Wellington, 1769–1852). Dauer: ungefähr eine Dreiviertelstunde ab Stadtzentrum.

Zum Fluss **Ystwyth** gelangt man ebenfalls vom Stadtzentrum aus über die Pont Trefechan Bridge. Dann biegt man hinter der Feuerwehr rechts in die Straße Pen yr Anghor ein (Schild: „beach/traeth"), die schließlich den Ystwyth überquert. Man befindet sich nun am ruhigen **Tan-y-Bwlch-Strand.** Dauer: etwa eine halbe Stunde ab Zentrum.

Hinter dem im Norden gelegenen Constitution Hill führt ein Küstenpfad über circa acht Kilometer nach **Borth.** Als Erstes gelangt man zur Bucht von Clarach mit einem Caravan- und Campingplatz. Danach geht es auf und ab, z.T. dicht an den Klippen vorbei. Dauer: circa drei Stunden ab Zentrum. Zurück mit dem Bus 512.

Touristeninformation
● Terrace Road, Tel. (01970) 61 21 25, aber ystwythtic@ceredigion.gov.uk.

Internet
● **The Library/Y Llyfrgell,** Corporation Street, Tel. (01970) 63 37 03, caisllb@ceredigion.gov.uk.

Unterkunft
● **The Belle Vue Royal Hotel**£££, Marine Terrace, Tel. (01970) 61 75 58, www.bellevueroyalhotel.co.uk. Luxushotel am Meer.
● **Gwesty Cymru**£££, 19 Marine Terrace, Tel. (01970) 61 22 52, www.gwestycymru.com. Walisische Künstler haben an der modernen Einrichtung mitgewirkt.

CARDIGAN BAY/BAE CEREDIGION

●**Plas Antaron Hotel**££, Kreisverkehr bei Penparcau, Tel. (01970) 61 15 50. Elegant, etwas gehoben, dafür auch außerhalb.
●**Savannah Guest House**££, 27 Queen's Road, Tel. (01970) 61 51 31, www.savannah guesthouse.co.uk. Kleines, nettes B&B, freundliche Atmosphäre.
●**Shoreline Guest House**£–££, 6 South Marine Terrace, Tel. (01970) 61 50 02. Mit Meerblick.

Preiswerte Unterkünfte ohne Frühstück:
●**The Cambria**£, Marine Terrace, Tel. (01970) 62 63 50. Preiswerte Unterkunft am Meer.
●**Waschsalon Golchdy Maes-y-Môr Laundrette**£, 25 Bath Street, Tel. (01970) 63 92 70 oder (01970) 62 36 21. Ruhige Seitenstraße.

Camping

●**Aberystwyth Holiday Village,** Penparcau Road, Tel. (01970) 62 42 11. Familienorientierter Platz nahe der Innenstadt.

Essen und Trinken

●**Belle Vue Hotel**£££ (s.o.). An der Marine Terrace. Einheimische schwören auf das Restaurant. Schöner Blick aufs Meer.
●**Harry's**££–£££, 40–46 North Parade, Tel. (01970) 61 26 47, www.harrysaberystwyth.com. Sehr schön eingerichtet, gutes Essen.
●**Little Italy**££–£££, 51 North Parade, Tel. (01970) 62 57 07. Nett eingerichtet.
●**Gwesty Cymru**££. Modernes Restaurant mit guter Küche.
●**Tides Restaurant and Bar**££. Marine Terrace, Tel. (01970) 62 63 66. Im The Cambria, großer Speisesaal, Meerblick, gute Küche.
●**La Taberna Casa Miguel**££, 1 New Street, Tel. (01970) 62 76 77. Spanisches Restaurant. Speisen zum „Selber-Zusammenstellen".
●**Gannet's**££–£££, 7 St. James Square/Maes Iago, Tel. (01970) 61 71 64. Einheimische Küche.
●**The Orangery/Yr Orendy**££, Market Street, Tel. (01970) 61 76 06. Modern, mit Tischbedienung.

Cafés

●**Blue Creek,** 11 Princess Street, Tel. (0777) 54 67 19. Kleines Eck-Café mit großen Portionen. Selbst gemachte Kuchen und frisch gepresste Säfte.
●**MG's Coffee House,** 26 Chalybeate Street, Tel. (01970) 61 14 72. Leckere Kleinigkeiten, viele verschiedene Kaffeesorten.
●**The Varsity,** Upper Portland Street, Tel. (01970) 61 52 34. Italienischer Kaffee.

Pubs

●**Yr Hen Lew Du,** Bridge Street, Tel. (01970) 61 53 78. Offener Kamin, Billiard.
●**Ship & Castle,** 1 High Street, Tel. (01970) 61 23 34. Ein Wandbild erinnert an vergangene Zeiten als Piratentreffpunkt. Mittwochs mit Livemusik (nicht in vorlesungsfreier Zeit).
●**Rummers Wine Bar,** Trefechan Bridge, Tel. (01970) 62 51 77. Schöner Pub in ehemaliger Scheune. Ab 23 Uhr wird es voll.
●**Salt,** Portland Street, Tel. (01970) 62 33 18. Moderner Pub, „trendy".
●**The Angel Inn,** Upper Great Darkgate Street, Tel. (01970) 61 78 78. Traditioneller Pub, am Wochenende mit Disco.

Einkaufen

●**Kraxi,** Pier Street, Tel. (01970) 62 41 41. Silberschmuck mit keltischem Design.
●**Siop y Pethe,** 17 North Parade, Tel. (01970) 61 71 20. Walisischsprachige Bücher, Bücher über Wales, keltische Karten, Postkarten.
●**Llyfrau Ystwyth Books,** 7 Princess Street, Tel. (01970) 63 94 79. Neue und alte Bücher, viel über Wales.

Strände

Bei Aberystwyth gibt es mehrere Strände mit mehr oder weniger feinem Kies.
●**North Beach** liegt direkt vor der Marine Terrace und ist im Sommer recht belebt.
●**South Beach** links daneben besteht nur aus Riffen und ist zum Baden nicht geeignet.
●Am schönsten und ruhig ist der Strand **Tan-y-Bwlch** südlich des Flusses Ystwyth.

Verkehrsverbindungen

●Zug von/nach **Machynlleth, Welshpool, Shrewsbury.**
●Bus 28, X32 von/nach **Machynlleth,** Bus 550, X50 von/nach **Cardigan.**

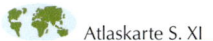

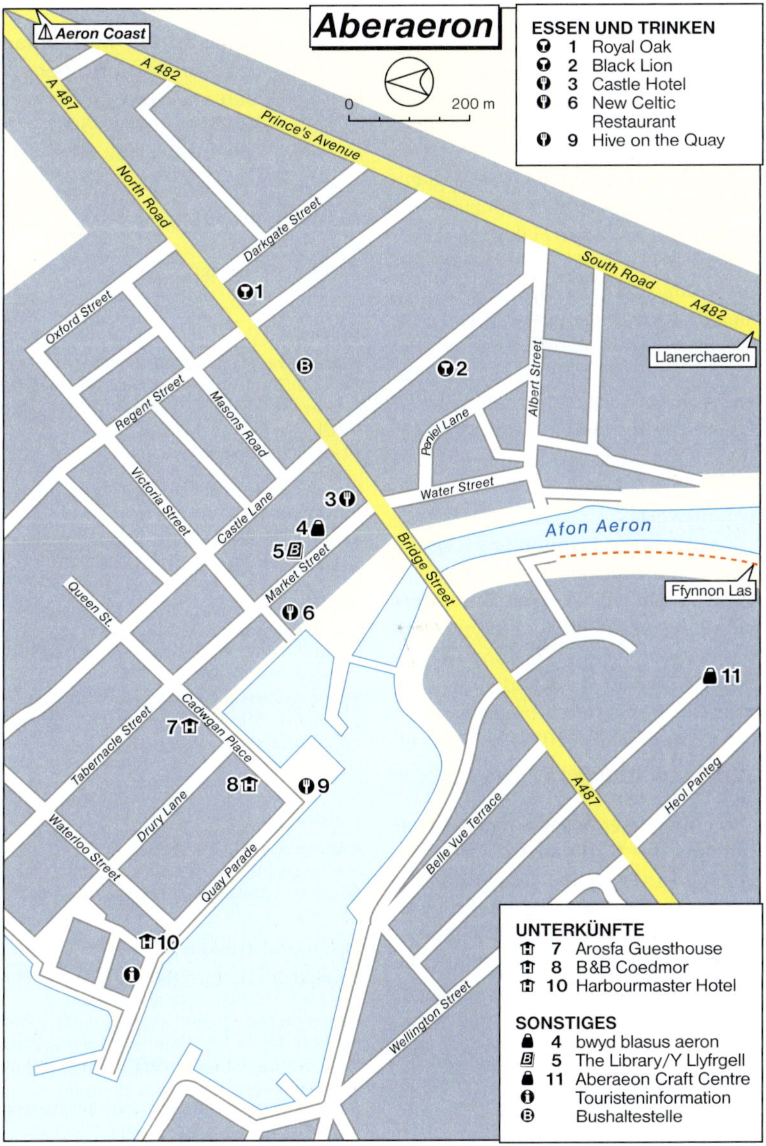
Aberaeron
Aeron Coast
0
200 m
A 482
A 487
Prince's Avenue
North Road
Darkgate Street
Oxford Street
Regent Street
Masons Road
Victoria Street
Castle Lane
Market Street
Queen St.
Tabernacle Street
Cadwgan Place
Drury Lane
Waterloo Street
Quay Parade
Bridge Street
Water Street
Peniel Lane
Albert Street
South Road
A482
Llanerchaeron
Afon Aeron
Ffynnon Las
Belle Vue Terrace
Heol Panteg
A487
Wellington Street
ESSEN UND TRINKEN
1 Royal Oak
2 Black Lion
3 Castle Hotel
6 New Celtic Restaurant
9 Hive on the Quay
UNTERKÜNFTE
7 Arosfa Guesthouse
8 B&B Coedmor
10 Harbourmaster Hotel
SONSTIGES
4 bwyd blasus aeron
5 The Library/Y Llyfrgell
11 Aberaeon Craft Centre
Touristeninformation
Bushaltestelle

Aberaeron ⌖ XI/C1

[**aber-äiron**] www.aberaeron.co.uk

Stadtplanung gibt es in Wales selten, Aberaeron bildet eine Ausnahme. Der nette, im 19. Jahrhundert im georgianischen Stil angelegte Ort lädt zu einem kleinen Bummel zum Hafen ein.

Auch der bekannte Schriftsteller *Dylan Thomas* weilte in den 1940ern oft hier. Der nahe gelegene Bauernhof Wernllaeth [wernhleith] (was so viel wie „Milcherlen" bedeutet) inspirierte ihn zu dem Buch „Unter dem Milchwald". Aberaeron ist gemütlich und selten überlaufen.

Sehenswertes

Das **Weingut Ffynnon Las** („Grüne Quelle") produziert erst seit 1990 Wein in kleinen Mengen. Besonders gut ist der Seyval Blanc, aber bei einer kostenlosen Weinprobe kann sich jeder sein eigenes Urteil bilden.
● Mit dem Auto Richtung Lampeter, Lampeter Road, Tel. (01545) 57 02 34, www.ffynnon-las.co.uk. Ostern bis Okt. tägl. 14–17 Uhr.

In Llanerchaeron kann man das **Herrenhaus des National Trust** besichtigen, ein gutes Beispiel für ein adeliges Landgut aus dem 18. Jahrhundert. Heute wird hier ökologischer Anbau betrieben. Eine Reihe von Wegen laden zu ausgedehnten (zwei bis sechs Kilometer langen) Spaziergängen ein.
● Haus Apr.–Okt. Mi.–So. 11.30–16 Uhr, im Aug. auch Di., Hof, Garten und Café Apr.–Okt. Mi.–So. 11–17 Uhr, im Aug, auch Di., £££.

Spaziergänge

Der empfehlenswerte **Küstenpfad** führt Richtung Norden nach Aberarth und im Süden nach New Quay und Llangrannog. Die meisten Vögel sieht man in der Zeit von Mai bis Juli.

Touristeninformation

● The Quay, Tel. (01545) 57 06 02, aberaerontic@ceredigion.gov.uk.

Internet

● **The Library/Y Llyfrgell,** County Hall, Tel. (01545) 57 25 00, aeronllb@ceredigion.gov.uk, Mo. 10–13, 14–15.30 Uhr, Di. 10–12, 13–16 Uhr, Mi. 9–13, 14–16 Uhr, Do./Fr. 10–13, 14–16.30 Uhr, Sa. 10–12 Uhr.

Unterkunft

● **Harbourmaster Hotel/Gwesty'r Harbwr**£££, Quay Parade, Tel. (01545) 57 07 55, www.harbour-master.com. Elegantes Hotel mit moderner Einrichtung.
● **B&B Coedmor**££, 2 Cadwgan Place, Tel. (01545) 57 16 15, www.coedmorbandb.co.uk. Sehr schöne Zimmer.
● **Gwesty Arosfa Guesthouse**££, 8 Cadwgan Place, Tel. (01545) 57 01 20, www.arosfaguesthouse.co.uk. Nettes B&B, mit walisischen Spezialitäten zum Frühstück.

Camping

● **Aeron Coast,** am nördlichen Ende der Stadt, Abfahrt bei der Tankstelle, Tel. (01545) 57 03 49. Großer Platz, gut ausgestattet.

Essen und Trinken

● **Gwesty'r Harbwr/Harbourmaster Hotel**£££ (s.o.). Schick, sehr gutes Essen.
● **Hive on the Quay**££, Cadwgan Place, Tel. (01545) 57 04 45. Café mit Außengastro, Fischgerichte, schöner Blick auf den Hafen. Im Sommer gibt es leckeres Honigeis.
● **Castle Hotel**££-£££, Market St., Tel. (01545) 57 02 05. Traditionelle Gerichte.

Atlaskarte S. XI

CARDIGAN BAY/BAE CEREDIGION

- **New Celtic Restaurant**£-££, 8 Market St., Tel. (01545) 57 03 69. Blick auf die Hafenbucht, wie ein geräumiges Café eingerichtet, für größere Gruppen geeignet.

Pubs

- **Black Lion**, 31 Alban Square, Tel. (01545) 57 13 82. Gemütlicher, traditioneller Pub.
- **Royal Oak**, 30 North Road, Tel. (01545) 57 02 33. Gemütlicher Pub mit *barmeals*.

Einkaufen

- **bwyd blasus aeron,** 18 Market Street, Tel. (01545) 57 00 08. Walisische Delikatessen.
- **Aberaeron Craft Centre,** Panteg Road, Tel. (01545) 57 17 21, www.aberaeroncraftcentre.co.uk. Die meisten Läden sind tägl. 10–17 Uhr geöffnet.

Strand

- Kies-/Steinstrand südwestlich des Hafens.

Verkehrsverbindungen

- Bus 550 von/nach **Cardigan** und **Aberystwyth,** Bus X40 von/nach **Carmarthen.**

New Quay/Ceinewydd   ⌕XI/C1

[käi-newith]

In dem heute im Sommer sehr belebten Touristenort an der B 4342 weilte 1944 der Schriftsteller *Dylan Thomas,* um fernab des Krieges in Ruhe zu schreiben. New Quay stand Pate bei *Dylans* Schilderungen des dörflichen Lebens in „Unter dem Milchwald".

Der Ort hat einen schönen Strand und einen kleinen Hafen.

Sehenswertes

Am netten **Jachthafen** befindet sich der untere Teil der Stadt mit Cafés, Pubs und kleinen Geschäften.

Eine Informationstafel an der Touristeninformation gibt eine Übersicht über den **Dylan-Thomas-Lehrpfad.** Der Standort der übrigen Tafeln ist hier ersichtlich (siehe auch Kap. „Land und Leute/Kunst/Dichtkunst").

Wendet man sich nun rechts in Richtung Strand und John Street, dann zur Glanmor Terrace, so führt nach einigen Metern ein steiler Weg hinunter zum **Cardigan Bay Marine Wildlife Centre,** einer kleinen Ausstellung zu den heimischen Seevögeln, Robben und Delfinen. Letztere kann man auch auf Bootstripps in freier Wildbahn besuchen.

- Tel. (01545) 56 00 32 (tagsüber), 58 04 44 (abends), im Sommer tägl. 9–18 Uhr, Eintritt frei.

Weiter unten in der Bucht befindet sich das eindrucksvolle **Rettungsboot** *(Lifeboat),* das aktuelle „Mersey Class" stammt von 1988.

- Tel. (01545) 56 03 11, Ostern–Sept., tägl. 14–17 Uhr, Eintritt frei.

Spaziergänge

Am südlichen Ende des Strandes führt ein Pfad hinauf zum **Birds Rock,** benannt nach der Fülle der hier nistenden Tordalken und Gryllteisten, beides schwarze Meeresvögel.

Weiter gelangt man über den Küstenpfad in Richtung Süden zum circa acht Kilometer entfernten **Kiesstrand Cwmtydu** [kumtödi], wo sich ein alter Kalkbrennofen befindet. Hier landete im Ersten Weltkrieg ein deutsches U-Boot. Die Soldaten stiegen aus und gingen zum Pub, wo sie freundlich bedient wurden, da sie ebenso wenig

CARDIGAN BAY/BAE CEREDIGION

Englisch sprachen wie die einheimischen Waliser. Danach kehrten sie friedlich zum U-Boot zurück.

In der anderen Richtung gelangt man nach etwa zwei Kilometern nordöstlich zum **Strand Cei Bach** [käi baach].

Touristeninformation

● Church Street, Tel. (01545) 56 08 65, new quaytic@ceredigion.gov.uk.

Internet

● **The Library/Y Llyfrgell,** Upland Square, Tel. (01545) 56 08 03, ceillb@ceredigion.co.uk, Di./Fr. 16–19.30 Uhr, Do. 14.30–16.30 Uhr, Sa. 10–12 Uhr.

Unterkunft

● **Myrtle Hill Guest House**££–£££, Llandysul Road, Tel. (01545) 56 03 99, myrtlehill@hotmail.com. Viktorianisches Haus an der A 486. Mit Whirlpool und Garten. Wanderer, Radfahrer und Angler willkommen.
● **The Penwig Hotel**££, South John Street, Tel. (01545) 56 09 10. Zentrale Lage, Meerblick, über dem gleichnamigen Pub & Restaurant.
● **The Cambrian Hotel**££, New Road, Tel. (01545) 56 02 95, www.cambrianhotelnewquay.co.uk. Ruhige Lage am Ortsrand (B4342), familiäre Atmosphäre. Mit Restaurant und Bar.

Camping

● **Wern Mill,** hinter Gilfachreda, Tel. (01545) 58 06 99. Etwas außerhalb, viele Caravans.

Essen und Trinken

● **The Hungry Trout**£££, 2 South John Street, Tel. (01545) 56 06 80. Einfach eingerichtetes Restaurant mit Meerblick und Außengastronomie, sehr gutes Essen. Buchung empfehlenswert.
● **Old Watch House**££, Church Street, Tel. (01545) 56 08 52. Kleines Restaurant mit Terrasse und Meerblick.
● **The Penwig Restaurant,** (s.o.) einfach eingerichtet.

Pubs

● **The Black Lion,** Glanmor Terrace, Tel. (01545) 56 02 09. Gemütlicher traditioneller, rustikaler Pub. Außengastro mit Meerblick. Hier trank auch *Dylan Thomas* in Mengen.
● **Sea Horse Inn,** Margaret Road (bei Glanmor Terrace), Tel. (01545) 56 07 36. Gemütlicher Pub.

Strände

● New Quay ist nach Aberystwyth das zweitgrößte Seebad an der Cardigan Bay mit einem großem Sandstrand. Weitere Strände s.o. unter „Spaziergänge".

Verkehrsverbindungen

● Bus 550 v./n. **Cardigan** und **Aberystwyth.**

Ausflüge in die Umgebung

Im südlich gelegenen Cross Inn befindet sich die **New Quay Honey Farm** mit einer interessanten Ausstellung zur Honiggewinnung und lebenden Bienen. Im Laden werden leckere Honigartikel angeboten. Sehr lohnenswert!
● Tel. (01545) 56 08 22, www.thehoneyfarm.co.uk, Ost.–Okt. tägl. 10–17.30 Uhr, Nov./Dez. nur Laden und Café Di.–Sa. 11–17 Uhr, £.

Im **Internal Fire Museum of Power** sind 35 Maschinen aus verschiedenen Epochen und für verschiedene Nutzungen zu sehen, u. a. Straßenwalzen, Vier-Zylinder-Motoren zur Stromerzeugung und Schiffsmotoren. Außerdem ein paar seltene Zweitakt-Zweizylinder-Dieselmotoren. Anfahrt: Die A 487 von New Quay, bei Tan-y-groes die B 4333 links Richtung Betws Ifan, das Museum ist dann ausgeschildert.
● Castell Pridd Farm, Tan-y-groes, Tel. (01239) 81 12 12, www.internalfire.com. Apr.–Sept. Di.–So. 10.30–17.30

Uhr, Oktober–Ostern nur nach Vereinbarung, £.

Llangrannog ↗XI/C2

[hlangrannog]
www.llangrannog.org.uk

Von der A 487 in die B 4321 abzweigend gelangt man zum einstigen Fischerdorf Llangrannog, dessen Anlage noch den **alten Seefahrer- und Schmugglerort** erahnen lässt. Der heilige *Carantoc* wohnte um 500 n. Chr. hier in einer Höhle, unterhalb derer er eine Kirche baute. 1884/85 wurde diese erneuert (heute Eglwys Carannog). Der kleine Sandstrand ist von schroffen Felsen eingerahmt. Ein Spaziergang hinauf zum südlichen Aussichtsplatz bietet sich an. Der Küstenpfad führt weiter bis zur Insel Lochtyn (Ynys Lochtyn) [önis lochtin].

Unterkunft
- **The Pentre Arms Hotel**££, Tel. (01239) 65 43 45. Sehr nahe am Meer, Zimmer mit Meerblick.

Cafés
- **Caffi Patio Café** ££, Tel. (01239) 65 45 02. Draußen sitzend den Meerblick genießen. Ostern–Okt., im Winter nur am So.

Essen, Trinken und Pubs
- **Ship Inn**££, Tel. (01239) 65 44 23. Gemütlicher Pub aus dem 17. Jahrhundert mit altem Seefahrer- und Schmugglerflair. An den Wänden hängen Bilder und Erläuterungen zur Ortsgeschichte.
- **The Pentre Arms**££ (s.o.). Gemütlich eingerichtet, mit Meerblick.

Strände
- Penbryn- und Tresaith-Strand, Llangrannog-Sandstrand mit schroffen Felsen.

Verkehrsverbindungen
- im Sommer Bus 552 von/nach **Cardigan** und **Aberaeron**, ansonsten 3 km zu Fuß zur B 4334 nach **Brynhoffnant,** dort mit dem Bus 550 von/nach **Cardigan** und **Aberystwyth.**

Cardigan/Aberteifi ↗X/B2

[abertäiwi]

Cardigan liegt an der Grenze zu Pembrokeshire. Der einst wichtige Hafen wurde 1981 aufgegeben und so zeigt sich der Ort am Fluss Teifi heute als nettes, ruhiges Marktstädtchen.

Die ersten **Normannen** waren bereits 1070–1072 in die Gegend um Cardigan gekommen, konnten sich hier aber nicht durchsetzen. Cardigan blieb zunächst in walisischer Hand. Dann errichteten die Normannen 1093 unter Lord *Roger de Montgomery* einen Kilometer von der heutigen Stadt entfernt bei der Old Castle Farm eine erste **Burg.** Vermutlich hatte hier schon früher ein Fort *(Din Geraint* genannt) existiert. Die erste normannische Burg wurde bald von den Walisern zerstört und unter *Gilbert de Clare* 1110 eine neue gebaut. 1170 befreite Lord *Rhys* die Stadt von der normannischen Herrschaft und ließ die Burg in Stein neu errichten. Sie blieb bis zu seinem Tod 1197 in seinem Besitz. Seine Söhne *Maelgwn* und *Gruffydd* kämpften um das Erbe. Schließlich siegt *Maelgwn,* lieferte seinen Bru-

CARDIGAN BAY/BAE CEREDIGION

der *Gruffydd* den Normannen aus und verkaufte die Burg für eine lächerliche Summe an König *John*. Als Nächstes eroberte sie *Llywelyn der Große*. Ende des 13. Jahrhundert gelangte sie in den Besitz König *Edwards I*. Im Bürgerkrieg wurde sie von *Cromwells* Truppen eingenommen.

Sehenswertes

Im Zentrum der Stadt, am Ende der Priory Street, befindet sich die **Markthalle** von 1860 im neugotischen Rathauskomplex, gegliedert in Ober- und Untermarkt. Im ersten Stock waren ursprünglich die Stände für Fleisch- und Milchprodukte untergebracht, im unteren die für Wolle und weitere landwirtschaftliche Produkte.
●Pendre, Tel. (01239) 615728, tägl. außer Mi. und So., Landmarkt im Sommer Do. und Sa., im Winter nur Sa., Eintritt frei.

Die High Street führt südlich zu den Resten der **Burg,** die 1176 auf Veranlassung von Lord *Rhys* den Schauplatz für das erste Eisteddfod in Wales bildete (siehe „Feste und Feiertage"). Anfang des 19. Jh. wurde auf dem Burggelände ein Privathaus errichtet. Die Festung war danach lange in Privatbesitz. Heute ist hier ein Eisteddfod-Museum geplant. Die letzte Besitzerin wohnte lange Zeit in einem Wohnwagen auf dem Gelände und weigerte sich bis zu ihrem Tod, ihre Burg zu verlassen.
●Friends of Cardigan Castle/Cyfeillion Castell Aberteifi, Tel. (07906) 69 69 57, freindsofcardigancastle@yahoo.com, Ostern–Sept. Sa. 10–16 Uhr (nicht bei Regenwetter), Okt.–Ostern geschlossen, Eintritt frei, Spenden erwünscht.

In der Bridge Street erinnert ein Gedenkstein an das Eisteddfod.

Nicht weit entfernt schwingt sich die fünfbogige Steinbrücke von 1726 über den Teifi. Früher wurde auf dem Fluss Schifffahrt betrieben. Eine Informationstafel zum ehemaligen Hafen liefert Erklärungen.

Auf der anderen Flussseite befindet sich das Cardigan Heritage Centre/Canolfan Hanes Aberteifi, ein **Heimatmuseum** im historischen Warenhaus. Zu sehen sind ein viktorianisches Klassenzimmer und eine kleine Ausstellung über Cardigans Geschichte.
●Teifi Wharf, Castle Street, Tel. (01239) 61 44 04, Ostern–Okt. tägl. 10–17 Uhr, £.

Spaziergänge und Aktivitäten

Cardigan liegt am **Küstenpfad.** In der Touristeninformation sind gegen ein geringes Entgeld folgende Blätter erhältlich: Küstenpfad Sarnau: Penbryn–Llangrannog (drei Kilometer), Küstenpfad Cwmtudu–New Quay (6,5 Kilometer), Küstenpfad Llangrannog–Ynys Lochtyn (zum Hügel Pendinas Lochtyn, fünf Kilometer) und Naturschutzgebiet Coedmor.

Auch **Bootstouren** durch die Irische See zu Robben und seltenen Dohlen kann man von Cardigan aus unternehmen, mit Führer oder mit Bootsschein auch alleine, näheres in d. Touristinfo.

Touristeninformation

●Theatr Mwldan, Bath House Rd., Tel. (01239) 61 32 30, cardigantic@ceredigion.gov.uk.

 Atlaskarte S. X

CARDIGAN BAY/BAE CEREDIGION

Internet
- **The Library/Y Llyfrgell**, Llawr 4 Cardigan Teifi, Tel. (01239) 61 25 78, teifillb@ceredigion.gov.uk, wechselnde Öffnungszeiten.

Unterkunft
- **Black Lion Hotel/Gwesty Llew Du**££, High Street, Tel. (01239) 61 25 32, www.theblacklioncardigan.com. Eine der ältesten Postkutschenstationen Wales' (seit 1105). Sehr gemütlich und stilvoll. Mit Restaurant.
- **B&B Park Place**£, Cearhaul, Gwbert, Tel. (01239) 61 49 29.
  An der Straße nach Gwbert, B 4548) liegen am Park Place zwei ruhige B&Bs:
- **B&B Maes-y-Môr**£, Gwbert Road, Tel. (01239) 61 49 29.
- **B&B Garth**£, Gwbert Road, Tel. (01239) 61 30 85.

Essen und Trinken
- **The Bell**££, High Street, Tel. (01239) 61 26 29. Speisen im Pub.
- **Grosvenor Hotel**££ (s.u.)
- **Eagle Inn**£, Castle Street (andere Flussseite), Tel. (01239) 61 20 46. Sehr kleiner Pub, gemütlich, gute *barmeals*.

Cafés
- **The Castle Cafe/Caffi'r Castell**, High Street/Ecke Quay Street bei der Burg, Tel. (01239) 62 18 82. Preiswerte Speisen.

Pubs
- **Llew Du/Black Lion** (s.o.)
- **Eagle Inn** (s.o.)
- **The Commercial Hotel**, 50 Pendre, Tel. (01239) 61 25 74. Gemütlich und abgenutzt.
- **The Ship Inn**, Pendre, Tel. (01239) 61 48 40. Einfach und groß.
- **Grosvenor Hotel**, Bridge Street, Tel. (01239) 61 37 92. Einfacher Pub, dafür mit Außengastronomie und Blick auf den Teifi.
- **The Bell**, (s.o.), traditionell.

Einkaufen
- Wer das Einkaufen in **kleinen Geschäften** liebt, ist in Cardigan genau richtig.

Verkehrsverbindungen
- Bus 550 von/nach **Aberystwyth,** Bus 412 von/nach **Fishguard,** Bus 460 von/nach **Carmarthen.** Bus 552 fährt im Sommer ab Cardigan zum nahe gelegenen **Ferwig.**

Ausflüge in die Umgebung

Der ruhige Weiler **Gwbert** am Ende der Teifi-Mündung (B 4548) hat seinen Namen vom wandernden heiligen *St. Gwbert,* der hier gelandet ist und sich in einer Höhle versteckt haben soll. Von den einsamen Klippen sind die Wasservögel auf der anderen Seite bei Poppit Sands gut zu beobachten.

In Gwbert gibt es zwei Hotelrestaurants, beide mit Meerblick:
- **The Cliff Hotel**££-£££, Tel. (01239) 61 21 41. Großes Restaurant mit luxuriösem Flair.
- **Gwbert Hotel**££-£££, Tel. (01239) 61 26 38. Kleineres Restaurant, auch mit *barmeals.*

Der einsame Ort **Mwnt** [munt] („Erdhügel") bietet eine Abwechslung zu den belebteren Badeorten der Cardigan Bay. Der kleine Sandstrand hinter den Klippen, der Hügel **Y Foel [ö weul]** mit wunderbarem Küstenblick und die kleine idyllische Kirche aus dem 13. Jahrhundert (Vorgängerkirche aus dem 6. Jahrhundert) laden zu einem Abstecher ein. Man fährt von Gwbert circa zwei Kilometer nach Osten, durch Ferwig hindurch und hält sich tendenziell links Richtung Küste. Auch der Bus 552 im Sommer fährt ab Cardigan zum nahe gelegenen Ferwig. Von dort geht man zu Fuß noch einen Kilometer bis Mwnt.

Das **Regenwald- und Schmetterlingszentrum Felinwynt** (Rainforest Centre) zeigt eine für Schmetterlingsfans lohnende Ausstellung über tropische Schmetterlinge. Kostenlose Videoshow, mit Café und Laden. Der einfachste Weg von Cardigan führt über die A 487 (Richtung Aberaeron), dann bei Blaenannerch links und der Ausschilderung folgen.

- Rhosmaen, Felinwynt, Tel. (01239) 81 08 82, www.butterflycentre.co.uk. Ostern–Sept. tägl. 10.30–17 Uhr, Okt. 11–16 Uhr, ££.

Das Teifi-Tal

Der Fluss Teifi entspringt in den Cambrian Mountains und mündet nach über 100 Kilometern bei Cardigan ins Meer. Er ist berühmt für seine *coracles* (Fischerboote aus Weidengeflecht), seine kleinen Wasserfälle und für die Burgen der Umgebung.

Bis zum Ende des 18. Jahrhunderts war das Teifi-Tal das walisische Zentrum der Wollherstellung. Von den alten **Wollmühlen** sind einige erhalten geblieben. Die Rock Mill in Capel Dewi bei Llandysul ist noch in Betrieb.

Heutzutage ist der Teifi ein Paradies für **Kanufahrer.**

Cilgerran ↗X/B2

[kilgerran]

Der kleine Ort liegt etwa fünf Kilometer südöstlich von Cardigan. Neben der alljährlich im August stattfinden-

Atlaskarte S. X

DAS TEIFI-TAL 251

den Coracle-Regatta hat er eine Burgruine zu bieten, die als Bildmotiv vieler romantischer Maler schon oft verewigt worden ist. Die Legende berichtet, dass *Nest,* die walisische Entsprechung der griechischen *Helena,* hier 1109 von einem liebestollen Prinzen geraubt wurde, der daraufhin die Burg in Brand setzte. Die verbliebenen Reste bestehen aus demselben graugrünen Bruchstein wie die übrigen Gebäude im Dorf.

Sehenswertes

Vermutlich ließ *William,* Sohn des *William Marshal,* Graf von Sir Benfro, 1223 die heutige **Burg** errichten. Sie gewährt eine prächtige Aussicht. Den schönsten Blick auf die Ruine selbst hat man von unten, bei der Info-Wand am Teifi (Schild: „Coracle Centre"). Hier kann man sich auch über die Geschichte der Amerika-Auswanderer und über die *coracles* informieren.
●Tel. (01239) 61 50 07, Apr.–Okt. tägl. 9.30–18 Uhr, Nov.–März täglich 9.30–16 Uhr, £.

Vor dem Eingang zur Burg führt eine kleine Straße links zu der stimmungsvollen **Kirche St. Llawddog** aus dem 19. Jh. mit Turm aus dem 13. Jh. Die angrenzenden Wohnhäuser stehen allerdings zu nahe, um eine wahre Idylle zu vermitteln. Im Hof an der nördlichen Seite der Kirche steht inmitten anderer Grabsteine ein Stein mit der Ogam-Inschrift *TRENAGASU MAQI MAQITRENI* und auf Lateinisch *TRENEGUSSI FILI/MACUTRENI HIC IACIT* („(der Stein von) Trenagus(t)us, Sohn des Maquitrenus"), 6. Jh.

Spaziergänge

In der Nähe befindet sich das Reservat **Welsh Wildlife Centre,** das sich gut für Spaziergänge eignet. Zu sehen sind u.a. Wasserbüffel. Mit Besucherfarm.
●Tel. (01239) 62 16 00, www.welshwildlife.org/wwcIntro_en.link, Apr.–Okt. tägl. 10.30–17 Uhr, Nov./Dez. tägl. 10.30–16 Uhr, Eintritt frei, Parkgebühr.

Essen und Trinken

●**Castle Kitchen**££-£££, Castle Square, High Street, Tel. (01239) 61 50 55. Einfach, aber nett eingerichtet.

Pubs

●**Pendre Inn,** High Street, Tel. (01239) 61 42 23. Stilvoller Pub aus dem 14. Jahrhundert.
●**Cardiff Arms,** High Street, Tel. (01239) 61 46 00. Einfacher Dorf-Pub nahe der Burg.

Ausflug

Auf dem Friedhof an der Südseite der Kirche von Bridell ist ein **Ogam-Stein** aus dem 15.–16. Jh. zu sehen. Die Inschrift lautet NETTESAGRU MAQI MUCOI BRECH „(der Stein) von Nettasagrus, Sohn des Nachkommen von Brecos". Frei zugänglich, Eintritt frei

Cenarth ⌕X/B2

[kenar~~th~~]

Der kleine Ort am Teifi ist einer der idyllischsten von Westwales und wurde im 19. Jahrhundert oft gemalt und beschrieben. Berühmt ist er durch die **Salmon Leap Falls** („Lachssprung-Wasserfälle"). Die schöne alte Brücke stammt aus dem 18. Jahrhundert.

Burgruine Cilgerran

DAS TEIFI-TAL

Sehenswertes

Der Teifi wirkt hier durch die kleinen Wasserfälle fast reißend. An der malerischen Brücke von 1787 befinden sich eine Informationstafel und das **Salmon Leap Shop & Museum,** eine Kombination aus einem Anglermuseum, einer Vogel- und Wildtierausstellung und einem Verkaufsladen.
- Tel. (01239) 71 12 42, März–Okt., tägl. 10–17 Uhr, Museum £, Parkgebühr

Hinter der Brücke geht es links zum **Coracle Centre/Canolfan Cenedlaethol y Cwrwgl.** Ein *coracle* ist ein kleines ovales Ruderboot aus mit Leder bezogenem Flechtwerk. Das Museum zeigt diese wie Walnussschalen wirkenden Boote aus allen Teilen der Welt.

Weiter hinten befindet sich eine der wenigen noch funktionierenden **Getreidewassermühlen** Wales' aus dem 17. Jahrhundert.
- Tel. (01239) 71 09 80, Ostern bis Okt. täglich 10.30–17.30 Uhr, Nov./Dez. Mi.–So. 11–16 Uhr, £, auch Tickets nur für die Mühle erhältlich.

Folgt man der Straße weiter hinauf, kommt man an der alten **Dorfschmiede** aus dem 18. Jahrhundert vorbei. Dann erreicht man die **Kirche St. Llawddog.** An ihrem südöstlichem Eingang befindet sich der **Sarsen-Stein** mit der britisch-romanischen Inschrift *CVRCAGN FILIANDAGELI* („(Stein von) Curcagnus, Sohn des Andagellus"), 5. Jahrhundert.

Essen und Trinken/Pubs

- **White Hart//Hydd Gwyn**££, Tel. (01239) 71 03 05. Netter Pub aus dem 16. Jahrhundert, Außengastronomie.
- **The Three Horseshoes**££, Tel. (01239) 71 01 19. Rustikale Einrichtung und Außengastro.

Picknickplatz

- Fährt man über die Brücke, gelangt man gleich am White Hart-Pub rechts auf die Straße Richtung Boncath, an der zwei kleine **kostenlose Parkplätze** liegen. Rechter Hand lädt ein kleiner Picknickplatz am Teifi, bei der Llanwddog-Quelle, zur Rast ein.

Verkehrsverbindungen

- Bus 460, 461 von/nach **Cardigan** und **Carmarthen.**

Newcastle Emlyn/ Castell Newydd Emlyn ⌖XI/C2

[kastehl newith emlin]

Das heitere Städtchen war im 18./19. Jahrhundert eine wichtige Station der Viehtreiber auf ihrem Weg von Wales nach England. Heute lohnt sich ein Besuch vor allem wegen der Einkehrmöglichkeiten.

Die vermutlich 1240 von *Maredudd ap Rhys* gebaute **Burg** ist eine der wenigen walisischen Steinburgen der Gegend. 1403 wurde sie von *Owain Glyndŵr* übernommen, 1428 soll sie aber schon eine Ruine gewesen sein. Um 1500 erwarb *Sir Rhys ap Thomas* die Anlage und ließ sie wieder herrichten. Im 17. Jahrhundert wurde sie erneut zerstört und dem Verfall preisgegeben. Heute stehen davon nur noch wenige Mauern.
- Frei zugänglich, Eintritt frei.

Unterkunft

- **Emlyn Arms Hotel**££, Bridge Street, Tel. (01239) 71 03 17, www.emlynarmshotel.

co.uk. Schönes, zentrales Hotel, das Gebäude stammt aus dem 18. Jahrhundert.

Camping

- **Dolbryn C&C Park,** Capel Iwan Road (von Newcastle Emlyn Richtung Capel Iwan fahren), Tel. (01239) 71 06 83, dolbryn@btinternet.com. Ruhige, idyllische Lage.
- **Moelfryn Caravan and Camp Park,** Ty-Cefn, Pant-y-Bwlch (von Newcastle Emlyn über die B 4333 Richtung Carmarthen, der Platz liegt auf der rechten Seite), Tel. (01559) 37 12 31, www.moelfryncaravanpark.co.uk. Größerer Campingplatz, weniger idyllisch.

Essen und Trinken

- **Emlyn Arms Restaurant**£££ (s.o.). Angenehmes Restaurant im Hotel.

Café

- **Snapdragon**£, Riverside, Adpar, Tel. (01239) 71 04 04. Altes Haus am Fluss mit Dachbalken, Außengastronomie.

Pubs

- **The Three Compasses,** Sycamore Street, Tel. (01239) 71 09 01. Kleiner, traditioneller Pub mit Außengastronomie.
- **Bunch of Grapes,** Bridge Street, Tel. (01239) 71 11 85. Die Gaststätte hat einen eigenen Pub-Raum mit Natursteinwänden.

Verkehrsverbindungen

- Bus 460, 461 von/nach **Cardigan** und **Carmarthen.**

Ausflüge in die Umgebung

Von Henllan fährt die **Dampfeisenbahn** (Normalspur) Teifi Valley Railway. Tickets sind im Café erhältlich. Kombinationen von Bahnfahrt und Wanderung sind möglich. Täglich mehrere Fahrten.
- Tel. (01559) 37 10 77, www.teifivalleyrailway.com. Apr.–Okt., ££ (Ticket für den ganzen Tag).

Im **National Wool Museum** in Drefach-Felindre wird die Geschichte der walisischen Wollindustrie anschaulich vermittelt. Mit Café.
- Tel. (01559) 37 09 29, April–Sept. tägl. 10–17 Uhr, Okt.–März Di.–Sa. 10–17 Uhr, Eintritt frei.

Das **Museum of Childhood bei Llangeler** zeigt Spielzeug verschiedener Epochen und mehr Historisches. Tel. (01559) 37 04 28, www.toymuseumwales.co.uk. Juli–Sept. tägl. 10–18, Okt.–Juni Do.–Di. 10–18 Uhr, ££.

In der idyllischen Kirche von **Llandysul** befindet sich im hinteren Raum, in die Wand eingemauert, der obere Teil eines Säulensteins mit der lateinischen Inschrift *VELVOR[IA]/FILIA/BROHO[M AGLI]* („Velvoria, Tochter des Brohomaglos (liegt hier)").

In Capel Dewi (noch weiter östlich) kann man eine **Wollmühle** von 1890 besichtigen: die Rock Mills Woollen & Water Mill/Melin Ddŵr a Gwlân Rock Mills. Die Maschinen werden hier noch per Wasserrad betrieben. Es sind die Nachkommen des Gründers, die hier als einige der Letzten noch Wolle nach traditioneller Weise herstellen. Mit Laden.
- Tel. (01559) 36 23 56, Ostern–Okt., Mo.–Fr. 10–17 Uhr, Sa. 10–13 Uhr, £.

Lampeter/ Llanbedr Pont Steffan ↗XI/D2

[hlanbedr pont stefan]

Die ruhige Lage am Teifi mag ein wenig täuschen, denn alle Straßen scheinen hierher zu führen: aus Aberaeron,

DAS TEIFI-TAL

Tregaron, Carmarthen und Llandovery. Das kleine Lampeter ist Markt- und Universitätsstadt und bietet ein reiches kulturelles Leben. Wegen seiner zentralen Lage ist es als Standort für einen oder mehrere Tage zu empfehlen.

Die **älteste Universität** von Wales wurde hier 1822 als „St. David's University College" von *Thomas Burgess*, Bischof von St. David's, gegründet. Er wollte walisischen Studenten, die sich ein Studium in Oxford oder Cambridge nicht leisten konnten, die Möglichkeit geben, hier ihre Ausbildung zu absolvieren. Seit 1965 gehört die Uni zur University of Wales.

In der Stadtbibliothek wird eine kleine **Ausstellung zur Geschichte** Lampeters gezeigt.
• County Library beim Somerfield-Supermarkt, Tel. (01570) 42 24 26, Mo.–Fr. 10.30–16.30 Uhr (und zu den Öffnungszeiten der Library), Eintritt frei.

Touristinfo/Internet
• **County Library,** Mo./Do./Fr. 10–13, 14–17 Uhr, Di. 10–13, 14–17 Uhr, Mi. 10–13, 14–16 Uhr, Sa. 10–13 Uhr. Tel. (01570) 42 36 06, pedrllb@ceredigion.gov.uk.

Unterkunft
• **The Castle Hotel**££, High Street, Tel. (01570) 42 25 54. Schönes, zentrales Hotel.
• **The Royal Oak**££, High Street, Tel. (01570) 42 31 74. Kleines, nettes Hotel über dem Pub.

Essen und Trinken
• **The Royal Oak**££ (s.o.). Rustikaler Speiseraum. *Barmeals* und mehr.

Café
• **Conti's Café,** 5 Harford Square, Tel. (01 570) 42 22 23. Café in der Bäckerei, Eis!

Pubs
• **Royal Oak** (s.o.). Nette, kleine Hotelbar.
• **Castle Hotel** (s.o.). Nette, etwas größere Hotelbar.

Verkehrsverbindungen
• Bus X 40 von/nach **Aberaeron,** Bus 588 von/nach **Aberystwyth,** Bus 289 von/nach **Llandovery.**

Llanddewi Brefi XI/D2

[hlanthewi brewi]

Dem Nationalheiligen *St. David,* der hier 519 eine Synode abhielt, verdankt der kleine Ort seinen Namen *Llanddewi* („Kirche des Dewi"). Vorher hieß er einfach *Brefi* und war eine der ältesten christlichen Siedlungen Großbritanniens.

Beeindruckend sind die fünf Säulensteine in der **Kirche St. David:** drei nur mit Kreuzen (7.–9. Jahrhundert), ein Kreuz mit der Inschrift *CENLISINI BT DS* (BT = benedicat, DS = deus) „Das Kreuz von Cenlisini. Möge Gott (ihn/sie) segnen", (7.–9. Jahrhundert).

Geht man vom Eingang aus links um die Kirche herum, sieht man an der Ecke der äußeren Westwand zwei Fragmente des Idnert-Säulensteins mit der Inschrift H[I]C IACET [I]DNERT FILIVS IA[/QVI] OCCISV[S/F]VIT PROPTER PR[AEDIVM(?)/SANCTI] „hier liegt Idnert, Sohn von Ia ..., (der) getötet wurde nahe dem Bauernhof des heiligen ...", (6. Jahrhundert).

Pub
• **New Inn,** Tel. (01974) 29 84 52. Offener Kamin, nette walisischsprachige Wirtin und gute Chips.

Atlaskarten S. XI, XII

DAS TEIFI-TAL

Verkehrsverbindungen

- Bus 585 von/nach **Tregaron** und **Lampeter**.

Tregaron ⟿ XI/D1-2

[treegaron]

Das kleine Marktstädtchen ist die östlichste Stadt von Ceredigion, umgeben von wunderschöner Landschaft. Walisisch ist hier die erste Sprache. Der Ort war schon immer ein Treffpunkt für Viehtreiber und -züchter. Der Name *Tregaron* („Stadt des Caron") deutet auf einen Schafhirten, der im 3. Jahrhundert n. Chr. König von Ceredigion wurde.

Sehenswertes

Auf dem **Friedhof** der Kirche St. Caron, dessen runde Form auf eine vorchristliche religiöse Niederlassung deutet, liegt *St. Caron* begraben. In der Turmwand kann man nach der kleinen Inschrift des römischen Forts von Bremio suchen.

Im **Red Kite Centre** in der Llandewi Brefi Road kann man sich über den Roten Milan und die Geschichte von Tregaron informieren. Im viktorianischen Klassenzimmer werden Filme zum Milan gezeigt. Das Haus fungiert auch als Heimatmuseum.
- Tel. (01974) 29 89 77, Sommer: tägl. 10.30–16.30 Uhr, Winter: Sa./So. 12–16 Uhr, Eintritt frei.

Touristeninformation
- The Square, Tel. (01974) 29 81 44.

Internet
- **The Library/Y Llyfrgell**, Secondary School/Ysgol Uwchradd, Tel. (01974) 29 86 73, ca ronllb@ceredigion.gov.uk.

Unterkunft
- **The Talbot Hotel**££, The Square, Tel. (01974) 29 82 08, www.talbothotel-tregaron.com. Einfaches Hotel. Auch *George Borrow* übernachtete schon hier (siehe „Anhang/Literaturhinweise").

Essen und Trinken/Pub
- **Restaurant**£££ und **Pub**££ im **Talbot Hotel**, (s.o.) Die historische Viehhändlerkneipe ist auch heute noch sehr gemütlich. *Barmeals.*

Café
- **Hafan Cafe & Restaurant**£–££, Dewi Road, Tel. (01974) 29 88 47.

Einkaufen
- **Rhiannon Gold Centre**, The Square, Tel. (01974) 29 84 15, www.rhiannon.co.uk. Schmuck mit keltischen Motiven, Museum und Galerie (wechselnde Ausstellung).

Verkehrsverbindungen
- Bus 588 von/nach **Lampeter** und **Aberystwyth**.

Ausflüge in die Umgebung

Nordöstlich von Tregaron lassen sich vom Parkplatz an der B 4343 aus schöne Wanderungen in das rötlich schimmernde **Moorgebiet Cors Caron** unternehmen, ein Rückzugsgebiet vieler Vogelarten. Die ausgeschilderten Wege sind allerdings nicht immer leicht zu finden. Tel. (01974) 29 84 80, p.culyer@ccw.gov.uk. Frei zugänglich. Eintritt frei.

Strata Florida/Ystrad Flwr

[östrad fluur] ⇗XII/A1

Strata Florida (lateinisch für „Tal der Blumen") ist das „Westminster von Wales", da hier die Prinzen des Königshofs von Dyfed begraben wurden. Nicht weit entfernt entspringt der Fluss Teifi. Die Klosterruine liegt in ruhiger, idyllischer Lage.

Heute sind von dem **Zisterzienserkloster** aus dem 12. Jahrhundert nur noch Ruinen zu sehen. Nach seiner Auflösung unter *Heinrich VIII.* 1539 verfiel es. Erhalten sind das normannische Westportal und ein paar Steinmauern.

Wenig lässt heute noch erahnen, dass das Kloster einst ein einflussreiches Zentrum der Gelehrsamkeit war, nicht zuletzt aufgrund der Geschäftstüchtigkeit seiner Mönche, die zu Großgrundbesitzern und erfolgreichen Schafzüchtern wurden, einen Pub mit eigenem Bier eröffneten, Silber und Blei in den Minen des Ystwyth-Tales schürften, Eisenerz schmolzen (sie durften zollfrei nach Frankreich und Flandern exportieren) und Straßen und Brücken bauten. Sie illustrierten Manuskripte und förderten die walisischsprachige Literatur.

Pilger und Kranke kamen, um den größten Schatz der Abtei zu sehen: Ein hölzerner Kelch, den man für den heiligen *Gral* hielt und der große Heilkraft besitzen sollte.

Andere Besucher Strata Floridas waren die letzten walisischen Prinzen, die sich hier 1238 mit *Dafydd,* Sohn von *Llewelyn dem Großen,* trafen. Sie wurden später auf dem hiesigen Friedhof begraben.

Heute befindet sich ein **Museum** zur Klostergeschichte bei der Ruine.
● Tel. (01974) 83 12 61, www.strataflorida.org, Apr.–Sept. Mi.–So. 10–17, Mo./Di.10–16 Uhr, £. Okt.–Apr. tägl. 10–16 Uhr, Di. und Mi. Eintritt frei.

Der **Friedhof** birgt neben Adelsgräbern bei einer großen Eibe auch das Grab von *Dafydd ap Gwilym* (siehe Kap. „Land und Leute/Kunst/Dichtkunst"). Der Grabstein stammt von 1951. An der Kirchenruine ist ein in die äußere östliche Chorwand eingebauter Stein mit einem lateinischen Kreuz aus dem 7.–9. Jahrhundert sehenswert.
● Apr.–Sept. Mi.–So. 10–17 Uhr, Mo./Di. 10–16 Uhr, £. Mo./Di. Eintritt frei.

Essen, Trinken und Pub

● **Black Lion**££ in Portrhyfendigaid. Traditioneller Pub mit *barmeals*.

Wandern

Ein Wanderweg führt am See Llyn Teifi vorbei nach Elan Village.

Verkehrsverbindung

● Bus T 21 von/nach **Aberystwyth**.

Devil's Bridge/Pontarfynach

[**pontarwönach**] ⌀ XII/A1

Mit der „Teufelsbrücke" (engl. *Devil's Bridge*) verbindet sich die folgende **Legende:** Eine Frau hatte ihre Kuh verloren, die auf der anderen Seite des Flusses war. Der Teufel versprach, ihr eine Brücke zu bauen um sie zu holen. Daraufhin schwor sie, ihm das erste Lebewesen zu geben, das über die Brücke laufen würde. Doch sie überlistete den Teufel und schickte ihren Hund. Er hatte natürlich auf die Kuh gehofft.

Insgesamt drei Brücken sind kurz vor der Mündung des Flusses Mynach in den Rheidol übereinander gebaut. Die untere Steinbogenbrücke wurde im 11. Jahrhundert von Mönchen aus dem nahen Kloster Strata Florida konstruiert. Dies ist die „echte" **Teufelsbrücke**. Der walisische Name *Pontarfynach* bedeutet „Mönchsbrücke". Die mittlere Steinbrücke ist von 1753, die obere Eisenbrücke stammt aus dem Jahr 1901.

Ein kostenloser **Parkplatz** befindet sich nördlich der Brücken an der A 4120 Richtung Llangurig.

Die in schöner Landschaft aus circa 900 Metern Höhe hinabstürzenden **Wasserfälle** des Mynach-Baches („Mönchsbach") sind von den Brücken aus sichtbar, aber nur zu Fuß zu erreichen.

Es gibt zwei Wege zum Fluss hinunter. Auf dem kürzeren, zehnminütigen **Spaziergang** („Panchbowl") sind alle drei Brücken sichtbar. Ein schwierigerer, halbstündiger Naturpfad („Jacob's Ladder") führt über 94 Stufen hinunter in den Talboden der Schlucht, zu einem Holzsteg über den Wildbach und zu den Wasserfällen.

● Mynach Falls, Tel. (01970) 89 02 33, Ostern bis Okt., tägl. 9.45 bis zur Dämmerung, £.

Am Endpunkt der Schmalspurbahn von Aberystwyth (siehe oben) können **Dampfloks** besichtigt werden.

● Tel. (01970) 62 58 19, www.rheidolrailway.co.uk.

Strata Florida

Das nördliche Rheidol-Tal

Touristeninformation
- Im **Café Y Caban,** mit Geschenkeladen, bei der Schmalspurbahn, Tel. (01970) 89 02 33.

Unterkunft/Essen und Trinken
- **Hotel Hafod Arms**££, Tel. (01970) 89 03 94, www.thehafodhotel.co.uk. Traditionelles Hotel mit Restaurant, Außengastro.

Camping
- **Woodland,** Tel. (01970) 89 02 33, www.woodlandsdevilsbridge.co.uk (A 4120 Richtung Llangurig, nördlich der Brücken). Großer Platz mit Café, auch für Caravans.

Verkehrsverbindungen
- Dampflok von/nach **Aberystwyth.**
- Bus 596 von/nach **Aberystwyth.**

Das nördliche Rheidol-Tal ♪VII/C3

Die A 44 führt nördlich des Flusses Rheidol über circa 20 Kilometer von Ponterwyd nach Aberystwyth an einer Reihe von Sehenswürdigkeiten vorbei.

Silber-Blei-Mine von Llywernog

[hlöwernog]

Das nahe gelegene **Ponterwyd** war eine alte Bergarbeitersiedlung. Der Abbau von silberreichem Blei war in Mittelwales fast 2000 Jahre lang eine wichtige Erwerbsquelle. Besonders in den 1860ern zog die Gegend Schürfer und Abenteurer aus der ganzen Welt an. Nach dem späteren Produktionsrückgang wurden die meisten Minen geschlossen.

Llywernog bietet eine der wenigen Möglichkeiten, eine walisische Silbermine wie in ihren Glanzzeiten zu erleben. Geführte **Touren** in die Tiefe, Fußpfad im Freien.
- Tel. (01970) 89 06 20, www.silverminetours.co.uk. Aug. tägl. 10–18 Uhr, Sept. tägl. 11–17 Uhr, Nov. So.–Fr. 11–17 Uhr, März–Mai So.–Fr. 10–17 Uhr, Juni/Juli So.–Fr. 10–18 Uhr, £££.

Verkehrsverbindungen
- Bus 420, 525 oder G3 von/nach **Aberystwyth, Ponterwyd** und **Llanidloes** (Bus hält auf Wunsch).

Bwlch Nant-yr-Arian

[bulch nant ör arian]

Der Name des Besucherzentrums Bwlch Nant-yr-Arian („Lücke des Silberbachs") bezieht sich auf die Silberminen im Areal, was noch heute bei Llywernog zu besichtigen ist (s.o.).

Die Gegend ist reich an Vögeln wie Bussarden, Raben und Roten Milanen. Bei der **Milanfütterung** kann man täglich zusehen (Sommer 15 Uhr, Winter 14 Uhr).

Vom Besucherzentrum mit Café lassen sich mehrere **Rundgänge** unternehmen. Der längste, rot gekennzeichnete Pfad, *Blaenmelindŵr* („Vor einer Wassermühle"), bietet Panorama-Blicke über die Hügellandschaft, das Rheidol-Tal und nach Aberystwyth.
- Tel. (01970) 89 06 94, im Sommer täglich 10–17 Uhr, im Winter 11–16.30 Uhr. Eintritt frei, Parkgebühr.

Verkehrsverbindungen

- Bus 420, 525 oder G3 von/nach **Aberystwyth**, **Ponterwyd** und **Llanidloes** (Bus hält auf Wunsch).

Capel Bangor

Der Ort selbst hat keine Sehenswürdigkeiten zu bieten. Vier Kilometer entfernt (ausgeschildert) befinden sich jedoch die Hydro-Electric Power Station und das Cwm Rheidol Reservoir: ein **Wasserkraftwerk** mit Stausee und Fischfarm. Nähere Informationen erhält man im Besucherzentrum. Auch für Spaziergänge und geführte Rundgänge ist diese Ecke geeignet.
- Tel. (01970) 88 06 67, Mai–Sept., tägl. 10.30–16.15 Uhr, Eintritt frei.

Nebenan bietet das **Schmetterlingshaus** frei fliegende exotische Schmetterlinge in tropischer Umgebung.
- Tel. (01970) 88 09 28, www.magicoflife.org, Ost.–Okt., tägl. 10–17 Uhr, ££.

Verkehrsverbindungen

- Bus 420, 525 oder G3 von/nach **Aberystwyth**, **Ponterwyd** und **Llanidloes** (Bus hält auf Wunsch).

Llanbadarn Fawr

[hlanbadarn waur]

Der historische Ort Llanbadarn Fawr ist älter als das benachbarte Aberystwyth. Der Name erinnert an *Padarn,* einen bretonischen Missionar aus dem 6. Jahrhundert und Zeitgenosse des heutigen Nationalheiligen *St. David.* Er errichtete hier ein Kloster über dem Fluss Rheidol, das zum Zentrum der Gelehrsamkeit wurde. Einige bedeutende Handschriften aus dem 11./12. Jahrhundert haben sich erhalten. Llanbadarn Fawr ist das **älteste Bistum** von Wales.

Die **Kirche** stammt in ihrer heutigen Form aus dem 13. Jahrhundert. Im Querschiff informiert eine Ausstellung über die Geschichte der walisischen Kirche und über berühmte Waliser, insbesondere *Dafydd ap Gwilym*.

Die beiden Steinkreuze standen früher im Kirchhof und sind möglicherweise wiederverwendete vorchristliche Menhire. In das größere sind Figuren und keltische Flechtmuster, vermutlich aus dem 10. Jahrhundert, eingemeißelt.
- Ganzjährig tagsüber geöffnet, Eintritt frei.

Verkehrsverbindungen

- Bus 420, 525 oder G3 von/nach **Aberystwyth**, **Ponterwyd** und **Llanidloes** (Bus hält auf Wunsch).

Radnorshire/ Sir Faesyfed

[siir weisöwed]

Überblick

Radnorshire gehört zu den entlegeneren Gegenden von Wales und ist nur sehr dünn besiedelt. In der hügeligen Landschaft dominieren grüne Schafweiden, dazwischen einzelne kleine Marktstädtchen, umgeben von Seen, Flüssen und Wäldern. Von Westen fährt man über die wunderschönen Passstraßen der Cambrian Mountains hierher.

Rhayader/ Rhaeadr Gwy ♫XII/B1

[hreadr gwi] www.rhayader.com

Der walisische Name *Rhaeadr Gwy* bedeutet „Wasserfall des Wye", auch wenn direkt beim Ort kein solcher mehr existiert. Er verschwand 1780 mit dem Bau der Stadtbrücke.

Rhayader ist mit seinen 2000 Einwohnern der einzige etwas größere Ort im Nordwesten von Radnorshire. Einst war er ein Zentrum der „Rebecca-Unruhen", als verarmte Waliser Bauern in Frauenkleidern gegen Zölle protestierten.

Heute ist das kleine Marktstädtchen am Oberlauf des Flusses Wye ein idealer Ausgangspunkt für Ausflüge in die vielseitige Natur ringsherum.

Sehenswertes

Der **Uhrenturm** im Schnittpunkt der A 470 und der A 44/B 4518 zeigt an der Ostseite den walisischen Drachen (siehe Exkurs) im Kampf mit dem preußischen Adler. Dies erinnert an die zahlreichen Kämpfe der Waliser mit den Engländern, deren Vorfahren, die Angeln, Sachsen und Jüten, ja aus den Gebieten des heutigen Deutschlands kamen. Vom Turm verlaufen die vier Hauptstraßen des Ortes strahlenförmig auseinander, praktischerweise nach den Himmelsrichtungen benannt.

Gegenüber der Touristeninformation in der North Street steht die **Kirche St. Clement** aus dem 14. Jahrhundert.

Ein Hinweisschild leitet von der Churchstreet im westlichen Stadtteil zum Standort der **früheren Burg,** die 1178 von *Lord Rhys* erbaut und 1231 von *Llewellyn ap Iorwerth* endgültig zerstört wurde.

Weiter führt die Churchstreet auf die Bridge Street, von der es rechts über die Brücke zur **Kirche St. Bride** (Infotafel) im Stadtteil Cwmddaudwr geht.

Die East Street führt zum **Royal Welsh Crystal Visitor Centre.** Dort kann man zusehen, wie Gegenstände aus Bleikristall geformt werden. Im angeschlossenen Laden mit Café kann man sich mit Kristallwaren eindecken.
●5 Brynberth Ind. Est., Tel. (01597) 81 10 05, www.welshcrystal.co.uk, tägl. 9–12.30 Uhr und 13.30–16.30 Uhr, geführte Tour, £.

Der walisische Drache

Überall in Wales begegnet man dem walisischen Drachen: an Häuserwänden, auf Bierdeckeln, auf Handys, auf Autonummernschildern, auf T-Shirts. Er ist das walisische **Nationalsymbol** und Bestandteil der walisischen Flagge. Die rote Farbe ist wichtig, denn es gibt noch einen weißen Drachen und der ist englisch.

Nach der **Legende** griff der weiße Drache der Sachsen das Land der keltischen Briten an. Ihn sollte der rote Drache (Symbol der Kelten) vertreiben. Beide kämpften erbittert gegeneinander, bis es *Lludd*, dem sagenhaften Herrscher Britanniens, gelang, beide unter dem Snowdon in Wales zu vergraben. Die Legende berichtet, dass König *Vortigern* hier eine Burg bauen wollte, aber jede Nacht verschwanden die Steine. Der Zauberer *Merlin* grub die Drachen aus, der Kampf ging weiter und der rote Drache vertrieb den weißen Drachen der Sachsen aus Britannien.

Das **historische** Motiv des Drachens geht vermutlich auf ein Banner römischer Kohorten zurück, die es von ihren dakischen und parthischen Feinden übernommen hatten. Als sich die **Römer** im 4. Jahrhundert n. Chr. aus Britannien zurückzogen, mussten die Waliser die Angriffe der Angelsachsen allein abwehren. Es erscheint nahe liegend, dass sie den Drachen weiterhin als Symbol verwendeten, denn schließlich waren sie mit den Römern im Großen und Ganzen gut ausgekommen. Ein Teil der romanisierten Briten sicher auch den hohen römischen Lebensstandard erhalten, denn die Angelsachsen waren in ihren Augen Barbaren.

Der rote Drache taucht seitdem immer wieder als Symbol von Wales auf, bis er 1959 als walisische **Nationalflagge** offiziell anerkannt wurde: ein roter Drache auf grünweißem Grund.

Der rote Drache ist übrigens auch ein Motiv in der Flagge der bretonischen Provinz Trégor, auf einem schwarzen Kreuz auf gelbem Grund.

RHAYADER/RHAEADR GWY

Praktische Tipps

Touristeninformation
- Leisure Centre, North Street, Tel. (01597) 81 05 91, rhayader.tic@powys.gov.uk.

Unterkunft
Luxushotels gibt es hier nicht, die Unterkünfte sind alle etwas kleiner.
- **The Elan Hotel**££, West Street, Tel. (01597) 81 0109, www.elanhotel.co.uk. Kleines Hotel, an der Straße nach Elan Valley, zentrale Lage.
- **B&B The Horseshoe Guesthouse**£, Church Street, Tel. (01597) 81 09 82, www.rhayader.net/horseshoe. Schönes Steinhaus aus dem 18. Jahrhundert, Dachbalken und offener Kamin. Ruhige Lage.
- **Bryncoed Guest House**£, Dark Lane, Tel. (01597) 81 10 82, www.bryncoed.co.uk. Edwardianisches Haus, gleich gegenüber der Touristeninformation. Mit Café.
- **B&B Brynteg**£, East Street, Tel. (01597) 81 00 52. Etwa 200 Meter zum Stadtzentrum.

Camping
- **Wyeside C&C Park,** Tel. (01597) 81 01 83 www.wyesidecamping.co.uk. Gut ausgestatteter, großer Campingplatz direkt am Fluss, fünf Minuten nördlich des Stadtzentrums (400 Meter, A 470).

Essen und Trinken
- **The Elan Hotel** ££-£££, (s.o.).
- **The Crown Inn**££-£££, North Street, Tel. (01597) 81 10 99. Pub aus dem 16. Jahrhundert. Sehr nett.
- **Morgans Restaurant & Bistro**££, East Street, Tel. (01597) 81 05 64. Kleines, einfaches Restaurant mit einigen walisischen Spezialitäten.
- **The Triangle Inn**££, Cwmdauddwr, Tel. (01597) 81 05 37. Historische Gaststätte aus dem 16. Jh., mit Toiletten auf der anderen Straßenseite. Sehr gemütlich! *Barmeals.*

Folgende Pubs im Zentrum servieren günstige *barmeals:*
- **Castle Carvery & Bars**£-££, North St., am Uhrturm. Tel. (01597) 81 12 53. Netter Pub.
- **The Lamb & Flag Inn**£, North Street, etwas weiter nördlich, gleich daneben, Tel. (01597) 81 08 19. Typischer Pub, altes Gebäude.
- **The Eagle Inn**£, Church Street, Tel. (01597) 81 04 00. Netter alter Pub, gemütlich und schön.

Cafés
- **Carole's Old Swan**£, West Street, Tel. (01597) 81 10 60. Eines der ältesten Gebäude der Stadt. Früher ein Pub, heute ein kleines Café in der Konditorei.
- **The Strand Bistro**£-££, East Street, Tel. (01597) 81 05 64. Kleines Café.

Pubs
- **Castle Carvery & Bars** (s.o.)
- **The Crown Inn** (s.o.)
- **Eagle Inn** (s.o.)
- **The Lamb & Flag Inn** (s.o.)
- **The Cornhill Inn,** 13 West Street, Tel. (01597) 81 10 15. Rustikal und gemütlich.

Einkaufen
- **Royal Welsh Crystal,** siehe „Sehenswürdigkeiten".

Spaziergänge
- Rhayader liegt am Wye Valley Walk.
- Gilfach Nature Reserve (s.u.)

Verkehrsverbindungen
- Bus 19 von/nach **Llandrindod** Wells, Bus 20 von/nach **Builth Wells.**

Ausflüge in die Umgebung

Nördlich von Rhayader an der A 470 liegt das **Gilfach Nature Reserve/ Gwarchodle Natur Gilfach.** In diesem Naturschutzgebiet liegen Hochmoorland, Wiesen, Eichenwälder und Flussfelsen nebeneinander. Daher kommen hier viele verschiedene Tierarten auf engem Raum vor (im Sommer tägl. 13–17, im Winter 13–16 Uhr,

Stadtplan S. 264, Atlaskarte S. XII–XIII **ELAN VALLEY, DIE HEILBÄDER**

Fütterung im Sommer tägl. 15 Uhr, im Winter 13 Uhr, £, mit Laden). Vom Parkplatz führt ein landschaftlich sehr schöner Weg zum Besucherzentrum in einem traditionellen walisischem Langhaus, mit Ausstellung. Eine Reihe von Wanderwegen sind hier ausgeschildert.
●St. Harmon, Tel. (01597) 87 03 01, Apr.–Sept., Fr.–Mo. 10–16 Uhr, £.

Wer sich für den Roten Milan interessiert, hat auf der **Gigrin-Farm** die Gelegenheit einer Fütterung beizuwohnen. Südlich von Rhayader an der A 470.
●South Street, Tel. (01597) 81 02 43, www.gigrin.co.uk, Parkgebühr. tägl. 15 Uhr (im Winter 14 Uhr), £.

Elan Valley XII/B1

Die Täler des Elan Valley wurden Ende des 19. Jahrhunderts geflutet. 18 Bauernhöfe, eine Schule und eine Kirche verschwanden. Die so entstandenen **Stauseen** versorgen die Stadt Birmingham mit Trinkwasser – eine Tatsache, die die Waliser ärgert, zumal sie auch noch mehr Geld für ihr eigenes Wasser zahlen sollen als die Engländer.

Nichtsdestotrotz ist die Landschaft **atemberaubend** – das passende Ausflugsziel für Romantiker! Ein Wassersportverbot sorgt für Frieden und Ruhe. Die Kette der wunderschönen Stauseen ist von Rhayader im Osten oder von Cwmystwyth im Nordwesten zu erreichen. Letztere Anfahrt führt über eine schöne Passstraße.

Das **Elan Valley Visitor Centre** bei Elan Village informiert über Wanderwege. Broschüren sind dort gegen eine geringe Gebühr erhältlich. Zu sehen ist außerdem eine kleine Ausstellung zu Wasser und Natur.
●Anfahrt: aus Rhayader kommend am Ende der B 4518, Tel. (01597) 81 08 98, www.elanvalley.org.uk, Ostern–Okt., tägl. 10–17.30 Uhr, Eintritt frei, Parkgebühr.

Die Heilbäder

Llandrindod Wells XIII/C1

Der Ort entstand um eine magnesiumhaltige Heilquelle und wurde 1670 zum Heilbad. In der zweiten Hälfte des 19. Jahrhundert erlebte er seinen Höhepunkt, wozu auch die 1866 eröffnete Eisenbahn ihren Teil beitrug.

In der letzten Woche im August findet alljährlich das **Victorian Festival** statt. Es herrscht dann eine prachtvolle Atmosphäre, wenn alle sich nach der viktorianischen Mode verkleiden.

Die **elegante Architektur** aus dem 19. Jahrhundert ist von verblichenem Glanz und gerade noch zu erahnen. Der Ort lohnt sich heute vor allem für einen Besuch im Cycle Museum.

Sehenswertes

Auf einem Spaziergang im **Rock Park and Spa,** dem Kurpark, kann man sich die elegante viktorianische Atmosphäre von einst noch am ehesten vorstellen. Der Kurbetrieb ist weitgehend eingestellt.

• Llandrindod Wells Complementary Health Centre, Rock Park, Tel. (01597) 82 29 97.

Im **Radnorshire Museum,** dem Heimatmuseum, befindet sich eine Ausstellung zur Geschichte der Stadt und Umgebung. Unter anderem werden hier Funde aus dem nahen Römerfort Castell Collen aufbewahrt. Auch viele Kunstgemälde gibt es in diesem Museum zu bewundern.

• Temple Street, Tel. (01597) 82 45 13, radmus@powys.gov.uk, Apr.–Sept. Di.–Fr. 10–16 Uhr, Sa. 10–17 Uhr, So. 13–17 Uhr, Okt.–März Di.–Fr. 10–16 Uhr, Sa. 10–13 Uhr, £.

Im **National Cycle Museum,** dem Nationalen Fahrradmuseum Großbri-

Atlaskarte S. XIII

DIE HEILBÄDER

tanniens, sind 250 Räder verschiedener Epochen von 1880 bis heute ausgestellt. Die Sammlung informiert über die Geschichte des Zweirads; auch darüber, dass es zunächst kein würdiges Fahrzeug für Frauen war, die vielmehr Tricycles benutzen mussten.

● Automobile Palace, Temple Street, Tel. (01597) 82 55 31, www.cyclemuseum.org.uk, März–Okt. täglich 10–16 Uhr, im Winter: Di./Do./So. 10–16 Uhr, £.

Spaziergänge

Ein Stadtrundgang entlang dem **„Llandrindod Wells Heritage Trail"** führt an elf Sehenswürdigkeiten vobei. An der Route aufgestellte Tafeln liefern Informationen zu den einzelnen Punkten, zum Beispiel an der Touristeninformation.

Eine **Promenade** führt rund um den Llandrindod Lake im Südosten der Stadt. Man geht ab der Temple Street durch die Prince's Avenue.

Der **„Shaky Bridge Circular Walk"** führt vom See zum kleinen Naturschutzgebiet Bailey Einon Wood.

Touristeninformation

● The Automobile Palace, Temple Street, Tel. (01597) 82 26 00, llandtic@powys.gov.uk.

Internet

● **The Library/Y Llyfrgell**, Cefnllys Lane, Tel. (01597) 82 68 60, Mo./Di./Fr. 9.30–17 Uhr, Mi./Sa. 9.30–13 Uhr, Do. 9.30–19 Uhr.

Unterkunft

● **Metropole Hotel**£££, Temple Street, A 483, Tel. (01597) 82 37 00, www.metropole.co.uk. Schönes Hotel an der Hauptstraße.

● **Llanerch 16th Century Inn**££-£££, Llanerch Lane, Tel. (01597) 82 20 86, www.llanerchinn.com. Nette, ruhige Unterkunft, schöner Pub anbei.
● **Greylands Guest House**£, High Street, Tel. (01597) 82 22 53, www.greylandsguesthouse.co.uk. Einfach und nett.
● **Brynllys Guest House**£, High Street, Tel. (01597) 82 31 90. Einfach und nett.

Camping

● **Disserth C&C Park,** vier Kilometer südlich, Howey/Hawy, Tel. (01597) 86 02 77, m.hobbs@virgin.net. Ruhiger, friedlicher Campingplatz neben der Kirche (siehe „Ausflüge"). Idyllische Lage.

Essen und Trinken

● **Spencer's Bar**££-£££, im Metropole Hotel, mit *barmeals*, im AA-Restaurant Guide 2006.
● **Llanerch 16th Century Inn**££-£££ (s.o.). Mit *barmeals*.

Café

● **Apidestra,** Station Crescent, Tel. (01597) 82 29 49. Nettes Café in Bahnhofsnähe. Große Portionen.

Pub

● **Llanerch 16th Century Inn** (s.o.). Sehr schöner Pub.

Verkehrsverbindungen

● Zug von/nach **Shrewsbury** und **Llanelli**.
● Bus 21 von/nach **Builth Wells**, Bus 19 von/nach **Rhayader**, Bus 461 von/nach **Hereford**.

Ausflug in die Umgebung

Vier Kilometer südlich von Llandrindod Wells liegt **Disserth** mit der Kirche St. Cewydd aus dem 13. Jahrhundert. Das Taufbecken stammt aus dem 14. Jahrhundert, das Dach aus dem 16. Jahrhundert. Sehenswert sind auch die Decke und die Schnitzereien aus

dem 17. Jahrhundert sowie die Reste von Wandmalereien.

Builth Wells/ Llanfair-ym-Muallt ⚐XIII/C2

[hlanweir-öm-miahlt]

Das Marktstädtchen am Fluss Wye an der Kreuzung mehrerer Fernhandelsstraßen entwickelte sich im 19. Jahrhundert zum Heilbad. Die erste Quelle wurde 1830 entdeckt. Builth Wells war allerdings eher ein Arbeiterkurort.

Heutzutage spielt das Heilwasser keine Rolle mehr. Die Stadt ist vielmehr wegen der jährlichen „Royal Welsh Agricultural Show" bekannt, die Builth Wells zum Agrarzentrum von Wales macht.

Sehenswertes

Die Überreste der Hügelanlage **Builth Castle** schlummern unter einem grasbewachsenen Hügel. Kaum zu glauben, dass die um 1100 auf einem römischen Fort erbaute und 1277 von *Edward I.* erweiterte Anlage bis ins elisabethanische Zeitalter unversehrt geblieben war. Der Zugang erfolgt über den Fußpfad gegenüber der Brücke und dem Bekleidungsgeschäft Cribs Clothing, Eintritt frei

Im Fahrradmuseum
von Llandrindod Wells

Atlaskarte S. XII–XIII

DIE HEILBÄDER

Im **Wyeside Arts Centre** befindet sich neben einem Kino und der Möglichkeit zum Internetzugang auch eine wechselnde Kunstdruckausstellung.
● Castle Street, Tel. (01982) 55 25 55, www.wyeside.co.uk, Di.–Fr. 12.30–16, 17.30–21 Uhr, Sa. 17.30–21 Uhr, So. 17–20 Uhr. Eintritt frei.

Der neue **Steinkreis** im Groe Park erinnert an das Kulturfestival Eisteddfod von 1993.

Touristeninformation
● Groe Car Park, Tel. (01982) 55 33 07, buil tic@powys.gov.uk.

Internet
● **The Library/Y Llyfrgell,** 20 High Street, Tel. (01982) 55 27 22, Mo./Di./Do./Fr. 9.30–13 Uhr, Mo./Di./Fr. 14–17 Uhr, Do. 14–16.30, 17–19 Uhr, Sa. 9.30–12.30 Uhr.

Unterkunft
● **Pencerrig Gardens Hotel**££, Llandrindod Road, Tel. (01982) 55 32 26, www.pencer rig.co.uk. Elegant, für Genießer, außerhalb gelegen, A 483 Richtung Llandrindod Wells.
● **The Greyhound Hotel**££, 3 Garth Road, Tel. (01982) 55 32 55, www.thegreyhound hotel.co.uk. Leicht gehobenes Niveau.
● **Bron Wye Guest House**£, 5 Church Street, Tel. (01982) 55 35 87. Mit Blick auf den Fluss Wye.
● **The Owls Guest House**£, 40 High Street, Tel. (01982) 55 25 18. Schönes B&B.
● **The Lake Country House Hotel**£££, Llangammarch Wells/Llangamarch, Tel. (01591) 62 02 02 oder (01591) 62 04 57, www.lake countryhouse.co.uk. Luxushotel mit Park und Restaurant. Der Abstecher lohnt, wenn man sich in schöner Landschaft etwas gönnen will.

Essen und Trinken
● **The Greyhound Hotel**££ , (s.o.). Hotelrestaurant, eher einfache Küche.

● **The Drovers**££, 34–36 High Street, Tel. (01982) 55 20 56. Klein, mit Außengastronomie, einfache Gerichte.
● **The White Horse**£. 13 High Street, Tel. (01982) 55 31 71. *Barmeals,* gute Preise.

Café
● **Cosy Corner Tea Rooms,** 55 High Street, Tel. (01982) 55 35 85. Sehr gemütliches kleines Café an der Straßenecke zur West Street.

Pubs
● **The Fountain Inn,** 7 Broad Street, Tel. (01982) 55 35 80. Pub mit offenem Kamin.
● **The White Horse** (s.o.). Typischer Pub.

Kino
● Im Wyeside Arts Centre, Castle Street.

Verkehrsverbindungen
● Bus 704 von/nach **Brecon**, Bus 20 von/nach **Rhayader**, Bus 21, 47 von/nach **Llandrindod Wells.**

Ausflug in die Umgebung ♪ XII/B2
Im westlich gelegenen **Cilmeri** starb 1282 *Llywelyn ap Gruffydd,* woran ein Gedenkstein erinnert (s. Kap. „Land und Leute/Geschichte/Mittelalter"). Im Ort gibt es einen guten Pub.

Essen und Trinken
● **Prince Llewelyn Inn**£–££, Tel. (01982) 55 26 94. Gemütlicher alter Pub aus dem 14. Jahrhundert, gutes Essen.

Llanwrtyd Wells ♪ XII/B2

[hlanurtid wells]

Die kleine Stadt existiert seit 1732. Ihr heilendes Wasser war einst von einem Mann namens *Theophilus Evans* entdeckt worden. Dieser hatte beobachtet, wie ein Frosch sich im **schwefelhal-**

tigen Wasser vergnügte. Der Mann dachte, dass das Wasser dem Frosch nicht schadete, und trank davon, um seinen Skorbut zu heilen. Nachdem er sich tatsächlich besser fühlte, kam er zu dem Schluss, dass es sich um heilendes Wasser handeln müsse.

Seit Anfang des 19. Jahrhundert war der Ort ein wichtiges Heilbad. Heute sind die Einrichtungen jedoch geschlossen. Geplant ist die Reaktivierung der **viktorianischen Quelle** in der Victoria Road. Der Ort lohnt sich vor allem als Ausgangspunkt für Wanderungen.

Zur Anreise aus nordwestlicher Richtung ist der **Pass von Abergwesyn** sehr zu empfehlen (23 Kilometer von Tregaron entfernt). Die Fahrt durch unberührte Landschaft ist ein besonderes Erlebnis.

Sehenswertes

In der Tweedfabrik, **Cambian Woollen Mill Factory,** an der A 483 Richtung Builth Wells, erfährt man, wie Wolle hergestellt wird. Im Laden gibt es die schönen Endprodukte zu kaufen. Mit Café.
- Tel. (01591) 61 02 11 (Fabrik), www.cambrian-mill.co.uk, tägl. 9–17 Uhr, verschiedene Besichtigungen, £–££.

Wandern und Reiten

In der Touristeninformation sind verschiedene Prospekte über Wanderwege und Ponyreiten gegen ein geringes Entgeld erhältlich. Das nächste große Wandergebiet ist **Mynydd Eppynt** im Südosten.

Touristeninformation und Internet
- The Square, Tel. (01591) 61 06 66, llanwrtydtouristinformation@yahoo.co.uk, Internet gegen Gebühr.

Unterkunft
- **Carlton House Hotel**££, Dolecoed Road, Tel. (01591) 61 02 48, www.carltonrestaurant.co.uk. Schöne, geschmackvolle Zimmer. Mit Restaurant.
- **Stonecroft Lodge**£, Dolecoed Road, Tel. (01591) 61 03 27, www.stonecroft.co.uk. Einfache Herberge ohne Frühstück.

Essen und Trinken/Pub
- **Carlton**£££, (s.o.) Sehr gute Küche, für Gourmets.
- **Drover's Rest Restaurant & Tea Rooms**£££, bei der Flussbrücke, Dol y Coed Road, Tel. (01591) 61 02 46. Nettes, kleines Restaurant. Schön dekoriert, gemütlich.
- **The Neuadd Arms Hotel**££, The Square, Tel. (01591) 61 02 36. Gutes Essen im Hotel.
- **Stonecroft Inn**£–££, Dolecoed Road, Tel. (01591) 61 03 32. Gemütlicher, traditioneller Pub mit *barmeals*.

Verkehrsverbindungen
- Zug von/nach **Shrewsbury** und **Llanelli**.

Das Grenzland

Die Grenzstädte entlang dem heutigen Fernwanderweg Offa's Dyke warten mit verfallenen Burgen, gepflegten Häusern und schönen Pubs auf.

Knighton/Tref-y-Clawdd ⇗XIII/D1

[treew ö klauth]

Der walisische Name der Grenzstadt bedeutet „Stadt des Walls". Ihr Ursprung geht auf eine angelsächsische Siedlung am heutigen Grenzfluss Teme zurück. Nach den Angelsachsen kamen 1052 die Waliser. 1100 bauten die Normannen hier die erste Burg aus Holz.

Der Hügel wird noch heute *Bryn y Castell* [brin ö kastehl] („Burghügel") genannt. Der Ort bildet einen guten Startpunkt für Wanderungen entlang dem Offa's Dyke.

Sehenswertes

Im **Offa's Dyke Centre** gibt es Informationen über Wanderwege. Eine Ausstellung informiert über die Geschichte des Offa's Dyke. Im Riverside Park, hinter dem Gebäude, erinnert eine Gedenktafel an die Eröffnung des Fernwanderwegs 1971.
• West Street, Tel. (01547) 52 87 53, www.offasdyke.demon.co.uk. Ostern–Okt. tägl. 9–17.30 Uhr, Nov.–Ostern Mo./Mi. 9.30–12.30 Uhr, Di./Do./Fr. 14–17 Uhr.

Der **Uhrenturm** von 1872 steht im Schnittpunkt der drei wichtigsten Straßen.

Die Church Lane führt zur viktorianisch überbauten **Normannenkirche St. Edwards** aus dem 11. Jh. Bemerkenswert sind ihre acht Glocken.

The Spaceguard Centre: Phänomene des Weltalls. Kinder nur in Begleitung Erwachsener.
• Llanshay Lane, ca. 2 Kilometer an der A 4113 Richtung Lowes, Tel. (01547) 52 02 47, www.spaceguarduk.com. Geführte Touren von 1,5 Stunden Dauer, 10.30, 14 und 16 Uhr, ££.

Spaziergänge und Wandern

Nicht nur der Fernwanderweg **Offa's Dyke,** sondern auch der **Glyndŵr's Way** führen an Knighton vorbei.

Touristeninformation

• West Street, Tel. (01547) 52 94 24.

Internet

• **The Library/Y Llyfrgell,** Di.–Sa. 9.30–13 Uhr, Di. 14–17 Uhr, Do./Fr. 14–17.30 Uhr.

Unterkunft

• **The Knighton Hotel**£££, Broad Street, Tel. (01547) 52 05 30. Großes Hotel, leicht edel.
• **Guesthouse Fleecehouse**££, Market Street, (hinter der Uhr die steile Staße bis zum Ende nach oben, der Eingang befindet sich rechts um die Ecke), Tel. (01547) 52 01 68, www.fleecehouse.co.uk. Kleines B&B, ruhige Lage.
• **George & Dragon Inn & Restaurant**££, 4 Broad Street, Tel. (01547) 52 85 32, www.thegeorgeknighton.co.uk. Altes Haus, gemütlich.
• **B&B Jenny Stothert**£, 15 Mills Green, Tel. (01547) 52 00 75, jaystoth@hotmail.com. Kleines B&B hinter der Kirche, im Sommer.

Essen und Trinken

• **George & Dragon Inn & Restaurant**££, (s.o.). Historische Gaststätte.
• **The Horse & Jockey Inn**£–££, Station Road (die Straße gegenüber dem Knighton Hotel bis zur Ecke gehen), Bar-Tel. (01547) 52 00 62, Restaurant-Tel. (01547) 52 09 09, www.thehorseandjockeyinn.co.uk. Klein und sehr gemütlich, mit Außengastro.

Pubs

• **George & Dragon Inn** (s.o.)
• **The Knighton Hotel** (s.o.), gutes Preis-Leistungsverhältnis.
• **Norton Arms** im Horse & Jockey (s.o.)

Einkaufen

• In der High Street (hinter der Uhr) gibt es viele kleine Geschäfte, z.B. **Bob's Bookshop,**

DAS GRENZLAND

12 High Street, Tel. (01547) 52 85 61. Do.–Sa. 11–17 Uhr.

Verkehrsverbindungen

● Der Bahnhof befindet sich schon auf der englischen Seite, Zug von/nach **Shrewsbury** und **Llanelli.**
● Bus 468 von/nach **Presteigne** und **Kington.**

Fachwerkarchitektur in Presteigne

Ausflug in die Umgebung

Milebrook House£££. Hotel und Restaurant im Landhausstil. Wer sich etwas gönnen möchte. Ca. 3 km von Knighton an der A 4113 nach Ludlow.

Presteigne/Llanandras

[hlanandras] ↗XIII/D1

Dem kleinen Straßenort mit viel Fachwerkarchitektur merkt man noch an, dass er bis ins frühe 19. Jahrhundert Postkutschenstation an der Verbindungsstraße von London nach Aberystwyth und bis zur Neueinteilung der Provinzen 1972 die Hauptstadt von Radnorshire war. Der Fluss Lugg bildet die Grenze zu England, was sich prägend auf die Atmosphäre auswirkt. Es gibt hier mehrere schöne Pubs.

Sehenswertes

Im **Judge's Lodging/Llety'r Barnwr** kann man den Lebensstil viktorianischer Richter, ihrer Diener und Gäste nachempfinden. Zur Tonbandführung gibt es auch eine gedruckte deutsche Version. Der Eintritt zum angeschlossenen Presteigne Museum ist frei.
● Broad Street, Tel. (01544) 26 06 50, www.judgeslodging.org.uk, März–Okt. tägl. 10–17 Uhr, Nov./Dez. Mi.–So. 10–16 Uhr, ££.

Die **Kirche St. Andrew's** in der Broad Street ist normannischen Ursprungs und wurde 1375 hochgotisch umgebaut. Die drei Schiffe sind unterschiedlich breit. Zu sehen sind Innenarkaden und ein flämischer Wandteppich, Eintritt frei.

Touristeninformation

- **The Judge's Lodging,** Broad Street, Tel. (01544) 26 06 50, presteignetic@powys.gov.uk.

Unterkunft

- **Radnorshire Arms**£££, High Street, Tel. (01544) 26 74 06, www.radnorshirearmshotel.com. Die Atmosphäre dieses 1606 als Privathaus gebauten und 1792 zum Postkutschengasthof umfunktionierten Fachwerkhauses ist sehr angenehm. Alt und charmant, mit sehr schön dekoriertem Frühstückszimmer im viktorianischen Stil und rustikaler Bar.

Camping

- **Rockbridge Park,** Tel. (01547) 56 03 00. Idyllischer, ruhiger Platz am Fluss Lugg.

Essen und Trinken

- **Radnorshire Arms**£££, (s.o.)
- **The Royal Oak**££, High Street, Tel. (01544) 26 08 42. Klein, gemütlich, stilvoll.

Pubs

- **Radnorshire Arms** (s.o.)
- **The Farmers Inn/Tafarn y Ffermwr,** Hereford Street, Tel. (01544) 26 73 89. Kleiner Pub.
- **The Bull Hotel,** St. David's Street, Tel. (01544) 26 74 88. Netter und eleganter Pub.
- **The Dukes Arms,** Broad Street. Die älteste Kneipe von Radnorshire. Stilvoll und alt.

Einkaufen

- Im **Judge's Lodging** (s.o.) befindet sich ein Laden mit Souvenirs.

Wer lieber im Antiquariat stöbert, kann eines der folgenden aufsuchen:
- **Antiques and Bookshop,** Hereford Street, Tel. (01544) 26 03 16. Viele Sonderangebote.
- **Kings Head Books,** 45 High Street. Wenn niemand da ist, bezahlt man in der Bäckerei gegenüber.

Verkehrsverbindungen

- Bus G5 von/nach **Knighton** und von/nach **Kington.**

Old Radnor ⌕XIII/D1

Der englische König *Harold II.*, der in der Schlacht von Hastings fiel, stammte aus Old Radnor. Der Ort war bis 1064 administratives Zentrum und wurde dann als solches durch das von *Harold* gegründete New Radnor ersetzt. Beide Orte, besonders Old Radnor, strahlen Ruhe und Frieden aus.

In Old Radnor befindet sich am Berghang die **Kirche St. Stephen** aus dem 15./16. Jahrhundert mit schönen Holzschnitzereien, einem gotischen Orgelgehäuse (um 1580, das älteste in Großbritannien), einer Eichenholzdecke und Kirchenfenstern. Der Taufstein soll der fünfte Stein des Steinkreises von Walton sein.

2,5 Kilometer westlich von New Radnor, an der A 44 führt ein Pfad zum Wasserfall **Water-break-its-neck** im Radnor Forest. Im Winter soll er am besten schäumen.

Unterkunft/Essen und Trinken

- **The Harp Inn**££, Old Radnor, Tel. (01544) 35 06 55, www.harpinnradnor.co.uk. Bei der Kirche. Gebäude aus dem 16./17. Jahrhundert, sehr gemütlich. Gutes Essen.

Verkehrsverbindungen

- Ab New Radnor Bus 461 von/nach **Llandrindod Wells** und **Hereford.**

DER SÜDWESTEN

Atlaskarten S. X, XII, XIV-XVI

DER SÜDWESTEN 273

Der Südwesten

Die Blaue Lagune in Abereiddi

Cerrig Meibion Arthur
in den Preseli-Hügeln

Der Strand von Tenby

Pembrokeshire/ Sir Benfro

Überblick

Pembrokeshire ist eine wunderschöne, unverdorbene Halbinsel mit goldenen Stränden und großartigen Klippen. „Land der Verzauberung" *(Gwlad yr Hud)* wurde sie einst genannt.

An der **herrlichen Küstenlinie** wurde 1970 der Fernwanderweg „Pembrokeshire Coast Path" eröffnet. Er umrundet die Halbinsel von St. Dogmael's, nahe der Flussmündung des Teifi, bis Amroth, nördlich von Tenby. Der Großteil der Küste besteht aus Klippen. Östlich von Fishguard sind sie über 61 Meter hoch. Die höchsten befinden sich mit 168 Metern ganz im Norden zwischen Pen-yr-afr und Cemaes Head.

Der seit 1952 bestehende hiesige **Nationalpark** ist der einzige in Großbritannien, der größtenteils an der Küste liegt. Aber auch die einsamen sanften Hügel Preseli gehören dazu. Hier finden sich Relikte alter Zeiten in Hülle und Fülle: Hünengräber, Steinkreise, Menhire und Hügelbefestigungen.

Weitere Attraktionen in Pembrokeshire sind mittelalterliche Burgen (in Pembroke, Manorbier und Carew) und die Kathedrale in St. David's, Großbritanniens kleinster Stadt.

Pub „Royal Oak" in Fishguard

Der Norden

Die Nordküste von Pembrokeshire ist bekannt für ihre **raue Schönheit.** Steile Klippen sorgen für dramatische Ausblicke.

Daneben finden sich **Kulturdenkmäler** verschiedener Epochen, wie vorzeitliche Grabkammern, Kirchen und Klosterruinen. Es gibt hier besonders viele interessante frühchristliche Kirchen, in denen Gedenksteine aus dem 5./6. Jahrhundert aufbewahrt werden, die an jene Missionare erinnern, welche ab dem 5. Jahrhundert Gemeinden in dieser Gegend gründeten. Einfache Ringkreuze werden von Inschriften in Latein und Ogam (siehe Exkurs „Rätselhafte Zeichen") beglei-tet. Erst später kamen kunstvolle keltische Knotenmuster hinzu.

An der Nordküste geht noch recht **beschaulich** zu. Der größte Ort ist Fishguard mit circa 3000 Einwohnern.

St. Dogmaels/Llandudoch

[hlandidoch] ⌕ X/B2

Die Teifi-Mündung bildet die natürliche Grenze zwischen Pembrokeshire und Ceredigion. Der erste Ort in Pembrokeshire ist circa zwei Kilometer von Cardigan entfernt und nach dem keltischen heiligen *Dogmael* benannt. 1188 übernachtete der Kirchenmann *Giraldus Cambrensis* hier (siehe auch Exkurs „Frühe Reiseliteratur").

Sehenswertes

Das **Kloster** wurde um 1115 von den Normannen gegründet und gehörte einst zur französischen Abtei von Tiron. 1120 wurde es selbst zur Abtei erhoben. Im 14. Jh. hatten die Mönche mit der Pest zu kämpfen, sodass zur Zeit seiner Auflösung 1536 nur noch acht Mönche hier lebten. Eine sehenswerte Ruine ist erhalten geblieben.
● Frei zugänglich, Eintritt frei.

In der **Gemeindekirche St. Thomas** befindet sich ein Gedenkstein mit Inschriften in Latein *(SAGRANI FILI CUNOTAMI)* und Ogam *(SAGRAGNI MAQI CUNATAMI)*, beide bedeuten: „Sagranus, der Sohn des Cunomatus")

Unweit der Kirche wird eine **Getreidemühle** noch heute mit Wasserkraft betrieben. Das Brot wird im kleinen Laden daneben verkauft. Die Mühle wurde in den 1640ern zum ersten Mal als Getreidemühle erwähnt. Nach dem Zweiten Weltkrieg vernachlässigt, hat man sie dann im Jahre 1980 wieder flottgemacht.
● Tel. (01239) 61 39 99, miller@yfelin.com, Mo.–Sa. 10–17 Uhr und So. 14–17 Uhr (im Winter vorher anrufen), Eintritt frei.

Spaziergänge

Der Pembrokeshire-Küstenpfad beginnt bei Poppit's Sands, dem nördlichsten Strand von Pembrokeshire.

Unterkunft

● **B&B Berwyn**££, St. Dogmaels Road, Tel. (01239) 61 35 55. Heimeliges B&B, ideal für Walisischlerner, denn die walisischsprachige Wirtin ist sehr redselig.

Essen und Trinken/Café

● **Café Y Felin**£, Mill Street, Tel. (01239) 61 39 99. Nettes Café bei der Wassermühle.

Pub

● **The White Hart Inn,** High Street, Tel. (01239) 61 20 99. Hier tranken bereits die Mönche so viel Alkohol, dass einer von ihnen vom Abt verbannt wurde. Traditionelle Einrichtung, gemütlich.

Strand

● Westlich der Flussmündung des Teifi befindet sich der Strand **Poppit Sands,** ein großer schöner Sandstrand, der auch von den Einwohnern von Cardigan sehr geschätzt wird.

Verkehrsverbindung

● Bus 407 von/nach **Cardigan.**

Nevern/Nanhyfer ♫ X/A-B2

[nanhöwer]

Der abgeschiedene Ort am Fluss Nyfer [nöwer] strahlt eine angenehme Atmosphäre von Ruhe und Frieden aus. Bekannt ist er hauptsächlich durch die normannische Kirche St. Brynach. Der heilige *Brynach* war ein irischer Mönch des 5. Jahrhunderts.

Kirche St. Brynach

Im Kirchhof aus dem 6. Jahrhundert befindet sich rechts vom Eingang ein **Ogamstein** mit der Inschrift (von unten nach oben) *VITALIANI* („(der Stein) von Vitalianus") und horizontal daneben in Latein *VITALIANI/EMERETO* („(der Stein) von Vitalianus Emereto(s)") aus dem 5. bis frühen 6. Jahrhundert.

Pembrokeshire von diesem Kreuz aus singt, und zwar am 7. April, dem St. Brynach's-Tag.

Links daneben befindet sich wieder ein **Ogamstein** mit lateinischer Parallelinschrift (5. bis frühes 6. Jahrhundert). Ursprünglich stand er wohl aufrecht. Die Inschrift ist von rechts nach links zu lesen: MAGLICUNAS MAQI CLUTA[RI] („(der Stein) von Maglicu, Sohn des Clutarias"). Und schwach lesbar in Latein (nach rechts): MAGLO-CVN(i) FILI CLVTOR- („(der Stein) von Maglocunus, Sohn des Clutorius").

Spaziergänge

Unweit der Kirche kann man einen Spaziergang den Hügel hinauf zur **Burgruine** machen, von der allerdings nicht allzu viel erhalten ist. Ursprünglich eine walisische Festung, fiel sie im frühen 12. Jahrhundert an den Normannen *Robert Fitzmartin,* den Lord von Cemmaes, und 1191 an den Waliser Lord *Rhys.* 1197 gaben seine Nachfahren die Burg auf und seitdem verfiel sie.

Spektakulär ist ein paar Schritte weiter rechts das große Keltenkreuz, **St. Brynach's Cross,** aus dem späten 10. bis frühen 11. Jahrhundert, mit beeindruckenden keltischen Mustern und den Inschriften *H/AN . / . EH* sowie *DNS* auf der Rückseite. Das *D* steht wohl für *Dominus* („Herr"), wie auf irischen oder schottischen Monumenten.

Die Kirche hat eine schöne Innenausstattung und vermittelt eine besondere Atmosphäre. Man beachte rechts die **Fenstersimse.** Der rechte zeigt ein verzweigtes Flechtmuster mit skandinavischem Einfluss. Das verschlungene Kreuz ist jedoch typisch irisch (frühes 10. Jahrhundert). Man sagt, dass jedes Jahr der erste Kuckuck in

An der Straßenkreuzung bei der Kirche weist ein Schilderbaum auf Spaziergänge in mehrere Richtungen, so z.B. nach Cwm Gwaun („Tal des Flusses Gwaun"), zum Castell Henllys (siehe „Landsker") und zum **Menhir Bedd Morus** [beeth moris] („Grab des Morus"), der mit seinen zwei Metern einst als Grenzstein genutzt wurde. Die Legende berichtet, dass *Morus* ein berüchtigter Räuber war, der hier in den Felsen lebte und den Pass beherrsch-

Keltenkreuz in Nevern

te, früher die einzige Straße nach Newport.

Unterkunft/Essen und Trinken

- **B&B Trewern Arms Hotel**££, Tel. (01239) 82 03 95, www.trewernarms.com. Die einzige Unterkunft im Ort, durchaus ihren Preis wert. Mit gutem, gemütlich eingerichteten **Restaurant**£££. Im dazugehörigen **Pub** gibt es auch *barmeals*.

Newport/Trefdraeth   ∂X/A3

[trewdreith]

Die A 487 führt direkt durch den beliebten Badeort, der einst an einer kleinen Burg am Carn Ingli entstand. Die Burg ist normannischen Ursprungs, der Ort war jedoch schon weit früher besiedelt, wie prähistorische Funde beweisen. Newport ist mit einer Reihe von Geschäften genau das Richtige für einen Stadtbummel, ein Mittagessen oder eine Übernachtung. Auch als Ausgangspunkt für Spaziergänge an der Küste oder auf den Hügeln von Preseli im Inland empfielt sich ein Aufenthalt. Badefreunde kommen gleich an zwei Stränden auf ihre Kosten.

Sehenswertes

Bei der Straße Pen-y-Bont am nordöstlichen Ortsrand befindet sich das sehr kleine und beinahe „putzig" anmutende **Hünengrab Carreg Coetan Arthur.** Der Steinaufsatz und die vier übrig gebliebenen aufrechten Steine erinnern an irische Portaldolmen.
- Frei zugänglich, Eintritt frei

Die **Kirche St. Mary's** liegt in entgegengesetzter Richtung.

In der Ortsmitte sieht man von der Market Street aus die **Burg** von 1191, die heute in Privatbesitz ist.

Auf der anderen Seite der Hauptstraße (East Street/Bridge Street) liegt das **West Wales Eco Zentrum,** das wichtigste für Umweltfragen und Energie in Pembrokeshire. Das Ökozentrum wurde 1995 gegründet und dient als Energieberatungszentrum.
- Lower St. Mary's Street, Tel. (01239) 82 02 35, www.ecocentre.org.uk, Mo.–Fr. 9–16.45 Uhr, Eintritt frei.

Spaziergänge/Wandern

Über die Straße Pen-y-Bont gelangt man zur Brücke über den Fluss Nyfer. Von dort aus führt ein Weg, der **Pilgrims' Way,** an beiden Uferseiten entlang Richtung Osten nach Nevern und Richtung Westen zur Flussmündung.

Am südwestlichen Ende geht es zum ausgeschilderten **Hafen Parrog,** der einst große Bedeutung für die Handelsbeziehungen mit Frankreich und Spanien hatte.

Die Mill Lane westlich der Burg führt zum Wanderweg auf den **Carn Ingli,** ein 347 Meter hoher ehemaliger Vulkan. Oben sind Reste einer eisenzeitlichen Festung und mehrerer bronzezeitlicher Hüttenbauten zu sehen. Für die leichte Wanderung sollte man circa zwei Sunden einplanen.

Touristeninformation

- **Nationalpark-Besucherzentrum,** Long Street, Tel. (012 39) 82 09 12, info@newporttic.fsnet.co.uk.

Unterkunft

- **Llys Meddyg/Doctor's Court**£££, East Street, Tel. (01239) 82 00 08, www.llysmed

dyg.com oder www.doctorscourt.com. Postkutschenstation des 19. Jahrhunderts. Schöne moderne Zimmer, z.T. mit Internet, Gemälde von lokalen Künstlern. Eine gelungene Kombination von Alt und Neu, für Genießer.
- **Jugendherberge Trefdraeth**£, Lower St. Mary's Street, Tel. (0870) 77 06 072, reservations@yha.org.uk. Altes Schulhaus gleich beim Ecozentrum, schönes Gebäude, in zentraler Lage.

Camping

- **Morawelon**, am Parrog Beach, Tel. (01239) 82 05 65. Schöner, kleiner Zeltplatz, direkt an der Bucht. Duschen und WCs. Café Morawelon (s.u.) gleich nebenan.

Essen und Trinken

- **Llys Meddyg**£££, Lunch in der Kellerbar im alten Teil des Hauses. Dinner im schön eingerichteten Restaurant. Der alte Küchengarten dient jetzt als Biergarten.
- **The Canteen**££-£££, Market Street, Tel. (01239) 82 01 31. Einfach eingerichtet, Holzmöbel.

Im Ort gibt es zwei schöne, traditionelle Pubs, die *barmeals* anbieten:
- **Royal Oak**££-£££, West Street, Tel. (01239) 82 06 32. Mittags auch preiswerte *barmeals*£.
- **Castle Hotel/Gwesty'r Castell**££, Bridge Street, Tel. (01239) 82 07 42.

Cafés

- **Fronlas Café**, Market Street, Tel. (01239) 82 03 51.
- **Café Morawelon**, Parrog Beach, Tel. (01239) 82 05 65. Schön zum Draußensitzen, Blick auf die Bucht.

Pubs

Im Ort befinden sich mehrere schöne, traditionelle Pubs:
- **Royal Oak** (s.o.)
- **Castle Hotel/ Gwesty'r Castell** (s.o.)
- **Llwyngwair Arms**, East Street, Tel. (01239) 82 02 67.
- **Y Llew Aur/The Golden Lion**, East Street, Tel. (01239) 82 03 21.

Einkaufen

- Kleine Geschäfte findet man in der East Street. Gut stöbern lässt es sich im **Carningli Centre**, East Street, Tel. (01239) 82 07 24. Antiquitäten und Antiquariat.

Strände

- Die Bucht von Newport (Newport Bay/Bae Trefdaeth) hat zwei Strände: Newport Sands im Osten und Newport Parrog im Westen. Der Strand **Parrog** liegt zwar geschützter, ist aber wegen der unberechenbaren Stömungen auch gefährlicher. **Newport Sands** ist beliebter und liegt in der Nähe von Dünen.
- Etwas weiter nördlich befindet sich der Strand **Ceibwr Bay** (Straße nach Moylgrove/Trewyddel), der vor allem wegen der spektakulären Küstenszenerie bekannt ist.

Verkehrsverbindungen

- Bus 412 von/nach **Fishguard** und **Cardigan**.

Dinas Island/
Ynys fach Llyfan Gawr   ♂X/A3

[önis waach hlöwan gaur]

Dinas Island (auch *Dinas Head* genannt) war am Ende der Eiszeit vom Festland getrennt, daher der Name *Island* („Insel"). Im 5. Jahrhundert siedelten hier Iren.

Auf den Felsen brüten Eissturmvögel, Tordalken, Trottellummen und Krähenscharben.

Der Küstenpfad führt an Dinas Island entlang.

Strände

- An der Ostseite der Halbinsel befindet sich der besonders bei Familien sehr beliebte kleine Strand **Cwm-yr-Eglwys** mit Blick über die Bucht von Newport. Im Ort Cwm-yr-Eglwys

[kum ör eglu-is] („Tal der Kirche") ist von der Kirche nur noch der Glockenturm erhalten, alles andere wurde 1859 von einem Sturm vernichtet.
- Ein kleiner Strand liegt bei **Pwllgwaelod** [puhlgwäilod], der nächste Ort bei Brynhenllan [brönnhenlan]. Lohnt sich auch zur Einkehr bei „The Old Sailors".

Essen und Trinken/Pub

- **The Old Sailors**££, Tel. (01348) 81 14 91. Der Name „Alter Segler" erinnert daran, dass hier ein Licht in der Dunkelheit den Weg in die Bucht von Fishguard leuchtete. Kleines uriges Restaurant mit Pub.

Verkehrsverbindungen

- Bus 405 (Fishguard – Cardigan) nach **Pwllgwaelod**.

Fishguard/Abergwaun X/A3

[abergwein]
www.fishguardonline.com

Wie der walisische Name verrät, liegt *Abergwaun* an der Mündung des Flusses Gwaun. Der hauptsächlich wegen seiner Fährverbindung nach Irland besuchte Hafenort gliedert sich in drei Teile.

Das geschäftige **Obere Fishguard** (Upper Town) bildet den Hauptort um den Marktplatz. Hier findet man eine Reihe von Geschäften, Pubs und Einkehrmöglichkeiten.

Der älteste Ortsteil ist das **Untere Fishguard** (Lower Town). Hübsche Häuschen stehen dicht gedrängt um den alten Hafen, wo der Fluss Gwaun ins Meer mündet. Hier wurde 1971 der Film zu *Dylan Thomas'* „Under Milk Wood" (siehe „Literaturhinweise" im Anhang) gedreht, mit *Elizabeth Taylor* und *Richard Burton* in den Hauptrollen.

Anfang des 20. Jahrhunderts wurde der Hafenort **Goodwick/Wdig** [udig] errichtet. Als transatlantischer Hafen sollte er den alten Hafen ablösen. Dieser Traum ging jedoch nicht in Erfüllung, da die Becken nicht genug Wasser für wirklich große Schiffe fassen. Heute fährt von hier aus die Fähre nach Rosslare in Irland (Für einen Tagesausflug bietet sich jedoch eher die Fähre von Holyhead auf der Insel Môn nach Dublin an, da sich in der irischen Hauptstadt einiges unternehmen lässt).

Sehenswertes

Wegen schlechten Wetters landete im Februar 1797 die französische Armee am Carregwastad Point in der Nähe Fishguards. Es handelte sich um freigelassene Sträflinge aus Brest, die hier Seeräuberei betreiben sollten, um Britannien möglichst stark zu schwächen. Das Schiff war außerdem voll mit geschmuggelten Weinfässern. Als sich die Soldaten der Stadt näherten, hielten sie eine Schar von Frauen mit roten Schals und hohen schwarzen Hüten für Wachmänner. Ihre Anführerin war die Flickschustersfrau *Jemima Nicholas,* die – mit einer Mistgabel bewaffnet – gleich ein Dutzend Franzosen gefangen genommen haben soll. 48 Stunden nach ihrer Ankunft hatten sich die Eindringlinge auch schon ergeben. Im Pub **„The Royal Oak"** (Oberes Fishguard) wurde schließlich ein Friedensvertrag aufgesetzt. Heute erhält man dort Informationen zur Invasion. Der **Grabstein von Jemima**

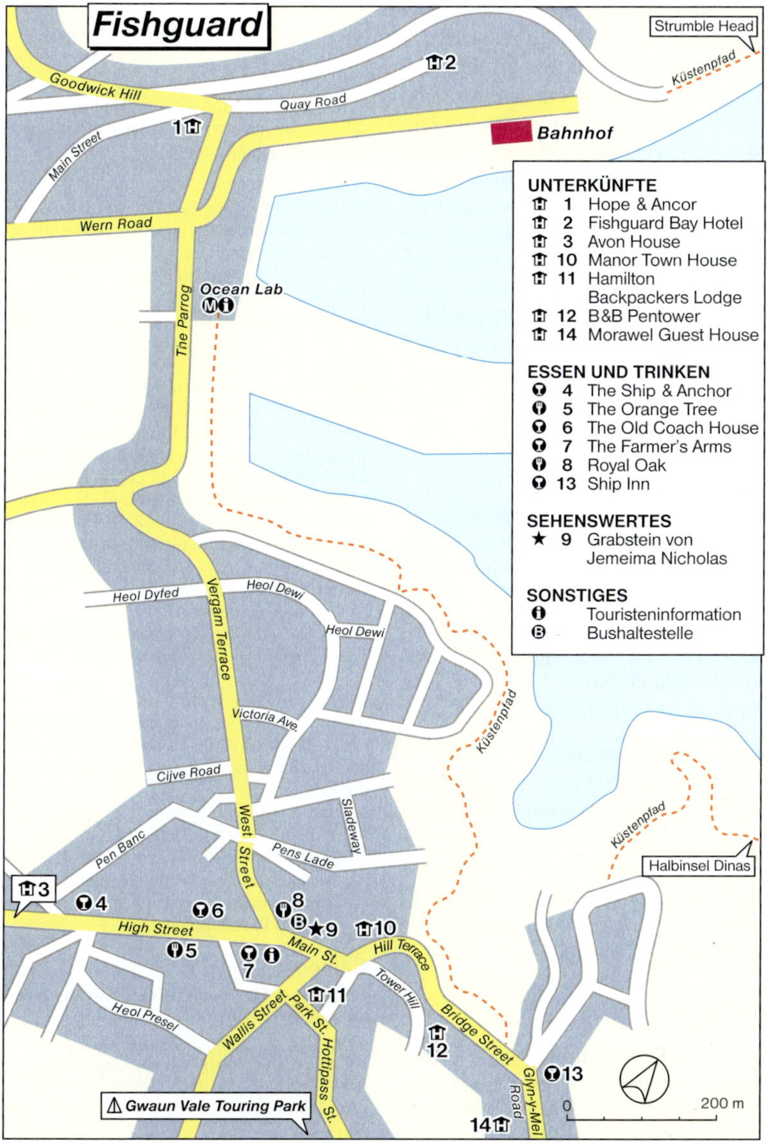

DER NORDEN 281

Fishguard

UNTERKÜNFTE
- 1 Hope & Ancor
- 2 Fishguard Bay Hotel
- 3 Avon House
- 10 Manor Town House
- 11 Hamilton Backpackers Lodge
- 12 B&B Pentower
- 14 Morawel Guest House

ESSEN UND TRINKEN
- 4 The Ship & Anchor
- 5 The Orange Tree
- 6 The Old Coach House
- 7 The Farmer's Arms
- 8 Royal Oak
- 13 Ship Inn

SEHENSWERTES
- ★ 9 Grabstein von Jemeima Nicholas

SONSTIGES
- Touristeninformation
- Bushaltestelle

DER NORDEN

Nicholas steht vor der Kirchwand von St. Mary's neben dem Pub Royal Oak.

Über die „letzte Invasion" informiert auch die sehenswerte **Galerie The Last Invasion** mit einem 30,4 m langen, von 70 Frauen gestickten Wandteppich im Rathaus (1. Stock, neben der Bibliothek) in der Art des berühmten Wandteppiches von Bayeux in der Normandie, die von der normannischen Eroberung Englands im Jahre 1066 berichtet. Mit Erläuterungstafeln.
- The Town Hall, Market Square, Tel. (01437) 77 61 22, Apr.–Sept. Mo.–Mi., Fr./Sa. 9.30–17 Uhr, Do. 9.30–18.30 Uhr, Okt.–März Mo.–Mi., Fr. 9.30–17 Uhr, Do. 9.30–18.30 Uhr, Sa. 9.30–13 Uhr. Eintritt frei.

Hauptattraktion des Ortsteils Goodwick ist das **Ocean Lab** im Gebäude der Touristinfo. Zu sehen sind wechselnde Ausstellungen.
- Tel. (01348) 87 47 37, www.oceanlab.co.uk, Apr.–Okt. tägl. 9.30–17 Uhr, in den Schulferien tägl. 9.30–18 Uhr, Nov.–März tägl. 10–16 Uhr.

Spaziergänge/Wandern

Der Küstenpfad führt in westlicher Richtung nach **Strumble Head/Pen Strymbl**, wo 1956 „Moby Dick" verfilmt wurde. Auf der kleinen vorgelagerten Insel Ynysmeicel/Ynys Mihangel ist ein Leuchtturm zu sehen, der die Seefahrer vor gefährlichen Felsen warnt.

In östlicher Richtung geht es zur **Halbinsel Dinas.**

Touristeninformation
- Oberes Fisguard: Town Hall, Market Square, Tel. (01437) 77 66 36, fishguard.tic@pembrokeshire.gov.uk.
- Goodwick: Ocean Lab, Tel. (01348) 87 47 37, fishguardharbourtic@pembrokeshire.gov.uk.

Internet
- **The Library/Y Llyfrgell,** Town Hall, Market Square, Tel. (01437) 77 66 38, Öffnungszeiten wie die Galerie (s.o.).

Unterkunft

Unterkünfte sind hier etwas teurer als in den übrigen Küstenorten, bedingt durch die Fährverbindung nach Irland.
Oberes Fishguard:
- **Manor Town House**££, 11 Main Street, Tel. (01348) 87 32 60, www.manortownhouse.com. Zentrale Lage.
- **B&B Pentower**££, Tower Hill, Tel. (01348) 87 54 89. Charaktervolles Haus mit Eckturm, schöner Meerblick und ruhige Lage.
- **B&B Avon House**£, 76 High St., Tel. (01348) 87 44 76. www.avon-house.co.uk. Einfach.
- **Hamilton Backpackers Lodge**£, 21–23 Hamilton Street, Tel. (01348) 87 47 97, www.hamiltonbackpackers.co.uk. Schlafsaal, nur wenige Minuten vom Zentrum entfernt. Auch Doppelzimmer£ erhältlich.

Unteres Fishguard:
- **Morawel**£, 2 Glyn-y-Mel Road, Tel. (01348) 87 33 66, morawelfishguard@btinternet.com.

Goodwick:
- **Fishguard Bay Hotel**£££, Quay Road, Tel. (01348) 87 35 71, www.fishguardbayhotel.co.uk. Schönes Hotel in der Nähe der Fähre mit Blick auf das historische Untere Fishguard.
- **Hope & Ancor**££, Goodwick Square, Tel. (01348) 87 23 14, adamkelly@unicornbox.co.uk. Besonders für Wanderer des Küstenpfads geeignet. Das Abholen oder Bringen an/bis zu einem bis zu 15 km entfernten Punkt ist im Preis enthalten.

Camping

An der B 4313 befindet sich drei Kilometer außerhalb von Fishguard ein ruhiger Campingplatz:
- **Gwaun Vale Touring Park,** Llanychaer, Tel. (01348) 87 46 98, margaret.harries@talk21.com. Gut ausgestatter Campingplatz mit Spielplatz.

Essen und Trinken

Oberes Fishguard:
- **Royal Oak**££, Market Square, Tel. (01348) 87 25 14. Historischer, uriger Pub mit alten Bildern zur Geschichte der Invasion (siehe „Sehenswertes"). Solide *barmeals* und mehr.
- **The Orange Tree**£, 11a+b High Street, Tel. (01348) 87 55 00. Kleines Café mit Snacks.

Pubs

Oberes Fishguard:
- **Royal Oak** (s.o.)
- **The Old Coach House,** 10 High Street, Tel. (01348) 87 54 29. Gemütlicher, uriger Pub.
- **The Farmer's Arms,** Market Square, Tel. (01348) 87 46 55. Klein und urig.
- **The Ship & Anchor,** High Street, Tel. (01348) 87 23 62. Für größere Gruppen geeignet.

Unteres Fishguard:
- **Ship Inn,** Newport Road, Tel. (01348) 87 40 33. Alter Pub mit eigener Atmosphäre.

Verkehrsverbindungen

- **Zug** nach Carmarthen, Llanelli, Swansea, Cardiff, Newport und Chepstow.
- **Bus** 412 von/nach Cardigan und Haverfordwest, Bus 411 von/nach St. David's.
- **Fähre** nach Rosslare, Irland.

Ausflüge in die Umgebung

Die **Kirche in Llanwnda** [hlanunda] ist *St. Gwynaf,* einem keltischen Heiligen (6. Jahrhundert) aus der Bretagne gewidmet und weist in den Außenwänden mehrere interessante Steine aus dem 7.–9. Jahrhundert auf: der Llanwnda Stone mit Keltenkopf an der Ostmauer der Südseite, ein gerades Kreuz auf der Südseite des Altars und ein weiteres in der Nordseite.

- Uneingeschränkter Zutritt, Eintritt frei

In der **Wollmühle** Melin Tregwynt [melin tregwint] in Felindre bei St. Nicholas sind Maschinen in Betrieb zu besichtigen, mit Ladenverkauf.

- Tel. (01348) 89 12 25, www.melint regwynt.co.uk. Mo.–Fr. Mühle, Laden und Café 9–16.30 Uhr, Sa. nur Laden und Café 10–17 Uhr, So. 11.30–16.30 Uhr, Eintritt frei.

In der **Kirche St. Nicholas** befinden sich drei Inschriften aus dem 5. bis 6. Jahrhundert. Die erste lautet *PAAN-,* die zweite *WESI, MESI* oder *NIESI,* die dritte *UNCCE TACE VXSOR DAARI HIC IACIT*. Ein ausführliches Büchlein darüber ist in der Kirche erhältlich.

Über die A 487 gelangt man in südwestlicher Richtung nach **Mathry/ Mathri** [ma~~th~~ri]. Im Ort sind rechts vom Eingangstor zur 1869 neu gebauten Kirche zwei alte Keltenkreuze zu sehen. Innen erinnert eine Inschrift in Latein und Ogam aus dem 5. bis 6. Jahrhundert an „Maccuoicci, Sohn des Caticuus".

Abercastle/Abercastell, Porthgain und Abereiddi

[aberkastehl], ⌀ XIV/A1
[por~~th~~gein], [aberäithi]

Abercastle

Abercastle ist seit dem 16. Jahrhundert ein bedeutender, heute aber doch ruhiger Hafen. Hier landete 1876 der erste Mann, der allein über den Atlantik segelte.

Ein Spaziergang führt knapp einen Kilometer nordwestlich (links) den Küstenpfad entlang zur **Grabkammer Carreg Samson.** Die Legende berichtet, dass *St. Samson* sie errichtete. Er verlor seinen kleinen Finger, als er die großen Steine an ihren Platz stellen

Die Blaue Lagune in Abereiddi

wollte. Vor Schmerz warf er ihn auf die kleine Insel bei Abercastle und eilte dann über die Wellen, um ihn in der Erde zu vergraben.

Der Küstenpfad von Abercastle in anderer Richtung nach Trwynllwnog [truin-hlunog] ist mit seinen **Steilklippen** einer der schönsten Abschnitte.

Strand

- Die kleine **Bucht von Abercastle** ist ein natürlicher Hafen.

Verkehrsverbindungen

- Bus 404 von/nach **Fishguard** und von/nach **St. David's**.

Porthgain [porthgein]

Im fjordähnlichen, 1850 erbauten **Hafen** von Porthgain wurde bis 1931 noch Schiefer, Tonschiefer, Ziegelstein und Granit aus der Umgebung zum Bau für Städte wie Liverpool, Dublin und London verschifft. Um 1900 gab es hier rund 100 Schiffe. Heute wirkt der Ort verlassen. Der Hafen gammelt mit seinen Ruinen der Hafengebäude vor sich hin.

Die kleine **Kunstgalerie** zeigt Gemälde der Gegend von dem örtlichen Künstler *Alun Davies*. Auch kleinformatige Drucke sind erhältlich.

- Tel. (01348) 83 77 40, www.art2by.com, täglich bis zur Dämmerung geöffnet, Eintritt frei.

Pub

● **The Sloop Inn**££, Tel. (01348) 83 14 49. Traditioneller Pub mit *barmeals* und Außengastronomie.

Café und Restaurant

● **The Shed**££-£££, Tel. (01348) 83 15 18. Direkt am Hafen, Meeresspezialitäten.

Verkehrsverbindungen

● Bus 404 von/nach **Fishguard** und von/nach **St. David's**.

Abereiddi [aberäithi]

Abereiddi ist berühmt für seine **Blaue Lagune** (Blue Lagoon/Y Morlyn Glas), die 1904 nach der Sprengung des Steinbruchs nördlich des Ortes entstanden ist. Das Wasser erscheint tiefblau oder -grün. Der Spaziergang lohnt sich. Vom Strand (Kies und Stein) sieht man die Ruinen des Wachturms über den Gebäuden, die einst dem Schieferabbau dienten, mit Infotafel.

Strände

● Die **Bucht von Abereiddi** besteht aus einem schönen, kleinen Strand mit faszinierenden Klippen. Der Küstenpfad führt einen Kilometer weiter nordwestlich zum idyllischen Strand **Traeth Llyfn**.

Verkehrsverbindungen

● Bus 404 von/nach **Fishguard** und von/nach **St. David's**.

Die Halbinsel St. David's ⌕ XIV/A1

St. David's/Tyddewi

[tithewi] www.stdavids.co.uk

Das kleine St. David's war und ist gestern wie heute eine viel besuchte Stadt: im Mittelalter ein Pilgerort, heute mit circa 2000 Einwohnern die kleinste Kathedralenstadt Großbritanniens, ein beliebtes Ausflugsziel.

Auf einem Plateau thronend überblickt sie den Fluss Alun. Im Westen der Halbinsel gelegen, eignete sich die Abgeschiedenheit des Ortes hervorragend für ein Kloster. Das erste wurde im 6. Jahrhundert vom walisischen Nationalheiligen *St. David* gegründet. Die Meeresnähe machte es jedoch nicht nur Pilgern, sondern auch Wikingern leicht zugänglich. Nach mindestens sieben Überfallen im 10./11. Jahrhundert wurde das Kloster aufgegeben. Die gesamte Anlage mit Kathedrale und Bischofspalast vermittelt mittelalterliche Atmosphäre. 1124 erklärte Papst *Calixtus II.* zwei Pilgerreisen nach St. David's einer nach Rom gleichwertig.

Kathedrale und Bischofspalast

Man betritt die Anlage der Kathedrale durch das Tor **Porth y Tŵr** [porth ö tuur] aus dem 13. Jahrhundert. Im linken Torturm sind einige frühchristliche Kreuzsteine, teils mit keltischen Mustern (7.–10. Jahrhundert) ausgestellt, die als Vorgeschmack auf die

DIE HALBINSEL ST. DAVID'S

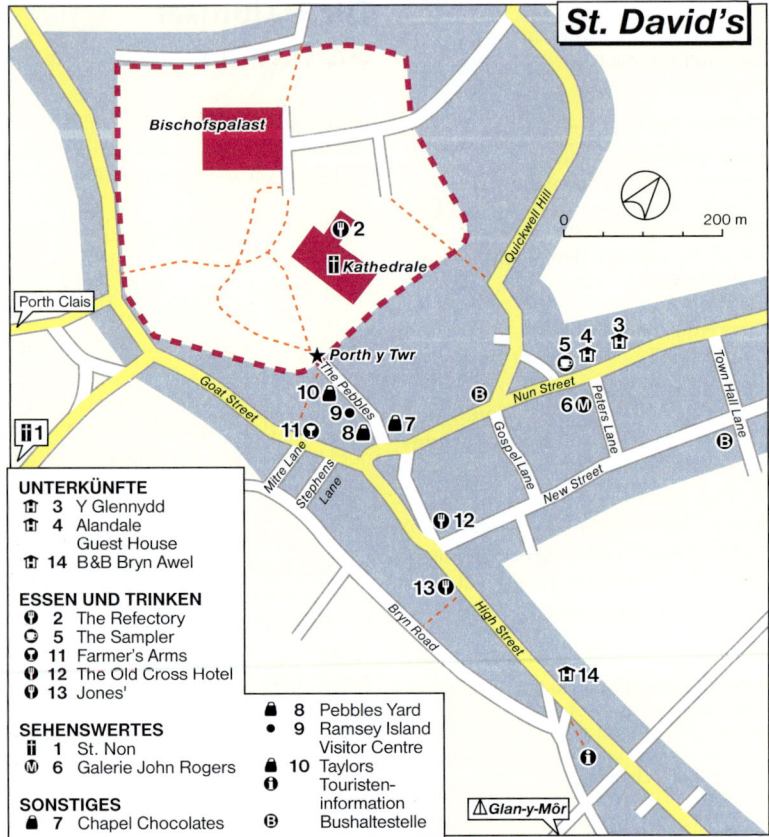

Hauptausstellung zur Klostergeschichte im rechten Torturm dienen.
• Tel. (01437) 72 02 02, im Sommer tägl. 10–17 Uhr, £.

Die **Kathedrale,** Wales' größtes Gotteshaus, liegt majestätisch im Tal. Nach den Wikingerüberfällen wurde sie im 12. Jahrhundert neu errichtet und immer wieder umgebaut. Die letzten gotischen Elemente wurden erst im späten 19. Jahrhundert an der Westseite angebracht. Bedingt durch den Einsturz des Turms 1220, ein Erdbeben 1248 und die darauf folgende Bebauung der Schrägseite, lehnen sich die westlichen Säulen schief nach außen, während sich der Fußboden von Westen nach Osten um 3,50 Meter hebt. Da unter diesen Umständen keine Steindecke hält, ließ man eine geschnitzte Decke aus irischer Eiche anbringen (16. Jahrhundert). Das Kircheninnere birgt des Weiteren zahlreiche Reliquien, Gräber und Grabdenkmäler wie die von *St. David, St. Justinian, Edmund Tudor,* dem Vater *Heinrichs VII., Giraldus Cambrensis,* Bischof *Henry de Gower, Lord Rhys ap Gruffudd.*

●Tel. (01437) 72 02 02, www.stdavids cathedral.org.uk, Mo.–Sa. 8.30–18, So. 12.45–17.45 Uhr, Eintritt frei, Spenden erbeten (£). Geführte Touren unter Tel. (01437) 72 06 91 buchbar.

Im Bischofspalast auf der anderen Seite des Flusses Alun wurden die wohlbetuchteren und mächtigen Pilger untergebracht. Das heutige Gebäude ist überwiegend das Werk von Bischof *Henry de Gower* (1328–47). Nach der Reformation wurde der Palast aufgegeben, heute residiert der Bischof in Carmarthen. Die Ruine lässt noch die alte Pracht erahnen, unterstützt durch eine kleine Ausstellung.

●Apr.–Mai, Okt. tägl. 9.30–17 Uhr, Juni–Sept. tägl. 9.30–18 Uhr, Nov.–März Mo.–Sa. 9.30–16, So. 11–16 Uhr, £.

Weitere Sehenswürdigkeiten

Das **Ramsey Island Visitor Centre/Thousand Islands Expeditions** dient mit einer kleinen Ausstellung und Informationen zu Trips nach Ramsey, die hier buchbar sind.

●Cross Square, The Pebbles, Tel. (01437) 72 17 21, www.thousand islands.co.uk, im Sommer tägl. 8.30–18.30 Uhr, Eintritt frei.

Von der Nun Street gelangt man zur ausgeschilderten **Galerie John Rogers,** einer kleinen Gemäldeausstellung.

●Peter's Lane, Tel. (01437) 72 05 70, Ostern bis Okt. Di.–Sa. 9 Uhr bis zur Dämmerung oder mit Voranmeldung, Eintritt frei.

Spaziergänge

Ein Spaziergang führt über die Catherine Street nach **Porth Clais,** dem alten Hafen von St. David's an der Flussmündung des Alun, wo *St. David* getauft wurde. Hier landete u.a. *Twrch Trwyth,* der gefürchtete Eber aus „Culhwch und Olwen", eine der Erzählungen der „Mabinogi" (siehe Kap. „Land und Leute/Kunst/Dichtkunst"). Die Strecke lässt sich auch mit dem Bus Celtic Coaster zurücklegen (ab St. David's).

Östlich von Porth Clais steht oberhalb der Bucht von St. Non die gleichnamige kleine Kirche, das älteste christliche Denkmal von Wales. Nach der Legende markiert sie den Platz, wo *St. David* im 6. Jahrhundert während eines Unwetters geboren wurde. Der Vater war *Sant,* der König von Ceredigion, die Mutter eine Nonne namens *Non.* Nahe der Kirche liegt eine heilkräftige Quelle, die im Augenblick seiner Geburt zu sprudeln begonnen haben soll. Hierher kamen im Mittelalter viele Pilger und Kranke. Die heutige **St. Non's Chapel** stammt aus dem Jahr 1934. Vermutlich starb *St. David* 589 (nach dem Text „Buchedd Dewi", geschrieben 1090 von *Rhigfarch,* Kirchenmann aus Llanbadarn Fawr bei

DIE HALBINSEL ST. DAVID'S

Aberystwyth). In der Kirchenwand ist ein lateinisches Ringkreuz aus dem 7.–9. Jahrhundert zu entdecken.

Touristeninformation

- **National Park Visitor Centre,** The Grove, Tel. (01437) 72 03 92, enquiries@stdavids.pembrokeshirecoast.org.uk. Ab Juli 2008 mit Galerie und Café.

Unterkunft

- **Alandale Guest House**££, 43 Nun Street, Tel. (01437) 72 04 04, alandale@tinyworld.co.uk. Freundlich, ruhig und zentral.
- **Y Glennydd Hotel**£–££, 51 Nun Street, Tel. (01437) 72 05 76, www.yglenydd.co.uk. Zentral, sehr angenehm.
- **B&B Bryn Awel**££, 45 High Street, Tel. (01437) 72 00 82, www.brynawel-bb.co.uk. Nettes B&B, zentral.

Camping

In der Umgebung von St. David's befinden sich mehrere Campingplätze. Der nächste ist:
- **Glan-y-Môr,** Caerfai Road, Tel. (01437) 72 17 88, www.glan-y-mor.co.uk. Kleiner Zeltplatz, im Sommer wird es hier eng. Die Bucht Caerfai ist zu Fuß gut erreichbar.

Essen und Trinken

- **The Refectory**££, The Cathedral, Tel. (01437) 72 17 60, www.refectoryatstdavids.co.uk. In der Kathedrale gelegen, eingerichtet wie ein Café.
- **Old Cross Hotel & Restaurant**£–££, Cross Square, Tel. (01437) 72 03 87. Einfach eingerichtet, günstige *barmeals*.
- **Jones'**£, High Street, Tel. (01437) 72 10 01. Gemütliches kleines Café, es gibt auch warmen Speisen.

Atlaskarte S. XIV

DIE HALBINSEL ST. DAVID'S

Café

● **The Sampler**£, 17 Nun Street, Tel. (01437) 72 07 57. Geschmackvolle, originelle Einrichtung.

Pub

● In St. David's gibt es nur einen einzigen Pub, der aber sehr gut ist! **Farmer's Arms,** Goat Street, Tel. (01437) 72 03 28. Schöner Pub von circa 1850 mit Natursteinwänden. Gute Atmosphäre, Biergarten und *barmeals*. Guter Kaffee.

Einkaufen

Hinter dem Porth y Twr sind auf der Stadtseite folgende Läden:
● **Taylors Geschenkeladen,** The Pebbles, Tel. (01437) 72 02 54. Auswahl an Mitbringseln.
● **Chapel Chocolates,** The Pebbles, Tel. (01437) 72 00 23, www.chapelchocolates.com. Gute Auswahl an Schokoladenprodukten.
● **Pebbles Yard Gallery & Espresso Bar,** Cross Square, Tel. (01347) 72 01 22. Schnickschnack und kleines Café.

Strände

● Der schönste und größte Strand ist **Whitesands/Traeth Mawr** [treith maur], Richtung Westen, Straße nach Porthmawr. Von hier aus soll *St. Patrick* nach Irland gesegelt sein. Beim Parkplatz zeigt ein Betonpfeiler den Ort an, wo einst die Kirche Sant Padrig stand.
● Nördlich von Whitesands (zugänglich über den Küstenpfad) liegt der kleine einsame Strand **Porthmelgan** mit Blick auf Ramsey Island und die Inselgruppe Bishops and Clerks.
● Näher an St. David's ist jedoch die Bucht **Caerfai** (Richtung Süden, Straße nach Caerfai). Bei Flut ist der Sand bedeckt, übrig sind nur Felsen und Steine. Der kleine Strand liegt gut geschützt zwischen Klippen.
● Östlich davon liegt **Caerbwdi Bay** (südliche Straße ab Pont Clegyr, A 487 nach Solva), ein kleiner geschützter Strand, Sand allerdings nur bei Ebbe.

Bischofspalast bei der Kathedrale von St. David's

Verkehrsverbindungen

● Bus 411 von/nach **Fishguard** und **Haverfordwest.**

Ramsey Island/Ynys Dewi

[önis dewi] www.ramseyisland.co.uk

Die Insel ist von hohen **Klippen** umgeben. Die tückischen und berüchtigten Riffe The Bitches sind Reste einer ehemaligen Landverbindung. Die beiden Hügel Carn Llundain und Carn Ysgubor schützen die Insel vor den scharfen Westwinden.

Zu sehen sind Robben, von Ende August bis November auch Robbenbabys, sowie Dohlen, Möwen und Trottellummen. Im Frühjahr brüten die Meeresvögel. Die Insel gehört seit 1992 dem **Vogelschutzbund** RSPB (Royal Society for the Protection of Birds).

Vom Hafen St. Justian's fährt im Sommer die Fähre für Fußgänger nach Ramsey Island. Buchungen sind in St. David's bei Thousand Islands Expeditions (siehe St. David's) möglich. Im Ort finden sich aber noch mehrere andere Anbieter.

● www.ramseyisland.co.uk, Ostern–Okt., tägl. 10 und 13 Uhr, Rückkehr um 13 und 16 Uhr, £££.

Solva/Solfach

[solwaach] www.solva.net

Solva ist ein schöner Küstenort mit einem natürlichen Hafen, von dem einst eine direkte Fähre nach New York fuhr: der Startpunkt vieler Auswanderer nach Amerika.

Sehenswertes

In der **Wollmühle** kann man bei einer Fabrikbesichtigung der laufenden Produktion zusehen. Schöne Wollsachen werden im Laden angeboten. Nettes Café anbei (siehe auch Exkurs).
- Middle Mill, Tel. (01437) 72 11 12, www.solvawoollenmill.co.uk, Juli bis Sept. Mo.–Sa 9.30–17.30 Uhr, So. 14–17.30 Uhr, Okt. bis Juni Mo.–Fr. 9.30–17.30 Uhr, Eintritt frei.

Spaziergänge/Wandern

Der Küstenpfad führt in beiden Richtungen zu schönen Klippen.

Auf der anderen Seite des Flussarms Solva gelangt man über einen Fußweg auf den **Gribin,** von wo aus man im Süden die Reste eines eisenzeitlichen Forts sehen kann und einen guten Blick auf den Ort und den Hafen hat.

Sehr schön ist auch der etwa fünf Kilometer lange Abschnitt des Küstenpfads nach **Newgale/Niwgwl.**

Unterkunft

- **B&B The Old Printing House**££, 20 Main Street, Tel. (01437) 72 16 03. Unterkunft in der alten Druckerei aus dem 18. Jh., zentral. Mit Café.

Essen und Trinken/Pubs

- **The Old Pharmacy,** Gute Küche, nur für den Abend.
- **The Ship Inn**££, 15 Main Street, Tel. (01437) 72 12 47. Kleiner, stilvoller Pub. *Barmeals* und indisches Restaurant.
- **The Harbour Inn**££, The Harbour, Tel. (01437) 72 00 13. Preiswerter Pub, für Grup-

---

„Echt Wolle" – die Tradition der Wollmühlen

Wollmühlen haben in Wales eine lange Tradition. Die Wollproduktion ist einer der ältesten Wirtschaftszweige des Landes – viele Schafe, viel Wolle. Nicht umsonst kommt das Wort *Flanell* letztendlich vom walisischen *gwlân* („Wolle"). Auch die „Baumwollkönigin" *Laura Ashley* stammt aus Wales (siehe Exkurs „Berühmte Waliser").

Aus der ursprünglichen Heimarbeit entwickelten sich im 19. Jahrhundert Tuchfabriken. Heute produziert nur noch ein Bruchteil der alten Wollmühlen. Der Antrieb erfolgte ursprünglich mit Wasserkraft, die später durch Maschinen ersetzt wurde. Diese sind mittlerweile auch meist veraltet, aber gerade das macht eine Besichtigung so interessant.

Die meisten Wollmühlen gab es einst im Teifi-Tal in Ceredigion. Die Eisenbahn fuhr nach Swansea, holte dort Kohle und kam mit Flanell zurück. Auch in anderen Teilen des Landes wurde fleißig Wolle produziert: Im kleinen Llanidloes in Mittelwales gab es im 19. Jahrhundert immerhin sechs Flanellfabriken, bei Machynlleth waren es zwölf.

Nur noch ein Bruchteil der alten walisischen Wollmühlen ist noch erhalten. Besonders besichtigenswert sind die Mühlen in Solva in Pembrokeshire, Trefriw im Conwy-Tal, die Drefach-Felindre im Teifi-Tal und die Cambian Woollen Mill Factory bei Llanwrtyd Wells in Radnorshire.

 Atlaskarte S. X **DAS BINNENLAND UND MYNYDD PRESELI** Pembrokeshire/Sir Benfro 291

pen geeignet, Außengastronomie. Der Blick zum Hafen ist leider durch den Autoparkplatz verstellt.

Einkaufen

- Im „Komplex" an der **Main Street** sind vier traditionelle walisische Gebäude zu einem vereinigt, mit großer Auswahl an walisischen Wollprodukten, Geschenkartikeln u.Ä.

Strände

- Die enge Bucht bei Solva ist nicht zum Baden geeignet.
- Der einsame kleine Strand **Porthmynawd** liegt circa drei Kilometer östlich (A 487, bei Pointz Castle rechts).
- Größer ist **Newgale Sands** bei Newgale/ Niwgwl (A 487). Bei extrem niedrigem Wasser kann man dort die erhaltenen Baumstümpfe und Wurzeln uralter Bäume sehen – Reste eines prähistorischen Waldes, der Ende der letzten Eiszeit überflutet wurde.

Verkehrsverbindungen

- Bus 411 von/nach **St. David's** und **Haverfordwest**.

Das Binnenland und Mynydd Preseli

[mönith preseli]   ⌐X/A-B3

Mynydd Preseli ist das Land der Mythenepen der „Mabinogi" – eine Gegend voller **Magie**. Von hier wurden die Steine für den Steinkreis im englischen Stonehenge abtransportiert.

Die Hügel Preseli

DAS BINNENLAND UND MYNYDD PRESELI

Pentre Ifan

Es bietet sich an, in einem der Orte an der Nordküste unterzukommen (z.B. in Newport) und von dort aus Ausflüge ins Landesinnere zu unternehmen.

Die nördlichen Hügel und das Neverntal formen eine Einheit, die sich schon immer zur Niederlassung anbot, wie die zahlreichen prähistorischen Grabkammern, Steinkreise, Menhire und eisenzeitliche Forts beweisen. Der Bergrücken von Mynydd Preseli selbst ist Zentrum späterer steinzeitlicher und bronzezeitlicher Aktivität.

Pentre Ifan

[pentre iwan]

Die **neolithische Grabkammer** von circa 4000 v. Chr., 6,5 Kilometer südöstlich von Newport (an der A 487 ausgeschildert), ist die am besten erhaltene und spektakulärste in Wales. Sie beeindruckt durch ihre Größe. Drei der vier aufrechten Steine tragen den massiven Deckenstein von fast sechs Metern Durchmesser. Der ursprünglich die Grabkammer bedeckende Erdhügel ist verschwunden.

●Tel. (029) 20 50 02 00, frei zugänglich, Eintritt frei, kleiner frei zugänglicher Parkplatz.

Die Umgebung von Mynachlog-ddu

[mönachlog thii]

Der Steinkreis **Gors Fawr** ist mit seinen 16 Steinen und einem Durchmesser von 21 m einer der am besten erhaltenen in Wales. Er ist von Mynachlog Ddu aus gut zu erreichen. Man fährt Richtung Maenclochog (nach dem Abzweig nach Rosebush nicht abbiegen (!), sondern weiter links Richtung Maenclochog). Der Steinkreis befindet sich auf der rechten Seite.

An der Straße nach Rosebush steht links der Gedenkstein an **Waldo Williams** (1904–1971), dessen Gedichte über die walisische Sprache viele Generationen von Sprachaktivisten inspirierten.

Rechts findet sich einer der **bluestones**. Aus solchen walisischen „Blausteinen" wurde einst der Steinkreis von Stonehenge in England errichtet.

Eine Weile später geht es rechts (Schild: „Access only to Cwm-Garw") zu den beiden Menhiren **Cerrig Meibion Arthur** („Steine der Söhne Artus"). In den Mabinogi-Epen (siehe Kap. „Land und Leute/Kunst/Dichtkunst") wird berichtet, dass *Artus* in die Preseli kam, um gegen den wilden Eber *Twrch Trwyth,* der von Irland herübergeschwommen kam, zu kämpfen. *Artus'* Sohn *Gwydre* fiel, ebenso wie ein zweiter Sohn, dessen Name nicht bekannt ist. Als Beweis stehen hier die beiden Steine.

Wer weiter auf den Carn Bica steigt, gelangt zu einem weiteren Steinkreis in elliptischer Form: **Bedd Arthur** („Artus' Grab").

Camping
- **Trefach C&C Park Mynachlog-Ddu,** Tel. (01994) 41 92 25, www.trefach.com. Guter Platz, ein Teil nur für Zelte, Gastronomie, Schwimmbecken, Reitmöglichkeiten.

Pub
- Siehe **Rosebush** unter „Die besten Pubs".

Castell Henllys

[kastehl heenhliis]

Castell Henllys ist ein **Hügelfort** aus der Eisenzeit mit rekonstruierten Hütten. Als Kelten verkleidete Saisonarbeiter verleihen dem Ganzen noch mehr Realismus. Sehr sehenswert, man kann sich die alten Zeiten richtig gut vorstellen. In der Nähe von Eglwyswrw an der A 487 ausgeschildert.
- Crymych, Tel. (01239) 89 13 19, www.castellhenllys.com, April bis Okt., täglich 10–17 Uhr, ££ im Sommer, £ im Winter.

Landsker

Das südliche Pembrokeshire wurde schon früh von Wikingern und ab dem 11. Jahrhundert von den Normannen erobert, die eine Reihe von **Burgen** zum Schutz ihrer Grenze hinterließen, die westlich in etwa der Linie Newgale – Narberth – Amroth folgte. Landsker ist ein nordischer Name und bedeutet „Land teilen" (= Grenze).

LANDSKER

Die Gegend wird heute *The Little England/Lloegr Fechan* genannt. Tatsächlich wird hier eher **Englisch**, weiter nördlich eher Walisisch gesprochen. Heute lernen in Landsker aber auch viele Leute wieder Walisisch.

Die Region zeigt die Spuren ihrer langen Besiedlung in prähistorischen Stätten sowie zahlreichen mittelalterlichen Burgen. Das attraktive Innenland mit reicher Fauna und Flora bildet einen reizvollen Kontrast zur Südküste mit seinen Stränden. Wohin auch immer man sich wendet, wird man einen interessanten Teil Landskers finden, der vielen noch unbekannt ist.

Haverfordwest/Hwlffordd

[huulforth]   ♫ XIV/B2

Der Ort im Herzen Pembrokeshires war früher Treffpunkt von Walisern aus dem Norden Pembrokeshires und von Leuten aus Landsker. In der Umgebung des Marktstädtchens am Fluss Cleddau [klethe] wurden unter den englischen Königen *Heinrich I.* und *II.* Flamen angesiedelt, da die Gegend schneller verfremdet und damit anglisiert werden sollte. Die tüchtigen Flamen kamen schnell zu Wohlstand. Heute zeugen die breiten und hohen Kamine, genannt *Flemish chimneys,* von ihnen.

Sehenswertes

Die Ruinen der circa 1120 auf einer Klippe erbauten Burg sind von weitem sichtbar. Die englische Gründung geht auf *Gilbert de Clare,* den Grafen von Pembroke zurück. Die Festung blieb stets in englischer Hand und hielt den Angriffen von *Llywelyn dem Großen* und *Owain Glyndŵr* stand. Im 18. Jahrhundert wurde sie als Gefängnis genutzt. Von den einstigen Stadtwällen nahe der Burg ist mittlerweile nichts mehr erhalten.

●Frei zugänglich, Eintritt frei.

Daneben befindet sich das **Heimatmuseum** mit einer Ausstellung zur Stadtgeschichte seit den Tagen der Normannen.

●Museum and Art Gallery, Castle House, Haverfordwest Castle, Tel. (01437) 76 30 87, Ostern–Okt., Mo.–Sa. 10–16 Uhr, £.

Normannisch sind die Kirchen St. Mary, St. Martin und St. Thomas. **St. Mary** ist eines der schönsten Gotteshäuser von Südwales, erbaut im 13. Jahrhundert, im 15. Jahrhundert stark verändert, mit frühenglischem Spitzbogenfenster. Auf der anderen Straßenseite befindet sich eine kleine Krypta.

Das **Augustinerkloster** am Fluss wurde 1200 von *Robert Fitz Tancred* erbaut. Nach der Auflösung aller walisischen Klöster durch *Heinrich VIII.* stand es seit 1536 leer. Die Originalgebäude sind seit den Ausgrabungen von 1983 als Ruinen wieder sichtbar. Der zehnminütige Fußweg vom Stadtzentrum ist durchaus lohnend.

●Union Hill, frei zugänglich, Eintritt frei.

Touristeninformation

●19 Old Bridge, Tel. (01437) 76 31 10, haverfordwestinformationcentre@pembrokeshire.gov.uk.

Atlaskarte S. XIV

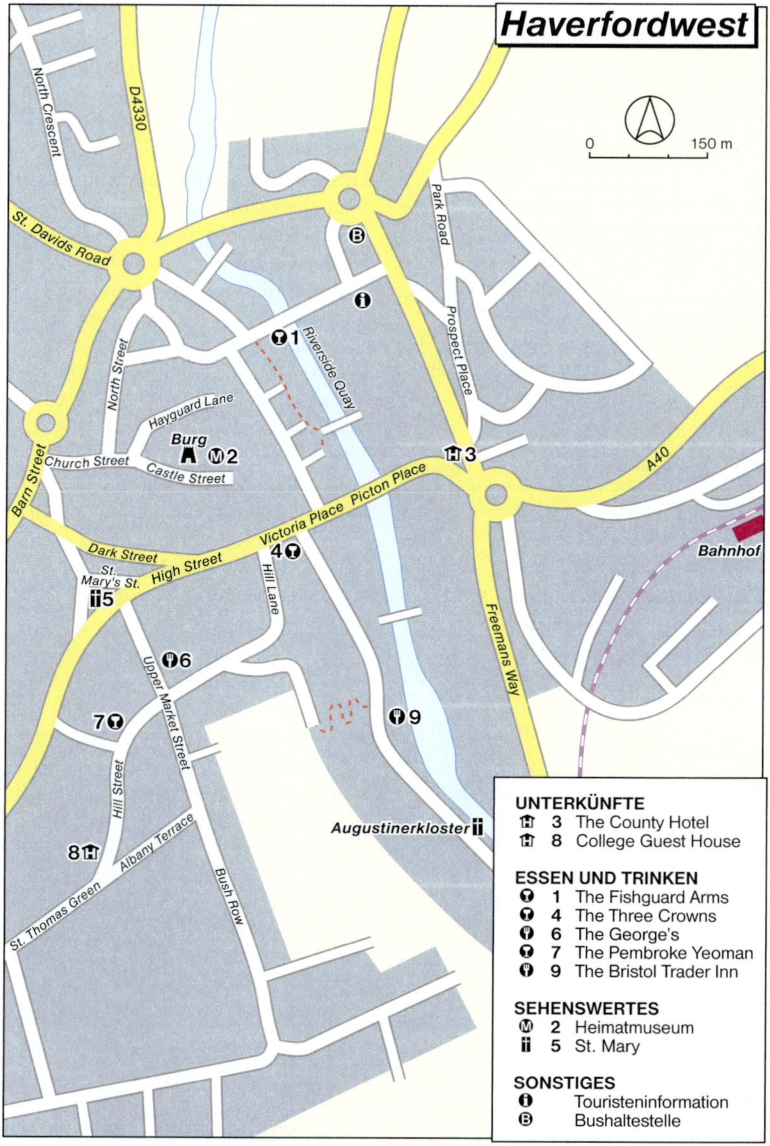

Pembrokeshire/Sir Benfro **LANDSKER** 295

Haverfordwest

UNTERKÜNFTE
- 🛏 3 The County Hotel
- 🛏 8 College Guest House

ESSEN UND TRINKEN
- 🍴 1 The Fishguard Arms
- 🍴 4 The Three Crowns
- 🍴 6 The George's
- 🍴 7 The Pembroke Yeoman
- 🍴 9 The Bristol Trader Inn

SEHENSWERTES
- Ⓜ 2 Heimatmuseum
- ⓘ 5 St. Mary

SONSTIGES
- ⓘ Touristeninformation
- Ⓑ Bushaltestelle

Der Südwesten

Unterkunft

- **The County Hotel**££, Saluation Road, Tel. (01437) 76 21 44, www.county-hotel.com. Gepflegtes Hotel mit nettem Restaurant.
- **College Guest House**££, 93 Hill Street, Tel. (01437) 76 37 10, www.collegeguesthouse.com. Schöne Zimmer, sauber, gepflegt.

Essen und Trinken

- **The County Hotel**£££ (s.o.)
- **The George's**££, 24 Market Street, Tel. (01437) 76 66 83. Eingerichtet wie eine Feenhöhle, bunt, mit Kristall. Internationale Gerichte.
- **The Bristol Trader Inn**££, Quay Street, Tel. (01437) 76 21 22. In Klosternähe, eigener Speiseraum.

Pubs

- **The Fishguard Arms**££, Old Bridge, Tel. (01437) 76 81 23. Gemütlicher Pub an der Brücke. Kleine Auswahl an *barmeals*.
- **The Three Crowns**, High Street, Tel. (01437) 76 46 13. Gemütlich, mit Natursteinwänden, rustikal.
- **The Pembroke Yeoman**, Hill Street, Tel. (01437) 76 25 00. Klein, viele Einheimische, mit Biergarten.

Verkehrsverbindungen

- Zug von/nach **Milford Haven, Fishguard** und **Carmarthen.**
- Bus 412 von/nach **Fishguard,** Bus 411 von/nach **St. David's,** Bus 302 von/nach **Milford Haven,** Bus 349, 381 von/nach **Tenby.**

Ausflüge in die Umgebung

In Scolton sind das Herrenhaus **Scolton Manor House** von 1840, die Ställe und eine Ausstellung, vor allem zur Eisenbahn, zu besichtigen. Hier lässt sich der Lebensstil einer reichen viktorianischen Familie nachvollziehen.

Gleich anbei lohnt ein Spaziergang im **Scolton Country Park** mit Besucherzentrum.

- Museum: Apr.–Okt. tägl. 10.30–17.30 Uhr, £, Eco-Centre und Park: Apr.–Okt. tägl. 9–18 Uhr, Nov.–März tägl. 9–16.30 Uhr, Eintritt frei, Parkgebühr.

Spazieren gehen kann man auch im **Llys-y-Frân Country Park & Reservoir** [hliis ö wraan], zum Beispiel um den See herum. Infotafeln verdeutlichen die Hintergründe der Wassergewinnung. Ruderboote werden vermietet. Im Café lässt es sich hinterher einkehren. Mit Laden.

- Clarbeston Road, Tel. (01437) 53 22 73, Mitte März–Okt., tägl. 8 Uhr bis Dämmerung, Eintritt frei, Parkgebühr.

Beim Ort The Rhos befindet sich die mittelalterliche **Burg Picton,** die wohl von *Sir John Wogan,* Hauptbezirksrichter von Irland (1302 als „Lord of Pykton" beschrieben) erbaut wurde. Der Name *Picton* leitet sich jedoch von einem früheren Bergfried ab, den *William de Picton* errichtet haben soll. Mit Garten und Kunstgalerie. Schlossführungen finden stündlich statt.

- Tel. (01437) 75 13 26, www.pictoncastle.co.uk, Schloss, Gärten und Galerie: Apr.–Sept. Di.–So 10.30–17 Uhr, Schlossführung: 11.30–15.30 Uhr, ££, wahlweise auch nur Gärten und Galerie, ££, Gärten auch März/Okt. tägl. 10.30 Uhr bis zur Dämmerung.

Am Küstenpfad von Pembrokeshire

Die St. Bridges Bay/ Arfordir San Ffraid ⇗XIV/A2

[arwordir san freid]

Diese Küstenregion ist gekennzeichnet durch weite Sandstrände und raue Felsen zwischen zwei Landzungen, die sich in den wilden Atlantik hineinschieben – eine gute Adresse für den, der es einsamer mag. Die St. Brides Bay ist nach der gleichnamigen Heiligen aus Kildare (Irland) benannt.

Eine Rundreise um die Bucht

Die hier vorgeschlagene Route verläuft von Nord nach Süd. Die Orte liegen alle am Küstenpfad.

Der kleine Ferienort **Newgale/Niwgwl** [njugul] hat einen langen, schönen Sandstrand zu bieten. Nach dem Badevergnügen kann man einkehren im:

Pub

- **The Duke of Edinburgh,** Tel. (01437) 72 05 86. Einfacher Pub mit Außengastro.

Ein Abstecher führt über die A 487 nach Simpson Cross zu dem kleinen **Pembrokeshire Motor Museum.** Zu sehen sind u.a. Automobile der 1950er Jahre. Mit großem Laden.
- Tel. (01437) 71 09 50, www.pembrokeshiremotormuseum.co.uk, Apr.–Okt. tägl. 10–17 Uhr, ££.

 Atlaskarte S. XIV

Pembrokeshire/Sir Benfro
LANDSKER 299

Die Küstenstraße führt bald nach **Nolton Haven** mit seinem kleinen Strand. Hier gibt es auch ein einfaches Lokal:

Pub
● **The Marineer's Inn**£-££, Tel. (01437) 71 04 69. Einfacher Pub mit *barmeals*.

Auch in **Broad Haven/Aberllydan** [aberhlödan] darf der Besucher mit einem breiten Sandstrand rechnen. Verlockend ist hier der saubere goldene Sand.

Unterkunft
● **Anchor Guest House**££, Enfield Road, Tel. (01437) 78 14 76, www.anchorguesthouse.co.uk. Einfach, aber ordentlich. Meerblick.

Pub
● **The Galleon Inn,** 35 Enfield Road, Tel. (01437) 78 14 67. Rustikal, gemütlich, mit Seeräuberflair.

Eine Übernachtung empfiehlt sich auch in dem pittoresken alten Fischerort **Little Haven/Yr Aber Bach** [ör aber baach].

Unterkunft
● **The Castle Hotel**££, Tel. (01437) 78 12 51. Sehr schönes Hotel mit Meerblick.

Essen und Trinken/Pub
● **The Saint Bride's Inn**££, Tel. (01437) 78 12 66. Klein und gemütlich.

Das idyllische **St. Brides/San Ffraid** [san freid] besteht fast nur aus der Kirche. In der kleinen Bucht daneben tummeln sich Taucher.

Der Strand **Musselwick Sands** bei Marloes gilt als einer der schönsten Strände von Pembrokeshire. Bizarre Klippen vermitteln Romantik in der weiten Bucht.

Bei Ebbe kann man zu Fuß nach **Gateholm** gehen. Hier standen einst 130 Hütten aus britisch-römischer Zeit. Heute beherrschen Vögel und Blumen das Bild.

Bei **St. Martin's Haven** (Parkplatzgebühr) fahren Boote zu den der westlichen Halbinsel vorgelagerten Inseln **Skomer, Skokholm** und **Grassholm** ab (siehe unten).

In der Bucht von **Dale** tummeln sich Segler und Surfer. Der heute in Privatbesitz befindlichen Burg kommt historische Bedeutung zu: *Richard de Vale* hatte zwei Töchter, *Elen* und *Margaret*. *Elen* heiratete *Llywelyn ab Owain* (Linie von *Lord Rhys*). Ihre Enkeltochter hieß auch *Elen* und wurde die Mutter des walisischen Volkshelden *Owain Glyndŵr*. *Margaret* heiratete *Tudur ap Gronw* aus Penmynydd. Ein Nachfahre war *Heinrich VII*. Nach den Rosenkriegen wurde *Heinrich Tudor* König von England. Viele Waliser dachten damals, das kleine Wales hätte letztendlich doch das große England erobert – ein Trugschluss.

Essen und Trinken/Pub
● **The Griffin Inn**££, Tel. (01646) 63 62 27. *Barmeals* im traditionellen Pub mit Außengastro. Klein und im Sommer oft überlaufen.

Von Dale aus bietet sich ein Abstecher nach **St. Ann's Head** mit seinem Leuchtturm an.

Der Küstenpfad:
Pembrokeshire Coastal Path

Im Dorf-Pub von **St. Ishmael's** kann man einkehren:

Essen und Trinken/Pub
● **The Brook Inn**££, Tel. (01646) 63 62 77. Traditioneller Dorf-Pub. Für den, der's ruhiger mag. Mit Billiard und Darts. *Barmeals* und traditionelle Gerichte.

Weiter westlich findet man in **Sandy Haven** mit der idyllischen Bucht einen schönen Abschluss der Rundreise um die St. Brides Bay.

Die Inseln Skomer/Sgomer, Skokholm/Sgogwm und Grassholm/Ynys Gwales

[**sgomer**], [**sgogum**], [**önis gwales**]

Eine Fahrt zu den Inseln ist ein Naturerlebnis. Sehr viele Vogelarten sind hier beheimatet. Die größte Insel ist Skomer, gefolgt von der weitab liegenden Insel Skokholm und schließlich Grassholm. Die nordischen Namen sind ein Erbe der Wikingerzeit. Nach Skomer ist man nur wenige Minuten, nach Skokholm 45 Min. nach Grassholm ca. zwei Stunden unterwegs. Auf Grassholm darf nicht gelandet werden, da es ein Basstölpel-Reservat ist. Während Skomer und Skokholm von Mitarbeitern des Wildlife Trust bewohnt werden, ist Grassholm menschenleer.

Auf **Skomer** sind Reste von Hütten aus der Eisenzeit erhalten. Heute ist die Insel neben dem Vogel- ein Kaninchenparadies. Von den markierten Wegen aus hat man gute Chancen, einige der circa 7000 Paare von Papageientauchern zu erblicken.

Skokholm wurde 1936 die erste Vogelbeobachtungsstation Großbritanniens. Neben den Vögeln, zum Beispiel 350 Schwarzschnabel-Sturmtaucherpärchen, beeindruckt hier auch die sehr schöne Pflanzenwelt. Die Insel bietet mit einer Unterkunft für bis zu 16 Personen die beste Infrastruktur (siehe unten). Geführte Touren sind anzuraten.

Die abgelegene Insel **Grassholm** ist Brutgebiet für circa 330 Basstölpel-Pärchen. Das Eiland bietet die schönsten Ausblicke und das beeindruckendste Vogelerlebnis der Pembrokeshire-Inseln. Trips sind erst ab Mitte Juni möglich und auch dann darf die Insel nicht betreten werden.

Unter dem walisischen Namen *Ynys Gwales* kommt Grassholm auch in den Mythenepen der „Mabinogi" vor, und zwar im Zweig „Branwen" (siehe Kap. „Land und Leute/Kunst/Dichtkunst"): Als nur sieben Männer aus Irland mit dem Kopf von *Bendigeidfran* zurückkehren, bleiben sie 24 glückliche Jahre auf Ynys Gwales. *Heilyn fab Gwyn* öffnet schließlich eine verbotene Tür. Da müssen sie aufbrechen und den Kopf in Gwynfryn in London begraben.

Fährverbindungen
● Buchungen unter: Dale Sailing, Brunel Quay, Neyland, Milford Haven, Tel. (01646) 60 31 10, www.dale-sailing.co.uk. Abfahrt ab Dale (siehe „Rundreise").
● Weitere Fahrten sind auch mit anderen Gesellschaften, z. B. den Thousand Island Expeditions, möglich (siehe „Halbinsel St. David's/ Ramsey Island"). Da diese Angebote sich ständig ändern, sollte man sich hierüber in den Touristeninformationen von St. David's, Haverfordwest oder Tenby informieren.

Unterkunft

- **B&B auf Skokholm,** bis zu 16 Personen können hier untergebracht werden, Buchung schon ein Jahr im Voraus (!) unter: The Wildlife Trust South and West Wales, Tel. (01239) 62 16 00.

Milford Haven/ Aberdaugleddau ⌐XIV/B2

[aberdeiglethe]

Der englische Name geht auf die Wikinger zurück, die den Ort *melr fjordr* („Sandfjord") nannten. Der walisische bedeutet „Mündung des Daugleddau".

Die recht junge Stadt wurde erst 1790 auf Veranlassung von *Sir William Hamilton* als Hafenstadt angelegt. Auch eine Gruppe von **Quäkern** aus Novia Scotia in Massachusetts spielte dabei eine Rolle. Sie waren durch den amerikanischen Unabhängigkeitskrieg vertrieben worden und kamen nach Milford Haven, wo sie ab 1793 Walfischöl gewannen, das sie nach London für die Straßenlampen verkauften.

Lord Nelson besuchte Milford Haven 1802 und beschrieb es als „den größten natürlichen Hafen der Welt". Dieser sollte mit Liverpool und Southampton verbunden werden und als Überseehafen nach Amerika dienen. Aber daraus wurde nichts. Stattdessen entwickelte sich Milford Haven bis 1920 zum viertwichtigsten **Fischerhafen** Britanniens (nach Hull, Grimsby und Fleetwood). **Ölraffinerien** kamen hinzu: Esso 1960, BP 1961, Texaco 1964, Gulf 1968, Elf 1973. Es entstand der damals größte Ölhafen Europas. Zehn Jahre darauf wurde die erste Raffinerie wieder geschlossen. Geblieben sind nur Elf und Texaco.

Der Ort ist nicht touristisch und lohnt hauptsächlich für einen Besuch des Heimatmuseums.

Sehenswertes

Im **Milford Haven Museum** wird die spannende Heimatgeschichte anschaulich dargestellt. Man kann hier die Historie der Stadt gut nachvollziehen. Kinderfreundlich und sehr lohnend!
- Victoria Road, Tel. (01646) 69 44 96, Ostern bis Okt., Mo.-Sa. 11-17 Uhr, So. 12-17 Uhr, £.

In der **Waterfront Gallery** sind Gemälde, Schnitzereien und Töpferware ausgestellt.
- The Old Sail Loft, Milford Marina, Tel. (01646) 69 56 99, im Sommer Mo.-Sa. 10-17 Uhr, im Winter Mo.-Fr. 10-17 Uhr, So. 10.30-16.30 Uhr. Eintritt frei.

Touristeninformation

- 94 Charles Street, Tel. (01646) 69 08 66, milford.tic@pembrokeshire.gov.uk.

Unterkunft

- **Cleddau Villa B&B**£, 21 St. Anne's Road, Tel. (01646) 69 03 13. Ordentliches, preiswertes B&B.

Essen und Trinken/Pub

- **The Trafalgar,** 103 Charles Street. Tel. (01646) 69 23 25. Kleiner, traditioneller Pub.
- **Charlie's Bar & Restaurant**££, Milford Marina, Tel. (01646) 69 00 98. Neben der Galerie, schlichte Einrichtung.

Pembroke/Penfro ⌕XIV/B2-3

[penwro]

Die kleine ummauerte Stadt entstand, wie so oft in Wales, um die mittelalterliche Burg herum. Der Ort selbst gliedert sich in zwei Teile: Pembroke Dock und Pembroke Stadt. Empfehlenswert vor allem ist eine Besichtigung der Burg.

Sehenswertes in Pembroke Stadt

Die Streitkräfte von *Roger de Montgomery* erreichten 1093 Pembroke. Sein Sohn *Arnulf* errichtete daraufhin die **Burg**. Später war sie Geburtsort *Heinrichs VII.*, des ersten Tudor-Königs. Die beeindruckende Anlage ist sehr gut erhalten.
- Tel. (01646) 68 15 10, www.pembrokcastle.co.uk, April–Sept. tägl. 9.30–18 Uhr, März/Okt. tägl. 10–17 Uhr, Nov.–Feb. 10–16 Uhr, ££.

Die alte **Stadtmauer** ist besonders bei der Rock Terrace, westlich der Touristeninformation, in gutem Zustand. Zu sehen sind mehrere Wehrtürme und ein Kalkofen.

Sehenswertes in Pembroke Dock

Der **Gun Tower** ist ein ehemaliger viktorianischer Militärstützpunkt zur Verteidigung der Wasserstraße Milford Haven. Heute ist im Inneren eine kleine Ausstellung zu seiner Geschichte zu sehen.
- Front Street, Pembroke Dock, Tel. (01646) 62 22 46, April–Sept., tägl. 10–16 Uhr, £.

Spaziergänge

Für Spaziergänge bieten sich der Lower und der Upper Common Park bei der Touristeninformation in Pembroke Stadt an.

Touristeninformation
- Pembroke Stadt: Commons Road, Tel. (01646) 62 23 88, pembroke.tic@pembrokeshire.gov.uk.
- Pembroke Dock: Ferry Terminal, Tel. (01646) 62 27 53, pembrokedock.tic@pembrokeshire.gov.uk.

Unterkunft
- **The Old King's Arms Hotel**££, Main Street, Tel. (01646) 68 36 11, www.oldkingsarmshotel.co.uk. Familienbetriebenes Hotel, seit 1522 Pub. Schöner Speiseraum mit Dachbalken, eher schlicht eingerichtete Zimmer, drei Zimmer sind für Raucher.

Essen und Trinken
- **The Old King's Arms Hotel**££, (s.o.). Eigener Speiseraum, gute Küche. Auch *barmeals* im rustikalen gemütlichen Pub.
- **La Brasseria**££, Pembroke Dock, 3 Laws Street, Tel. (01646) 68 69 66. Nettes, kleines Restaurant mit kontinentaler Küche.

Pubs
Pembroke Stadt:
- **The Old King's Arms,** (s.o.)
- **Cromwell's Tavern,** 2 Westgate Hill, Tel. (01646) 68 22 23. Mittelalterliches Gebäude. *Cromwell* belagerte die Burg 1648. Uriger Pub.
- **The Lion Hotel,** 7 Main Street, Tel. (01646) 68 45 01. Alter, rustikaler Hotel-Pub. Holzvertäfelte Wände.
- **The Waterman's Arms,** 2 The Green, Tel. (01646) 68 27 18. Oberhalb der Brücke. Außengastro am Fluss, *barmeals*.
- **Castle Inn,** 17 Main Street, Tel. (01646) 68 28 83. Traditioneller, einfacher Pub.

Pembroke Dock:
- **Welshman's Arms,** 23 London Road, Llanion, Tel. (01646) 68 56 43. Traditioneller Pub an der Hauptstraße, einfach.

- **The Shipwright,** Front Street, Tel. (01646) 68 20 90. Kleiner Pub beim Gun Tower.

Verkehrsverbindungen

- Zug von/nach **Carmarthen.**
- Bus 349, 361 von/nach **Tenby,** Bus 333 von/nach **Carmarthen.**

Ausflüge in die Umgebung

Fährt man die A 477 Richtung Tenby, bietet sich links bei Cosheston ein Abstecher zu den **Upton Castle Gardens** an. Die Burg ist allerdings privat.
- Castle Grounds, Apr.–Okt., tägl. (außer Sa.) 10–17 Uhr, Eintritt frei.

Verlässt man Pembroke auf der A 4139 Richtung Tenby, sollte man sich den Besuch des **Lamphey Bishop's Palace** nicht entgehen lassen. Im Mittelalter war er Zufluchtsort der Bischöfe von St. David's, die es sich hier, fernab vom Kirchenalltag, so richtig gut gehen ließen. Die Gebäude ließ hauptsächlich *Henry de Gower* errichten (1328–1347 Bischof von St. David's). Er beauftragte auch die große Halle. In der Tudor-Zeit kamen einige Erweiterungen hinzu.
- Tel. (01646) 67 22 24, tägl. 10–17 Uhr, £.

Der Hafen von Tenby

Die Halbinsel Castlemartin

↗ XIV/B3

Auch bekannt unter dem Namen *Angel Peninsula*, bietet die Halbinsel mit ihren einzigartigen Klippen, Sandstränden und prähistorischen Sehenswürdigkeiten ein **atemberaubendes Naturerlebnis.** Die einsame Gegend wird von den Touristen oft zu Unrecht ignoriert. Besonders malerisch zeigt sich der südliche Teil.

Die idyllische Bucht **Stackpole Quay** ist ein guter Ausgangspunkt für herrliche Spaziergänge, die sich im Stackpole Court & Estate fortsetzen lassen. Nicht weit ist es etwa zu den Lily Ponds, den Lilienteichen.

●Tel. (01646) 66 13 59, Eintritt frei

Café

●Einkehren kann man anschließend im **Ye Olde Worlde Cafe,** Bosherston, Tel. (01646) 66 12 16. Kleines Café, hauptsächlich für draußen.

Lohnend ist auch ein Abstecher nach **St. Govan's Head** mit der St. Govan's Chapel. Die kleine Kirche steht eingezwängt zwischen den Klippen. Westlich davon liegt militärisches Sperrgebiet.

Einkehren lässt es sich anschließend in der westlichen Ecke der Halbinsel, in den beiden Pubs von **Angle:**

Pub

● **Hibernia Inn**££, Tel. (01646) 64 15 17. Gute *barmeals*. Rustikal, nett, ruhig.
● **Old Point House,** Tel. (01646) 64 12 05. Einsam gelegener Pub aus dem 15. Jh., den Abstecher wert. Da nur eine schlechte, unbefestigte Straße dorthin führt, ist der Pub nur bei trockenem Wetter Apr.–Okt. geöffnet.

Carew

Der kleine Ort hat seinen ganz eigenen Charme und verdankt seine Bekanntheit der Burg am Fluss, einem Keltenkreuz und der „Gezeitenmühle".

Sehenswertes

Die **Burg** wurde vermutlich Ende des 11. Jahrhunderts von *Gerald de Windsor* gegründet, aber erst 1212 als *domus de Carrio,* das „Haus von William von Carew", Geralds Urenkel, erstmalig erwähnt. Sie blieb bis 1480 im Besitz der Carew-Familie. Dann baute *Rhys ap Thomas* sie zur Wohnburg aus. 1558 übernahm sie *Sir John Perrot*. Vermutlich weil die Unterhaltung zu teuer geworden war, wurde sie 1686 aufgegeben.

●Tel. (01646) 65 17 82, www.carewcastle.com, Ostern bis Okt. tägl. 10–17 Uhr, £, Nov.–Ost. (nur Burg) tägl. 11–15 Uhr, ££. Das Ticket ist auch für die Gezeitenmühle gültig.

Das **Carew-Kreuz** aus dem 11. Jahrhundert an der Straßenseite nahe der Burg weist ein schönes Knotenmuster auf. Die lateinische Inschrift lautet *MARGIT/EUT. RE/X. ETG(uin). FILIUS* und bedeutet „das Kreuz von Margiteut (i. e. Maredudd), König, Sohn des Etguin (i. e. Edwin)". Das fast fünf Meter hohe Steinkreuz war 1035 zu Ehren des gefallenen Prinzen *Maredudd* errichtet worden.

●Frei zugänglich, Eintritt frei.

Die einige hundert Meter entfernte so genannte **„Gezeitenmühle"** *(Tidal Mill)* wurde im späten 19. Jahrhundert neu gebaut. 1476 existierte hier bereits eine erste Mühle. Es handelt sich um die einzige Wassermühle in Wales, die von den Gezeiten abhängig ist. Zwar wurde sie 1937 geschlossen, die Besichtigung der Ausstellung in Kombination mit der Burg ist jedoch möglich, ££ (Burg und Mühle).

Essen und Trinken/Pub

● **Carew Inn**££, Tel. (01646) 65 12 67. Traditioneller Pub gegenüber dem Kreuz und der Burg, Außengastro.

Verkehrsverbindungen

● Bus 361 von/nach **Pembroke** und **Tenby**.

Manorbier/Maehor Bŷr ⌕XIV/B3

[meinor biir]

Der Name *Manorbier* geht auf das Herrenhaus von *Pŷr* zurück, dessen Name auch in *Ynys Pŷr* verewigt ist, dem walisischen Namen der vorgelagerten Insel Caldey bei Tenby.

Sehenswertes

Die normannische **Burg,** deren älteste Teile aus dem 12. Jahrhundert stammen, wurde wohl von *Odo de Barri* gegründet, dessen Sohn *William Angharad* heiratete. Sie war die Tochter von *Gerald de Windsor* und seiner Frau *Nest*. Aus dieser Ehe entsprang *Gerald de Barri,* besser bekannt als *Giraldus Cambrensis*. Er wurde 1146 auf Manorbier geboren wurde.

Der Bericht seiner 965 Kilometer langen und 51 Tage dauernden Reise durch Wales im Jahr 1188 ist immer noch eine der Hauptgeschichtsquellen über Wales im Mittelalter (siehe Exkurs „Giraldus Cambrensis' frühe Reiseliteratur").

Innerhalb der einsam auf einem Hügel gelegenen, gut erhaltenen Burg sind lebensgroße Wachsfiguren und ein netter Garten zu besichtigen.
● Tel. (01834) 87 13 94, Ostern bis Sept., tägl. 10.30–17.30 Uhr, ££.

Vom Strandparkplatz führt ein Fußweg zum kleinen, eher unscheinbaren **Dolmen King's Quoit** am Rand von Manorbier Bay.

Unterkunft

● **Castlemead Hotel Manorbier**£££, Tel. (01834) 871316, www.castlemeadhotel.com. Sehr schönes, gepflegtes Hotel mit Meerblick.

Verkehrsverbindungen

● Bus 349 von/nach **Pembroke** und **Tenby**.

Tenby/Dinbych-y-Pysgod

[dinbich-ö-pösgod]
www.virtualtenby.co.uk ⌕XV/C3

Tenby war bereits im 18. Jahrhundert ein Badeort für Wohlbetuchte. Mit der Einrichtung der Eisenbahn 1866 kamen weitere Besucher. Der Reichtum des viktorianischen Zeitalters machte den Ort dann endgültig zu einem der beliebtesten Urlaubsziele in Wales. Vieles vom alten Tenby des 13. Jahrhunderts ist noch intakt. Die engen Straßen sind voller Geschäfte und Gastronomie aller Art. Durch seine Klippenlage hat der Ort keine Durchgangsstraße.

Atlaskarte S. XV

Sehenswertes

Auf dem **Castle Hill** blickt die Albert Memorial-Statue von 1865 auf Tenbys kleinen hübschen Hafen hinunter. Prinz *Albert* war der Gemahl von Königin *Victoria*. An viktorianische Zeiten erinnert auch der Musikpavillon, der erst 1991 hier errichtet wurde.

Die Reste der **Burg** stammen aus dem 13. Jahrhundert. Schon hundert Jahre später war sie dem Verfall preisgegeben, auch wenn sie im Bürgerkrieg des 17. Jahrhunderts noch eine gewisse Rolle spielte. Man genießt von hier einen schönen Blick auf die Felsschäre St. Catherine.

Das nahe **Tenby Museum & Art Gallery** gilt als eines der schönsten Museen von Wales. Es wurde 1878 gegründet und präsentiert eine große Kunstausstellung.
●Castle Hill, Tel. (01834) 84 28 09, www.tenbymuseum.free-online.co.uk, Im Sommer tägl. 10–17 Uhr, im Winter Mo.–Fr. 10–17 Uhr, £.

Im Hafen kann man im Bootshaus an der östlichen Seite des Castle Hill ein **Rettungsboot** besichtigen. Mit Infotafeln und Shop.
●www.tenbyrhli.co. uk, Ost.–Okt. Mo.–Sa. 10.30–16.30 Uhr, So. 12–16.30 Uhr, Nov.–Dez. Mo.–Sa. 11–16, So. 12–16 Uhr, Jan.–Ostern Fr./Sa./So. 11–16 Uhr, Eintritt frei.

Das **Tudor Merchant's House** am Quay Hill, ein Kaufmannshaus aus dem 15. Jahrhundert, ist das älteste möblierte Haus der Stadt. Man erfährt dort, wie eine erfolgreiche Tudor-Familie gelebt hat. An drei Wänden sind frühe Fresken erhalten.

●Tel. (01834) 84 22 79, Mitte März–Okt., So.–Fr. 11–17 Uhr, £.

In der **Kirche St. Mary** aus dem 15. Jahrhundert, im Herzen Tenbys am Tudor Square, ist eine prachtvolle Decke zu bewundern. Eintritt frei.

Wandern

Der Küstenpfad führt nördlich in zwei bis drei Stunden nach Saundersfoot und weiter nach Amroth (in insgesamt vier Stunden).

Touristeninformation

●Upper Park Road, Tel. (01834) 84 24 02, tenby.tic@pembrokeshire.gov.uk, **Stadtführungen**, Tel. (01834) 84 58 41, www.guided tourswales.co.uk. Mo.–Sa., ££.

Unterkunft

●**Panorama Hotel**££, Esplanade, Tel. (01834) 84 49 76, Meerblick.
●**Strathmore Hotel**£, 23 Victoria Street, Tel. (01834) 84 23 23, www.strathmorehotelten by.co.uk. Ruhige Lage.
●**Myrtle House Hotel**££, St. Marys Street, Tel. (01834) 84 25 08. Nett und klein.
●**Lindholme House**£, 27 Victoria Street, Tel. (01834) 84 33 68. Nett, gepflegt, in ruhiger Nebenstraße.
●**Glenholme Guesthouse**£–££, Picton Terrace, Tel. (01834) 84 39 09, www.glenholmetenby.co.uk. Nett, 5 Min. zum Zentrum, ruhig.

Camping

●**Trefalun Park,** in St. Florence (westlich Tenbys), Devonshire Drive, Tel. (01646) 65 15 14, www.trefalunpark.co.uk. Gut ausgestatteter Campingplatz. Weit außerhalb.

Essen und Trinken

●**Qube**£££, 2 Tudor Square, Tel. (01834) 84 57 19. Stimmungsvolle Lichter am Abend.
●**Plantagenet House Restaurant**££–£££, Quay Hill, Tel. (01834) 84 23 50. Stilvolles, gemütliches Restaurant im ältesten Haus von Tenby. Auch vegetarische Gerichte.

- **Tenby House Hotel**££, Tudor Square, Tel. (01834) 84 25 08. Essen im Bistro oder Pub.
- **Bay Tree**£££, Tredegar House, Tudor Square, Tel. (01834) 84 20 00. Essen im Bistro oder Pub.
- **The Coach and Horses**££, Upper Frog Street, Tel. (01834) 84 27 04. Kleiner, gemütlicher Pub. Thai-Gerichte.
- **Five Arches Tavern**££, St. George's Street, Tel. (01834) 84 25 13. Gemütlicher Pub. Gute Auswahl an Essen.
- **Hope and Anchor Inn**£–££, St Julians Street, Tel. (01834) 84 21 31. Traditioneller Pub, Außengastro.

Pubs
- **The Coach and Horses** (s.o.)
- **Fives Arches Tavern** (s.o.)
- **Lamb**£–££, High Street, Tel. (01834) 84 21 54. Traditioneller Pub mit *barmeals*.
- **Tenby House Hotel,** (s.o.), groß und familienfreundlich.

Strände
- Tenby hat gleich zwei Sandstrände: North Beach und South Beach. Zwischen Tenby und Saundersfoot befindet sich eine weite Bucht mit großem Strand.

Verkehrsverbindungen
- Zug von/nach **Carmarthen** und **Pembroke**.
- Bus 349 von/nach **Pembroke,** Bus 381 von/nach **Haverfordwest**. Bus 351 von/nach **Pendine**.

Caldey Island/Ynys Pŷr

Von Tenby legen Fähren zur **Mönchsinsel** Caldey Island ab. Die Inseltrips zählen zu den Hauptattraktionen eines Aufenthalts in Tenby. Bereits im 6. Jahrhundert siedelten keltische Mönche auf Caldey Island. Das heute noch aktive **Zisterzienserkloster** ist für Frauen nicht zugänglich. Die Insel weist mit einigen Läden, einer Teestube und einer Postfiliale eine gute Infrastruktur auf. Das im Kloster hergestellte Parfüm hat einen guten Ruf und ist im dortigen Parfümladen käuflich zu erwerben.

Die Überfahrt dauert etwa 20 Minuten, die Fähren verkehren im Sommer jede Viertelstunde. Im Hafen von Tenby warten verschiedene Anbieter auf Passagiere, einer der größeren ist:
- **Caldey Island Kiosk,** Tenby Harbour, Tel. (01834) 84 44 53, www.caldey-island.co.uk. Ostern bis Okt., Mo.–Fr. 10–17 Uhr, Mitte Mai bis Mitte Sept. auch Sa. 10.30–16 Uhr, £££.

Weitere Ausflüge in die Umgebung

Westlich von Tenby können sich in Gumfreston insbesondere Kinder an der **Dinosaur-Experience** erfreuen. Lebensgroße Dinos sind hier zu bestaunen, inklusive Dino-Gebrüll.
- Tel. (0 1834) 84 52 72, www.thedinosaurpark.co.uk, April–Sept. täglich 10–17 Uhr, Okt. Di.-Do., Sa.–Mo. 10.30–16 Uhr, ££.

In Kilgetty lohnt sich ein Besuch bei **Avondale Glass,** wo man den Glasbläsern zusehen kann. Neben der Touristeninformation, die hier wenig überlaufen ist.
- Carmarthen Road, Tel. (01834) 81 33 45, Mai–Okt. Mo./Di., Do./Fr. 9.30–14 Uhr, Mi. 9.30–13 Uhr, Eintritt frei.

Wer ruhige Strände schätzt, sollte nach **Amroth** fahren. Anschließend lässt es sich einkehren im:

Pub
- **New Inn**££, Tel. (01834) 81 23 68. Gemütlicher, traditioneller, 400 Jahre alter Pub. Mit eigenem Speiseraum und Außengastro.

Südliches Carmarthenshire/ Sir Caerfyrddin

[siir gaerwörthin]

Überblick

Carmarthenshire ist das ideale Urlaubsziel für diejenigen, die Geschichte, Kultur und ein schönes grünes Umfeld zu schätzen wissen: eine anregende Mischung aus Küste und Land.

Der **Küstenstreifen** von 80 Kilometern umfasst goldene Strände, wie z. B. Cefn Sidan [kewn sidan] („Seidenrücken") bei Kidwely und Pendine bei Laugharne. Das Mündungsbecken Loughor bei Llanelli [hlanehli] ist berühmt für seine Herzmuscheln (cockles/cocos).

Das **Landesinnere** berührt im Osten den Rand der Brecon Beacons, im Norden die Cambrian Mountains und im Westen das Teifi-Tal. Attraktionen verschiedener Art sind hier zu finden: von Burgen, Museen und Kunstgalerien bis hin zu Dampfzügen und Landschaftsparks.

Carmarthenshire gehört zu den Regionen in Wales, in denen die walisische Sprache noch sehr lebendig ist.

Carmarthen/ Caerfyrddin ⌀XV/D2

[kaerwörthin]

Im Herzen von Carmarthenshire liegt Carmarthen. *Myrddin,* der walisische *Merlin,* soll hier geboren sein und gab der Stadt ihren Namen *(-fyrddin* kommt von *Myrddin).*

Die Lage am Fluss Tywi [töwi] erachteten schon die **Römer** als günstig, und

CARMARTHEN/CAERFYRDDIN/Sir Caerfyrddin

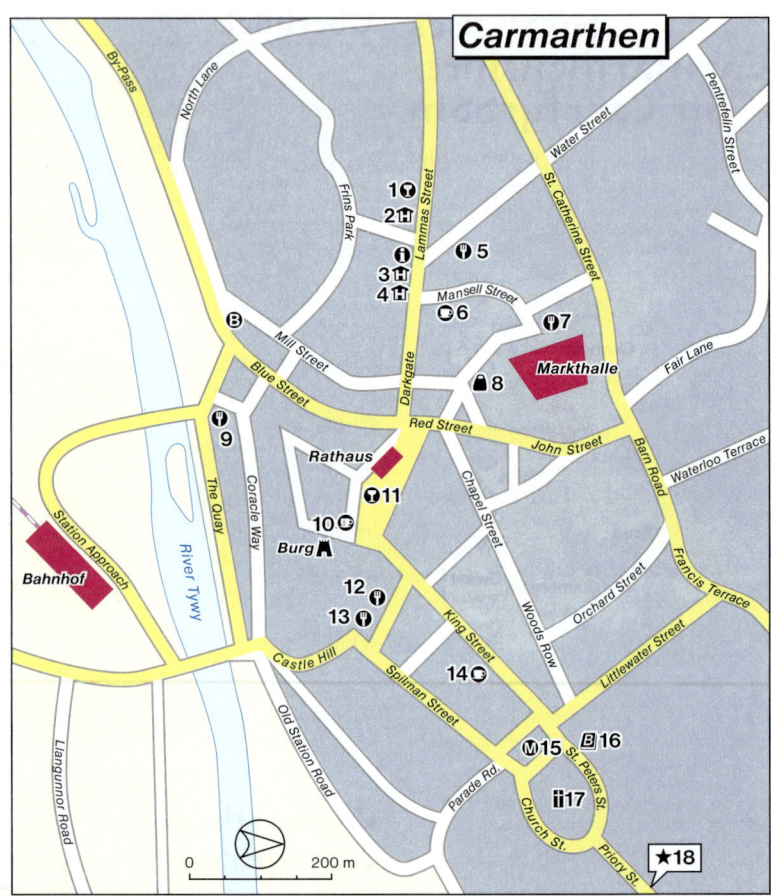

ESSEN UND TRINKEN
- 1 Drover's Arms
- 5 The Three Salmons
- 6 Caban y Dderwen
- 7 Mansel Arms
- 9 Quayside Brasserie
- 10 Caffi on the Square
- 11 Plume of Feathers
- 12 The Queens
- 13 Hamilton's Brasserie
- 14 Old Curiosity Shop

UNTERKÜNFTE
- 2 Falcon Hotel
- 3 Hotel Rose & Crown
- 4 Hotel Boar's Head

SEHENSWERTES
- 15 Oriel Myrddin
- 17 St. Peter
- 18 Amphitheater

SONSTIGES
- 8 Siop y Pentan
- 16 Library/Llyfrgell
- Touristeninformation
- Bushaltestelle

Südliches Carmarthenshire/Sir Gaerfyrddin

CARMARTHEN/CAERFYRDDIN

so errichteten sie hier ein Fort als strategisches Zentrum *(Maridunum* oder *Moridunum* war der lateinische Stadtname). Von römischer Stadtplanung zeugt noch der Stadtteil östlich der Kirche St. Peter. Nach Berichten von *Giraldus Cambrensis* aus dem 12. Jahrhundert standen zu seiner Zeit noch Teile der Mauern der Römerstadt. Heute ist davon nichts mehr zu sehen.

Im **Mittelalter** entwickelte sich Carmarthen zum administrativen Zentrum von Südwestwales. Doch auch die mittelalterlichen Stadtmauern sind nicht erhalten. Carmarthen zeigt sich heute als lebhaftes Marktstädtchen.

Sehenswertes

Das mittelalterliche Stadtzentrum entwickelte sich im Umfeld der **Burg,** die 1094 erstmalig erwähnt wurde. Im 12. und 13. Jahrhundert bei Kämpfen zwischen Engländern und Walisern mehrfach zerstört und wieder aufgebaut, gilt sie letztlich als edwardianisch. Im 14. Jahrhundert kamen das jetzige Torhaus und der Südwestturm hinzu. Nach dem Angriff *Owain Glyndŵrs* 1405 musste die Festung in Teilen wieder neu aufgebaut werden. 1456 fiel sie in den Besitz von *Edmund Tewdwr (Tudor),* dem Vater *Heinrichs VII.* Im 18./19. Jahrhundert wurde sie als Gefängnis genutzt. Heute ist nicht nicht viel von ihr erhalten.

Der hübsche Platz **Nott Square** wird vom Rathaus *(guildhall/neuadd y dref)* aus dem 18. Jahrhundert gesäumt.

Von hier ist es nicht weit bis zur großen **Markthalle** (Carmarthen Provisions Market/Marchnad Nwyddau Caerfyrddin), die zum Bummeln einlädt und in der (fast) alles zu haben ist.

In der anderen Richtung liegt die **Kirche St. Peter,** die alte Gemeindekirche von Carmarthen, die zur Zeit König *Heinrichs I.* (1100–1135) erstmals urkundlich erwähnt wurde. Die runde Form des Kirchhofs legt nahe, dass hier bereits eine vornormannische, keltische Kirche existierte. Innen steht gleich links ein römischer Altar: eine Erinnerung daran, dass sich die Kirche am westlichen Ende der ehemaligen Römerstadt befindet. Im Fußboden der Kanzel sind die Gräber von *Charlotte Augusta Catherine Dalton* (1805–1932), die Enkelin von *König Georg III.,* und dessen erster Frau *Hannah Lightfoot* eingelassen. Weitere Einzelheiten sind in einem Büchlein erklärt, das drinnen zu erwerben ist.

●Tel. (01267) 23 71 17 (Vikar), unregelmäßig geöffnet, ansonsten auf Anfrage, Eintritt frei.

Die kleine **Galerie Oriel Myrddin** gegenüber lohnt durchaus einen Blick. Die wechselnden Ausstellungen zeigen Werke von Künstlern der Gegend.
●Church Lane, Tel. (01267) 22 27 75, orielmyrddin@carmarthenshire.gov.uk, täglich 10–17 Uhr, außer Sonntags, Eintritt frei.

Weiter führt die Priory Street zu den Resten des römischen **Amphitheaters** in einem öffentlichen Park. Der Weg lohnt sich allerdings nur für an der Römerzeit Interessierte, denn das Amphitheater in Caerleon ist weitaus eindrucksvoller (siehe Kap. „Der Südosten/Monmouthshire"). Eintritt frei.

CARMARTHEN/CAERFYRDDIN
Südliches Carmarthenshire/Sir Caerfyrddin

Praktische Tipps

Touristeninformation
● 113 Lammas Street, Tel. (01267) 23 15 57, carmarthentic@carmarthenshire.gov.uk.

Internet
●**The Library/Y Llyfrgell,** St. Peter's Street, Tel. (01267) 22 48 24, Mo.–Mi., Fr. 9.30–19 Uhr, Do./Sa. 9.30–17 Uhr.

Unterkunft
Es gibt hier keine empfehlenswerten B&Bs, zu nennen sind nur ein paar Hotels:

●**Falcon Hotel**££, 112 Lammas Street, Tel. (01267) 23 71 52, www.falconcarmarthen.co.uk. Schönes Hotel , das sicher seinen Preis wert ist. Angenehme Atmosphäre.
●**Hotel Rose & Crown/Rhosyn a'r Goron**££, 150 Lammas Street, Tel. (01267) 23 77 12. Gemütlich, mit Pub. Etwas einfacher, dafür gutes Preis-Leistungs-Verhältnis.
●**Hotel Boar's Head**££, 120 Lammas Street, Tel. (01267) 22 27 89, www.boarsheadhotel.com. Die alte Postkutschenstation vermittelt ein Flair von britischem Empire.

Essen und Trinken
●**Falcon Hotel**£££ (s.o.)
●**Drover's Arms**£££, Lammas Street, Tel. (01267) 23 76 46. Rustikal.
●**Hamilton's Brasserie and Wine Bar**££–£££, 11–12 Queen Street, Tel. (01267) 23 56 31. Mit südländischem Flair.
●**Quayside Brasserie**££–£££, Towi Quay, Tel. (01267) 22 30 00. Holzmöbel, Blick auf den Fluss.
●**The Queens**££, 10 Queen Street, Tel. (01267) 23 18 00. Traditionelle Gerichte.
●**Mansel Arms**£–££, 1 Mansel Street, Tel. (01267) 23 63 85. Sehr schöner, kleiner Pub mit guten Angeboten zum Mittagessen.
●**Caban y Dderwen**£–££, 11 Mansel Street, Tel. (01267) 23 89 89. Nett und gemütlich, nur tagsüber.
●**Hotel Rose & Crown**££, (s.o.).

Cafés
●**Caffi on the Square/Caffi ar y Sgwâr,** 5 St. Mary Street, Tel. (01267) 22 22 33. Schönes Café, zentral.
●**Old Curiosity Shop,** 20a King Street, Tel. (01267) 23 23 84. Auch warme Gerichte.

Pubs
Die örtlichen Pubs sind alle traditionell und gemütlich:
●**The Queens** (s.o.)
●**Plume of Feathers,** St. Marys Square, Tel. (01267) 23 58 39. Sehr klein.
●**The Three Salmons/Y Tri Eog,** 5–6 Water Street, Tel. (01267) 23 35 77. Gemütlich.

Touristeninformation in Carmarthen

Einkaufen

- **Markthalle** (siehe „Sehenswertes")
- **Siop y Pentan,** Market Precinct, Tel. (01267) 23 50 44. Souvenirs wie z.B. Liebeslöffel.

Verkehrsverbindungen

- Zug von/nach **Cardiff.**
- Bus 460 von/nach **Cardigan,** Bus X 11 von/nach **Swansea,** Bus 322 von/nach **Haverfordwest.**

Ausflüge in die Umgebung

Llanboidy ⟨XV/C1

Westlich von Carmarthen lohnt sich bei Llanboidy ein Besuch der **Pemberton's Welsh Chocolate Farm,** wo man einiges über die Schokoladenherstellung erfahren kann. Der Eintritt gewährt auch Zugang zu weiteren Attraktionen, wie einer Filmvorführung über Kakaogewinnung und einer witzigen Ausstellung von Fossilien seltener Drachen.
- Tel. (01994) 44 88 00, www.welshchocolatefarm.com, Apr.–Okt. Mo.–Sa. 10–17 Uhr, ££.

Whitland/Yr Hendy Gwyn ⟨XV/C2

In Whitland (westlich an der A 40) erinnert das **Hywel Dda Centre** an den König *Hywel Dda* [höwel thaa], der alle Vertreter der verschiedenen walisischen Königreiche versammelte und die Einführung einheitlicher Gesetze in Wales durchsetzte, welche noch heute modern anmuten, wie etwa die gleiche Landverteilung auf Mann und Frau nach der Scheidung. Lohnend!
- Tel. (01994) 24 08 67, www.hywel dda.co.uk, im Sommer: Di.–Sa. 10.30–13.30 Uhr, Eintritt frei.

Bronwydd Arms ⟨XV/D1

Bei Bronwydd Arms (nördlich an der A 484) beginnt die **Gwili Railway** (Normalspurbahn), die ursprünglich von Carmarthen nach Aberystwyth fuhr. Heute ist bei Dan-y-coed Schluss. Die Fahrt führt durch eine idyllische Landschaft.
- Tel. (01267) 23 06 66, www.gwili-railway.co.uk. Mai–Sept. (hauptsächlich August), mehrere Fahrten täglich, £££.

Das Tywi-Tal

Von Carmarthen nach Llandeilo ⟨XVI/A1

Abergwili

Abergwili [abergwili], ein Vorort von Carmarthen, ist heute vor allem durch das große, sehr empfehlenswerte **Carmarthenshire Country Museum** bekannt. Ausstellungsstücke von der prähistorischen Zeit bis heute sind dort zu besichtigen. Für jeden Geschmack ist etwas dabei. Das Museum befindet sich neben der Kirche und ist ab der A 40 ausgeschildert.
- Tel. (01267) 22 86 96, www.carmart henshire.gov.uk, täglich außer So. 10–16.30 Uhr, Eintritt frei.

Middleton Hall bei Llanarthne

Der erst vor wenigen Jahren eröffnete **Botanische Nationalgarten** (National Botanic Garden of Wales) in Middleton Hall beeindruckt vor allem mit seinem großen Treibhaus, das wie eine gigantische Kontaktlinse im Tal des

Im Tal des Tywi

Tywi liegt. Tropische Pflanzen aus der ganzen Welt gedeihen hier.
● Tel. (01558) 66 87 68, www.garden ofwales.org.uk. März–Mai/Sept.–Okt. tägl. 10–17.30 Uhr, Juni–Aug. täglich 10–18 Uhr, Nov.–Feb. täglich 10–16.30 Uhr, ££.

Dryslwyn

Hinter dem Ort Dryslwyn [drösluin] liegt auf einem steilen Hügel die Ruine einer **Burg,** die vermutlich wie die Burg Dinefwr (siehe „Llandeilo") von *Lord Rhys (Rhys ap Gruffydd),* dem Herrscher über das walisische Königreich Deheubarth, im 12. Jahrhundert erbaut wurde.

Nach seinem Tod 1197 kämpften seine Söhne *Gruffydd ap Rhys* (gestorben 1201), *Maelgwyn ap Rhys* (gestorben 1231) und *Rhys Gryg* (gestorben 1223) um seine Nachfolge. Und nach *Gruffydds* Tod mischten sich auch noch dessen Söhne *Ieuanc ap Gruffydd* und *Owain ap Gruffydd* ein. Letztendlich erhob sich der Prinz von Gwynedd, *Llywelyn der Große,* zum

Herrscher über die Gegend und ließ hier eine Siedlung anlegen. In den 1220ern wurde die Burg erheblich erweitert, bevor sie in die Hände *Edwards I.* fiel. Der große runde Bergfried weist dieselbe Konstruktion auf wie der bei Bronllys (Brecon Beacons), Skenfrith (Monmouthshire) und Tretower (Brecon Beacons). *Edward I.* ließ einige Erweiterungen und Reparaturen vornehmen. Weitere folgten nach der Belagerung *Owain Glyndŵrs*. Im späten 18. Jahrhundert zerstörte ein Feuer die Burg, die daraufhin sich selbst überlassen blieb. Im 20. Jahrhundert wurden einige Ausbesserungen vorgenommen. Dennoch ist nicht viel erhalten. Der anstrengende Aufstieg wird durch einen wunderbaren Blick auf das Tywi-Tal belohnt. Auf der anderen Straßenseite gegenüber gibt es einen Picknickplatz mit Infotafeln.

●Tel. (029) 20 50 02 00, der Eintritt ist frei.

Llangathen

Elegant angelegt sind die **Aberglasney-Gärten** bei Llangathen. Sie gehören zu den schönsten in ganz Großbritannien. Bereits 1471 dichtete der Barde *Lewis Glyn Cothi* für den damaligen Besitzer *Rhydderch ap Rhys* eine Ode, in der ein weiß gestrichener Hof, neun Gärten, Obstgärten, Weingärten und große Eichen erwähnt werden. Um 1600 erwarb Bischof *Anthony Rudd* das Gut Aberglasney. Vermutlich wurde der Garten schon damals in seiner jetzigen Form angelegt und von späteren Besitzern erweitert und verschönert. Heute sind die Aberglasney-Gärten einzigartig in ihrer aus dem 16./17. Jahrhundert erhaltenen Struktur. Schön ist der Pflanzengarten in den Ruinen. Mit Laden und Café.

●Tel. (01558) 66 89 98, www.aberglasney.org.uk, April–Sept. tägl. 10–18 Uhr, Okt.–Mrz. tägl. 10.30–16 Uhr, £££.

Golden Grove

Gut für einen Spaziergang geeignet ist auch der **Gelli Aur Country Park** [gehli eir] bei Golden Grove (Abfahrt von der A 40 bei Broad Oak). Der Park umgibt ein Herrenhaus und schließt ein Arboretum, einen Rehpark und Naturpfade ein. Die Kleinen können sich auf dem Abenteuerspielplatz austoben. Im Besucherzentrum mit Café gibt's Informationen.

●Tel. (01558) 66 88 85, April–Sept. täglich 10.30–17 Uhr, Okt.–März tägl. 10.30–16 Uhr, Eintritt frei, Parkgebühr

Der etwas weiter südlich gelegene **Llyn Llech Owain Country Park** [hlin hlech owein], ab der A 476 ausgeschildert, bietet einige weiträumig angelegte Wege um den gleichnamigen See herum. Mit Besucherzentrum, Café und Spielplatz.

●Tel. (01269) 83 22 29. Apr.–Sept. Park tägl. 10–20 Uhr, Besucherzentrum tägl. 10–17 Uhr, Okt.–März, Park und Besucherzentrum tägl. 10–16 Uhr. Eintritt frei, Parkgebühr.

Llandeilo (Fawr) ⟋XII/A3

[hlandäilo]

Am Fuße des Black-Mountain-Gebirges/Mynydd Du [mönith dii] liegt das

DAS TYWI-TAL

kleine Marktstädtchen Llandeilo am Fluss Tywi. Der Ortsname leitet sich von **St. Teilo** ab, einem keltischen Heiligen aus dem 6. Jh., Zeitgenosse des Nationalheiligen *St. David,* der hier gestorben sein soll und dem die Kirche geweiht ist (Insgesamt sind 45 Orte *St. Teilo* gewidmet, einige davon sogar in der Bretagne).

Im 9. Jh. besaß die frühchristliche Siedlung bei der Kirche St. Teilo als Sitz eines Bischofsabts bedeutenden kirchlichen Status. Das **Gospelbuch** von St. Teilo wurde Ende des 9. Jh. nach Lichfield gebracht, wo es als „Lichfield Gospels" und „Book of St. Chad" bekannt wurde.

Im 12. Jh. kam Llandeilo unter die Schirmherrschaft des Bistums von St. David's, welches fortan für die Belange der Stadt verantwortlich war. Llandeilo entwickelte sich zum **Marktzentrum.** Bis Mitte des 19. Jh. wurde jährlich ein großer Markt im Kirchhof abgehalten, der bereits 1290 von *Edward I.* genehmigt worden war.

1219 wurde Llandeilo von *Rhys Gryg,* einem Sohn *Lord Rhys* angegriffen und zerstört. In den folgenden Jahrhunderten wurde es still um die Stadt. Erst der Anschluss an die **Eisenbahn** im 19. Jh. wirkte sich günstig auf ihre Entwicklung aus.

Sehenswertes

Die einbogige **Brücke** über den Tywi von 1848 ist *Thomas Jenkins,* einem hiesigen Maschinisten, Künstler und Tagebuchschreiber gewidmet.

Die Ruinen der **Burg Dinefwr** [dinewur] sind über den gleichnamigen Park erreichbar. Sie stammen aus dem 12. Jahrhundert, errichtet von *Lord Rhys (Rhys ap Gruffydd).*

Dinefwr war einst die wichtigste Residenz des walisischen Königreiches Deheubarth, das 920 durch Zusammenlegung der Reiche Dyfed und Seisyllwg unter *Hywel Dda* entstanden war und 1093 von den Normannen erobert wurde. Im 12. Jh. trat Deheubarth unter *Maredudd ap Gruffydd* und *Lord Rhys* für kurze Zeit wieder in Erscheinung, bevor es nach 1234 aufhörte als Königreich zu existieren.

1523 wurde die Burg aufgegeben und 1660 durch das New Castle, das heutige Newton House, ersetzt. Innen kann u.a. eine Gemäldesammlung besichtigt werden.
● Tel. (01558) 82 39 02, ££, Mitte März–Okt. Do.–Mo. 11–17 Uhr, Nov./Dez. Fr.–So 11–17 Uhr, nur Park £.

Touristeninformation
● Crescent Road car park, Tel. (01558) 82 42 26.

Unterkunft
● **The Cawdor Arms Hotel**£££, Rhosmaen Street, Tel. (01558) 82 35 00, cawdor.arms@btinternet.com. Sehr schönes, nobles Hotel mit gutem Restaurant.

Essen und Trinken
● **Cawdor Arms**££-£££ (s.o.)
● **The Angel/Y Capel Bach**££-£££, 62 Rhosmaen Street, Tel. (01558) 82 27 65. Gutes Essen, eingerichtet wie ein Pub.

Pubs
● **The Angel** (s.o.)
● **Castle Hotel**£-££, 113 Rhosmaen Street, Tel. (01558) 82 34 46. *Barmeals,* eigenes Bier *Watkins.* Mit offenem Kamin.

Atlaskarte S. XII Südliches Carmarthenshire/Sir Caerfyrddin **DAS TYWI-TAL** 317

- **White Horse,** 125 Rhosmaen Street, Tel. (01558) 82 24 24. Gemütlich, alte Kutschstation.

Verkehrsverbindungen
- Zug von/nach **Llanelli** und **Shrewsbury.**
- Bus 280 von/nach **Carmarthen**, Bus X13 von/nach **Swansea**, Bus 280 von/nach **Llandovery.**

Y Garn Goch [ö garn gooch]
Von Bethlehem führt ein Abstecher (ausgeschildert) zum ca. 4000 Jahre alten Fort Y Garn Goch, dem größten Fort in Wales.

Abtei Talley/Talyllychau
Im Norden Llandeilos (B 4302) ist der Ort Talley von grünen Hügeln umgeben und kann mit zwei kleinen Seen aufwarten. Einsam liegen die Ruinen der Abtei aus dem 12. Jahrhundert. Was noch steht, sind zwei Mauern des Hauptturms, die die Reste des Schiffes überragen. Die Abtei wurde in den 1180ern von *Lord Rhys* gegründet. Nach der Auflösung der Klöster durch *Heinrich VIII.* zerfiel sie. Anbei befindet sich die Kirche St. Michael.
- Tel. (01558) 68 54 44, frei zugänglich, Eintritt frei

Essen und Trinken/Pub
- **Edwinsford Arms**£-££, Tel. (01558) 68 52 54. Traditioneller, großer Pub mit Natursteinwänden. *Barmeals.*

Goldminen Dolaucothi ⚐XII/A2
Noch weiter nördlich an der A 482 liegen die Goldminen Dolaucothi [dolekothi] beim Ort Pumsaint. Der Name *Pumsaint* [pimseint] bedeutet **„Fünf Heilige".** Nach der Legende verbrachten die heiligen *Gwyn, Gwyno, Gwynoro, Celynin* und *Ceitho* hier die Nacht, als sie vor einem Sturm Schutz suchten. Die Einkerbungen im Felsen sollen die Spuren der Schultern der fünf schlafenden Heiligen sein.

Pumsaint ist der einzige Ort, wo die **Römer** erwiesenermaßen nach Gold schürften. Sie nannten die Goldmine *Luentinum* und das Römerfort *Album.* Ein paar Wasserkanäle und eine offene Gussmine sind aus dieser Zeit erhalten. Nachdem die Römer die Mine verlassen hatten, blieb sie bis 1888 ungenutzt. Danach erwies sie sich bald als unrentabel.
- Tel. (01558) 65 01 77, dolancothi@nationaltrust.org.uk, April–Okt., täglich 10–17 Uhr, ££.

Verkehrsverbindungen
- Bus 215 von/nach **Carmarthen** und **Llandysul.**

Llandovery/Llanymddyfri

[hlanömthöwri] ⚐XII/A3

Die kleine Stadt am Rande der Brecon Beacons ist römischen Ursprungs. Im 18. und 19. Jahrhundert war sie ein wichtiges Zentrum für den **Viehhandel.** Die großen Herden wurden von hier aus über die Hügel nach England getrieben. Das Bankgebäude von „Lloyds" gehörte einst der „Bank of the Black Ox", die 1799 von Viehtreibern gegründet wurde und eigene Banknoten hatte. Vieh und Bauern gehören in Llandovery auch heute noch zum alltäglichen Bild.

Der walisische Ortsname geht auf *llan ymlith y dyfroedd* zurück, was „Kirche inmitten der Wasser" bedeutet.

Llandovery ist ein guter Ausgangspunkt für Ausflüge in den Nationalpark der Breacon Beacons.

Sehenswertes

Von der normannischen **Burg** ist nicht viel übrig geblieben. 1116 unter *Richard Fitz Pons* errichtet, wurde sie schon bald von dem Waliser *Gruffydd ap Rhys* wieder zerstört. 1277 fiel sie nach einigen Kämpfen zwischen Normannen und den Gefolgsleuten von *Lord Rhys* schließlich an *Edward I.* Aus dieser Zeit stammt der erhaltene Hauptturm. 1282 gehörte sie für kurze Zeit *Llywelyn dem Letzten*. Es folgten die Attacken *Owain Glyndŵrs*. Die weiteren Zerstörungen sind auf den Bürgerkrieg zurückzuführen.
- Frei zugänglich, Eintritt frei.

Das **Llandovery Heritage Centre** ist im Ty Llwyd („Graues Haus") untergebracht, das 1750 als Stallanlage entstanden war. Es beherbergt heute eine kleine Ausstellung über die Heimatgeschichte. Kopfhörerführung möglich.
- Kings Road, Tel. (01550) 72 06 93, tägl. 10–13 Uhr und 13.45–17.30 Uhr, im Winter bis 16 Uhr und So. geschlossen, Eintritt frei.

Touristeninformation

- Kings Road (neben dem Heritage Centre), Tel. (01550) 72 06 93, llandovery.tic@brecon beacons.org.

Internet

- **The Library/Y Llyfrgell,** Town Hall, Market Square, Tel. (01550) 72 16 26, Mo./Mi. 14–17 Uhr, Fr. 10–12, 14–18 Uhr, Sa. 9.30–11.30 Uhr.

Unterkunft

- **Castle Hotel**££–£££, Broad Street, Tel. (01550) 72 03 43, www.llandoverycastle.co.uk. Schönes Hotel, in dem schon der Schriftsteller *George Borrow* übernachtete (siehe „Literaturhinweise" im Anhang).
- **B&B The Drovers**££, 9 Market Square, Tel. (01550) 72 11 15. www.droversllandovery. co.uk. Aus dem 18. Jahrhundert. Sehr schöne Zimmer.
- **Penygawse Victorian Guest House**££, 12 High Street, Tel. (01550) 72 17 27, www. penygawse.com. Schöne Unterkunft in georgianischem Haus. Mit Café.

Camping

- **Erwlon,** ein Kilometer östlich über die A 40, Tel. (01550) 72 03 32, peter@erwlon.fsnet. co.uk. Ruhiger, kleiner Platz.

Essen und Trinken

- **Castle Hotel**££–£££ (s.o.)
- **The Blue Bell**££, 18 High Street, Tel. (01550) 72 17 97. Traditionelle Gerichte, relativ groß.
- **The Whitehall Hotel/Y Neuadd Wen**£–££, 1 High Street, Tel. (01550) 72 11 39. *Barmeals* im traditionellen Pub, mit Außengastro.

Pubs

- **The Whitehall Hotel** (s.o.)
- **The Bear Inn,** Market Square (Eingang an der Kings Road), Tel. (01550) 72 07 28. Einfacher, traditioneller Pub mit Billard.

Einkaufen

- **Craft Centre/Canolfan Grefftau,** 6 Market Square, Tel. (01550) 72 16 62, tägl. (außer So.) 10–17 Uhr. Mehrere Geschäfte.

Burg Laugharne

Verkehrsverbindungen

- Zug von/nach **Llanelli** und **Shrewsbury**.
- Bus 714 von/nach **Brecon,** Bus 280 von/nach **Carmarthen,** Bus 288, 289 von/nach **Lampeter.**

Die Küste

Pendine/Pentywyn ⇗XV/C2

[pentöwin]

Der **Sandstrand** des bei Engländern beliebten Ferienorts erstreckt sich auf über 13 Kilometer. In den 1920er Jahren unternahmen Piloten hier viele Rekordversuche in Landegeschwindigkeit. 1933 starteten *Amy* und *Jim Molli-son* von Pendine aus ihren historischen Flug nach Neufundland. Dieses und mehr ist im **Museum of Speed** zu erfahren, wo eine Reihe von Pokalen und Oldtimer-Motorrädern ausgestellt sind. Zusätzlich gibt es auch eine Videovorstellung.

- Tel. (01994) 45 34 88, Ostern–Okt., tägl. 10–13 Uhr und 13.30–17 Uhr, Eintritt frei.

Laugharne/Talacharn ⇗XV/C2

[talacharn] www.laugharne.co.uk

Die ersten Anzeichen menschlicher Besiedlung Laugharnes sind Gräber aus der Trinkbecherkultur, die bei Orchard Park und Coygan gefunden wur-

DIE KÜSTE

Südliches Carmarthenshire/Sir Caerfyrddin

den. Bei Ausgrabungen in der einst von den Normannen errichteten Burg hat man auch Scherben römischer Töpferei entdeckt – die damalige Römerstadt Carmarthen war nicht weit. Es gab Verbindungen nach Landsker im Süden Pembrokeshires, was Sprache und Architektur des Ortes beeinflusste: In einer Gegend, wo sonst viel Walisisch gesprochen wird, ist Laugharne englischsprachig. An den Besuch König *Heinrichs II.* 1172 erinnert noch heute die King Street.

Das Wohnhaus von Dylan Thomas in Laugharne

Der romantische kleine Ort westlich der Mündung des Taf ist heute vor allem als **Dylan Thomas'** letzte Wohnstätte bekannt, hat aber noch einige weitere Sehenswürdigkeiten zu bieten.

Sehenswertes

Die am Wasser gelegene, im 12./13. Jahrhundert errichtete **Burg** wurde zur Tudor-Zeit zu einem eleganten Herrenhaus umgebaut. 1584 übergab Königin *Elisabeth I.* sie an *Sir John Perrott*, der ein illegitimer Sohn von *Heinrich VIII.* gewesen sein soll. Im 17. Jahrhundert während des Bürgerkrieges zerstört, befinden sich heute hübsche Gärten in der Ruine.

- King Street, Tel. (01994) 42 79 06, April–Sept., tägl. 10–17 Uhr, £.

Atlaskarte S. XV Südliches Carmarthenshire/Sir Caerfyrddin **DIE KÜSTE**

Der unbestrittene Höhepunkt eines Besuches in Laugharne ist das Bootshaus von *Dylan Thomas* (siehe Kap. „Land und Leute/Kunst/ Dichtkunst"), anbei das kleine Wohnhaus, in dem er mit seiner Frau *Caitlin* und seinen drei Kindern lebte. Das **Museum Dylan Thomas' Boathouse Heritage Centre** gibt eine gute Übersicht über das Leben des Schriftstellers.
- Tel. (01994) 42 74 20, www.dylanthomasboathouse.com, Mai–Okt. tägl. 10–17.30 Uhr, Nov.–Apr. tägl. 10.30–15.30 Uhr, £.

Unterkunft
- **B&B Swan Cottage**£, 20 Gosport Street, Tel. (01994) 42 74 09. Kleines, nettes B&B.

Camping
- **Ants Hill** (circa einen Kilometer nördlich), Tel. (01994) 42 72 93, antshill@tinyworld.co.uk. Gepflegter kleiner Platz, gute Ausstattung.

Essen und Trinken
- **Wine Bar Tapas**££, Market Lane, Tel. (01994) 42 77 77. Hübsches Restaurant mit kleinen Gerichten.
- **The Portreeve's Tavern & Restaurant**£££, Market Square, Tel. (01994) 42 74 76. Gemütlich, Pubähnlich. Traditionelle walisische Gerichte.
- **The Owl & Pussycat**££, 3 Grist Square, Tel. (01994) 42 77 42. Nettes Restaurant.

Pubs
- **The New Three Mariners**, Victoria Street, Tel. (01994) 42 74 26. Traditioneller, einfach.

Einkaufen
- **Antiquariat Corran Books**, King Street, Tel. (01994) 42 74 44. Hier sind Prospekte über Wales erhältlich.
- **World of Wales**, 3 Market Street, Tel. (01994) 42 76 32. Souvenirs aus Wales.
- **Choices gift shop**, 1 Grist Square, Tel. (01944) 42 76 97. Viele Bücher von *Dylan Thomas*, Silberschmuck.

Verkehrsverbindungen
- Bus 222 von/nach **Pendine** und **Carmarthen**.

Llansteffan ↗XV/D2

[hlanstefan]

Der kleine, idyllische und gepflegte Ort liegt an der Spitze einer Halbinsel, die von den Mündungen des Taf und des Tywi gebildet wird. Man blickt von hier hinüber nach Ferryside. Die große Burg ist einen Besuch wert. Llansteffan ist ideal für den, der es ruhiger mag und sich gern an weniger bekannten Flecken aufhält.

Sehenswertes
Einen schönen Blick auf die große **Burgruine** (11.–13. Jahrhundert) hat man vom Strand aus. Der Weg hinauf lohnt sich aber trotzdem. Man kann in der Ortsmitte parken. Zwei Pfade führen dann nach oben. 1146 eroberten die walisischen Prinzen von Deheubarth die Burg von den Normannen. 1189 wurde sie erneut eingenommen, diesmal unter der Führung von *Lord Rhys*. Kurze Zeit später fiel sie in die Hände der englischen Monarchen. *Heinrich II.* überließ sie der normannischen Familie *Norman de Camville*, die einige Anbauten vornahm. Nach den Attacken von *Owain Glyndŵr* im frühen 15. Jahrhundert übergab der englische König die Burg an *Jasper Tewdwr (Tudor)*, der zwar einige Reno-

Strand von Llansteffan

vierungen vornehmen, sie aber bald danach verfallen ließ.
●Tel. (01267) 24 17 56, uneingeschränkter Zugang, Eintritt frei.

Spaziergang

Unterhalb der Burg, wo die Straße endet, biegt man am Schild „Plas Estate/Ystad y Plas" schräg links in den Wald ein. Der Weg führt bald parallel zur Küste zu einem Bach. Zuvor biegt man rechts ab. Die erste Holztür links in der Mauer führt zur heiligen **Quelle St. Anthony's Well.** Im 6. Jahrhundert lebte hier ein Geistlicher namens *Anton,* der vermutlich mit dem Wasser dieser Quelle viele Menschen taufte.

Unterkunft
●**Sticks Hotel**£, Tel. (01267) 24 13 78, www.stickshotel.co.uk. Einfache Unterkunft, zentral gelegen.

Essen und Trinken/Pubs
●**Castle Inn**££, The Square, Tel. (01267) 24 12 25. Traditioneller Pub, Natursteinwände, gemütlich. Außengastro.
●**Sticks Inn**££ (s.o.). Traditioneller Pub mit *barmeals,* etwas einfacher.

Strand
●Sehr schöner Sandstrand an der Flussmündung. Parken kostenlos. Einsam und ruhig. **Achtung:** Die Strömungen können hier gefährlich sein, wenn man zu weit rausschwimmt!

Verkehrsverbindungen
●Bus 227 von/nach **Carmarthen.**

Kidwelly/Cydweli   ⌖XV/D2

[kidweli] www.kidwelly.gov.uk

Kidwelly erhielt seine erste Gründungsurkunde bereits unter *Heinrich I.* (1068–1135) und ist daher eine der ältesten walisischen Städte. Außer der

Burg sind keine Originalgebäude aus dieser Zeit erhalten. Im 19. Jahrhundert war Kidwelly ein wichtiger Handelshafen und einer von Großbritanniens größten Weißblechherstellern. Trotz seiner Sehenswürdigkeiten trifft man im Ort nur wenige Touristen.

Sehenswertes

In Kidwelly befindet sich eine der besterhaltenen normannischen Burgen Wales'. Der heutige Steinbau stammt aus dem 13. Jahrhundert. Im 12./13. Jahrhundert war die **Festung** mehrmals in walisischem Besitz. Mitte des 13. Jahrhunderts gehörte sie der Chaworth-Familie. Durch Heirat fiel Kidwelly 1298 an *Heinrich*, Graf von Lancaster. Im frühen 14. Jahrhundert entstanden die heutigen mächtigen Außenmauern. Im Bürgerkrieg spielte Kidwelly kaum eine Rolle. Bemerkenswert ist das große Torhaus. Lohnend!
- Tel. (01554) 89 01 04, Apr./Mai tägl. 9.30–17 Uhr, Jun.–Sept. tägl. 9.30–18 Uhr, Oktober täglich 9.30–17 Uhr, Nov.–März Mo.-Sa. 9.30–16 Uhr, So. 11–16 Uhr, £.

Die **Kirche St. Mary the Virgin** aus dem 14. Jahrhundert geht auf ein Benediktinerkloster zurück – eine der wenigen, die die Zerstörungswut unter *Heinrich VIII.* überlebte. Bemerkenswert ist die Turmspitze: eine spätere Zugabe zu dem Kirchturm aus dem 13. Jahrhundert.
- Tel. (01554) 89 02 95

Das **Industriemuseum** zeigt in einer kleinen Ausstellung, wie bis in die 1950er Jahre Weißblech hergestellt wurde. Die Produktion begann 1937, die Werke schlossen 1941. Der Weg zum Museum ist ausgeschildert.
- Broadford, Tel. (01267) 23 16 91, Ostern–Sept., Mo.–Fr. 10–17 Uhr, Sa./So. 12–17 Uhr, Eintritt frei.

Pub

- **The Boot and Shoe Inn**, 2 Castle Street, Tel. (01554) 89 13 41. Kleiner, traditioneller und rustikaler Pub bei der Burg.

Strand

- Der **Sandstrand Cefn Sidan** an den Flussmündungen des Cynin, des Tywi und des Gwendraeth ist einer der schönsten in Carmarthenshire. Aber auch hier sollte man wegen der Strömungen nicht zu weit hinausschwimmen!

Verkehrsverbindungen

- Zug von/nach **Carmarthen** und **Swansea**.
- Bus 198 von/nach **Carmarthen,** Bus 111 von/nach **Llanelli.**

Burry Port/Porth Tywyn

[porth töwin] ⌫XV/D3

In der Nähe von Burry Port landete *Amelia Earhart,* die erste Frau, die über den Atlantik flog. Ausführliche Informationen anhand von Tafeln und Zeitungsausschnitten dazu gibt es im Pub zu sehen.

Essen und Trinken/Pub

- **The George**££, 13 Stepney Road, Tel. (01554) 83 22 11.

DER SÜDOSTEN

Atlaskarten S. XII-XIII, XVI, XVIII

DER SÜDOSTEN 325

Der Südosten

Wasserfall Sgwd-yr-Eira bei Ystradfellte

Kanal bei Brecon

Burg Caerphilly

Glamorgan/ Sir Forgannwg

[siir worgannug]

Überblick

Gegensätzlicher geht es fast nicht: das eher liebliche Hügelland westlich von Cardiff und die idyllische Halbinsel Gower westlich von Swansea steht im Kontrast zu den beiden Großstädten und den Tälern (The Valleys/Y Cymoedd), den einstigen Zentren der Kohle- und Metallindustrie. Und mittendrin thront das größte Schloss von Wales, das spektakuläre **Castle von Caerphilly.**

Swansea/Abertawe

[abertau-e] ⌐XVI/B2

Swansea ist das Tor zur Halbinsel Gower. Die Ursprünge der Stadt gehen in die **Wikingerzeit** zurück: *Swansea* bedeutet *Sveinns ey,* also „Sveins Insel". Der walisische Name *Abertawe* heißt dagegen „Mündung des Tawe".

1099 wurde hier eine normannische Burg errichtet. Durch nahe gelegene Bodenschätze entwickelte sich Swansea schon früh zur **Industriestadt:** Um 1700 besaß sie den größte Kohlehafen von Wales. Im 18. Jahrhundert war Kupfer der wichtigste Rohstoff. Die Docks der Hafenstadt wurden im 19. Jahrhundert ausgebaut, exportiert wurden neben Kohle und Kupfer auch Zinnbleche und Porzellan.

Auf einem Tagesausflug kann man die guten **Einkaufsmöglichkeiten** der Stadt nutzen und eine Reihe interessanter **Museen** besuchen.

Stadtplan S. 328, Atlaskarte S. XVI

Glamorgan/Sir Forganrwg

SWANSEA/ABERTAWE

Sehenswertes

Ein Rundgang durch die Innenstadt

Vom Bahnhof her gelangt man über die Alexandra Road zur edwardianischen **Glynn Vivian Art Gallery**. In verschiedenen Abteilungen wird hier moderne walisische Kunst und Porzellan präsentiert, ergänzt durch interessante Sonderausstellungen.

●Alexandra Road, Tel. (01792) 51 69 00, www.glynnviviangallery.org, Di.–So. 10–17 Uhr, Eintritt frei.

Zurück Richtung Bahnhof und dann scharf rechts in die High Street geht es direkt zur **Ruine der normannischen Burg**, die 1116 erstmals erwähnt und bereits im 15. Jh. zerstört wurde. Der Castle Square ist mit modernen Gebäuden bebaut, so dass es schwer fällt, sich die ursprüngliche Umgebung der Burg vorzustellen. Sie steht auf einem Felsen, unterhalb dessen früher der Tawe floss. Dieses war die niedrigste Stelle im Fluss. Die südliche Hauptreiseroute von Ost- nach Westwales führte hier vorbei. Erhalten ist nur ein kleiner Teil der ursprünglichen Burg, die im 13. Jh. von der Welcome Lane bis zur Caer Street und im Wes-

Der Kohleabbau in Wales

Es gibt zwei **Kohlefelder** in Wales. Das südliche reicht von Pontypool im Osten bis zur St. Bride's Bay im Westen. Das nördliche Kohlefeld geht vom Point of Ayr an der Mündung des Dee bis Hawarden und Broughton bei Chester. Das südliche ist jedoch das bei weitem bedeutendere.

Der erste Hinweis auf Kohleabbau, in der Nachbarschaft von Saudersfoot in Pembrokeshire, stammt von 1324. Es dauerte jedoch bis ins 16. Jahrhundert, bis dieser Wirtschaftszweig Bedeutung erlangte. Am Anfang verdienten sich die Bauern damit nebenher ein Zubrot.

Die **industrielle Revolution** des 18. Jahrhunderts hatte die Nachfrage nach Kohle und Metall erheblich gesteigert. Diese wurde nun in großen Mengen in Südostwales in den Tälern abgebaut. Während hier 1855 circa 8,5 Millionen Tonnen Kohle gewonnen wurden, waren es 1913 schon 57 Millionen Tonnen: ein Fünftel der Gesamtproduktion Großbritanniens. Es gab 620 Kohlegruben, in denen 2320 Menschen beschäftigt waren. Die Gegend erfuhr eine massive Einwanderung von Arbeitern aus ländlichen Gebieten. Für die meisten Familien war das Leben jedoch sehr hart. Das große Geld machten nur einige wenige.

1930 fiel die Produktion auf 45 Millionen Tonnen, 1939 auf 35 Millionen, 1945 auf 20 Millionen, bis es schießlich 1975 nur noch 8,5 Millionen Tonnen aus 42 Minen waren, die 30.800 Arbeiter beschäftigten. Die Gebäude der **stillgelegten Gruben** wurden abgerissen und die Schäfte zugeschüttet. Die wenigen noch erhaltenen und heute zu besichtigenden sind Big Pit (siehe Kap. „Monmouthshire/Abergavenny") und Lewis Merthyr im Rhondda Heritage Park.

Der Kohleabbau wirkte sich auch nachhaltig auf die **Landschaft** aus. Aus einst lieblichen Flusstälern ist eine von den Industriearbeitern dicht besiedelte Gegend geworden. Die Hügel wirken schwärzlich. Heute, nach der Schließung der Bergwerke, bemüht man sich, die Natur wieder attraktiver zu machen. Die traurig wirkenden Industrieorte, wo Reihenhäuser die Hügel hinauf und hinab gleichförmig nebeneinander stehen, sind aber geblieben – ein Gebiet großer Arbeitslosigkeit und Massenarmut, wenngleich ein Teil der Bevölkerung abgewandert ist.

SWANSEA/ABERTAWE

UNTERKÜNFTE
- 5 Tudor Court Hotel
- 6 Sandpiper Guest House
- 7 The Oyster Hotel
- 11 Windsor Lodge Hotel

ESSEN UND TRINKEN
- 10 Eleo's Brasserie
- 14 Chelsea Cafe & Restaurant
- 16 No Sign Wine Bar
- 17 La Brasseria
- 18 The Schooner
- 22 Queens Hotel
- 24 The Pump House
- 26 Hanson's Restaurant

SEHENSWERTES
- 1 Taliesin Arts Centre
- 2 Ägyptisches Museum
- 12 Glynn Vivian Art Gallery
- 15 Burg
- 19 Dylan Thomas Centre
- 20 Environment Centre
- 21 Swansea Museum
- 23 Mission Gallery
- 25 Tramway Centre
- 26 National Waterfront Museum

SONSTIGES
- 3 Patti Pavillon
- 4 Brangwyn Hall
- 8 Grand Theatre
- 9 Oxford Street
- 13 Parc Tawe
- Touristeninformation

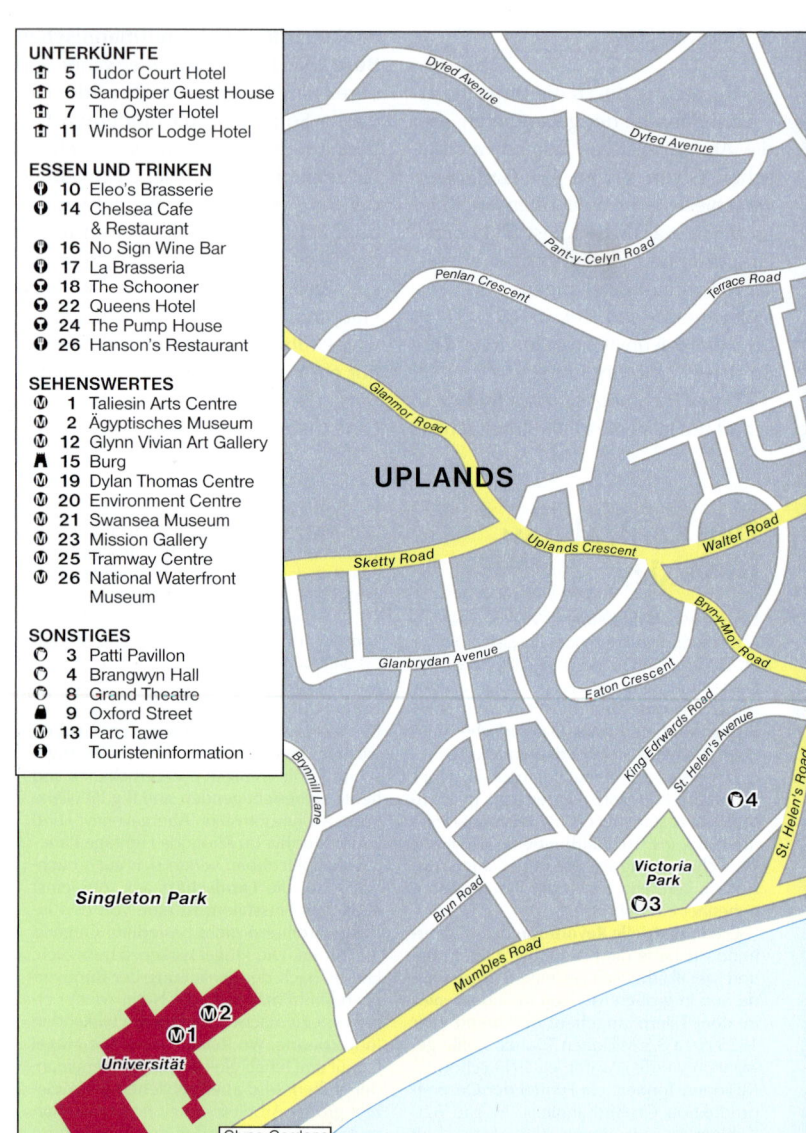

ten fast bis zum Princess Way reichte. Die Ruinen sind frei zugänglich.

Hinter der Burguine befindet sich im Einkaufs- und Vergnügungszentrum **Parc Tawe** das Glashaus **Plantasia,** eine tropische Welt mit exotischen Gewächsen, Schmetterlingen, Reptilien und Insekten.
● Tel. (01792) 47 45 55, www.plantasia.org, Feb.–Nov. tägl. 10–17 Uhr, Dez./Jan. Di.–So. 10–17 Uhr, ££.

Vom Castle Square, die Burgruine im Rücken, geht es von der linken Ecke (parallel der Haupteinkaufsstrasse Oxford-Street) direkt zur **Markthalle** (Swansea Indoor Markets), deren Atmosphäre man sich nicht entgehen lassen sollte. Das breite Angebot an frischen Lebensmitteln reicht von Spezialitäten wie lokalen Herzmuscheln *(cockels/cocos),* gekocht und ohne Schale, über gekochten Seetang *(laverbread/bara lawr)* bis zu walisischem Käse *(Welsh cheese/caws Cymreig).* Manche Einheimische essen bereits zum Frühstück *cockles* und *laverbread.*

Besichtigung des Hafenviertels

Vom Castle Square führt die Wind Street über den Somerset Place zum **Dylan Thomas Centre.** Neben einer beeindruckenden Dauerausstellung findet man dort ein Antiquariat mit günstigen Preisen und ein Café, £–££.
● Tŷ Llên, Somerset Place, Tel. (01792) 46 39 80, www.dylanthomas.com, tägl. 10–16.30 Uhr, Eintritt frei.

In der Parallelstraße Pier Street liegt das **Environment Centre,** mit wechselnden Ausstellungen zur Ökologie der Region.
● Tel. (01792) 48 02 00, www.environmentcentre.org.uk, Mo.–Fr. 10–16 Uhr, Eintritt frei.

Zurück zur Adelaide Street, dann links und am Queens Hotel rechts gelangt man zur **Mission Gallery** mit einer kleinen Ausstellung moderner Kunst.
● Gloucester Place, Tel. (01792) 65 20 16, tägl. 11–17 Uhr, Eintritt frei.

Ein paar Schritte weiter liegt der **Dylan Thomas Square,** auf dem der Dichter als Bronzestatue vor dem Dylan Thomas Theatre sitzt und auf die Docks blickt.

Am South Dock befindet sich das kleine **Swansea Museum Tramway Centre,** erster Personenzug der Welt, mehrere Straßenbahnen.
● Tel. (01792) 47 54 07, im Sommer Di.–So. 10–16 Uhr, im Winter 10–12, 14–16 Uhr, Eintritt frei.

Das **National Waterfront Museum/Amgueddfa Genedlaethol y Glannau.** 15 Ausstellungen zur Industriegeschichte von Wales sind zu besichtigen. Auch für Kinder lohnend.
● Tel. (01792) 63 89 50, www.waterfrontmuseum.co.uk, tägl. 10–17 Uhr, Eintritt frei.

Zum würdigen Abschluss kehrt man nun Richtung Queens Hotel zurück und gelangt links zum sehr sehenswerten **Swansea Museum.** Die verschie-

Frischer Fisch in der Markthalle von Swansea

denen Ausstellungen behandeln die Geschichte der Region von den Urzeiten bis heute. Besonders lohnend ist die archäologische Abteilung.
● Victoria Road, Tel. (01792) 65 37 63, www.swanseaheritage.net, Di.–So. 10–17 Uhr, Eintritt frei.

Das Univiertel

Die Universität von Swansea beherbergt das sehr sehenswerte **Ägyptische Museum** (Egypt Centre/Canolfan Eifftaidd): eine kleine Ausstellung mit Originalstücken.
● University of Wales, Swansea, Tel. (01792) 29 59 60, www.svansea.ac.uk/egypt, Di.–Sa. 10–16 Uhr, Eintritt frei.

Im **Taliesin Arts Centre** ist neben einem Kino und Veranstaltungsräumen auch die Ceri Richards Gallery mit Gemälden (wechselnde Ausstellung), Glaswaren, Schmuck und Kunstkarten untergebracht.
● Arts Centre: Tel. (01792) 29 68 83, www.taliesinartscentre.co.uk, je nach Veranstaltungen geöffnet, Galerie: Tel. (01792) 29 55 26 oder 60 20 60, Mo.–Fr. 10–18 Uhr, Sa. 12–15, 15.30–18 Uhr, Eintritt frei.

Spaziergänge

Swanseas Parks liegen alle im Westen der Stadt. Im kleinen **Victoria Park** befindet sich der Patti Pavillon, ein Geschenk der Opernsängerin *Adelina Patti* von 1918. In der Nähe liegt auch der große **Singleton Park** bei der Universität. Die großen **Clyne Gardens** sind circa zwei Kilometer westlich, im Mai mit besonders schönem Rhododendron. Parkgebühr.

Praktische Tipps

Touristeninformation
● Plymouth Street (beim Busbahnhof), Tel. (01792) 46 83 21, tourism@swansea.gov.uk.

Unterkunft
● **Windsor Lodge Hotel**£££, Mount Pleasant, Tel. (01792) 64 21 58, www.windsor-lodge.co.uk. Schönes, gepflegtes Hotel in ruhiger Lage, fünf Minuten zum Stadtzentrum. Hier wohnte auch der amerikanische Ex-Präsident *Jimmy Carter*.

Entlang der Oystermouth Road gibt es zahlreiche einfache, preiswerte Unterkünfte. Man muss allerdings den Verkehrslärm und circa 20 Minuten Fußmarsch in die Innenstadt in Kauf nehmen. In der Nähe gibt es traditionelle Pubs für den Schlaftrunk.
● **The Oyster Hotel**£, 262 Oystermouth Road, Tel. (01792) 65 43 45. Mit Bar.
● **Sandpiper Guest House**£, 266 Oystermouth Road, Tel. (01792) 65 38 59.
● **Tudor Court Hotel**£, 302-304 Oystermouth Road, Tel. (01792) 65 03 89.

Essen und Trinken
Die Wind Street bietet zahlreiche Einkehrmöglichkeiten. Alle anderen Lokale liegen weiter verstreut.
● **Hanson's Restaurant**£££, Pilot House Wharf, Trawler Road, Tel. (01792) 46 62 00. Modernes Restaurant im Hafenviertel. Hier verkehrt Schauspielerin *Catherine Zeta-Jones* mit ihrem Gatten *Michael Douglas*.

Pump House mit Dylan-Thomas-Denkmal

● **Chelsea Cafe & Restaurant**££-£££, 17 St. Mary Street (nahe Wind Street), Tel. (01792) 46 40 68. Modern eingerichtet.
● **La Brasseria**££, 28 Wind Street, Tel. (01792) 46 53 00. Sehr schönes Restaurant, dunkel und rustikal, mit spanischer Küche.
● **No Sign Wine Bar**£-££, 56 Wind Street, Tel. (01792) 46 61 10. Ältester Pub in Swansea, über 300 Jahre alt. Hier verkehrte auch *Dylan Thomas*.
● **Eleo's Brasserie**£-££, 32-33 The Kingsway, Tel. (01792) 64 86 09. Pubähnliche Einrichtung in dunklem Holz. Mittags besonders preisgünstige Angebote.

Pubs
● **No Sign Wine Bar** (s.o.)
● **The Schooner,** 4 Prospect Place (beim Dylan Thomas Centre), Tel. (01792) 41 10 24. Netter, kleiner, rustikaler Pub mit preiswertem Mittagessen.
● **Queens Hotel,** Gloucester Place, Tel. (01792) 52 15 31. Netter, großer, traditioneller Pub an der Ecke.
● **The Pump House,** Dylan Thomas Square, Tel. (01792) 65 10 80. Hier kann man gut im freien sitzen, und das Treiben an den Docks beobachten.

Einkaufen
● Swansea bietet sehr gute Einkaufsmöglichkeiten. Die Haupteinkaufsmeile ist die **Oxford Street** mit zahlreichen Konsumtempeln in den Seitenstraßen.
● Auch im **Parc Tawe** gibt es zahlreiche Geschäfte.
● Wer die modernen Läden satt hat, geht zum Shopping in die **Markthalle** (siehe „Sehenswertes").

Theater und Konzert
● **Grand Theatre,** Singleton Street, Tel. (01792) 47 57 15, www.swanseagrand.co.uk. Gutes Provinztheater.
● **Brangwyn Hall,** The Guildhall, South Road, Tel. (01792) 63 54 89. Große Konzerthalle.
● **Taliesin Arts Centre,** Singleton Park, Tel. (01792) 29 68 83. Theater, Musik und Film.
● **Patti Pavillon,** Victoria Park, Tel. (01792) 47 77 10. Musik und Theater.

Atlaskarte S. XXII-XXIII

DIE HALBINSEL GOWER/GŴYR

Verkehrsverbindungen

- Es fahren zahlreiche Busse durch ganz Südwales, die mit einem besonderen Angebot, dem **First Day Swansea Bay Ticket** für Swansea, Gower und Neath, genutzt werden können (im Bus zu kaufen). Weitere günstige Offerten gibt es für Fahrten nach Cardiff. Infos: traveline cymru, Tel. (0870) 60 826 08, www.firstgroup.com.
- Zug von/nach Fishguard, Cardiff und weiter nach England.
- Bus X40 von/nach **Cardiff** und **Carmarthen** Bus X11 von/nach **Carmarthen**, Bus 63 von/nach **Brecon**, Bus 775 von/nach **Merthyr Tydfil**, Bus X5 von/nach **Neath**.

Die Halbinsel Gower/Gŵyr XXII-XXIII

[gwiir]

Wer Swansea besucht, sollte sich auch einen Abstecher auf die Halbinsel Gower nicht entgehen lassen. Hier kann man vom Stadtleben und Industrieflair richtig gut abschalten. 1956 wurde Gower zu *„Britain's first Area of Outstanding Beauty"* (als außerordentlich schönes Gebiet Großbritanniens) erklärt. Wenn es auch heutzutage nicht mehr ganz so wild und einsam ist, so bieten sich dem Besucher doch immer noch schöne Landschaften, traumhafte Sandstrände im Süden, eine Reihe von Sehenswürdigkeiten und gute Einkehr-

DIE HALBINSEL GOWER/GWYR

und Übernachtungsmöglichkeiten, die im Folgenden als Rundfahrt im Uhrzeigersinn beschrieben werden.

Eine Rundreise

Von den Viktorianern entdeckt und bis heute ein beliebter Ferienort, bildet **The Mumbles** von Swansea kommend das Tor nach Gower. An der langen Promenade gibt es zahlreiche Pubs und Geschäfte. Der Ort lässt mediterrane Gefühle aufkommen. Der Leuchtturm von 1793 steht auf Mumbles Head, der Südostspitze der Halbinsel.

Der Name der auf einem Hügel liegenden **Burgruine Oystermouth/ Ystumllwynarth** [östimhluinarth]

DIE HALBINSEL GOWER/GWYR

("Austernmund") erinnert an den einst blühenden Austernhandel. Die Festung wurde im frühen 12. Jahrhundert von dem Normannen *William de Londres*, dem Herrn der Burg Ogmore (siehe Kap. „Llantwit Major/Ausflüge"), errichtet. Später wurde sie zum Hauptwohnsitz der Lords von Gower. Im 13. Jahrhundert zerstörten Waliser die Anlage. Der Kirchentrakt wurde im frühen 14. Jahrhundert angebaut.
- Burgruine Oystermouth, Tel. (01792) 39 03 59, Apr.–Sept. tägl. 10–17 Uhr, £.

Touristeninformation
- Oystermouth Square, Tel. (01792) 36 13 02, info@mumblestic.co.uk.

Unterkunft
Zwei empfehlenswerte viktorianische Hotels befinden sich direkt am Meer:
- **Shoreline Hotel**££, 648 Mumbles Road, Tel. (01792) 36 62 33, www.shorelinehotel.co.uk.
- **Carlton Hotel**££, 654–656 Mumbles Road, Tel. (01792) 36 04 50, www.carltonmumbles.co.uk. Mit Restaurant££.
- **B&B Tenby House**£–££, 738 Mumbles Road, Southend, Tel. (01792) 360795. Ein gepflegtes, schönes Haus.

Essen und Trinken
In der Mumbles Road befinden sich viele gute Restaurants. Für Leute, die es einfacher mögen:
- **Mediterranean Restaurant**££–£££, Mumbles Road, Tel. (01792) 36 36 66. Türkisches Restaurant, bunt eingerichtet.
- **Madisons Bistro**£, 620 Mumbles Road, Tel. (01792) 36 84 84. Nett und klein.
- **Salt at The George**££, 706 Mumbles Road, Tel. (01792) 36 91 29. Groß, modern, viele *barmeals*.

Pubs
- **The White Rose,** 1 Newton Road (Ecke Mumbles Road), Tel. (01792) 36 51 21. Groß, mehrere Räume.
- **The Famous Bar,** 690 Mumbles Road, Tel. (01792) 36 72 72. Modern, *barmeals*.

Die Ruinen der Burg Pennard

Einkaufen

- **The Lovespoon Gallery,** 492 Mumbles Road, Tel. (01792) 36 01 32, www.lovespoons.co.uk. Große Auswahl an Liebeslöffeln.
- **Dragon Crafts Wales,** Mumbles Road, Tel. (01792) 36 06 40, www.welsh-crafts.co.uk. Gute Auswahl an Souvenirs.

Folgt man der A 4118 weiter nach Westen, so überquert vor dem Ort Parkmill links eine kleine Straße den Bach und führt steil die Anhöhe hinauf. Oben markiert das gelbe Wanderzeichen den Weg rechts am Golfplatz vorbei zur Ruine **Pennard Castle,** die sich wildromantisch auf der Anhöhe erhebt und einen fantastischen Blick auf die atemberaubende Bucht Threecliffs freigibt. Der erste Bauherr war im frühen 12. Jahrhundert vermutlich *Henry de Beaumont.* Im 13./14. Jahrhundert wurde die Festung jedoch unter Verwendung von örtlichem Kalk- und rötlichem Sandstein neu aufgebaut. Von der umgebenden Siedlung ist in östlicher Richtung nur eine Mauer der ehemaligen, 1532 aufgegebenen Kirche St. Mary übrig geblieben.
- Frei zugänglich, Eintritt frei

Zurück auf der A 4118 lohnt sich ein Abstecher nach rechts zum Gower Heritage Centre. Links daran vorbei geht es zum Park Parkwood. Nach einem kurzem Spaziergang auf dem Hauptweg erreicht man links die teilweise restaurierte **neolithische Grabkammer Parc le Breos/Le Bruce** (3000–1900 v. Chr.).
- Frei zugänglich, Eintritt frei.

Außerdem kann man noch die **Höhle Cathole** aufsuchen, die sich weiter hinten rechts oberhalb des Hauptweges befindet. Gegen Ende der letzten Eiszeit wurde sie von Jägern genutzt.
- Frei zugänglich, Eintritt frei.

Camping

- **Three Cliffs Bay C&C Park,** Penmaen, North Hills Farm, Tel. (01792) 37 12 18, www.threecliffsbay.com. Sehr schöner Campingplatz mit Blick über die Bucht.

Vor der nicht der Öffentlichkeit zugänglichen **Burg Penrice** geht es links der A 4118 zum ruhigen Ort **Oxwich.**

Auf einem Hügel über der Bucht liegt **Oxwich Castle,** eher ein Herrenhaus der Tudor-Zeit als eine Burg, die es hier auch einmal gegeben haben mag. Die feudalen Räume gehörten im 16. Jahrhundert der Mansel-Familie, die ab 1632 Margam zu ihrem Hauptwohnsitz machte.
- Tel. (01792) 39 03 59, Apr.–Sept., tägl. 10–17 Uhr, £.

Unterkunft

- **Oxwich Bay Hotel**££-£££, Oxwich Bay, Tel. (01792) 39 03 29, www.oxwichbayhotel.co.uk. Gepflegt, direkt am Strand.
- **Woodside B&B**££, Tel. (01792) 39 07 91, davidworkman1@hotmail.com. Ordentlich und schön, nicht weit zum Meer.
- **Little Haven Guest House**££, Tel. (01792) 39 09 40. Weit vom Meer entfernt.

Camping

- **Oxwich Camping Park,** Tel. (01792) 39 07 77. Großer Platz, leichte Schräglage, etwas weiter vom Meer entfernt.

Wieder auf der A 4118 liegt rechts der Straße der Ort **Reynoldston.** Folgt man von der Ortsmitte der kleinen Straße nach Osten, führt nach einem guten Kilometer vom Parkplatz auf der

Atlaskarte S. XXII–XXIII   **DIE HALBINSEL GOWER/GŴYR** 337

Hügelkette Cefn Bryn ein Pfad nach Norden zur neolithischen Grabkammer **King Arthur's Stone** (2500 v. Chr.). Ihr gigantischer Deckstein wiegt heute 25 Tonnen. Bevor er 1693 in zwei Hälften zerbrach, war er sogar noch zehn Tonnen schwerer. Im 15. Jahrhundert besuchten *Heinrich VII.* und seine Truppen King Arthur's Stone und manchmal soll *König Artur* mit seinem weißen Pferd hier vorbei reiten.

Unterkunft
●**Fairyhill Hotel**£££, Tel. (01792) 39 01 39, www.fairyhill.net. Luxushotel in ruhiger Lage.
●**The King Arthur Hotel**££-£££, Higher Green, www.kingarthurhotel.co.uk, Tel. (01792) 39 07 75. Unterkunft über schön eingerichtetem, alten Pub. Mit Restaurant.

Pubs
●**The King Arthur**££-£££, (s.o.)

Die A 4118 führt weiter nach **Port Eynon**. Dort sind die Reste eines Salzhauses *(salt house)* aus dem 18. Jahrhundert zu besichtigen. Auf Info-Tafeln erfährt man Einzelheiten. Offiziell hat man hier Meersalz gewonnen, im Geheimen aber vielmehr geschmuggelt.
●Frei zugänglich, Eintritt frei

Unterkunft
●**Jugendherberge**£, Old Lifeboat House, Tel. (01792) 39 17 94, porteynon@yha.org.uk. Schöne Jugendherberge in der Nähe des Meeres, nicht weit vom Salzhaus.

Camping
●**Carreglwyd C&C Park,** Tel. (01792) 39 07 95, www.carreglwyd.com. Nahe am Meer.

Nach **Rhossili/Rhosili** [hrosili] führt in westlicher Richtung eine kleine Straße, an deren Ende die längliche Halbinsel Worms Head/Penrhyn-Gwyr [penrhin gwir] sichtbar wird. Inmitten der schönen Landschaft befindet sich dort auch das National Trust Visitor Centre mit einem Laden.
●Tel. (01792) 39 07 07, Nov.–März Sa./So. 11–16 Uhr, April–Okt. tägl. 11–16 Uhr, Eintritt frei.

Die Rundfahrt führt nun zurück nach Reynoldston und weiter nordwestlich Richtung **Llangennith/Llangennydd** [hlangennith]. In der dortigen Kirche aus dem 6. Jahrhundert kann der Grabstein des *heiligen Cenydd* besichtigt werden.

Camping
●**Hillend Camping Site,** in Llangennith, Tel. (01792) 38 62 04. Nahe am Meer, Surfmöglichkeiten.
●**Horton Bank Farm Leisure Park,** in Llanmadoc/Llanmadog, Tel. (01792) 39 02 28. Kleiner Campingplatz, zum Meer ist es weit, dafür Meerblick.

Essen und Trinken/Pub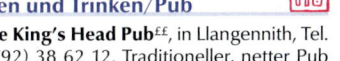
●**The King's Head Pub**££, in Llangennith, Tel. (01792) 38 62 12. Traditioneller, netter Pub mit Natursteinwänden, Außengastro.
●**Britannia Inn,** in Llanmadoc/Llanmadog, Tel. (01792) 38 66 24. Traditioneller Pub mit Außengastro.

Kurz vor Llanrhidian lässt es sich auch gut einkehren im Pub:
●**The Greyhound Inn**£-££, Oldwalls, Tel. (01792) 39 10 27. Gemütlich, gutes Essen.

Der Norden der Insel wird vom **Llanrhidian-Moor [hlanhridian]** dominiert, das zahlreichen Vogelarten Schutz bietet. Hier werden Herzmuscheln *(cockles/cocos)* gesammelt, die früher die Haupterwerbsquelle der Bewohner von Gower darstellten.

Spaziergänge

Wer sich für **Menhire** interessiert, kann diese mithilfe der Ordnance Survey-Karte Nr. 159 „Swansea and The Gower" auf eigene Faust erkunden. Die Wege sind oft ungepflegt und zugewuchert.

Ein netter Spaziergang führt z.B. links vor dem Eingang des Hillend C&C Parks bei Llangennith den Hügel steil hoch. Auf dem Weg nach Rhossili hat man schöne Blicke über das Meer und die Küste.

Praktische Tipps

Camping
Die Campingplätze auf Gower sind oft überfüllt. Vorbuchen ist daher anzuraten.

Strände
● Gower verfügt über eine große Anzahl an Sandstränden.

Verkehrsverbindungen
● Bus 14 von/nach Swansea und **Pennard Cliffs,** Bus 118 von/nach Swansea und **Rhossili,** Bus 115 von/nach **Port Eynon, Llangennith** und **Llanmadoc.**

Neath/Nedd ⌕ XVI/B2

[neeth]

In der **Industriestadt** gibt es nur wenige Sehenswürdigkeiten. Das römische Fort Nidium, von dem Neath seinen Namen hat, ist heute unter einer Hauptverkehrsstraße begraben. Die erste, von den Normannen errichtete Burg wurde schon bald aufgegeben. Früh etablierte sich die Metallindustrie. Ein Abstecher nach Neath lohnt sich am ehesten für einen Besuch des Heimatmuseums.

Die eigentlichen Attraktionen sind Ausflugsziele nördlich der Stadt, im nordöstlichen **Neath-Tal** – ein typisches Beispiel für das sich ändernde Gesicht der Valleys. Der Niedergang des Kohleabbaus wirkte sich hier positiv auf die Landschaft aus (die letzte tiefe Mine schloss 1990). Das Neath-Tal ist insbesondere für seine Wasserfälle bekannt.

Sehenswertes

Im Stadtzentrum befindet sich eine **Burgruine** aus dem 13. Jahrhundert, die aber zur Zeit nicht öffentlich zugänglich ist. Die erste Festung wurde hier im 12. Jahrhundert von *Robert, dem Grafen von Gloucester,* gebaut und nach der Zerstörung durch *Llywelyn den Großen* 1231 wieder neu errichtet. Im 14. Jh. kam das große Torhaus hinzu, das noch heute besteht.

Das **Heimatmuseum** zeigt die Geschichte der Region seit den Anfängen mit dem Schwerpunkt auf Archäologie und Naturgeschichte. Im ersten Stock ist eine Gemäldesammlung mit einer kleinen Dauerausstellung untergebracht sowie wechselnde Expositionen, die mit der Umgebung von Neath zu tun haben.

● Neath Borough Museum & Art Gallery, Orchard Street, Tel. (01639) 64 57 26 (Art Gallery) oder Tel. 64 57 41 (Borough Museum), Di.–Sa. 10–13, 13.30–16 Uhr, Eintritt frei.

 Atlaskarte S. XVI-XVI

NEATH/NEDD

Die neugotische **St. David's Church** ist nur zum Gottesdienst geöffnet, lohnt aber durchaus einen Blick, wenn man vom Museum zu den Victoria Gardens (s.u.) geht.

Die Ruinen der großen **Zisterzienserabtei** aus dem 12. Jh. liegen außerhalb der Stadt an der A 465 in wenig anheimelnder Umgebung. Die Abtei wurde 1130 von *Richard de Granville* gegründet, als Tochterhaus der Savigny in der Normandie. 1117 gingen alle Savigny-Orden in den Zisterziensern auf. Neath war eine ziemlich reiche Abtei, die jedoch 1539 aufgelöst wurde. Im Industriezeitalter bezog eine Kupferschmiede die Räumlichkeiten.
●Tel. (01443) 33 60 00 frei zugänglich, Eintritt frei.

Spaziergänge

Die **Victoria Gardens,** ein kleiner Park gegenüber der St. David's Church, eignen sich gut für einen kleinen Spaziergang. Eintritt frei.

Im **Gnoll Country Park** sind u. a. die 17 im Jahr 1740 von *Herbert Mackworth* geschaffenen Kaskaden zu sehen. Mit Besucherzentrum tägl. 10–16.30 Uhr, Café 10–16 Uhr und Golfplatz (nur im Sommer).
●Tel. (01639) 63 58 08, Park tägl. 8–17 Uhr, Eintritt frei, Parken frei.

Praktische Tipps

Unterkunft
●**Castle Hotel**££, The Parade, Tel. (01639) 64 11 19, www.castlehotelneath.co.uk. Gutes Hotel im Stadtzentrum.

Camping
●**Glyncorrwg Ponds Caravan Park,** im Osten von Neath, Tel. (01639) 85 19 00, www.glyncorrwgponds.com. Mit preiswertem Campingplatz, ruhig und einfach, mit Duschen.

Essen und Trinken
●**Castle Hotel**££-£££ (s.o.). Auch *barmeals.*
●**The Ambassador Bar**£-££, 24–42 The Parade, Tel. (01639) 63 80 91.

Pubs
●**The Angel Inn,** Angel Street, Tel. (01639) 63 26 58. Großer, traditioneller Pub.
●**Castle Bar** neben dem *Castle Hotel* (s.o.). Viel Musik.

Einkaufen
●Bei der Burgruine verlaufen mehrere Einkaufsstraßen, z.B. die **New Street,** mit Waren für den alltäglichen Bedarf.

Verkehrsverbindungen
●Bus 122, 157 von/nach **Swansea,** Bus 227 von/nach **Port Talbot,** Bus 775 von/nach **Merthyr Tydfil.**

Ausflüge in die Umgebung

Vale of Neath ♫XVI-XVII/C2
Die Wasserfälle **Aberdulais Falls** versorgten über 300 Jahre lange die Kupferproduktion mit Energie. Heute dient das 1991 gebaute größte Wasserrad Europas der Stromerzeugung.
●Tel. (01639) 63 66 74, www.npt.gov.uk/waterfalls. Nov./Dez./März Fr.–So. 11–16 Uhr, Apr.–Okt. Mo.–Fr. 10–17 Uhr, Sa./So. 11–18 Uhr, £–££.

Touristeninformation
●Aberdulais (beim Wasserfall), Tel. (01639) 63 66 74, aberdulais@nationaltrust.org.uk.

Essen und Trinken
●**Dulais Rock**££-£££, Tel. (01639) 64 46 11, www.dulaisrock.co.uk. Gemütlich eingerichtet, auch *barmeals*.

Ein Abstecher führt nach Crynant zum **Cefn Coed Colliery Museum.** Im Kohlebergwerk wurde einst Anthrazitkohle abgebaut. 1930 war es das tiefste Anthrazitbergwerk der Welt. Gefördert wurde noch bis 1968. Die Ausstellung im Museum veranschaulicht die Arbeit und das Leben der Bergarbeiter.
●Neath Road, Tel. (01639) 75 05 56, Apr.-Sept. tägl. 10.30-18 Uhr, Okt.-März tägl. 10.30-16 Uhr, £.

Ab Aberdulais führt der **Fernwanderweg Sarn Helen** auf den Spuren der Römer nach Dyffryn Cellwyn und weiter in die Brecon Beacons. Genauere Informationen sind in Seven Sisters erhältlich bei:
●Dulais Valley Partnership, Old Telephone Exchange, Brynhyfryd Terrace, Tel. (01639) 70 18 80, www.dulaisvalley.org.

Bei Resolven führt ein ein Kilometer langer Spazierweg in zehn Minuten vom kostenlosen Parkplatz an der B 4434 zu den 25 Meter hohen **Melincourt Falls.** 1794 hat der englische Künstler *William Turner* diese Wasserfälle ins Bild gesetzt.

Im Süden von Neath   ♫XVI/B2-3
Wer gerne wandert, kommt auch beim Waldpark **Afan Argoed** (A 4107) mit mehreren ausgeschilderten Wander- und Fahrradwegen auf seine Kosten. Mit Besucherzentrum und Café.

Das **South Wales Miners' Museum** zeigt eine Ausstellung über das Leben der Bergarbeiter, £.
●Cynonville, **Park Afan Argoed, Countryside Centre,** Tel. (01639) 85 05 64, www.afanforestpark.co.uk. Zu erreichen: an der A 4107 zwischen Cwmafan und Cymer, südöstlich von Neath. Museum £, kostenpflichtiger Parkplatz.
●Besucherzentrum und Museum Apr.-Sept. Mo.-Fr. 9.30-17 Uhr, Sa./So. 9.30-18 Uhr, Okt.-März Mo.-Fr. 10.30-16 Uhr, Sa./So. 10.30-17 Uhr.

Bei Margam lohnt sich ein Besuch des **Margam Country Park.** Das Herrenhaus, die Klosterruine, die Orangerie aus dem 18. Jh. und die schönen Fuchsien laden zum Spaziergang ein.
●Park Office, Tel. (01639) 88 16 35, www.npt.gov.uk/margampark, April-Sept. tägl. 10-17 Uhr, Eintritt frei, Parkgebühr.

Nicht entgehen lassen sollte man sich auch den Besuch des anliegenden **Margam Stones Museum,** einer einzigartigen Sammlung frühchristlicher Steine mit schönen Keltenmustern, Kreuzen und frühen Inschriften ab dem 6. Jahrhundert. Das Kreuz von Conbelin soll das schönste sein.
●Tel. (01639) 87 11 84, Apr.-Sept. 10.30-16 Uhr, £.

Einen Spaziergang in den Dünen ermöglicht ein Besuch im Park **Kenfig Castle and National Nature Reserve.** Im Besucherzentrum befindet sich eine kleine Ausstellung.
●Reserve Centre, Tel. (01656) 74 33 86, Mo.-Fr. 14-16.30 Uhr, Sa./So. 10-16.30 Uhr, Eintritt frei, Parken frei.

Llantwit Major/ Llanilltud Fawr ♂XVII/C3

[hlanihltid waur]

Der Legende nach kam der heilige *Illtud,* einer der wichtigsten frühen Geistlichen, Ende des 5. Jahrhunderts aus der Bretagne hierher. Der Ort war allerdings schon in der Steinzeit besiedelt. Später kam die Gegend für 350 Jahre unter römische Verwaltung. Das von *St. Illtud* gegründete Kloster wurde schnell berühmt. Es soll sieben Hallen, 400 Häuser und 2000 Schüler aus aller Welt gehabt haben. Von den Gebäuden ist jedoch nichts erhalten. Nur die Kreuze aus dem 9. Jahrhundert, die heute in der Kirche St. Illtud aufgewahrt werden, zeugen noch von ihrer Geschichte.

In den letzten Jahren ist Llantwid Major erheblich gewachsen. Der historische Ortskern ist aber noch gut erhalten. Man findet hier mehrere Häuser aus dem 16. Jahrhundert.

Sehenswertes

Eine der schönsten Sammlungen keltischer Steine in Wales, Keltenkreuze mit Muster oder auch mit Inschrift, können in der **Kirche St. Illtud** besichtigt werden. Der Westteil des Gotteshauses war die ursprüngliche Gemeindekirche, errichtet auf einer vornormannischen Gründung. Der hohe Turm der Ostseite kam im 13. Jahrhundert hinzu, gefolgt von einer neuen, östlichen Kirche. Es existieren Spuren einer Reihe mittelalterlicher Wandgemälde. In der Nähe steht ein rundes Taubenhaus.

●Llantwit Major Heritage Centre. Im Sommer frei zugänglich (außer bei Gottesdienst), Eintritt frei.

An der Straße nach Cowbridge, am nördlichen Ende der Stadt, steht das Tudor-Haus **Ty Mawr,** das aus dem 14. Jahrhundert stammen soll. Nach dem Zweiten Weltkrieg zerfiel es, wurde später aber restauriert und wieder als Wohnhaus genutzt.

Praktische Tipps

Touristeninformation

●**Major Town Council,** Tel. (01446) 79 37 07, nur im Sommer, Sa. 10–13.30 und 14–18 Uhr, So. 13.30–18 Uhr.

Camping

●**Acorn Camping and Caravaning, Rose Dew Farm,** Ham Lane South, Tel. (01446) 79 40 24, info@acorncamping.co.uk. Zwei Kilometer außerhalb, geschützte Zeltbuchten, Spielplatz, Shop und Telefon.

Essen und Trinken/Pub

●**The Old Swan Inn**££, Church Street, Tel. (01446) 79 22 30. Stilvoll, alt, charaktervoll. Manchmal mit Klaviermusik.
●**Old White Hart**£–££, Wine Street, Tel. (01446) 79 01 32. Etwas einfacher, dafür preisbewusster. Große Portionen.

Strand

●Am zwei Kilometer entfernten Kiesstrand gibt es auch ein Café. Parken kostenlos.

Verkehrsverbindungen

●Bus X 45 von/nach **Cardiff** und Bus 145 nach **Bridgend.**

Ausflüge in die Umgebung

Kloster Ewenny/Ewenni
Das südlich von Bridgend gelegene Kloster Ewenny gehörte einst zur Benediktinerabtei Gloucester. In frühnormannischer Zeit ließ *William de Londres* das Gebäude 1115–1120 mit dicken, festungsähnlichen Wänden zum Schutz vor den Walisern errichten, die in den Benediktinern nur feindliche Normannen sahen. Nicht öffentlich zugänglich.

Die sehenswerte **Kirche** wird heute als Gemeindekirche genutzt. Das nördliche Seitenschiff wurde 1895 gebaut. An seinem östlichen Ende führte eine Tür zu dem heute zerstörten nördlichen Querschiff. Zu beiden Seiten des Durchgangs sind ein paar originale Kacheln zu sehen, die von der früheren Kapelle hierher gebracht wurden. Das Taufbecken ist älter und stammt vermutlich aus angelsächsischer Zeit. Im südlichen Querschiff befinden sich drei Grabsteine der De Londres-Familie.
- Frei zugänglich, Eintritt frei.

Merthyr Mawr [merthir maur]
Im kleinen Ort Merthyr Mawr sind viele Häuser noch mit Stroh gedeckt. Vom gebührenpflichtigen Parkplatz gelangt man zu den **Dünen Merthyr Mawr Warren** und zur unspektakulären Ruine der **Burg Candleston** aus dem 14. Jh. Der Name stammt vermutlich von der Cantelupe-Familie.

Ogmore/Ogwr
Nicht weit ist es von hier zu der im Tal gelegenen Ruine der nomannischen **Burg Ogmore** aus dem 12. Jh. Zu Zeiten von *Maurice de Londres,* dem Sohn des ersten Lords, wurde hier ein Waliser gefangen genommen, da er verbotenerweise Wild gejagt hatte. Die Tochter des Lords bat um seine Begnadigung und ein Stück Land, wo der Waliser frei jagen konnte. *De Londres* erlaubte dies. Doch der Waliser sollte nur so viel Land erhalten, wie sie bis Sonnenuntergang ablaufen konnte. Dieses Land wurde Gemeindeland und ist es unter dem Namen *Sotherndown Common* bis heute.
- Tel. (01656) 65 34 35, frei zugänglich, Eintritt frei.

Penarth [penarth] ⌕XVII/D3

Der an sich unspektakuläre Ort hat zwei Kunstgalerien und einen Ausflug ins Mittelalter zu bieten. Eine Renovierung des Pier-Pavillons ist geplant, mit Touristeninformation, Kunstausstellungen, Filmclub, Gastronomie und vielen Veranstaltungen. Penarth Pavilion Project, Tel. (029) 20 71 21 00, www.penarthpavilion.co.uk.

Die moderne **Turner House Gallery** zeigt wechselnde Fotoausstellungen.
- Plymouth Road, Tel. (029) 20 70 88 70, turnerhouse@ffotogallery.org, Mi.–So. 11–17 Uhr, Eintritt frei.

Die **Washington Gallery** beherbergt sanftere moderne Kunst. Im Erdgeschoss wechselnde Ausstellungen, mit nettem Café.
- Stanwell Road, Tel. (029) 20 71 21 00, Mo.–Sa. 9–18 Uhr, So. 9.30–17.30 Uhr, Eintritt frei.

Das **Cosmeston Country Park & Medieval Village** präsentiert ein Dorf aus dem 14. Jahrhundert. Bei einer Führung werden Geschichten um die Dorfbewohner erzählt, um alles auch richtig schön anschaulich zu gestalten. Der große Park eignet sich für ausgedehnte Spaziergänge.
• Tel. (029) 20 70 16 78, cosmestonlakescountrypark@valeofglanmorgan.gov.uk. Freier Eintritt in den Park, Apr.–Sept. 10–17.30 Uhr, Okt.–März 10–16.30 Uhr, Touren im Sommer 11–16 Uhr, im Winter 11–15 Uhr, ££.

Verkehrsverbindungen
• Zug von/nach **Cardiff**.
• Bus 94 von/nach **Cardiff** und **Barry**.

Cardiff/Caerdydd

[ka-erdiith]

www.visitcardiff.com

Cardiff, die „Festung des Taff", erhielt erst 1905 das Stadtrecht. Seit 1955 die Hauptstadt von Wales, konnte man 2005 also ein doppeltes Jubiläum feiern: 100 Jahre Stadt und 50 Jahre Hauptstadt. Die Walisische Nationalversammlung hat hier ihren Sitz. Für einen Aufenthalt in der jungen, dynamischen und kosmopolitischen Stadt sollte man schon zwei bis drei Tage einplanen. Inzwischen hat sich Cardiff zum Einkaufsparadies gemausert.

Cardiff lag einst an der römischen Via Julia Maritima, die von Gloucester in England bis Neath verlief und in Cardiff an der heutigen Newport Road und Queen Street entlang führte. Das hölzerne römische Fort war einst doppelt so groß wie das jetzige Schloss. Die Stadt entwickelte sich um den 1093 errichteten Bergfried. Ende des 18. Jahrhunderts erfuhr das damalige kleine Fischerdorf einen Aufschwung als Exporthafen. 1794 wurde der Kanal zwischen Cardiff und Merthyr Tydfil gebaut und um 1900 besaß Cardiff einen der größten Häfen der Welt.

Sehenswertes

Tour 1:
Innenstadt und Universitätsviertel

Überquert man vor dem Hauptbahnhof den Busbahnhof, gelangt man zur Woodstreet. Weiter geht es rechts zur Westgate Street, in die man links in Richtung neues Sportstadion einbiegt. Im **Millennium Stadium** werden Rugby-Spiele ausgetragen (siehe Exkurs). Links liegt der Eingang zum Millennium Stadium Shop. Hier kann man Karten für Stadionführungen und Rugbyspiele sowie Souvenirs erwerben. Die Stadiontouren führen durch die Umkleideräume, in die königlichen Zuschauerlogen und in den Tunnel, durch den die Spieler das Feld betreten.
• Tel. (029) 20 82 22 28, www.cardiff-stadium.co.uk. Westgate Street, Entrance 3, Mo.–Sa. 10–17 Uhr, So. 10–16 Uhr, Stadiontour ££.

Nach dem Stadionbesuch biegt man am besten von der Westgate Street rechts in eine der kleinen Querstraßen ein und gelangt dann links über die High Street direkt zum Eingang des **Schlosses** von Cardiff.

CARDIFF/CAERDYDD

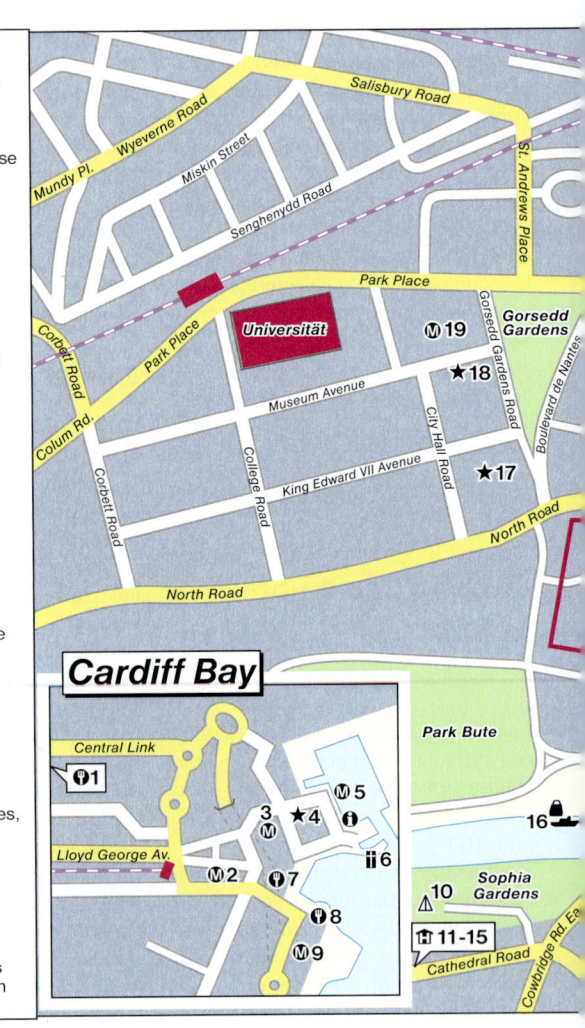

UNTERKÜNFTE
- ⛺ 10 Cardiff Caravan Site
- 🏨 11 Lincoln House Hotel
- 🏨 12 Courtfield Hotel
- 🏨 13 Regan Hotel
- 🏨 14 The Town House
- 🏨 15 Beaufort Guest House
- 🏨 36 ML Lodge
- 🏨 41 The Angel Hotel
- 🏨 42 Cardiff Backpacker

ESSEN UND TRINKEN
- 🍴 1 The Wharf
- 🍴 7 Eli Jenkins
- 🍴 8 ba orient
- 🍴 21 Buffalo
- 🍴 23 Mimmas Ristorante
- 🍴 29 The Rummer Tavern
- 🍴 31 The Old Arcade
- 🍴 33 The Borough
- 🍴 34 Copa
- 🍴 35 The Cottage
- ☕ 37 Café Minuet
- 🍴 39 Madame Fromage
- ☕ 40 Cafe Bar Europa

SEHENSWERTES
- Ⓜ 2 Butetown History & Arts Centre
- Ⓜ 3 Millennium Centre
- ★ 4 National Assembly
- Ⓜ 5 Feuerschiff
- ⛪ 6 Norwegische Kirche
- Ⓜ 9 Techniquest
- ★ 17 Law Courts
- ★ 18 City Hall
- Ⓜ 19 Nationalmuseum
- 🎭 20 New Theatre
- 🎭 26 St. David's Hall
- ⛪ 28 St. John

SONSTIGES
- 🛍 16 Welsh Tartan Centres, Aquabus
- 🛍 22 Capitol
- 📖 24 The Library
- 🛍 25 St. David's Centre
- 🛍 27 Queens Arcade
- 🛍 30 Things Welsh
- 🛍 32 Central Market
- 🛍 38 Castle Welsh Crafts
- ❶ Touristeninformation
- Ⓑ Bushaltestelle

Auf dem Gelände eines ehemaligen Römerforts errichteten die Normannen hier im 11. Jahrhundert einen Bergfried, der im 18. Jahrhundert im mittelalterlichen Stil umgebaut und im 19. Jahrhundert prachtvoll ausgestattet wurde. Reste einer römischen Mauer sind in der Südostecke erkennbar.

Atlaskarte S. XVII **CARDIFF/CAERDYDD** 345

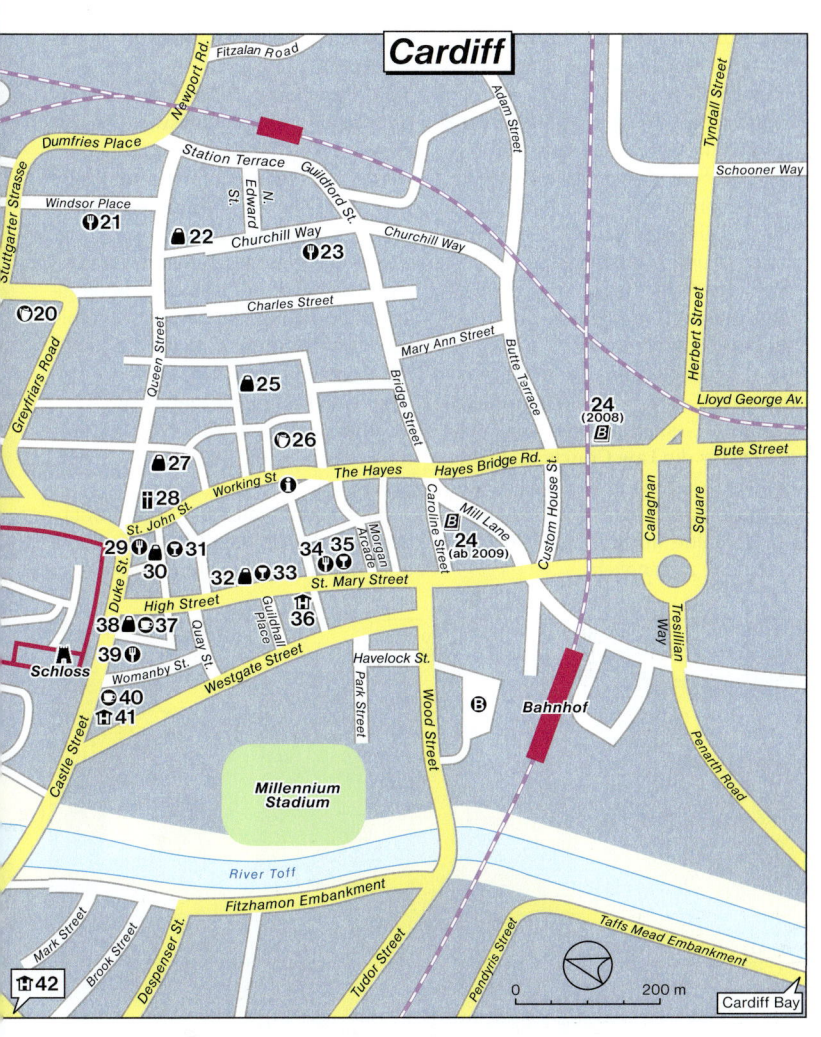

Auch der Bergfried ist neben dem Palast noch erhalten.

Im Militärmuseum sind Exponate der britischen Armee zu besichtigen.

Lohnend ist eine Führung durch die luxuriösen Innenräume des Schlosses, die mit Gold, Marmor, feinen Holzschnitzarbeiten, Wandbildern und Buntglasfenstern ausgestattet sind. Jeder einzelne erzählt seine eigene Geschichte.

● Castle Street, Tel. (029) 20 87 81 00, www.cardiffcastle.com, März–Okt. tägl. 9–18 Uhr, Nov.–Feb. tägl. 9.30–17 Uhr, ££ ohne Innenführung, £££ mit Innenführung, Führungen auf den Uhrenturm tägl. 12.10 und 14.30 Uhr, £.

Von der High Street aus gesehen rechts gelangt man über die Duke Street und dann links durch den Kingsway zum Regierungs- und Universitätsviertel Cathays Park. Die drei imposanten Gebäude sind von links nach rechts die **Law Courts** (Gerichtsgebäude), die **City Hall** (Rathaus) und das Nationalmuseum. Die Skulpturen und Gemälde im Rathaus sind unter der Woche zugänglich.

● City Hall, Cathays Park, Mo.–Fr. 10–17 Uhr, Eintritt frei.

Ein Besuch des **Nationalmuseums** ist unbedingt empfehlenswert. Es gibt mehrere Abteilungen. Im Erdgeschoss werden neben temporären Ausstellungen die Themen Naturgeschichte, Mensch und Umwelt sowie die Entwicklung von Wales behandelt. Im ersten Stockwerk sind eine archäologische Sammlung, Kunst und Keramik sowie vor allem die Galerie von Wales mit Gemälden von *Renoir, Monet, van Gogh* und *Rodin* untergebracht.

● Cathays Park, Tel. (029) 20 39 79 51, www.nmgw.ac.uk, Di.–So. 10–17 Uhr, Eintritt frei.

Hinter dem Nationalmuseum befinden sich die **Universitätsgebäude** an den **Alexandra Gardens** mit einem

Kriegerdenkmal, welches aus dem Jahre 1928 stammt.

Vor dem Nationalmuseum liegen die kleinen **Gorsedd Gardens** mit einem Denkmal für *David L. George,* (1916–22 britischer Premierminister) und dem neuen Steinkreis *(Gorsedd).*

Hinter den Gärten überquert man den Boulevard de Nantes und kommt entlang der Straße Park Place am **New Theatre** vorbei, einem Gebäude aus dem 18. Jahrhundert, das noch den Flair des alten edwardianischen Englands vermittelt und Sitz der Walisischen Nationaloper ist. Aber auch Theaterstücke, Musicals, Pantomime, Tanzvorführungen und Shows für Kinder werden hier aufgeführt.
●Park Place, Tel. (029) 20 87 88 89, www.newtheatrecardiff.co.uk.

Die nächste Querstraße ist die **Fußgängerzone Queen Street** mit den drei großen Einkaufskomplexen St. David's Centre, Queens Arcade und Capitol, sowie vielen weiteren großen Geschäften.

Vom Park Place aus rechts in die Queen Street einbiegend, gelangt man geradeaus wieder auf die Duke Street bei der Burg. Biegt man an der Ecke links in die Working Street ein, wird bald die einzige erhaltene mittelalterliche Kirche Cardiffs sichtbar. Die ältesten Teile von **St. John** stammen aus dem 13. Jahrhundert. In einem schönen Raum ist eine Teestube mit einfachem Mobiliar untergebracht.
●St. John The Baptist Church, St. John Street, Tel. (029) 20 39 52 31, Eintritt frei.

Gegenüber dem Eingang kann man nun das kurze Stück zur High Street über die Church Street zurücklegen oder auch, wenn man aus der Kirche kommt, links ein paar Schritte durch die Trinity Street und dann durch den Central Market, eine **Markthalle** mit vielen Ständen, zur Highstreet gehen. Diese geht links bald in die Mary Street über und führt zurück in Richtung Bahnhof.

Wer mag, kann anschließend mit dem Boot ab dem Steg des Flusses Taff im Bute Park bei der Burg nach **Cardiff Bay** fahren, Aquabus, Bute Park. Stündliche Fahrten nach Mermaid Quay, wahlweise einfach oder hin- und zurück, an Bord zu bezahlen, Tel. (029) 20 48 12 22, www.aquabus.co.uk, ££.

Tour 2: Cardiff Bay/Bae Caerdydd

www.cardiffharbour.com. In der Bucht von Cardiff ist in den letzten Jahren mit der **Millennium Waterfront** ein neuer Stadtteil mit Straßen, neuen Gebäuden und moderner Kunst entstanden. Die bereits vorhandene Bebauung wurde geschickt integriert. Die wenigen Schiffe des Hafens vermögen kaum mehr Besucher anzulocken, ganz im Gegensatz zu den neuen Sehenswürdigkeiten und Attraktionen.

Im neuen **Wales Millennium Centre** sind internationale Opern, Ballet, moderner Tanz und Musicals zu sehen.
●Bute Place, Cardiff Bay, Tel. (08700) 40 20 00, www.wmc.org.uk.

Das neugotische Gebäude der *National Assembly,* Pierhead Building

Das Schloss von Cardiff

CARDIFF/CAERDYDD

(Hafengebäude) von 1896 in rotem Backstein, war bis 2005 der Sitz der **Walisischen Nationalversammlung**. Man erhält hier in einem Raum neben dem Laden Infos zum walisischen Parlament und geplanten Projekten.
- Pierhead Street, Cardiff Bay, Tel. (019) 20 89 19 00, Mo.-Fr. 9-19.30 Uhr, Sa./So. 10.30-16 Uhr, Eintritt frei.

Das neue Gebäude **Senedd** [seneth] daneben ist nun der Sitz der Nationalversammlung. Zu sehen sind das Kommiteezimmer (Di.-Do. Sitzungen) und der Vollversammlungsraum (Di./Mi. Sitzungen), dessen Deckholz aus British Columbia stammt.
- Pierhead Street, Cardiff Bay, Tel. (0845) 01 05 500, Mo./Fr. 8-18 Uhr, Di.-Do. 8-20 Uhr, Sa/So Ost.-Sept. 10.30-18, Okt.-Ost. 10.30-16.30 Uhr, Eintritt frei.

Über den Harbour Drive gelangt man zum **Cardiff Bay Visitor Centre** mit vielen Infos zu Cardiff und einem Holzmodell der Stadt.
- Harbour Drive, Tel. (029) 20 46 38 33, www.cardiffharbour.com, Mai-Sept. tägl. 9.30-18 Uhr, Okt.-Apr. Mo.-Sa. 9.30-17, So. 10.30-17 Uhr, Eintritt frei.

In der Nähe steht die **Norwegische Holzkirche** *(Norwegian Church/Eglwys Norwyeg)* [egluis norwi-eg] von 1896. Mit Galerie. Das Café serviert norwegische Speisen.
- Harbour Drive, Tel. (029) 20 45 48 99, www.norwegianchurchcardiff.com, tägl. 10-16 Uhr, Eintritt frei.

Auf dem **Feuerschiff** *(light ship/goleulong)* [golelong] von 2000 gibt es allerlei Technisches zu sehen. Man kann auch auf den Turm klettern. Mit Laden und Café.

Die Leidenschaft der Waliser – Nationalsport Rugby

Wenngleich Fußball immer beliebter wird, so ist doch Rugby der eigentliche **Nationalsport** der Waliser. In den 1970er Jahren wurde Wales durch zahlreiche internationale Siege bekannt. 1994 gewann man das „Five Nations Championship" und 2005 das „Six Nations Championship".

Rugby, ein **Kampfspiel** zwischen zwei Mannschaften mit je 15 Spielern (Spielzeit 2x40 Minuten), soll im englischen Ort Rugby erfunden worden sein, als ein Internatsschüler 1823 bei einem Fußballspiel den Ball einfach in die Hand nahm und über die Torlinie rannte. In Wales gab es schon früher ein ähnliches Ballspiel, genannt **Cnapan**. Die Bauern spielten es auf offenem Feld und auch hier ging es darum, den Ball auf die eigene Seite zu bringen.

Rugbyspiele finden heute u. a. im **Millennium Stadium** in Cardiff statt. Wer ein internationales Rugby-Spiel sehen will, muss sich mindestens schon ein halbes Jahr vorher darum kümmern, denn die Tickets sind schnell ausverkauft. Aber auch ein Ligaspiel kann spannend sein. Die besten walisischen Mannschaften sind Neath, Swansea, Cardiff, Llanelli und Pontypridd. Kein Zufall, dass diese Städte alle im Süden liegen, denn Südwales ist die Hochburg des Rugby.

Wer auf seiner Walesreise die Gelegenheit hat, sollte sich ein Rugbyspiel in einem **Pub** ansehen. Dort kommt richtig Stimmung auf. Bei einem Spiel Wales gegen England sollten Sie allerdings vorsichtshalber bei der walisischen Nationalhymne mitsingen ...

- Harbour Drive, Tel. (029) 20 48 76 09, www.lightship2000.org.uk, Mo.-Sa. 10-17, So. 14-17 Uhr, Eintritt frei.

Das **Science Discovery Centre Techniquest** lohnt sich besonders für Familien. Allerlei spannende physikalische Erfahrungen sind dort zu erleben.
- Stuart Street, Cardiff Bay, Tel. (029) 20 47 54 75, www.techniquest.org, Mo.-Fr. 9.30-16.30 Uhr, Sa./So. und Feiertage 10.30-17 Uhr, in den Schulferien tägl. 9.30-17 Uhr, £££.

Einen schönen Abschluss des Rundgangs bildet das **Butetown History & Arts Centre** mit Fotoausstellung und Informationen zur Hafenanlage.
- 5 Dock Chambers, Bute Street, Tel. (029) 20 25 67 57, www.bhac.org, Di.-Fr. 10-17 Uhr, Sa./So. und Feiertage 11-16.30, Eintritt frei.

Größere Anbieter von **Bootstouren** sind: Cardiff Bay Cruises, Tel. (029) 20 47 20 04, www.cardiffbaycruises.com; Cardiff CATS Ltd, Tel. (01740) 14 24 09, www.cardiffcats.com; Cardiff Bay Tours, Tel. (029) 20 70 78 82, www.cardiffbaytours.com.

Spaziergänge und Wandern

In Cardiff gibt es mehrere Parks, die zu Spaziergängen einladen. Der Innenstadt am nächsten ist der **Bute-Park**, der bei der Castle Street links neben dem Schloss beginnt. Gegenüber liegen auf der anderen Flussseite die **Sophia Gardens**. Die anderen Parks sind alle etwas weiter entfernt.

Bergfried des Castle

Der **Taff Trail** führt von Cardiff in die Brecon Beacons. Man kann diese Wanderung wahlweise in Cardiff Bay, im Bute-Park oder bei den Sophia Gardens beginnen.

Praktische Tipps

Touristeninformation
- The Old Library, The Hayes, Tel. (0870) 12 11 258, visitor@cardiff.gov.uk.
- **Cardiff Bay Visitor Centre,** Cardiff Bay, Harbour Drive, Tel. (029) 20 46 38 33 (siehe „Sehenswertes/Tour 2").

Internet
- **Touristeninformation** (s.o.). Gegen Gebühr.
- **Central Library/Y Llyfrgell Ganolog,** John Street (ab 2009 in der Mill Lane), Tel. (029) 20 38 21 16, Mo.-Mi./Fr. 9-18 Uhr, Sa. 9-17.30 Uhr.

Unterkunft

Folgende Unterkünfte liegen zentral:
- **The Angel Hotel**£££, Castle Street, Tel. (029) 20 64 92 00, www.paramount-hotels.co.uk/angel. Elegantes Hotel mit viktorianischem Flair. Zentral, in der Nähe der Burg.
- **B&B ML Lodge**££, 108 St Mary Street, Tel. (029) 20 37 35 10, www.mllodge.co.uk. Zentral, eher einfache Unterkunft über dem Chicken Cottage. Gehört zum Sandringham Hotel gegenüber.

Kleinere Unterkünfte finden sich eher in der ruhigen Cathedral Road, westlich des Stadtzentrums, 10–20 Minuten Fußweg:
- **Beaufort Guest House**£££, 65 Cathedral Road, Tel. (029) 20 23 70 03, www.beauforthousecardiff.co.uk. Sehr schön und stilvoll.
- **Lincoln House Hotel**£££, 118 Cathedral Road, Tel. (029) 20 39 55 58, www.lincolnhotel.co.uk. Schönes Frühstückszimmer, Internetzugang in der Lounge.
- **The Town House**££, 70 Cathedral Road, Tel. (029) 20 23 93 99, www.thetownhousecardiff.co.uk. Sehr schöner, stilvoller Speiseraum, die Zimmer sind eher schlicht.
- **Regan Hotel**££, 81 Cathedral Road, Tel. (029) 20 38 36 60. Schlichtere Unterkunft, angenehm.
- **Courtfield Hotel**££, 101 Cathedral Road, Tel. (029) 20 22 77 01. Stilvoller Eingang.
- **Cardiff Backpacker**£, 98 Neville Street, Riverside, Tel. (029) 20 34 35 77, info@cardiffbackpacker.co.uk. Saubere und ordentliche Herberge, zehn Minuten zu Fuß zum Stadtzentrum.

Camping

- **Cardiff Caravan Site**, Portcanna Fields, Tel. (029) 20 39 83 62, john.yewlett@cardiff.gov.uk.

Essen und Trinken

Im Stadtzentrum: In der St Mary Street gibt es viel internationale Küche.
Ansonsten sind zu empfehlen:
- **Restaurant im Angel Hotel**£££ (s.o.) Auch vegetarische Gerichte.
- **Mimmas Ristorante**£££-££££, 24 Churchill Way, Tel. (029) 20 34 34 24. Günstige Mittagsgerichte.
- **Buffalo**£-££, 11 Windsor Place, Tel. (029) 20 31 03 12. Modern und gemütlich, mediterrane und nordafrikanische Küche.
- **Copa**£-££, 4 Wharton Street, Tel. (029) 20 22 21 14. Moderne Einrichtung, große Auswahl an Bier und Wein, gute Küche.
- **The Rummer Tavern**£, 14 Duke Street, Tel. (029) 20 64 98 71. Pub im Fachwerkhaus. Günstige *barmeals* bis 21 Uhr. Kinder sind hier leider unerwünscht.

In Cardiff Bay:
- Im **Mermaid-Quay-Komplex** befinden sich mehrere Pubs und Restaurants, z.B. **ba orient**£-££, Unit 27, Ground Floor, Mermaid Quay, Tel. (029) 20 46 39 39. Modern, asiatische Gerichte.
- **Eli Jenkins**£, Bute Street, Tel. (029) 20 44 09 20. Klassische Einrichtung, gemütlich. Außengastronomie.
- **The Wharf/Y Lonfa**££-£££, Schooner Way, Atlantic Wharf, Tel. (029) 20 40 50 92. Moderner Pub, britische Küche. Mit Kanalblick.

Cafés

- **Bar Europa**, 25 Castle Street, Tel. (029) 20 66 77 76. Große Auswahl an Snacks.
- **Café Minuet**, 42 Castle Arcade, Tel. (029) 20 34 17 94. Kleines Café in der Arkade mit italienischen Spezialitäten.
- **Madame Fromage**£-££, 21–25 Castle Arcade, Tel. (029) 20 64 48 88. Schöne Sitzecke im Delikatessenladen, kleine Speisen.
- **Norwegian Church/Eglwys Norwieg**, in Cardiff Bay, Harbour Drive (siehe „Sehenswertes/Tour 2").

Pubs

In Cardiff wird ein eigenes Bier namens Brains gebraut.
- **The Rummer Tavern** (s.o.)
- **The Borough**, 8 St. Mary Street, Tel. (029) 20 22 13 43. Langer und schmaler Pub.
- **The Old Arcade**, 14 Church Street, Tel. (029) 22 31 21. Großer, traditioneller Pub.
- **The Cottage**, 25 St. Mary Street, Tel. (029) 20 33 71 95. Urig und traditionell. *Barmeals.*
- **The Wharf**, in Cardiff Bay (s.o.)
- In der **Bute Street** in Cardiff Bay befinden sich mehrere Pubs, neuere im **Mermaid-Quay-Komplex**.

Einkaufen

- Die Queen Street bildet die Haupteinkaufsmeile mit dem **St. David's Centre** und die **Queen's Arcade.**
- Weitere schöne Arkaden mit Cafés und kleinen Läden sind die **Castle Arcade** aus dem 19. Jh. gegenüber der Burg und die **Duke Arcade** an der Duke Street.
- Den **Central Market** in der Mary Street gibt es seit 1835.
- **Castle Welsh Crafts/Crefftau'r Castell,** 1 Castle Street, Tel. (029) 20 34 30 38. Großer Laden mit guter Auswahl an Liebeslöffeln und weiteren Souvenirs.
- **Things Welsh,** Arkade bei 3–7 Duke Street, Tel. (029) 203 34 45. Edler Laden mit Schmuck, Liebeslöffeln und Kunst.

Theater und Konzert

- **Welsh National Opera,** Park Place, Tel. (029) 20 87 87 87, www.wno.org.uk.
- **New Theatre,** Park Place, Tel. (029) 20 87 88 89, www.newtheatrecardiff.co.uk.
- **St. David's Hall,** The Hayes, Tel. (029) 20 87 85 00, www.stdavidshallcardiff.co.uk.
- **Chapter Arts Centre,** Market Road, Canton, Tel. (029) 20 31 10 50, www.chapter.org.

Verkehrsverbindungen

- Der **Flughafen** liegt knapp 20 Kilometer südwestlich. Vom Busbahnhof fahren die Shuttle-Busse 95, 345, X5, X45, X91 hin.
- **Zug** von/nach **Swansea, Fishguard, Chepstow** und **Bristol.**
- Bus X5 von/nach **Swansea,** Bus X3 von/nach **Abergavenny,** Bus 30 von/nach **Newport,** Bus A, B von/nach **Caerphilly.**
- Im **Stadtbus** wird kein Wechselgeld herausgegeben.

Ausflüge in die Umgebung

Die Cathedral Road oder auch der Bute-Park in Cardiff führen letztendlich zur **Kathedrale Llandaff.** *St. Teilo* gründete hier im 6. Jahrhundert ein Kloster. 560 entstand die erste Kathedrale. Die normannische Kathedrale wurde ab 1107 errichtet. Im 19. Jahrhundert wurde sie von präraffaelitischen Künstlern restauriert. Daher findet man hier verschiedene Stilrichtungen. Geführte Touren finden nach vorheriger Vereinbarung statt. Postkarten und Souvenirverkauf.

- Tel. (029) 20 56 45 54, www.llandaffcathedral.org.uk, tägl. 7–19 Uhr, Laden tägl. 10–16 Uhr, Eintritt frei.

In St. Fagans sollte man sich das **National History Museum** nicht entgehen lassen. Im Freilichtmuseum auf dem Gelände der Burg St. Fagans (1580) kann man vom keltischen Dorf bis zum Haus der Zukunft alle Epochen des walisischen Lebens vor allem anhand seiner Architektur nachvollziehen. Aus allen Teilen des Landes wurden Gebäude herbeigeschafft, so zum Beispiel ein Zollhäuschen aus Aberystwyth. Mit großem Souvenirladen und Café.

- Tel. (029) 20 57 35 00, www.museumwales.ac.uk/en/stfagans/, tägl. 10–17 Uhr, Eintritt frei.

Das von Wald umgebene **Castell Coch** aus dem 13. Jahrhundert liegt nordwestlich von Cardiff in Tongwynlais. In den 1870er Jahren wurde es in ein Fantasieschloss umgebaut, von demselben Architekten der auch am Umbau des Schlosses von Cardiff beteiligt war.

- Apr.–Mai, Okt. tägl. 9.30–17 Uhr, Juni–Sept. tägl. 9.30–18 Uhr, Nov.–März Mo.–Sa. 9.30–16, So. 11–16 Uhr, ££.

Westlich von Cardiff (A 48 Richtung Dyffryn Gardens) befindet sich die **Tinkinswood Grabkammer** (4000–

National History Museum

3000 v. Chr.), mit einem bemerkenswerten großen Deckstein.

Über den Deckstein des nahe gelegenen **Dolmens St. Lythans/Maes-y-Felin** [meis ö welin] besagt die Legende, dass er am Mittsommerabend dreimal Fäden spinnt. Der walisische Name *Maes-y-Felin* bedeutet „Feld der Mühle" und weist auf eine Wollmühle oder Spinnerei hin. Alle Steine, der Deckstein und die Trägersteine, sollen in dieser Nacht im Fluss baden gehen.

Caerphilly/Caerffili

[kaerfili] ☞XVII/D2
www.caerphilly.gov.uk/visiting

Das für seinen Käse bekannte Städtchen am Rande des Rhymey-Tals ist trotz seiner spektakulären Burg wenig touristisch. Der Film „Restoration" (Zeit der Sinnlichkeit) von 1995 mit *Meg Ryan* spielt hier.

Die Burg

Die von dem Normannen *Gilbert de Clare,* Lord von Glamorgan, im 13. Jh. sorgfältig geplant angelegte Burg ist die zweitgrößte in Großbritannien. Sie sollte die Gegend vor der Übernahme

Glamorgan/Sir Forgannwg — MERTHYR TYDFIL

durch *Llywelyn den Letzten* bewahren. Außer der großen Halle, die 1322–1326 von *Hugh le Despenser* erneuert wurde, stammen alle Teile noch aus der Bauzeit. Der charakteristische schiefe Turm ist den Truppen *Cromwells* zu verdanken.

- Tel. (029) 20 88 31 43, Apr.–Mai und Okt. tägl. 9.30–17 Uhr, Juni–Sept. tägl. 9.30–18 Uhr, Nov.–März Mo.–Sa. 9.30–16 Uhr und So. 11–16 Uhr, ££.

Praktische Tipps

Touristeninformation

- Twyn Square, Tel. (029) 20 88 00 11, tourism@caerphilly.gov.uk.

Unterkunft

Die empfehlenswerten Unterkünfte liegen außerhalb des Stadtzentrums:
- **The Cottage Guest House**£-££, Mountain View, Pwllypant (1 km nördl. über die A 469), Tel. (029) 20 86 91 60. Nett und klein.
- **Premier Travel Inn**££, Corbetts Lane, Tel. (0 29) 20 85 45 30. Geschäftiges Hotel.

Essen und Trinken/Pub

- **Bella Capri**££, 25 Ton-y-Felin Road, Tel. (029) 20 86 96 12. Moderner Italiener.
- **The Courthouse Inn/Tafarn y Cwrt**£-££, Cardiff Road, Tel. (029) 20 88 81 20. Hübscher Pub aus dem 14. Jh. mit moderner Bar. Von der Terrasse sieht man die Burg. Große Auswahl an preiswerten Gerichten.

Verkehrsverbindungen

- Zug von/nach **Cardiff.**
- Bus A, B v./n. **Cardiff**, Bus 50 v./n. **Newport.**

Ausflüge in die Umgebung

Im **China Works Museum** im westlich von Caerphilly gelegenen Nantgarw erfährt man alles über die Geschichte der Porzellanherstellung. Die Fabrik schloss 1920. Feinstes Porzellan wurde hier einst hergestellt.

- Tel. (01443) 84 17 03, www.sallystubbings.co.uk, Mo.–Fr. 10–16.30 Uhr, £.

Bei Nelson (A 472) kann man im **Llancaiach Fawr Living History Museum** das Jahr 1645 erleben. Mägde und Diener in historischen Kostümen sprechen altertümliches Englisch und führen die Besucher herum. Alles wirkt ganz authentisch. Sehr lohnend!

- Tel. (01443) 41 22 48, www.llancaiachfawr.co.uk. Mo.–Fr. 10–17 Uhr, Sa./So. 10–18 Uhr, Nov.–Feb. Mo. geschlossen, ££.

Weiter nördlich zeugt das **The Winding House/Tŷ Weindio** [tii wäindio] vom einstigen Kohleabbau. Zu sehen sind das Förderhaus mit funktionierenden Maschinen und eine Ausstellung.

- Tel. (01443) 82 26 66, museum@caerphilly.gov.uk, Ostern bis Sept. Mi.–Fr. 11–16 Uhr, Sa./So. 14–17 Uhr, Okt.–Ostern Mi.–Fr. 11–16 Uhr, Eintritt frei.

Merthyr Tydfil/ Merthyr Tudful ⌕XVII/D1

[mer~~thir~~ tödwil]

www.merthyr.gov.uk

Der Name *Merthyr Tydfil* geht auf *St. Tydfil,* Tochter des Lords von Brycheiniog (Brecon) zurück, die als christliche Märtyrerin 480 n. Chr. starb.

Der im Taff-Tal gelegene Ort verschrieb sich schon im 16. Jahrhundert

MERTHYR TYDFIL

dem **Eisen- und Kohleabbau.** 1831 war Merthyr Tydfil die größte Stadt von Wales. 1804 fuhr die erste Dampflok von den Gruben nach Abercynon. Nach dem Ersten Weltkrieg verlagerte sich die Schwerindustrie in die Küstengebiete. Heute macht die Stadt einen eher trostlosen Eindruck.

Das **Cyfarthfa Castle** ist ein 1825 vom Besitzer der Eisenwerke erbautes Schloss, das heute eine Galerie und ein sehenswertes Museum zu verschiedenen Themen beherbergt.
- Tel. (01685) 72 31 12, cyfarthfacastle@fsmail.net. April–Sept. tägl. 10–17.30 Uhr, Okt.–März Di.–Fr. 10–16 Uhr, Sa./So. 12–16 Uhr, Eintritt frei.

Der Komponist *Dr. Joseph Parry* wurde 1814 in Merthyr Tudful geboren. Das kleine **Joseph Parry's Ironworker's Cottage** zeigt, wie er gelebt hat.
- 4 Chapel Row, Tel. (01685) 72 31 12, April–Sept. Do.–So. 14–17 Uhr, Okt.–März nach Voranmeldung, Eintritt frei.

Praktische Tipps

Touristeninformation
- 14a Glebeland Street, Tel. (01685) 37 98 84, tic@merthyr.gov.uk. Beim Busbahnhof.

Unterkunft
- **Chaplins Hotel**££, 30–31 High Street, Tel. (01685) 38 72 72, www.chaplinshotel.co.uk. Zentral, mit Internet-Point.
- **Tregenna Hotel**££, Park Terrace, Tel. (01685) 72 36 27. Gepflegt, ruhige Lage.
- **Imperial Hotel**££, High Street, Pontmorlais, Tel. (01685) 72 25 55. Gediegene Unterkunft. Weit weniger bombastisch als der Name vermuten lässt.

Camping
- **Grawen Farm,** Cwmtaf, bei Cefn-Coed (sieben Kilometer nördlich), Tel. (01685) 72 37 40, grawen.touring@virgin.net. Schöner Campingplatz direkt am See Llwyn-On-Reservoir.

Cafés
- **Chaplins**£–££ (s.o.). Großes Café mit Holzstühlen.
- **The Art Lounge**£, High Street, Tel. (01685) 37 10 01. Modernes Café mit kleinen Gerichten.

Pubs
- **Crown Inn,** 28 High Street, Tel. (01685) 38 81 98. Traditioneller Pub. *Barmeals.*

Verkehrsverbindungen
- Bus X 43 von/nach **Brecon** und **Cardiff,** Bus 775 von/nach **Swansea,** Bus 24 von/nach **Blaenavon,** Bus 22, 24 von/nach **Newport.**

Ausflüge in die Umgebung

Nördlich der Stadt liegt der Brecon Beacons Nationalpark.

Die **Brecon Mountain Railway** startet ebenfalls nördlich von Merthyr Tydfil zum See Pentwyn Reservoir.
- Pant Station Dowlais, Tel. (01685) 72 29 88, www.breconmountainrailway.co.uk, April–Okt., ££–£££.

Voraussichtlich wird ab 2008 im Visitor Centre der **Penderyn-Destillerie** eine Ausstellung zur Whiskyherstellung zu sehen sein. Mit Verkostung.
- Penderyn, Tel. (01685) 81 33 00, www.welsh-whisky.co.uk.

Monmouthshire/ Sir Fynwy

Überblick

Der Fluss Wye, in dessen Tal die spektakuläre Ruine der Abtei Tintern liegt, bildet die natürliche Grenze zwischen England und der Südostecke von Wales, die mit Chepstow ihren äußersten Punkt erreicht. Das eher flache Monmouthshire hat viel zu bieten, ob Römerstadt, ob Burgruinen, sogar Wein wächst hier. Abergavenny im Nordwesten bildet das Tor zu den Brecon Beacons. Die liebliche Gegend setzt eher auf sanften Tourismus.

Newport/Casnewydd

[kaas-newith]   ⌘XVIII/A3

Die 1191 errichtete steinerne Burg gab der Stadt ihren Namen, *Novus Burgus* oder *Castell Newydd* [kastehl newith], „die neue Burg", im Gegensatz zur älteren in Caerleon.

Mit der Industrialisierung von Südwales ab 1750 veränderten sich die Hafenanlagen. Mit dem Bau der Kanäle in den Tälern bis zur Südküste entwickelte sich Newport in den 1790ern zum Hauptkohlehafen des Südens. 1921 wurde die Stadt zum Bischofssitz der Diözese von Monmouth erklärt.

Heute ist Newport die drittgrößte Stadt von Wales, ein **Industrie- und Handelszentrum** und trotz einiger Sehenswürdigkeiten wenig touristisch. In den letzten Jahren hat man viel Geld investiert, sodass die Stadt allmählich wieder erblüht.

Sehenswertes

Newports auffälligstes Bauwerk ist die **Transporter Bridge** über den Fluss Usk, eines der schönsten Beispiele für eine Schwebefähre, 1906 von dem Franzosen *Ferdinand Arnodin* konstruiert. Auf einer Plattform, die an einer Laufrollenvorrichtung am 210 Meter langen Querträger hängt, werden Fahrzeuge und Menschen transportiert. Mit Besucherzentrum.
● Stephenson Street, Tel. (01633) 25 73 02, Brücke Sa. 8–18 Uhr, So. 13–17 Uhr, Besucherzentrum Sa. 10–17 Uhr, So. 13–17 Uhr, Autos £, Fahrräder und Fußgänger frei.

Die **normannische Burg** bei der Newport Bridge stammt ursprünglich aus dem Jahr 1191, wurde im 14. Jahrhundert wiedererrichtet, von *Owein Glyndŵr* niedergebrannt und im 15. Jahrhundert wiederum sehr verändert. Anfang des 16. Jahrhunderts lebte hier für kurze Zeit *Jasper Tudor,* der Onkel *Heinrichs VIII.* Die Reste der Burg wurden 1930 teilweise restauriert. Viel ist allerdings nicht zu sehen. Teile liegen unter der Straße. Nur die Ostseite ist zu erkennen. Den besten Blick hat man von der Brücke.
● Frei zugänglich, Eintritt frei.

Südlich, auf der anderen Seite der Brücke, rückt *Peter Fink's* gigantische rote Skulptur von 1990 in den Blickwinkel: **Steel Wave** – eine Anspielung auf Newports große Industrien.

Der Name der **St. Woolos Cathedral Church** geht auf walisisch *Gwynllwy* [gwinhlui] zurück, einen Lord des 5. Jahrhunderts, der plötzlich zum Christentum bekehrt wurde, als sein Traum, dass er einen weißen Ochsen mit einem schwarzen Fleck finden würde, sich bewahrheitete. Ihm zu Ehren wurde gleich nach seinem Tode eine Holzkirche über seinem Grab errichtet, die sich zum Pilgerort entwickelte. In angelsächsischer Zeit baute man hier eine Kirche aus Stein, die heutige Galilee Chapel am westlichen Ende. Die Normannen errichteten das Schiff dazu. Die Kanzel wurde Anfang der 1960er Jahre von dem Architekten *Alban Caroe* erweitert, das Gebäude 1929 zur Kathedrale erklärt.

Das **Newport Museum and Art Gallery** besteht aus mehreren Abteilungen: Archäologie (Funde aus Caerwent), Heimatgeschichte (Schwerpunkt auf Industriegeschichte), Naturgeschichte (Flora und Fauna der Gegend) und Kunst (englische Aquarellmalerei des 19. und 20. Jahrhunderts, walisische Malerei und Skulpturen unter anderen von Meistern wie *Rodin, Epstein, Goscombe John).* Sehr lohnender Besuch!
● John Frost Square, Tel. (01633) 65 66 56, museum@newport.gov.uk, Mo.–Do. 9.30–17 Uhr, Fr. 9.30–16.30 Uhr, Sa. 9.30–16 Uhr, Eintritt frei.

Ebenfalls am John Frost Square steht die **Newport Clock,** die auch *In the Nick of Time* („Im Einschnitt der Zeit") genannt wird und griechischen Säulen nachempfunden ist. Manche beschreiben sie als Kreuzung zwischen einer Kuckucksuhr und einer Espressomaschine. Sie wurde 1992 anlässlich des Garden Festivals im nahe gelegenen Ebbw Vale gebaut.

Atlaskarte S. XVIII

NEWPORT/CASNEWYDD

Praktische Tipps

Touristeninformation
● John Frost Square, Museum, Tel. (01633) 84 29 62, newport.tic@newport. gov.uk.

Unterkunft
Diese Unterkünfte befinden sich alle nahe der Kathedrale.
● **The Knoll Guesthouse**££, 145 Stow Hill, Tel. (01633) 26 35 57, jacqueline_griffiths@hotmail.com. Gepflegte Unterkunft mit einem Hauch von Stil.
● **Kepe Lodge**££, 46 A Caerau Road, Tel. (01633) 26 23 51, kepelodge@hotmail.com. Solide Unterkunft. Die Wirtin reist oft nach Deutschland und liebt Land und Leute.
● **St. Etienne Guesthouse**££, 162 Stow Hill, Tel. (01633) 26 23 41. Gepflegt.

Camping
● **Cwmcarn Forest Drive**, Tel. (01495) 27 20 01, cwmcarn-vc@caerphilly.gov.uk. Gut ausgestatteter Campingplatz hinter dem Besucherzentrum.

Essen und Trinken
Es gibt wenige Restaurants im Zentrum.
● **The Candlery**£££, 77–78 Lower Dock Street, Tel. (01633) 25 66 22. Schlichte Eleganz und gehobene Küche, 5 Min. vom Kingsway Shopping Centre.
● **Por-del-Sol**££, 11c High Street, Tel. (01633) 21 47 04. Kleines portugiesisches Restaurant.
● **New Moon Chinese Resturant**££, 60 Commercial Street, Tel. (01633) 26 41 86. Nettes, kleines chinesisches Restaurant.

Pubs
Die Pub-Gegend ist um die High Street.
● **Ye Olde Murenger House**, High Street, Tel. (01633) 26 39 77. Haus von 1530 mit Tudor-Fassade. Alt und rustikal, laute Musik.
● **The Hornblower**, 126 Commercial Street, Tel. (01633) 66 80 01. Biker-Pub, Rockmusik.

Einkaufen
● Die Haupteinkaufsstraße ist die **Commercial Street.**

Spaziergang
● Der **Riverfront Walkway** führt am Fluss entlang.

Mountainbiking
● Das **Forest-Drive-Gebiet** in Cwmcarn (nordwestlich bei Crosskeys, A 467) wird zum Mountainbiken genutzt. Parkgebühr ££.

Verkehrsverbindungen
● Zug v./n. **Cardiff** und **Chepstow**/**Bristol**.
● Bus 30 von/nach **Cardiff**, Bus 50 von/nach **Caerphilly**, Bus 73, 74 von/nach **Chepstow**, Bus 60 von/nach **Monmouth**, Bus X 14 von/nach **Bristol**.

Ausflüge in die Umgebung

Bei Coedkernew (A 48, drei Kilometer westlich) liegt das **Tredegar House and Country Park,** von 1402 bis 1951 das Heim der Familie *Morgan.* Danach fungierte das Haus bis 1974 als Schule. Schön ist das Eisentor. Bei einer Führung wird das Leben von Aristokratie und Dienstboten gezeigt. Im Garten steht der Gedenkstein für *Lord Godfreys* Pferd *Sir Briggs,* das das stolze Alter von 28 Jahren erreichte.
● Tel. (01633) 81 58 80, tredegarhouse@newport.gov.uk, Ostern–Sept. Mi.–So., geführte Touren stündl. 11–16 Uhr, ££, Besucherzentrum und Teestube 10.30–17.30 Uhr. Park: tägl. ab 9 Uhr bis zur Dämmerung, Eintritt frei, Parkgebühr.

Im **Sirhowy Valley Country Park** in Cwmfelinfach (nordwestlich bei Crosskeys) kann man eine schöne Wanderung am Fluss unternehmen.
● Tel. (01495) 27 09 91, Im Sommer täglich 8–17.30 Uhr, im Winter bis 16.30 Uhr, Eintritt und Parken frei.

Caerleon ⇗XVIII/A3

[kaer-leon] www.caerleon.net

Die vor den Toren Newports gelegene Stadt ist wegen ihrer **römischen Vergangenheit** bekannt. Die römische Befestigung von ca. 75 n. Chr. wurde *Isca Silurum* genannt, nach dem Fluss Usk/Wysg. Der walisische Name *Caerleon* stammt von *Castra Legionum*, was „Fort der Legionen" bedeutet.

Die zweite Legion kam nach der Unterwerfung der Siluren als permanente Garnison hierher und blieb bis zum 4. Jahrhundert. Während der römischen Besetzung waren drei Legionen ständig in Britannien stationiert: die XX. bei Deva (Chester), die IX. bei Eboracum (York) und die II. bei Isca (Caerleon). Die Tatsache, dass Wales zwei von drei permanent stationierten

Das römische Amphitheater in Caerleon

Legionen an seiner Grenze hatte, deutet auf die Schwierigkeiten, die das Land den Römern bereitete.

Caerleon wurde auch mit der **Artus-Legende** in Verbindung gebracht: Ein Hügel trägt den Namen *King Arthur's Round Table*.

Nach dem Abzug der Römer behielt der Ort seine Bedeutung. Er wurde zum Sitz der walisischen Prinzen, dann bis zum Ende des 19. Jahrhunderts Handels- und Industriezentrum.

Der nette Ort bietet einige Sehenswürdigkeiten und gute Einkehrmöglichkeiten.

Sehenswertes

Das römische **Amphitheater** von circa 80 n. Chr. ist das einzige vollständig freigelegte in Großbritannien. Die Grabungen fanden 1926/27 statt. Die Arena bot 6000 Zuschauern Platz. Neben Gladiatorenspielen wurde sie auch für Paraden, Waffentraining und Exekutionen von Gefangenen genutzt. Die römischen Legionärsbaracken gegenüber sind einzigartig in Großbritannien.
●Tel. (01633) 42 31 34, frei zugänglich, Eintritt frei.

Das hochinteressante **Legionary Museum** zeigt Funde aus der Römerzeit. Die anschaulich gestaltete, kleine Ausstellung über das Leben der Römer ist auch für Kinder geeignet.
●High Street, Tel. (01633) 42 31 34, www.nmgw.ac.uk/rlm, Mo.–Sa. 10–17 Uhr, So. 14–17 Uhr, Eintritt frei.

Die **Roman Fortress Baths** sind sehr gut erhalten und geschickt präsentiert. Das Badehaus weist beheizte Umkleideräume, Schwimmbecken und große Badehallen auf. Für die Legionäre hatte es auch eine wichtige soziale Funktion: Man traf sich hier, um Neuigkeiten auszutauschen.
●High Street, Tel. (01633) 42 25 18, Apr.–Okt. tägl. 9.30–17, Nov.–März Mo.–Sa. 9.30–17, So. 11–16 Uhr, £.

Sehenswert sind auch die Holzskulpturen im **Ffwrrwm Centre.**
●High Street, Tel. (01633) 43 07 77, Eintritt frei.

Praktische Tipps

Touristeninformation
●5 High Street, Tel. (01633) 42 26 56, caerleon.tic@newport.gov.uk.

Unterkunft
●**The Priory Hotel**£££, High Street, Tel. (01633) 42 12 41, www.caerleon.net/inns/priory. Gebäude von 1180, ehemaliges Kloster. Zentral, luxuriöse Zimmer.
●**Great House**££, Isca Road, Old Village, Tel. (01633) 42 02 16, www.visitgreathouse.co.uk. Sehr schönes B&B, das Haus stammt aus dem 16. Jahrhundert, ruhige Lage.
●**Garden House**££, 20 High Street, Tel. (01633) 43 01 94, www.gardenhouse.co.uk. Zimmer nicht en suite, aber sehr schön. Angenehme Atmosphäre.
●**The Ship Inn**£, New Road, Tel. (01633) 42 00 87. Einfache Unterkunft im Pub bei der Brücke.

Camping
●**Cwmcarn Forest Drive** (westlich, A 467), Tel. (01495) 27 20 01, cwmcarn-vc@caerphilly.gov.uk. Guter Platz am Besucherzentrum.

Essen und Trinken
●**The Priory Hotel**£££ (s.o.). Gute Auswahl, besonders an Fisch. Schöner Speiseraum.

CAERLEON
Monmouthshire/Sir Fynwy

- **Hanbury Arms**££, Uskside, Tel. (01633) 42 03 61. Gemütlicher, großer, traditioneller Pub.
- **The Bell Inn**££, Balmore Road, Tel. (01633) 42 06 13. Preiswerte Hauptgerichte im Pub.
- **The Ship Inn**£ (s.o.). Gute Auswahl.
- **Ye Olde Bull Inn**£, High Street, Tel. (01633) 42 05 83. Einfache *barmeals* im rustikalen, alten Pub aus dem 15. Jahrhundert.
- **Caffe Ffwrwm**, Ffwrwm Courtyard, Tel. (01633) 43 02 38. Offener Kamin, warme Speisen.

Pubs
- **Ye Olde Bull Inn** (s.o.)

- **Hanbury Arms** (s.o.)
- **Red Lion,** Backhall Street, Tel. (01633) 42 02 84. Alter Pub mit Dachbalken.
- **The Ship Inn** (s.o.)

Einkaufen

- **Ffwrwm Centre,** High Street (siehe „Sehenswertes"). Mehrere Kunstläden.

Verkehrsverbindungen

- Bus 60 von/nach **Newport** und **Monmouth.**

Caerleon

0 — 800 m

UNTERKÜNFTE
- 2 The Priory Hotel
- 7 Garden House
- 9 The Ship Inn
- 10 Great House

SEHENSWERTES
- 3 Legionary Museum
- 4 Roman Fortress Baths
- 6 Ffwrwm Centre

ESSEN UND TRINKEN
- 1 Red Lion
- 5 Ye Olde Bull Inn
- 6 Caffe Ffwrwm
- 8 Hanbury Arms
- 11 The Bell Inn

SONSTIGES
- Touristen information
- Bushaltestelle

Caerwent

⌖ XVIII/B3

[kaerwent]

Der Ort geht auf eine alte Römerstadt zurück, die damals nach dem keltischen Volksstamm der Siluren *Venta Silurum* genannt wurde. Reste sind heute noch zu sehen, wenn auch kleiner als in Caerleon.

Sehenswertes

Die rund um den Ort verlaufende **Römermauer** ist stellenweise immer noch fünf Meter hoch.

Bei der **Kirche** informiert eine Tafel über die römische Vergangenheit der Stadt. Im Eingang des Gotteshauses sind zwei Steine mit lateinischen Inschriften zu erkennen: der Paulinusstein zu Ehren von *Tiberius Claudius Paulinus,* dem Kommandeur der zweiten Legion, und der Ocelus-Mars-Altarstein, dem römischen Kriegsgott *Mars* und vermutlich einem keltischen oder germanischen Kriegsgott *Ocelus* gewidmet.

Auf der anderen Straßenseite, schräg gegenüber, liegen die Reste eines **Römertempels.**
● Tel. (029) 20 50 02 00, Eintritt frei.

Pubs

● **Castle Inn,** Church Road, Tel. (01291) 42 05 09. Alt und nett.

Ausflug in die Umgebung

Die normannische **Burg Caldicot/Cil-y-Coed** [kiil ö keud] (südlich von Caerwent) wurde im 19. Jahrhundert restauriert und zum Wohnhaus umfunktioniert. Ein Besuch lohnt eher wegen des Museums zur Archäologie und Sozialgeschichte.
● Tel. (01291) 42 02 41, www.caldicotcastle.co.uk. Apr.–Okt. tägl. 11–17 Uhr, ££.

Chepstow/Cas Gwent

[kaas gwent] ⌖ XVIII/B2

Chepstow liegt in schöner Umgebung am Fluss. Nach der Fahrt über den Severn (Brückenzoll nur von Osten nach Westen, ££, auch Bezahlung mit einem 10-Euroschein möglich) ist für viele Wales-Urlauber die Grenzstadt in der Südostecke von Wales die erste Station.

Die Burg, das enge Stadttor und die verwinkelten Straßen vermitteln eine **mittelalterliche Atmosphäre.** In normannischer Zeit hieß der Ort *Striguil*, wurde aber als *Ceap Stowe* („Marktplatz") bekannt, woraus sich *Chepstow* entwickelte.

Die Stadt war einst berühmt für ihren Schiffbau, der Hafen spielte eine wichtige Rolle.

Sehenswertes

Durch das Stadttor, **West Gate,** gelangt man in die High Street, die hinter dem Beauford Square mit einem Kriegerdenkmal mit deutscher U-Boot-Kanone erst in die Middle Street und dann in die Bridge Street übergeht.

CHEPSTOW/CAS GWENT

Lohnenswert ist ein Spaziergang über die **Eisenbrücke** (von 1816) zum englischen Ufer, denn von dort hat man den schönsten Blick auf die Burg.

Die **normannische Festung** aus dem 11. Jahrhundert wurde bis Ende des 17. Jahrhunderts genutzt. 1067 von *William Fitzosbern* als eine der ersten steinernen Burgen Britanniens gebaut, funktionierte sie während und nach dem Bürgerkrieg als Gefängnis. Vom Parkplatz auf der walisischen Seite gelangt man zum Eingang.
● Bridge Street, Tel. (01291) 62 40 65, April/Mai/Okt. tägl. 9.30–17 Uhr, Juni–Sept. täglich 9.30–18 Uhr, Nov.–März Mo.–Sa. 9.30–16 Uhr, So. 11–16 Uhr, ££.

Gegenüber der Burg werden im **Museum** historische Bilder zur Stadtgeschichte ausgestellt.
● Bridge Street, Tel. (01291) 62 59 81, chepstowmuseum@monmouthshire.gov.uk, März–Juni, Okt. Mo.–Sa. 11–17 Uhr, So. 14–17 Uhr, Juli–Sept. Mo.–Sa. 10.30–17.30, So. 14–17.30 Uhr, Nov.–Feb. Mo.–Sa. 11–16 Uhr, So. 14–16 Uhr, Eintritt frei.

Burg Chepstow

Atlaskarte S. XVIII

TINTERN/TYNDYRN 363

Spaziergänge

Chepstow ist Ausgangspunkt der Wanderwege **Wye Valley Walk** und **Offa's Dyke**. Auf Letzterem gelangt man von der Beachley Road nach drei Kilometern in südlicher Richtung zu den Sedbury Cliffs. Der Weg ist ausgeschildert, Kennzeichen ist die Eichel.

Praktische Tipps

Touristeninformation
- Castle Car Park, Tel. (01291) 62 37 72, chepstow.tic@monmouthshire.gov.uk.

Unterkunft
- **Castle View Hotel**££, 16 Bridge Street, Tel. (01291) 62 03 49, www.hotelchepstow.co.uk. Schönes zentrales Hotel gegenüber der Burg.
- **The First Hurdle Guest House**££, 9–10 Upper Church Street, Tel. (01291) 62 21 89. Gepflegte Unterkunft.
- **Backpackers**£, Bank Street. Eröffnet voraussichtlich im Sommer 2008. Näheres bei der Touristeninformation (s.o.).

Essen und Trinken
- **Castle View Hotel**££ (s.o.)
- **Afon Gwy**££, 28 Bridge Street, Tel. (01291) 62 01 58. Nett, gutes Essen, Außengastro.
- **Petrus Restaurant**£££, 18 The Back, Riverside, Tel. (01291) 62 68 68. Große Auswahl, mit Außengastronomie am Fluss. Günstige Sunday-Lunches£.
- **Boat Inn**£–££, The Back. Riverside, Tel. (01291) 62 81 92. Urig, mit Dachbalken. Sehr gemütlich.

Café
- **St. Mary's Tea Rooms**£, 5 St. Mary's Street, Tel. (01291) 62 17 11. Nettes Café in der Arcade.

Pubs
Den Pubs in Chepstow sieht man an, dass es sie schon eine Weile gibt. Traditionelle Pubs sind:
- **The Five Alls,** Hocker Hill Street, Tel. (01291) 63 03 49.
- **White Lion,** Bank Street, Tel. (01291) 62 19 40.
- **Coach & Horses Inn,** Welsh Street, Tel. (01291) 62 26 26.

Verkehrsverbindungen
- Zug von/nach **Newport** und **Gloucester**.
- Bus 73 von/nach **Newport**, Bus X14 von/nach **Bristol**, Bus 69 von/nach **Monmouth**.

Tintern/Tyndyrn

[töndirn] ♫ XVIII/B2

Die meisten Besucher des an einer Biegung des Wye gelegenen kleinen Ortes kommen wegen der eindrucksvollen Klosterruine hierher. Die **Abtei Tintern** wurde in den letzten 200 Jahren oft gemalt und beschrieben, u.a. von dem englischen Maler *William Turner*. Als erste von den Normannen gegründete Zisterzienserabtei in Wales (1131) kam ihr eine wichtige Rolle bei der Eroberung walisischer Gebiete zu. Im 13. Jahrhundert wurde sie prächtig ausgebaut. Ihre Auflösung erfolgte 1536 unter *Heinrich VIII*. Das Dach wurde damals entfernt. Heute ist die Ruine nicht mehr efeubewachsen wie zu *Turners* Zeiten, allein aufgrund ihrer Größe wirkt sie aber nach wie vor sehr eindrucksvoll. Die Abteikirche wurde zwischen 1270 und 1306 neu gebaut.
- Tel. (01291) 68 92 51, Apr.–Mai, Okt. tägl. 9.30–17 Uhr, Juni–Sept. tägl.

9.30–18 Uhr, Nov.–März Mo.–Sa. 9.30–16 Uhr, So. 11–16 Uhr, ££.

Vermutlich hatten schon die Römer bei Tintern Wein angebaut. Eines der besten Weingüter in Wales ist heute der seit 1979 existierende **Tintern Parva Vineyard.** Die Besichtigungstouren enden mit einer Verkostung im Laden.
- Parva Farm, Tel. (01291) 68 96 36, parvafarm@hotmail.com, im Sommer 10.30–18.30 Uhr, im Winter 10.30 bis zur Dämmerung, £.

Praktische Tipps

Touristeninformation
- Visitor Centre, Old Station Complex (ein Kilometer nördlich), Tel. (01291) 68 95 66. johnsterry@monmouthshire.gov.uk. Ostern–Okt. Alter, als Laden umfunktionierter Zug mit Café, Parkgebühr.

Unterkunft
- **The Wye Valley Hotel**££, Tel. (01291) 68 94 41, www.wyevalleyhotel.co.uk. Nettes Hotel. Hier wurde ein walisischer Film gedreht, wie man noch an den Schildern erkennen kann.

Essen und Trinken
- **Abbey Mill**£–££, Main Road, Tel. (01291) 68 92 28. Schön eingerichtet, auch für größere Gruppen geeignet.

Pubs
Alt und stilvoll sind:
- **The Moon & Sixpence,** High Street, Tel. (01291) 68 92 84.
- **Rose & Crown,** Monmouth Road, Tel. (01291) 68 92 54.
- **The Cherry Tree Inn,** Abfahrt beim Royal Georges Hotel, Tel. (01291) 68 92 92.

Einkaufen
- In der **Abbey Mill** werden Geschenkartikel und Souvenirs angeboten.

Verkehrsverbindungen
- Bus 69 von/nach **Chepstow** und **Monmouth.**

Trellech ↗XVIII/B2
[tre-hlech]

Trellech ist der Geburtsortes des Mathematikers und Philosophen *Bertrand Russells* (1872–1970).

Der Ortsname bedeutet „Drei flache Steine" und bezieht sich auf die Steinreihe Harold Stones.

Sehenswertes

Die **Harold Stones** (B 4293 nach Chepstow) sind circa 3500 Jahre alt. In der Bronzezeit kamen Steinreihen in Nordwesteuropa häufig vor. Sie bestanden meist aus drei bis sechs Steinen. Ihr Zweck ist jedoch unklar: Richtungsweiser oder Grenzbefestigung?

In anderer Richtung (Straße nach Tintern) liegt die **Heilquelle Virtuous Well,** einst als „St. Ann's Well" bekannt. Sie war lange Zeit eine Pilgerstätte, da das eisenhaltige Wasser große Heilkraft besaß.

Der **Burghügel Tump** geht auf die normannische Zeit zurück. Hier stand vermutlich eine von *Henry I.* errichtete Festung. Die Legende sagt, dass wer den Hügel in seiner Ruhe stört, sterben muss.

Klosterruine in Tintern

Monmouth/Trefynwy

Essen und Trinken/Pub

● **The Lion Inn**£–££, Tel. (01600) 86 03 22. Typischer Dorf-Pub mit *barmeals* („Best Overall Pub" in Wales 2006).

Monmouth/Trefynwy

[trewönwi] ⌀XVIII/B2

Monmouth ist von drei Flüssen umgeben: dem Trothy, dem Monnow und dem Wye. Von solch einer günstigen Position aus ließ sich Südwales gut kontrollieren. Die Römer nannten den Ort *Blestium*. Der im 12. Jh. lebende Chronist *Geoffrey of Monmouth* erhielt im hiesigen Kloster seine Ausbildung. Der Geburtsort *Heinrichs V.* ist heute eine nette Marktstadt.

Sehenswertes

Das Wahrzeichen von Monmouth ist die **Brücke Monnow** von 1272 mit dem einzigartigen Torhaus. Es wurde als eines von vier mittelalterlichen Toren der Stadt gebaut und ist das einzige erhaltene **Brückenhaus** Großbritanniens. Das Fallgitter konnte bei Gefahr von dem Raum über dem Torbogen hinuntergelassen werden.

Der zentrale Platz heißt **Agincourt Square,** in Erinnerung an die von *Heinrich V.* gewonnene Schlacht bei Agincourt in Frankreich. In der Mitte steht die Statue von *Charles Stewart Rolls* (1877–1910), dem Mitbegründer der Firma „Rolls Royce", der 1906 den Ärmelkanal mit einem Ballon überflog.

Monmouth/Trefynwy

Das Brückentor in Monmouth

Er ist am Stadtrand in Hendre, seinem einstigen Wohnort, begraben.

Der andere große Sohn der Stadt, *Heinrich V.*, wurde in der Burg geboren. Das **Castle and Regimental Museum** im Great Castle House nebenan beherbergt das Hauptquartier der Royal Monmouthshire Royal Engineers (Militia), des älteren Regiments von Großbritanniens technischer Reservearmee. Es hat seine Wurzeln im 16. Jh. und setzt sich heute u.a. in Bosnien und im Kosovo ein. Auf dem Vereinsabzeichen steht „Ich dien", der Leitsatz des Prinzen von Wales auf seinem Wappen. Möglicherweise handelt es sich hier nicht um zwei deutsche Wörter, sondern um eine Entstellung von walisisch *eich dyn* („euer Mann"). Das Museum zeigt 900 Jahre Geschichte.

●Monmouth Castle, Tel. (01600) 77 21 75, www.monmouthcastlemuseum.org.uk. Sommer: tägl. 14–17 Uhr, Winter: Sa./So. 14–16 Uhr, Eintritt frei (Spenden willkommen).

Das **Nelson Museum and Local History Centre** zeigt eine Ausstellung zur Stadtgeschichte. Die große Sammlung von Erinnerungsstücken an den Admiral *Nelson* hatte einst *Lady Llangattock*, die Mutter von *Charles Stuart Rolls*, angelegt.

●Priory Street, Tel. (01600) 71 06 30, nelsonmuseum@monmouthshire.gov.uk, Mo.–Sa. 11–13 und 14–16 Uhr, So. 14–16 Uhr.

Ein Besuch des drei Kilometer außerhalb gelegenen **Hügels von Kymin** lohnt sich hauptsächlich wegen der Aussicht auf die Brecon Beacons. Oben kann man das kleine, runde, zweistöckige georgianische Banketthaus und das Kriegerdenkmal Naval Temple für die Britische Marine von 1800 besichtigen: Lord *Nelson* hatte es bereits 1802 besucht und für würdig befunden.

●Round House, Tel. (01600) 71 92 41, Apr.–Okt. Sa.–Mo. 11–16 Uhr, £.

Praktische Tipps

Touristeninformation

●Market Hall, Priory Street, Tel. (01600) 71 38 99, monmouth.tic@monmouthshire.gov.uk.

Unterkunft

- **Bistro Prego**££, 7 Church Street, Tel. (01600) 71 26 00, www.pregomonmouth.co.uk. Hübsche Unterkunft über einem Restaurant.
- **The King's Head**£, 8 Agincourt Square, Tel. (01600) 71 05 00, www.jdwetherspoonlodges.co.uk. Zentrale, einfache Unterkunft.

Camping

Es gibt zwei Campingplätze in Monmouth, die zwar etwas eng sind, dafür aber nicht weit vom Zentrum entfernt liegen (jenseits des Flusses, dann in Richtung Rockfield):
- **Monmouth Caravan Park,** 21 Drybridge Street, Tel. (01600) 71 47 45. Gut ausgestattet.
- **The Monnow Bridge,** Drybridge Street, Tel. (01600) 71 40 04. Hinter dem Pub „Three Horseshoes", einfacher und preiswerter.

Essen und Trinken

- **Bistro Prego** ££–£££ (s.o.), hübsches Restaurant.
- **The Robin Hood Inn**££, 126 Monnow Street, Tel. (01600) 71 32 40. Dieses Lokal soll schon *Shakespeare* aufgesucht haben. Rustikaler und alter Pub. Extra Speiseraum.
- **Punch House**£–££, 3 Agincourt Square, Tel. (01600) 71 38 55. Groß, gemütlich. *Barmeals.*
- **Three Horseshoes**£, 21 Drybridge Street, Tel. (01600) 71 40 04. Traditioneller Pub.

Pub

- **Robin Hood** (s.o.)

Einkaufen

- Viele Läden finden sich in der **Church Street** und in der **Monnow Street.**
- Eine Besonderheit ist der Verkauf des Monnow-Valley-Weins, mit Verkostung in sehr familiärer Atmosphäre. **Monnow Valley Vineyard,** Great Osbaston Farm, Tel. (01600) 71 62 09, peter@monnowvalley.com. Man fährt die A 466 Richtung Hereford und biegt dann gleich links in die Osbaston Road ab. Der Weg ist dann ausgeschildert.

Verkehrsverbindungen

- Bus 65, 69 von/nach **Chepstow**, Bus 34 von/nach **Ross-on-Wye**, Bus 416 von/nach **Hereford,** Bus 60 von/nach **Newport.**

Ausflüge in die Umgebung

Die Burg Raglan/Rhaglan

Im nördlichen Teil von Monmouthshire (jenseits der A 40) liegen mehrere Burgen. Die größte und beeindruckendste ist die spätmittelalterliche Burg Raglan. Ab 1435 wurde sie weniger aus militärischen Gründen, sondern vielmehr als repräsentativer Herrensitz des anglisierten walisischen Landadels angelegt. Während des Bürgerkrieges von *Cromwells* Truppen teilweise zerstört, ist sie insgesamt noch gut erhalten.
- Tel. (01291) 69 02 28, Apr./Mai/Okt. tägl. 9.30–17 Uhr, Juni–Sept. tägl. 9.30–18 Uhr, Nov.–März Mo.–Sa. 9.30–16 Uhr, So. 11–16 Uhr, £.

The Three Castles ↗XVIII/A-B1

Weiter nördlich liegen drei weitere Ritterburgen, die als The Three Castles bekannt sind. Der normannische *Lord Hubert de Burgh* ließ sie errichten, um sich gegen die Waliser zu sichern.

Das **White Castle/Castell Gwyn** [kastehl gwin] aus dem 12. Jahrhundert bei Llanvetherine ist am besten erhalten. Ursprünglich waren seine Wände weiß verputzt.
- Tel. (01600) 78 03 80, Apr.–Sept. Mi.–So. 10–17 Uhr, £, Okt.–April 10–16 Uhr frei zugänglich, Eintritt frei

Die **Burg Skenfrith/Ynysgynwraidd** [önisgönwreith] aus dem 13. Jh., mit-

ten im gleichnamigen Dorf, ist in weniger gutem Zustand, dafür aber auch romantischer. Mit gut erhaltener Halle.
●Tel. (01874) 62 55 15, frei zugänglich

Grosmont Castle/Castell y Grysmwnt geht vermutlich auf das Jahr 1163 zurück. 1410 brannte *Owain Glyndŵr* die Stadt nieder. Von allen drei Burgen ist diese im schlechtesten Zustand.
●Tel. (01981) 24 03 01, frei zugänglich, Eintritt frei.

Usk/Brynbuga XVIII/A2

[brinbiga]

Schon für die Römer war das damalige *Burrium* von Bedeutung, denn es lag an der einfachsten Route nach Südwales. Ab 55 n. Chr. standen hier die zweitgrößte Legionsfestung Britanniens und das Lager der XX. Legion, die dann 75 n. Chr. nach Caerleon weiterzog.

Burg und Stadt wurden 1120 gegründet, letztere rechtwinklig, mit vier Torwegen angelegt.

Der hübsch herausgeputzte Ort am Fluss Usk weiß auch wegen seiner schönen Pubs zu gefallen.

Sehenswertes

Die normannische **Burg** wurde im 12. Jahrhundert von der De Clare-Familie gegründet. Der Rundturm im Nordosten soll von *Gilbert IV. de Clare* in den 1260ern angefügt worden sein, als *Llywelyn der Letzte* Usk bedrohte. Die Burg hielt stand, als *Owain Glyndŵr* 1402 und 1405 die Stadt niederbrannte. Die romantische kleine Ruine liegt sehr hübsch inmitten von Blumen. Ein Spaziergang ist durchaus lohnenswert, www.uskcastle.com.
●Eintritt frei, Spenden willkommen.

Im **Usk Rural Life Museum,** www.uskmuseum.org.uk, sind u.a. alte Kutschen, landwirtschaftliche Geräte und Pferdegeschirr ausgestellt. Das ländliche Leben im Grenzland des 19. Jahrhunderts wird hier lebendig. Das Museum ist in einer ehemaligen Mälzerei untergebracht.
●The Malt Barn, New Market Street, Tel. (01291) 67 37 77, April–Okt., Mo.–Fr. 10–17 Uhr, Sa./So. 14–17 Uhr, £.

Praktische Tipps

Touristeninformation
●Usk Rural Life Museum (s.o.)

Unterkunft
●**Three Salmons Hotel**£££, Bridge Street, Tel. (01291) 67 21 33, www.threesalmonshotelusk.co.uk. Elegant, geschmackvoll und schön.
●**The Phoenix Garden III**££, 7 Twyn Square, Tel. (01291) 67 30 37. Alt und stilvoll, mit chinesischem Restaurant.

Essen und Trinken
●**Three Salmons Hotel**££ (s.o.). Nur zum Mittagessen.
●**Dil Indian Restaurant**££, 6 Bridge Street, Tel. (01291) 67 33 72. Reiche Auswahl an indischen Gerichten.

Pubs
In Usk gibt es mehrere alte, rustikale und stilvolle Pubs:
●**Crosskeys,** 24 Bridge Street, Tel. (01291) 67 25 35.

- **Castle Inn,** 7 Twyn Square, Tel. (01291) 67 30 37.
- **King's Head,** Old Market Street, Tel. (01291) 67 29 63. *Barmeals.*
- **Nag's Head,** 6 Twyn Square, Tel. (01291) 67 28 20. *Barmeals.*
- **Inn Between,** 53 Bridge Street, Tel. (01291) 67 28 38. *Barmeals.*

Verkehrsverbindungen

- Bus 63 von/nach **Chepstow** und **Pontypool,** Bus 60 von/nach **Monmouth** und **Newport.**

Abergavenny/Y Fenni

[ö weni]   ⌕XVIII/A1
www.abergavenny.net/

Abergavenny bildet das Tor zu den Brecon Beacons. Der Fluss Usk fließt südlich der Stadt. Der Ort hieß in der alten britannischen Sprache *Gobannio* („zum Schmied gehörig"), was auf eine früh-eisenzeitliche Siedlung hindeutet. Wie Usk wurde auch Abergavenny von Römern und Normannen erobert. Das römische Fort lag vermutlich zwischen dem normannischen Burghügel und der Post.

Sehenswertes

Die Ende des 11. Jahrhunderts von *Hameline de Balun* gegründete normannische **Burg** wurde 1215 von *Llywelyn dem Großen* erobert. Die Ruinen stammen jedoch aus dem 13./14. Jh. In dieser Zeit nahm die Hastings-Familie einige Ergänzungen vor. Der älteste Teil ist der runde Hügel innerhalb der Mauern aus der Zeit vor 1090.

- Castle Street, Tel. (01873) 85 42 82, Eintritt frei.

Im **Heimatmuseum** in der Burg kann man u. a. die Küche eines Bauernhauses und eine Sattlerei besichtigen. Es wird die Geschichte der Marktstadt von der prähistorischen und römischen Zeit bis heute dargestellt.

- The Castle, Castle Street, Tel. (01873) 85 42 82, www.abergavennymuseum.co.uk, März–Okt. Mo.–Sa. 11–13 Uhr und 14–17 Uhr, So. 14–17 Uhr, Nov.–Feb. Mo.–Sa. 11–13 Uhr, 14–16 Uhr, Eintritt frei.

Spaziergang

Ein hübscher kleiner Park, der zum Spazierengehen einlädt, sind die **Linda Vista Gardens** bei den Parkplätzen Tudor Street und Byfield, Eintritt frei.

Praktische Tipps

Touristeninformation

- National Park and Tourist Information, Monmouth Road, Tel. (01873) 85 32 54, abergavennyic@breconbeacons.org.

Unterkunft

- **The Angel Hotel**£££, 15 Cross Street, Tel. (01873) 85 71 21, www.angelhotelabergavenny.com. Gebäude aus dem 19. Jahrhundert, einst bedeutende Kutschstation. Elegante Atmosphäre.
- **Llansantffraed Court**£££, Llanfihangel-y-Gofion Tel. (01873) 84 06 74, www.llch.co.uk. Gepflegtes Luxushotel, mit Restaurant.
- **Pentre House**£, Brecon Road, Tel. (01873) 85 34 35, www.pentrehouseandb.com/contact.htm Bei der Abfahrt zum Weingut, hübsches Haus, etwas außerhalb.
- **The Great Western Hotel**£, 24 Station Road, Tel. (01873) 85 91 25, www.blacksheepback

packers.com. Herberge in altem Eisenbahnhotel.
- **JH Tŷ'r Morwydd/Mulberry House**£, Pen-y-pound, Tel. (01873) 85 59 59, www.tymor wydd.co.uk. Mit Studienzentrum. Auch Einzelzimmer erhältlich.

Camping
- **Pyscodlyn Farm Caravan and Camping Site** (drei Kilometer westlich, A 40), Tel. (01873) 85 32 71, www.pyscodlyncaravan park.com. Idyllische Lage.

Essen und Trinken
- **The Angel Hotel**£££ (s.o.)
- **Hen & Chickens**££, 5–7 Flannel Street, Tel. (01873) 85 36 13. Nett eingerichtet, gemütlich. Eigener Speiseraum.
- **Greyhound Vaults**££, Market Street, Tel. (01873) 85 85 49. Pubähnlich, schön eingerichtet.
- **The Trading Post**£-££, 14 Nevill Street, Tel. (01873) 85 54 48. Hübsch dekoriert, dunkle Holzmöbel, einfache Gerichte.

Pubs
- **King's Arms,** Nevill Street, Tel. (01873) 85 50 74. Aus dem 16./17. Jahrhundert. Einfach und zentral.
- **Hen and Chickens** (s.o.)
- **King's Head Inn,** 60 Cross Street, Tel. (01873) 85 35 75. Traditioneller Pub, frühes 19. Jahrhundert.

Einkaufen
- Beim **Sugarloaf-Weingut** (Abfahrt von der A 40 Richtung Crickhowell) werden mehrere Weiß- und Rotweine angeboten. Mit Verkostung und Café. Tel. (01873) 85 30 66, www.sugarloafvineyards.co.uk.

Verkehrsverbindungen
- Zug von/nach **Newport** und **Shrewsbury.**
- Bus X3/X4 von/nach **Hereford,** Bus X3 von/nach **Pontypool** und **Cardiff,** Bus X4 nach **Merthyr Tydfil,** Bus 83 nach **Monmouth.**

Blaenavon ♫XVIII/A2

Das **Big Pit Bergwerksmuseum** in Blaenavon [bleinawon], am östlichen Rand des Kohlefelds von Südostwales, gehört zum Weltkulturerbe der UNESCO. Als Museum ist es erst seit 1980, nach der Stilllegung der Kohlezeche zugänglich. Zuvor arbeiteten hier Hunderte von Männern, Frauen und Kindern über einen Zeitraum von 200 Jahren. Auch Eisenerz und Kalkstein wurde abgebaut.

Bei der circa einstündigen Untergrundtour wird man von ehemaligen Kumpel durch die Schächte geführt. Auch die unterirdischen Ställe, wo damals die Grubenpferde gehalten wurden, werden dabei besichtigt. Man braucht warme Kleidung und feste Schuhe. Das „Beste Museum 2005 des UK".
- Tel. (01495) 79 03 11, www.nmgw. ac.uk/en/bigpit, Feb.–Nov. tägl. 9.30– 17 Uhr, Untergrundführungen Feb.–Nov. tägl. 10–15.30 Uhr, Dez. 10–15 Uhr, Jan. 9.30–16.30 Uhr. Eintritt frei.

In der Nähe kann man sich auch das ebenfalls stillgelegte **Eisenhüttenwerk** (Ironworks) aus dem 18. Jahrhundert ansehen. Die Führung geht durch die Fabrikhallen und die Gießerei. Hier befindet sich auch eine Touristeninformation.
- Stack Square, Tel. (01495) 79 26 15, www.blaenavontic.com, Ostern–Okt. Mo.–Fr. 9.30–16.30 Uhr Sa. 10–17 Uhr, So. 10–16.30 Uhr, £.

Nationalpark Brecon Beacons/ Bannau Brycheiniog

[banne bröchäini-og]

www.breconbeacons.org

Überblick

Der Nationalpark Brecon Beacons ist eine Gegend äußerster **Naturschönheit** – karge Hügel und Berge, Seen, Flüsse und Wälder. Es herrscht Ruhe, Frieden und tiefste Einsamkeit in endloser Weite – ideal zum Wandern und Entspannen.

Es heißt, dass im 5. Jahrhundert n. Chr. der lokale Herrscher seine Tochter nach Irland schickte, wo sie einen Prinzen heiraten sollte. Der Sohn der beiden, **Brychan,** wuchs in Wales am Hof seines Großvaters auf. Von ihm stammt der walisische Name der Gegend. *Bannau Brycheiniog* bedeutet „(die) Gipfel des Brychan".

Der 1957 gegründete Park erstreckt sich von der Grenze zu England bei Hay-on-Wye und Llanthony im Osten über Brecon nach Llandovery im Westen und bis zu den Valleys (Tälern) in Südwales. Er umfasst eine Fläche von 1347 km² und besteht (von West nach Ost) aus dem Black Mountain, den Fforest Fawr, den Brecon Beacons und den Black Mountains. Die **höchsten Erhebungen** sind jeweils der Waun Fach (811 Meter), der Pen y Fan (886 Meter), der Fan Fawr (735 Meter) und der Fan Brycheiniog (802 Meter).

Die große, baumlose Bergkette wird durch Flusstäler unterbrochen, die alle von Norden nach Süden verlaufen. 18 Seen und ausgedehnte, von der Foresty Commission gepflanzte Wälder ergänzen das Bild. Roter Sandstein, der sich vor etwa 350 Millionen Jahren durch Sandablagerungen der Flüsse bildete, verleiht den vier Bergspitzen ihre typische rote Färbung. Im Süden findet man auch jüngeren Kalkstein, Mühlenstein-Sandstein und Kohle, circa 280–340 Millionen Jahre alt. Der Brecon Beacons National Park ist Teil des „European/UNESCO Geopark Network".

Am eindrucksvollsten lässt sich der Nationalpark auf ausgedehnten Wanderungen erschließen. Auskünfte über Wander- und weitere **Sportmöglichkeiten,** als da wären Klettern, Reiten, Mountainbiken, Golf, Angeln, Kanu und sonstiger Wassersport, erteilen das Bergzentrum des Nationalparks bei Libanus und das Auskunftsbüro des Nationalparks in Brecon.

●**Libanus Brecon Beacons Mountain Centre:** Informationen und Ausstellung zum Nationalpark, Tel. (01874)

62 33 66, Eintritt frei (kostenpflichtiger Parkplatz). Man fährt von Brecon über die A 40 Richtung Llandovery und biegt am Kreisverkehr in die A 470 Richtung Merthyr Tydfil ein. Nach kurzer Zeit ist Libanus erreicht, der Weg zum Bergzentrum ist dann ausgeschildert. Bus 43 von/nach Brecon oder Merthyr Tydfil bis Libanus.

Die schönsten Wanderungen

Im Folgenden werden die beliebtesten Wanderstrecken im Nationalpark kurz vorgestellt.

Im Herzen der Brecon Beacons

● **Karte:** Ordnance Survey 160, Maßstab 1:50.000

Auf den Gipfel des Pen y Fan ⚐XII/B3

Zum Besteigen ist der höchste Berg von Südwales, der Pen y Fan [pen ö wan] (886 Meter), am beliebtesten. Es gibt zwei Hauptrouten: ab Storey Arms (A 470) oder die schwierigere Strecke ab dem Upper Neuadd Reservoir (nördlich von Pontsticyll und Merthyr Tydfil).

Wanderung ab Storey Arms

Ausgangspunkt der Wanderung ab Storey Arms ist der Parkplatz südlich des Ortes Richtung Pont ar Daf. Der Wanderpfad führt über den Pass Bwlch Duwynt [bulch diwint] und vorbei am Berg Corn Dû [korn dii] (873 Meter) zum Gipfel des Pen y Fan.
● Leichte Wanderung, hin und zurück circa sieben Kilometer.

Verkehrsverbindungen

● Mit dem **Auto** fährt man ab Brecon über die A 470 Richtung Merthyr Tydfil.

Auf dem Weg in die Brecon Beacons

●**Bus** 43 von/nach Brecon oder Merthyr Tydfil bis Storey Arms. Der Bus hält auf Wunsch am Ausgangspunkt der Wanderung.

Wanderung ab dem Upper Neuadd Reservoir

Ausgangspunkt der zweiten Wanderung ist der Parkplatz am Upper Neuadd Reservoir. Der Weg ist zunächst recht breit und führt Richtung Norden über eine ehemalige Römerstraße bis zum Pass Bwlch ar y Fan [bulch ar ö wan]. Dort führt links ein leichter Pfad zum Gipfel des Cribyn [kribin] (855 Meter). Das letzte Stück hat es in sich: Es wird nun steil und felsig.
●Nur für erfahrene Bergwanderer, hin und zurück circa zehn Kilometer

Verkehrsverbindungen

●**Bus** 24 von/nach Merthyr Tydfil bis Pontsticyll [pontstikihl]. Man muss dann allerdings die relativ langweilige Straße zum Upper Neuadd Reservoir (am Taf Fechan Reservoir vorbei) in Kauf nehmen. Die Wanderung verlängert sich dadurch auf hin und zurück circa 26 Kilometer.
●Mit dem **Auto** fährt man ab Merthyr Tydfil Richtung Pontsticyll und weiter geradeaus bis zum Upper Neuadd Reservoir.

Das Talybont Reservoir   XIII/C3

Das Talybont Reservoir wurde in den 1920/-30ern zur Wasserversorgung Newports angelegt. Heute ist es ein beliebtes Anglergebiet. Auch Wanderungen lassen sich dort unternehmen (siehe Kap. „Monmouthshire & Brecon Canal/Talybont-on-Usk").

Craig Pwllfa

Der Ausgangspunkt liegt in Aber Village gegenüber der Telefonzelle. Wenn man vom Reservoir kommt, geht man den Pfad links hinauf, am Bach entlang, durch ein Wäldchen und immer geradeaus. Oben trifft man schließlich auf einen Querweg, der links zum Craig Pwllfa [kreig puhlwa] (763 Meter) führt. Das letzte Stück ist ziemlich steil.
●Hin und zurück circa 15 Kilometer.

Man kann auch weiter auf dem Kammweg bis Cribin und Pen y Fan (s.o.) wandern.

Verkehrsverbindungen

●Mit dem **Auto** über die B 4558 ab Brecon, dann vor dem Ort Talybont-on-Usk rechts Richtung Aber Village.
●**Bus** X 43 bis Talybont-on-Usk, dann zu Fuß nach Aber Village.

Craig y Fan Ddu

Ausgangspunkt ist der Parkplatz Blaen-y-glyn [blein ö glin] an der Straße westlich des Reservoirs. Man überquert die Straße und biegt rechts in den Pfad zu den Wasserfällen des Flusses Caerfanell [kaerwanehl] ein. Weiter geht es den Fluss entlang, man hält sich tendenziell schräg links. Dann verlässt man den Wald und es geht weiter in bisheriger Richtung am Bach Nant Bwrefwr [nant burewur] entlang. Das letzte Stück auf den Gipfel des Craig y Fan Ddu [kreig ö wan thii] (729 Meter) ist sehr anstrengend.
●Hin und zurück etwa zehn Kilometer

Verkehrsverbindungen

●Mit dem Auto von Aber Village (s.o.) nach Pontsticyll. Für Fußgänger ist es von Talybont-on-Usk zu weit zum Ausgangspunkt.

Black Mountain/Mynydd Du

[mönith thi] ⤳ XII/A-B3

- **Karte:** Ordnance Survey 146, Maßstab: 1:50.000

Llyn y Fan Fach und Llyn y Fan Fawr

Zum Herzen des westlichen Black Mountain und zu den Seen Llyn y Fan Fach und Llyn y Fan Fawr wandert man ab Llanddeusant [hlanthäisant].

Llyn y Fan Fach

Ausgangspunkt der Wanderung ist das Ende des Weges bei der Jugendherberge (siehe „Verkehrsverbindungen"). Man geht weiter auf dem Feldweg, bis der Pfad links durch eine Mauer führt und nach rechts schwenkt. Man bleibt auf diesem Weg und erreicht so den See Llyn y Fan Fach [hlin ö wan waach].

- Leichte Wanderung, hin und zurück etwa sechs Kilometer.

Llyn y Fan Fawr

Ausdauernde Wanderer können von hier aus auch noch weiter zum See Llyn y Fan Fawr [hlin ö wan waur] gehen. Rechter Hand des Dammes des Llyn y Fan Fach führt der Pfad zum Kamm Bannau Sir Gaer [banne siir gaer], über die Berge Fan Foel [wan weul] (852 Meter) und Brecon Fan/Bannau Brycheiniog [banne bröchäiniog] (863 Meter). Der See Llyn y Fan Fawr befindet sich unterhalb des Berges.

- Anstrengende Wanderung, hin und zurück circa 18 Kilometer.

Verkehrsverbindungen

- **Keine Busverbindung** nach Llanddeusant
- Mit dem **Auto** fährt man von Brecon nach Trecastle (A 40, nahe Sennybridge) und biegt am Hotel in die kleine Straße links ein. Bei einer Kreuzung links (Schild „Llyn y Fan"), an der T-Kreuzung wieder links zur Jugendherberge und weiter bis die Straße in einen Feldweg übergeht und endet. Hinter der kleinen Brücke darf man am Straßenrand parken.

Black Mountains/ Mynyddoedd Duon

[mönötheuth di-on]

- **Karte:** Ordnance Survey 161, Maßstab: 1:50.000

Die im Osten gelegenen Black Mountains sind auch für weniger trainierte Wanderer geeignet.

Vale of Ewyas

⤳ XIII/D3

Ein guter Startpunkt ist Llanthony/ Llanddewi Nant Honddu [hlanthewi nant honthi] (siehe auch Kap. „Black Mountains/Llanthony). Vom Parkplatz geht man zurück zur Talstraße und überquert den Fluss Honddu [honthi]. Man wandert nun immer parallel zum Fluss. Nach Noyaddllwyd hält man sich links am Waldrand. Der Pfad überquert schließlich die Talstraße und den Honddu und führt nach Cwmyoy. Dort hält man sich links und trifft bei Hatterall Hill (531 Meter) auf den Fernwanderweg Offa's Dyke, dem man bis zur Abzweigung linker Hand zurück nach Llanthony folgt.

- Leichte Rundwanderung, etwa 16 Kilometer.

Verkehrsverbindungen

- Llanthony ist nur mit dem **Auto** zu erreichen. Man fährt über die A 465 von Abergavenny Richtung Hereford und biegt bei Llanvihangel Crucorney links in die Straße nach Stanton ein.
- Wer mit dem **Bus** unterwegs ist, fährt von Abergavenny mit dem Bus X4 bis Pandy und geht den Fernwanderweg Offa's Dyke bis zur Abzweigung nach Llanthony und weiter wie oben beschrieben.

Das Tal des Grwyne Fawr

✍ XVIII/A1

Die Wanderung beginnt in Glangrwyney [glangruinei] (A 40, sechs Kilometer westlich von Abergavenny). Man geht rechts vor dem Fluss Grwyne Fawr an einem Sportplatz vorbei bis zur Steinbrücke, die überquert wird. Dann gleich rechts und weiter in bisheriger Richtung. Bei einem Bauernhof ist linker Hand ein Menhir zu sehen. Beim Pub „Dragon's Head Inn" ist wieder der Fluss zu überqueren. Es geht links weiter in bisheriger Richtung, bis ein ausgeschilderter Pfad rechts auf den Hügel Sugar Loaf (596 Meter) führt.

Wer nun zurück will, wählt den absteigenden Pfad in südwestlicher Richtung, geht am Querweg rechts zu einem Wäldchen und biegt dahinter in das Tal Cwm Gwenffrwd [kum gwenfrud] ein, das zurück zum Grwyne Fawr [gruine waur] führt. Unten geht man links zurück nach Glangrwyney.
- Leichte Rundwanderung, etwa vier Kilometer

Vom Sugar Loaf kann man aber auch nordöstlich absteigen. Der Weg führt ab Forest Coal Pit wieder ins Tal

des Grwyne Fawr, dem man bis zum Reservoir Grwyne Fawr folgen kann. Man gelangt in dieser Richtung schließlich auf eine kleine Straße, in die links einzubiegen ist, vorbei an langen Hügelgräbern. Sie führt weiter bis Talgarth.
- Leichte Wanderung, etwa zehn Kilometer.

Verkehrsverbindungen
- **Bus** X 43 von/nach Abergavenny und Brecon. Von Talgarth fährt der Bus 39 oder 109 nach Brecon.
- **Autofahrer** parken bei der Brücke am Grwyne Fawr.

Llangors
♫ XIII/C3

Der Weg von der Ortsmitte zum See Llangorse [hlangors] ist ausgeschildert (siehe auch Kap. „Black Mountains/Llangorse Lake"). Man geht nun am Picknickplatz rechts um den See herum. An der Kirche von Llangasty-Talyllyn [hlangasti talählin] biegt man rechts in die kleine Straße ab und gleich wieder links bis Cathedine. Die B 4560 wird überquert und man geht weiter in bisheriger Richtung den Mynydd Llangorse [mönith hlangors] (508 Meter) steil hinauf. Oben befinden sich mehrere Hügelgräber und man wird durch die schöne Aussicht belohnt. In nördlicher Richtung kann man wieder absteigen und geht dann den ersten Weg links hinunter nach Gilfach. Von dort ist der Ort Llangors über einen Feldweg zu erreichen.
- Bis auf den steilen Aufstieg leichte Wanderung, etwa sechs Kilometer

Verkehrsverbindungen
- Bus 109 von/nach Brecon
- Mit dem Auto von Brecon Richtung Abergavenny, auf der A 40 die erste Straße links nach Llangorse. Von Abergavenny Richtung Brecon über die A 40, bei Bwlch die B 4560 Richtung Llangorse.

Brecon Beacons/ Bannau Brycheiniog

Brecon/Aberhonddu   ♫ XIII/C3

[aberhonthi] www.brecontown.co.uk

Die Marktstadt Brecon am nördlichen Rand der Brecon Beacons hat einige Sehenswürdigkeiten zu bieten und ist ein guter Ausgangspunkt für Ausflüge.

Der walisische Name *Aberhonddu* bedeutet „Mündung des Honddu". Die englische Bezeichnung geht auf den normannischen Namen *Brecon*, abgeleitet vom walisischen *Brychan*, zurück (s. o.).

In der Nähe gab es einst ein Römerfort, aber die Stadt entstand erst im 12. Jahrhundert nach dem Bau einer normannischen Burg (11. Jahrhundert) und eines Benediktinerklosters. Im Bürgerkrieg des 17. Jahrhunderts schleiften die Einwohner ihre eigene Festung und große Abschnitte der Stadtmauer, um nicht zum Angriffsziel zu werden.

Boote auf dem Kanal bei Brecon

BRECON BEACONS/BANNAU BRYCHEINIOG

Brecon

UNTERKÜNFTE
- 1 The Castle of Brecon Hotel
- 5 The George Hotel
- 8 The Lansdowne Hotel
- 9 Grange Guest House

ESSEN UND TRINKEN
- 3 The Sarah Siddons
- 7 Tipple'n Tiffin

SEHENSWERTES
- ★ 2 Christ College
- Ⓜ 6 Brecknock-Heimatmuseum
- Ⓜ 10 Militär- und Regimentmuseum

SONSTIGES
- 4 Book Maps
- ℹ Touristeninformation
- Ⓑ Bushaltestelle

Sehenswertes

Die wenigen Überreste der normannischen **Burg** von 1093 mit einem Turm aus dem 12. Jahrhundert und Teilen der Halle aus dem 13. Jahrhundert bilden heute das **Castle Hotel** (seit 1809), das am besten von der Promenade aus zu sehen ist. Feuersteinfunde legen eine Besiedlung bereits 3000–2000 v. Chr. nahe. Der Zusammenfluss von Usk und Honddu schien sich dazu gut zu eignen.

Im **Brecknock-Heimatmuseum & Arts Gallery** wird im Gerichtssaal eine Verhandlung aus dem 19. Jahrhundert nachgestellt. Darüber hinaus sind Exponate zu vielen Epochen in verschiedenen Abteilungen ausgestellt. Auch eine schöne Sammlung von Liebeslöffeln kann besichtigt werden.

●Captain's Walk, Tel. (01874) 62 41 21, www.powysmuseums.powys.gov.uk Mo.–Fr. 10–17 Uhr, Sa. 10–13 und 14–17 Uhr, So. 12–17 Uhr, £, Kinder frei.

Im **Militär- und Regimentmuseum** „The South-Wales Borderers and Monmouthshire" sind u.a. Zulu-Waffen, Medaillen und Uniformen ausgestellt. Verschiedene Kriege der Briten werden hier thematisiert.

●The Watton, Tel. (01874) 61 33 10, Apr.–Sept. Mo.–Fr. 10–17 Uhr, Sa./So. 10–16 Uhr, Okt.–März Mo.–Fr. 9–17 Uhr, £.

Die große und sehenswerte **Kathedrale** steht auf dem Gelände eines im 11. Jahrhundert gegründeten normannischen Benediktinerklosters, das im 15. Jahrhundert ein Wallfahrtsort war. Von der ersten normannischen Kirche ist nur das Taufbecken erhalten. Nach der Auflösung des Klosters wurde die Kirche als Gemeindekirche genutzt und erst 1923 zur Kathedrale der neuen Diözese Brecon und Swansea erhoben. Mehr darüber erfährt man im Heritage Centre nebenan. Mit Laden und Restaurant.

●Priory Street, Cathedral Office, Tel. (01874) 62 38 57, www.breconcathedral.org.uk. Kathedrale: im Sommer tägl. 9–18 Uhr, im Winter tägl. 9–17.30 Uhr, Heritage Centre und Laden: Apr.–Nov. Mo.–Sa. 10.30–16.30 Uhr,

An der Kathedrale von Brecon

BRECON BEACONS/BANNAU BRYCHEINIOG

So. 12.15–16.15 Uhr, Dez.–Feb. Mo.–Sa. 12–14.30 Uhr, Eintritt frei, Restaurant: Tel. (01874) 61 06 10, im Sommer tägl. 10–17 Uhr, im Winter tägl. 10–16 Uhr.

Das **Christ College** bei der Brücke über den Fluss Wysg, das erste Gymnasium in Wales, wurde 1541 von *Heinrich VIII.* gegründet, der dazu die Gebäude eines Dominikanerordens nutzte.

Der **Monmouthshire and Brecon Canal** wurde ursprünglich für den Transport von Kohle angelegt. Heute kann man hier Nachmittagsfahrten auf der „Dragonfly" machen.
● Tel. (07831) 68 52 22, www.Dragonfly-Cruises.co.uk März–Okt., nur an bestimmten Tagen, die der Info-Tafel zu entnehmen sind, ££.

Touristeninformation
● Cattle Market Car Park, Tel. (01874) 62 24 85, brectic@powys.gov.uk.

Unterkunft
● **The Castle of Brecon Hotel**£££, Castle Square, Tel. (01874) 62 46 11, www.breconcastle.co.uk. Im 17. Jahrhundert als Kutschstation aus den Resten der Burg entstanden, im 19. Jahrhundert wurde das Hotel eröffnet. Blick auf die Brecon Beacons und das Usk-Tal. Für größere Gruppen geeignet.
● **The Lansdowne Hotel and Restaurant**££, The Watton, Tel. (01874) 62 33 21, www.lansdownehotel.co.uk. Georgianisches Hotel mit nettem Restaurant, zentrale Lage.
● **The George Hotel**££–£££, George Street, Tel. (01874) 62 34 21/2, www.george-hotel.com. Haus aus dem 17. Jahrhundert mit einem Hauch von Eleganz.
● **Grange Guest House**£–££, The Watton, Tel. (01874) 62 40 38, www.thegrange-brecon.co.uk. Nett eingerichtet und preiswert.

Camping
● **Brynich C&C Park**, zwei Kilometer östlich, A 470, Tel. (01874) 62 33 25, wwwbrynich.co.uk. Gut ausgestatteter Platz.

Essen und Trinken
● **The Lansdowne Restaurant**££–£££ (s.o.)
● **The George Restaurant**££ (s.o.)
● **Tipple'n Tiffin**££, The Theatre/Theatr Brycheiniog, Tel. (01874) 61 18 66. Wie ein Café, Blick auf den Kanal. Gute Küche.

Pubs
● **The Sarah Siddons,** 47 High Street, Tel. (01874) 61 06 66. Typischer Pub. Benannt nach der gleichnamigen Schauspielerin.
● **The George** (s.o.)

Einkaufen
● **Books Maps & Prints**, A.&W. Wakley, 7 The Struet, Tel. (01874) 62 27 14. Viele Bücher über Wales, Galerie im ersten und zweiten Stockwerk, Eintritt frei.

Verkehrsverbindungen
● Bus 63 von/nach **Swansea,** Bus X43 von/nach **Merthyr Tydfil,** Bus X43 von/nach **Abergavenny,** Bus 39 von/nach **Hereford,** Bus 407 nach **Builth Wells.**

Über die Passstraße
Heol Senni nach Ystradfellte

♫ XII/B3-XVII/C1

Ein Abstecher von der A 40 führt westlich von Brecon bei Sennybridge nach Defynnog. Sennybridge, am nördlichen Rand der Brecon Beacons gelegen, ist nach der Stelle benannt, wo der Fluss Senni in den Usk fließt. Das Flusstal des Senni führt über Defynnog nach Heol Senni. Eine Passstraße verläuft über den Fforest Fawr nach Ystradfellte.

Die Dorfkirche von **Defynnog** birgt ein interessantes Taufbecken aus dem 12. Jahrhundert, auf dessen Rand sich undeutbare Schriftzeichen befinden, die oft fälschlicherweise als Runen interpretiert wurden. Der Kirchturm stammt aus dem 15. Jahrhundert. Am Eingang des Gotteshauses steht ein aufrechter Stein mit der lateinischen Inschrift RUGNIATIO [FI]LI VENDONI aus dem 5./6. Jahrhundert. Das Keltenkreuz mit Verzierung stammt aus dem 7.–9. Jahrhundert. Den Schlüssel zur Kirche gibt's beim Vikar. Tel. (01874) 63 89 27.

Nach Heol Senni führt die schmale Straße weiter aufwärts. Links ist ein großer **Menhir** ist zu sehen: der fast vier Meter hohe, diamantförmige **Maen Llia**. Seine Lage an der Kreuzung zweier Täler und seine Sichtbarkeit aus weiter Ferne legen nahe, dass er einen alten Weg kennzeichnete. Die Legende berichtet, dass der Menhir sich bei jedem Krähengesang bewege, um aus dem Fluss Nedd zu trinken.

Die Gegend von **Ystradfellte** unterscheidet sich sehr von der sonst offenen Landschaft des Nationalparks. Es gibt hier bewaldete Schluchten, Wasserfälle, Höhlen und Gletschertöpfe. Auch das Gestein ändert sich: von Kalkstein zu rotem Sandstein.

Die **Wasserfälle** sind nur zu Fuß zu erreichen. Von dem kostenpflichtigen Parkplatz bei Ystradfellte kann man auf ausgeschilderten Pfaden vier von ihnen erkunden: Sgwd Clun Gwyn, Sgwyd-yr-Eira, Sgwd Gwladus und den Wasserfall des Flusses Neath. Beim Sgwd-yr-Eira, dem „Wasserfall des Schnees" (zweieinhalb Kilometer vom Parkplatz entfernt), kann man hinter dem Wasserschleier gehen.

Touristeninformation
● Pont Nedd Fechan, südlich von Ystradfellte, Tel. (01639) 72 17 95, pnf-tic@btconnect.com.

Essen und Trinken/Pub
● **The Lion Inn and Ploughman's Restaurant**£-££, in Defynnog, 36 Taff Street, Tel. (01874) 63 68 95, www.TheLion.ThePub.com. Das Restaurant ist eher einfach eingerichtet, der Pub sehr schön, rustikal, mit Natursteinwänden.

Einkaufen
● **The Old School,** in Defynnog, Tel. (01874) 63 89 19, davidyallop@aol.com, März–Dez., Di.–So. 10.30–17 Uhr. Auswahl an Handwerkskunst. Mit Café.

Verkehrsverbindungen
● Sennybridge: Bus 63 von/nach **Brecon** und **Swansea**, Bus 714 von/nach **Llandovery**. Defynnog: Bus 63 von/nach **Brecon** und **Swansea**.
● Pontneddfechan: Bus X5 von/nach **Swansea**.
● Die anderen Orte lassen sich nur mit dem Auto oder zu Fuß erreichen.

Dan-yr-Ogof und Craig-y-Nos ⌖XVII/C1

Auch die **A 4067** führt von Sennybridge zur Südseite der Brecon Beacons. Sie ist ideal für den, der enge Straßen vermeiden möchte. Nördlich von Ystradgynlais [östradgönleis] gibt es Höhlen und einen Wasserfall.

Dan-yr-Ogof [dan ör ogo], das „nationale Zentrum für Schauhöhlen von Wales" (The National Showcaves of

BRECON BEACONS/BANNAU BRYCHEINIOG

Wales), hat viele Attraktionen zu bieten, von denen die Tropfsteinhöhlen mit Dinosaurierausstellung und das nachgebaute eisenzeitliche Dorf zu den wichtigsten zählen. Die Touren gehen durch das Höhlensystem, vorbei an Stalaktiten und Stalagmiten zur Cathedral Cave mit Modellen des Steinzeitmenschen. Drei Stunden sind für den Besuch einzuplanen.
- Tel. (01639) 73 08 01 oder 73 02 84, www.showcaves.co.uk oder www.dan-yr-ogof-showcaves.co.uk, Ostern/Apr.–Okt. tägl. 10.30–15 Uhr, £££.

Im Tal des Tawe liegt der kleine Ort **Craig-y-Nos** [kreig ö noos], benannt nach dem schlossartigen viktorianischen Landhaus von 1840, dem ersten Privathaus mit Elektrizität in Großbritannien. 1878 erwarb die Opersängerin *Adelina Patti* das Anwesen und ließ es ausbauen. Heute ist es Hotel und Bar (siehe „Unterkunft").

Spaziergänge

Der Country Park in Craig-y-Nos lädt zu Spaziergängen ein. Der etwa 16 Hektar große, historische Park gehörte einst zum Herrenhaus Craig Y Nos Castle. Mehrere leichte Pfade beginnen am Besucherzentrum. Neben der Natur sind ein viktorianischer Pavillon und ein Bootshaus sehenswert.
- Pen-y-cae, Tel. (01639) 73 03 95, www.breconbeacons.org, Eintritt frei, Parkplatzgebühr.

Touristeninformation

- **Besucherzentrum des Craig-y-nos Country Park,** Pen-y-cae, Tel. (01639) 73 03 95, cyncp@breconbeacons.org. Mit Eco-Centre, kleine Ausstellung zur Natur und zur Geschichte. Eintritt frei, Parkgebühr.

Unterkunft

- **Craig Y Nos Castle** £££, Tel. (01639) 73 02 05, www.craigynoscastle.com. Unterkunft im Ambiente des viktorianischen Landhauses.

Essen und Trinken

- **Patti Bar** im Craig Y Nos Castle. Mit schönem Blick auf die Berge.

Einkaufen

- **Laden bei Dan-yr-Ogof Showcaves** (s.o.). Souvenirs, Handwerkskunst.

Verkehrsverbindungen

- Craig-y-Nos: Bus 63 von/nach **Brecon** und **Swansea**, X 63 von/nach **Dan-yr-Ogof.**

Henrhyd Falls

Bei Coelbren (A 4221) kann man hinter den höchsten Wasserfall von Südwales klettern (nicht ausrutschen!): In einer bewaldeten Schlucht erreichen die Henrhyd Falls eine Höhe von immerhin 27,5 Metern.
- Ab dem Parkplatz geht man etwa zehn Minuten, Eintritt frei

Carreg Cennen Castle ⇗XVI/B1

Im ländlichen Hinterland von Llandeilo liegt die malerische Burgruine Carreg Cennen beim Dörfchen **Trapp,** das schon den Wettbewerb „Schönstes Dorf" gewonnen hat.

Spektakulär thront die Ruine auf einem Felsen, der zu einer Seite hin schroff abfällt. Bereits in vorgeschichtlicher Zeit haben hier Menschen ge-

Buchladen in Hay-on-Wye

siedelt und auch die Römer kannten den Ort. Nach der Legende baute *Sir Urien,* einer der Ritter von König *Artus,* hier die erste Burg. Tatsächlich wurde die erste Festung vermutlich 1248 von den Walisern errichtet und 1277 von *Edward I.* zerstört. Der ließ eine neue bauen: die, die man heute hier sieht. 1462 wurde sie in den Rosenkriegen zerstört und danach aufgegeben. Mit Laden und Café.

●Carreg Cennen Castle Farm, Tel. (01558) 82 22 91, Apr.–Okt. tägl. 9.30–18.30 Uhr, Nov.–März tägl. 9.30–16 Uhr, £–££.

Für die Besichtigung der Höhle im Burggelände braucht man eine **Taschenlampe,** die gegen Leihgebühr auch beim Café erhältlich ist.

Pubs

●**Cennen Arms,** in Trapp, Tel. (01558) 82 23 30. Traditioneller Pub.

Einkaufen

●Laden in der **Carreg Cennen Castle Farm.**

Black Mountains

Hay-on-Wye/Y Gelli Gandryll

[ö gehli gandrihl] ⇗ XIII/C-D2

www.hay-on-wye.co.uk

Die charmante Marktstadt am Wye ist heute als **Antiquariatsparadies** bekannt. Auch neue Bücher kann man

hier günstig erwerben. Die über dreißig Buchläden sind z.T. sogar sonntags geöffnet. In der letzten Maiwoche findet hier das „Hay Festival of Literature" statt.

Richard Booth, der „König von Hay", eröffnete 1961 das erste Antiquariat, weitere folgten und andere Händler taten es ihm gleich. So boomt in Hay-on-Wye die Wirtschaft, während andere Grenzstädte mit Bevölkerungsrückgang leben müssen. Die Idee der Bücherstadt wird inzwischen in anderen Ländern kopiert, wenn auch bei weitem nicht mit so großem Erfolg.

Auch die **Burg** inmitten der Stadt fungiert heute als Buchladen. Die erste normannische Festung aus dem 12. Jh. wurde 1216 von König *John* und 1231 von *Llywelyn dem Großen* zerstört. 1400 fügten *Owain Glyndŵrs* Leute ihr schwere Schäden zu. Weitere Verwüstungen erlitt sie im Bürgerkrieg.
●Frei zugänglich über den Castle Book Shop, Eintritt frei

Im **Hay-on-Wye Craft Centre** findet derjenige, der sich nicht so sehr für die Antiquariate interessiert, in mehreren Geschäften eine nette Abwechslung.

Touristinfo, Internet

●Craft Centre, Oxford Road, Tel. (01497) 82 01 44, post@hay-on-wye.co.uk. Kostenloses Faltblatt zur Lage der Buchläden erhältlich.

Unterkunft

●**The Swan at Hay Hotel**£££, Church Street, Tel. (01497) 82 11 88, www.swanathay.co.uk. Edles und elegantes Hotel, für Genießer.
●**Old Black Lion**£££, 26 Lion Street, Tel. (01497) 82 08 41, www.oldblacklion.co.uk. Schöne Zimmer im Gebäude aus dem 17. Jahrhundert. Ruhige Lage.

●**Rest for the tired**££, 6 Broad Street, Tel. (01497) 82 05 50, www.restforthetired.co.uk. Fachwerkhaus aus dem 16. Jahrhundert. Verwinkelt mit niedrigen Decken. Sehenswert. Zentrale Lage in der Nähe vom Uhrenturm.
●**La Fosse Guest House**££, Oxford Road (Ecke Lion Street), Tel. (01497) 82 06 13, www.lafosse.co.uk. Nettes und persönliches B&B, schöne Zimmer, ruhige Lage.
●**The Stables**£, Oxford Road, Tel. (01497) 82 00 08. Modern eingerichtet, für Gäste gemeinsame Küche. Frühstückszutaten werden zur Verfügung gestellt.

Camping

●**Radnors End Campsite,** hinter der Brücke (Richtung Clyro), Tel. (01497) 82 07 80, www.hay-on-wye.co.uk/radnorsend. Kleiner Campingplatz, zehn Minuten Fußweg zum Stadtzentrum.

Essen und Trinken

●**The Swan at Hay Hotel**£££ (s.o.)
●**Blue Boar**££, Castle Street, Tel. (01497) 82 08 84. Groß, hübsch eingerichtet.
●**Kilverts**££-£££, The Bull Ring, Ecke Market Street und Bell Bank, Tel. (01497) 82 10 42, www.kilverts.co.uk. Großer gemütlicher alter Pub, Außengastronomie, auch *barmeals*.
●**The Wheatsheaf Inn**££, 38 Lion Street, Tel. (01497) 82 01 86, enquiries@marilynsleisure.com. Alter Pub mit Außengastronomie.
●**The Granary Café & Restaurant**££, Broad Street, Tel. (01497) 82 07 90. Gemütliches, großes Café mit Außengastronomie, familienfreundlich.

Pubs

●**Old Black Lion** (s.o.). Alt, gemütlich und stilvoll.
●**Kilverts** (s.o.)
●**The Wheatsheaf Inn** (s.o.)

Einkaufen

●In der Touristeninformation ist ein Faltblatt zur Lage der einzelnen Buchläden erhältlich.

Verkehrsverbindungen

●Bus 39 von/nach **Hereford, Brecon.**

Nationalpark Brecon Beacons/Bannau Brycheiniog — BLACK MOUNTAINS

Ausflug in die Umgebung

Die Kirche in **Llowes** (A 438) wurde im 6. Jahrhundert von *St. Meilig* gegründet. Das heutige Gebäude ist größtenteils aus dem Jahr 1856. Auf dem großen Stein „Cross of St. Meilig" sind zwei Kreuze aus dem 7. und 11. Jahrhundert zu erkennen. Er wird auch *Moll Waulbee Stone* genannt, nach einer mythischen Riesin, der dieser Stein auf dem Weg nach Hay-on-Wye aus der Schürze gefallen sein soll.

Die krumme Kirche von Cwmyoy

Llanthony/Llanddewi Nant Honddu XIII/D3

[hlanthewi nant honthi]

Romantisch und abgeschieden liegt die Ruine der circa 1100 als erstes augustinisches Kloster in Wales gegründeten Abtei im Ewyas-Tal. Hier kann man den Frieden und die Stille der Black Mountains spüren. Der normannische Ritter *William de Lacy* kam einst auf einer Jagd hierher, wurde von der Ruhe des Ortes bezaubert und beschloss, eine Einsiedelei zu gründen.
● Tel. (029) 20 50 02 00, tägl. 10–16 Uhr, Eintritt frei.

Das **Llanthony Priory Hotel & Bar** daneben wurde im 18. Jahrhundert

BLACK MOUNTAINS

gebaut, die Kellergewölbe gehen jedoch auf das 12. Jh. zurück. Der dortige kleine und rustikale Pub passt gut zur Atmosphäre.
- Tel. (01873) 89 04 87, www.llanthonyprioryhotel.co.uk, unregelmäßige Öffnungszeiten.

Radfahrer am
Monmouthshire & Brecon Canal

Cwmyoy

Einen Abstecher nach Cwmyoy sollte man wegen der krummen **Kirche St. Martin** mit ihrem schiefem Turm nicht verpassen. Innen befindet sich ein mittelalterliches Pilgerkreuz und der Eindruck des Schiefen wird noch verstärkt. Die Kirche ist einzigartig!
- Frei zugänglich, Eintritt frei.

Llangors Lake/Llyn Syfaddan

↗XIII/C3

Rund um den See kann man verschiedenen **sportlichen Aktivitäten** nachgehen und sich beim Segeln, Bootfahren, Fischen und Reiten so richtig verausgaben – für aktive Leute, die gerne in einer Gruppe sind.

Atlaskarte S. XIII **Nationalpark Brecon Beacons/Bannau Brycheiniog** **BLACK MOUNTAINS**

Auf dem größten natürlichen See von Südwales steht das **Welsh Crannog Centre** auf einer kleinen, bereits im 9. Jh. schon befestigten kleinen Insel. Zu sehen sind eine Ausstellung zur Geschichte des Sees, dem eisenzeitlichen Hügelfort Allt yr Ysgor und zur Fauna.
● Tel. (01874) 65 82 26, März–Okt. tägl. 10–16.30 Uhr oder nach Vereinbarung, Eintritt frei.

Unterkunft

● **B&B Dalton House**££, Llangors, Tel. (01874) 65 83 78, www.dalton-house.com. Mit geheiztem Schwimmbecken.
● **Pen-y-bryn House**£, Llangors, Tel. (01874) 65 86 06, info@activityuk.com. Sehr schön, mit Blumengarten und netter Möblierung. Zentrale Lage.
● **The Red Lion Hotel**£, Llangors, Tel. (01874) 65 82 38. Einfache Unterkunft über dem Pub.
● **Bunkhouse** im Multi Activity Centre£, Gilfach Farm, Llangors, Tel. (01874) 65 83 78, www.activityuk.com. Für Gruppen und Einzelpersonen, geheizte Zimmer.

Camping

● **Lakeside Caravan & Camping Park**, Llangors Lake, www.lakeside-holidays.net, Tel. (01874) 65 82 26. Gut ausgestatteter Campingplatz nahe dem See. Mit Blick auf die Black Mountains.

Essen und Trinken/Pub

● **Castle Inn**££, Llangors, Tel. (01874) 65 82 25. Mit abgetrenntem Speiseraum. Der Pub mit Natursteinwänden. In der Ortsmitte.
● **The Red Lion Hotel** (s.o.)

Aktivitäten

● **Llangorse Multi Activity Centre**, Reiten und Klettern. Llangors, Gilfach Farm, an der B 4560 Richtung Bwlch, Tel. (01874) 65 82 72, www.activityuk.com.

● **Ellesmere Riding Centre**, kleiner Reitstall mit 25 Pferden, Llangors Lake, Tel. (01874) 65 82 52, www.trail-riding.co.uk.

Einkaufen

● Souvenirladen beim Campingplatz (s.o.).

Bronllys und Talgarth ◈XIII/C3

Freundlich und nett liegen die beiden kleinen Orte am Nordwestende der Black Mountains.

Von der normannischen **Burg Bronllys** aus dem 11. Jh. ist nur noch der Turm erhalten. Die Besteigung lohnt sich wegen der schönen Aussicht.
● Frei zugänglich, Eintritt frei.

An der schiefen Kirche **St. Mary** aus dem 14. Jh. (im 19. Jh. umgebaut) ist der frei stehende Turm mit sechs Glocken beachtenswert. In Nordeuropa ist dieser Typ sehr selten. Bei Gefahr brachte man Frauen und Kinder oben unter, während unten das Vieh Schutz suchen durfte.

Bei Talgarth führt ein schöner Spaziergang durch das **Naturschutzgebiet Pwll-y-Wrach** mit Wasserfall. Vom Tower Hotel aus gesehen fährt man links am Talgarth Shop vorbei, biegt dann links in die Bell Street ein, hält sich an der Gabelung links (Strands) und fährt die kleine Straße immer weiter hinauf. Oben befindet sich ein kleiner Parkplatz rechter Hand, mit Informationstafel. Der obere Weg führt immer geradeaus zum Wasserfall.

Touristeninformation

● **The Tower Shop**, in Talgarth, Tel. (01874) 71 22 26, www.talgarthcentre.org.uk.

Der Südosten

Unterkunft

● **Tower Hotel**££, in Talgarth, The Square, Tel. (01874) 71 12 53. Einfaches Hotel in der Ortsmitte.

Essen und Trinken

● **Tower Hotel** (s.o.). Hotelküche mit Pub.
● **The Honey Cafe**, in Bronllys, Tel. (01874) 71 19 04. Selbst gemachter Kuchen und Snacks, abends mexikanische Küche££. Mit Laden und Galerie im Café. Zugang zum alten Malthouse mit einer Ausstellung zur Geschichte.

Monmouthshire & Brecon Canal   ♫XIII/C3

Eine der Wonnen des Nationalparks ist der Kanal „Mon and Brec", der von Brecon nach Newport verläuft. Ursprünglich bestand er aus zwei Kanälen, dem Monmouthshire Canal und dem Brecknock & Abergavenny Canal, die sich bei Pontypool vereinigten. Der nördliche Abschnitt bis Abergavenny liegt in den Brecon Beacons und folgt in seinem Verlauf dem Fluss Usk.

Talybont-on-Usk/ Talybont-ar-Wysg

Der Ort am Kanal weiß insbesondere durch seine ausgezeichneten Einkehrmöglichkeiten zu gefallen.

Das Talybont Reservoir im bewaldeten Tal versorgt Südwales, speziell Newport mit Wasser. Von hier aus kann man zu Wanderungen in die Brecon Beacons aufbrechen.

Unterkunft

● **The Usk Inn**£££, Station Road, Tel. (01874) 67 62 51, www.uskinn.co.uk. Unterkunft über der Gaststätte.
● **The White Hart Inn Bunkhouse**£, Tel. (01874) 67 62 27, einfach.

Camping

● **Gilestone Caravan and Camping Park**, Gilestone Farm, Talybont-on-Usk, Tel. (01874) 67 62 63, www.gilestonecaravanpark.co.uk. Nur fünf Minuten zu Fuß vom Ort entfernt.

Essen und Trinken/Pubs

● **The Usk Inn**£££ (s.o.). Ausgezeichnetes Essen in angenehmer, edler Atmosphäre. Sehr schöner, stilvoller Pub anbei.
● **The Traveller's Rest**£££, Tel. (01874) 67 62 33. Edle Atmosphäre, mit Natursteinwänden, Außengastro. Auch *barmeals*.
● **The White Hart Inn**££, (s.o.). Großer Pub mit Außengastro.

Crickhowell/Crucywel

[krigöwel]

Zwischen Abergavenny und Brecon am Fluss Usk gelegen, eignet sich das nette kleine Städtchen mit georgianischer Architektur gut als Basis für Ausflüge in die Umgebung. Der Name stammt von dem eisenzeitlichen Fort Crug Hywell auf dem Table Mountain.

Sehenswertes

Die **Burg** gehörte einst zu den bedeutendsten Festungen der Region. Sie wurde Ende des 11. Jahrhunderts erbaut und 1403 von *Owain Glyndŵr* zerstört. Heute sind nur noch unbedeutende Reste von ihr übrig.
● Frei zugänglich, Eintritt frei.

Da ist die **Flussbrücke** über den Usk aus dem 17. Jahrhundert optisch schon etwas ansprechender: 13 Bögen sind vom östlichen, nur 12 vom westlichen Ende aus sichtbar.

Wanderung

Den 452 Meter hohen Table Mountain mit dem eisenzeitlichen **Fort Crug Hywell** besteigt man am besten vom nordöstlich gelegenen Llanbedr aus. Gegenüber dem Bauernhof Tŷ Mawr führt ein Pfad Richtung Perth-y-Pia den Berg hinauf. Da der Weg dorthin recht kompliziert ist, fragt man am besten im Pub (s.u.).

Touristeninformation

● Beaufort Street, Tel. (01837) 81 21 05.

Unterkunft

● **The Bear Hotel**££££, Brecon Road, Tel. (01873) 81 04 08, www.bearhotel.co.uk. Sehr schönes altes Hotel, rustikale Einrichtung mit Natursteinwänden. Zentral.
● **The Dragon Hotel**££, High Street, Tel. (01873) 81 03 62, www.dragonhotel.co.uk. Schön, alt, rustikal. Sehr angenehm eingerichtet. Zentral.
● **B&B Greenhill Villas**£, Beaufort Street, www.greenhillvillas.com. Tel. (01873) 81 11 77. Schönes B&B mit persönlicher Atmosphäre. Fünf Minuten zum Zentrum.
● Herberge **Perth-y-Pia**£, Tŷ Mawr in Llanbedr, Tel. (01873) 81 01 64, www.perth-y-pia.co.uk. Unterkunft in der Herberge nur für Gruppen ab 10 Personen.

Essen und Trinken

● **The Bear Hotel**££ (s.o.)
● **The Dragon Hotel**££-£££ (s.o.)

Pubs

● **The Corn Exchange** 54 High Street, Tel. (01873) 81 06 99. Klein und gemütlich, preiswertes Mittagessen.
● **Britannia Inn,** High Street, Tel. (01873) 81 05 53. Kleiner, traditioneller Pub mit Dachbalken.
● **The Red Lion,** in Llanbedr, Tel. (01873) 81 07 54. Gemütlicher, freundlicher Pub mit offenem Kamin.

Ausflug in die Umgebung

Nordwestlich von Crickhowell kann man am **Tretower Court & Castle** ein Herrenhaus und den Turm einer Burgruine aus dem 13. Jahrhundert besichtigen – ein Beispiel eines noblen Landsitzes aus dem Spätmittelalter. Die Burg wurde von einem normannischen Ritter der Picard-Familie errichtet und später von *Owain Glyndŵr* zerstört. Zu dieser Zeit diente bereits das anliegende Herrenhaus der Familie als Wohnsitz, die Burg wurde nicht mehr genutzt.

● Tel. (01874) 73 02 79, März/Okt. Di–So 9–16 Uhr, Apr.–Sept. Di–So 10–17 Uhr, £.

Anhang

Pub Y Gegin Fawr in Aberdaron

Honigweinverkäufer

Aberdaron

Literatur-, Theater- und Filmhinweise

Film

• Ein amüsanter Film, der den walisischen Charakter sehr gut beschreibt, ist die Komödie **„Der Engländer, der auf einen Hügel stieg und von einem Berg herunterkam"**, GB 1995, deutsche Fassung 1996. Mit *Hugh Grant*, *Tara Fitzgerald* und *Colm Meaney*.

Theater

• Ein lohnenswertes Theaterstück, ursprünglich ein Hörspiel, ist **„Unter dem Milchwald"** von *Dylan Thomas* (siehe Kap. „Südwesten/Carmarthenshire/Laugharne"). Erzählt wird die skurrile Geschichte eines walisischen Küstendorfes in einem Zeitraum von 24 Stunden.

Bücher

Über Wales

• *George Borrow:* **Wildes Wales.** Der unterhaltsamer Roman „Wild Wales" über die Reise des Autors 1854 durch Wales. Sagt viel über das Land und seine Bewohner aus, sowie über Borrow selbst. Insel Verlag, 2006.

• *Marion Löffler:* **Englisch und Kymrisch in Wales – Geschichte der Sprachsituation und Sprachpolitik.** Zu Sprache und Sprachpolitik in Wales. Für den, der sich ausführlich damit beschäftigen will. Kovac 1997.

Übersetzungen walisischer Literatur

• **Das Sagenbuch der walisischen Kelten – Die vier Zweige des Mabinogi.** Übersetzung der berühmten mittelalterlichen Erzählungen. DTV/KNO, 1999.

• *Frank Meyer, Angharad Price (eds.):* **Tee mit der Königin.** Kurzgeschichten zeitgenössischer walisischer Autoren. Bertuch Verlag, Weimar, 2005.

• *Kate Roberts:* **Katzen auf einer Versteigerung.** Kurzgeschichten, die in Wales spielen. Pendragon Verlag Bielefeld, 2000.

• *William Owen Roberts:* **Der schwarze Tod** (Originaltitel: „Y Pla"), Düsterer Fantasy-Roman. List Verlag München/Leipzig, 1993.

Übersetzung englischsprachiger Literatur aus Wales

• *Dylan Thomas:* **Unter dem Milchwald.** Text zum Theaterstück (s.o.). Reclam, 1998.

• *Jan Morris:* **Mein Haus in Wales.** Liebenswerte Schilderung der walisischen Schriftstellerin ihres Landes und seiner Bewohner. Frederking & Thaler, München 2004.

Übersetzung englischer Romane, die in Wales spielen

• *Bruce Chatwin:* **Auf dem schwarzen Berg.** Gibt einen Einblick in das Leben auf einem Bauernhof in der Abgeschiedenheit der Black Mountains. Fischer, 2003.

Kleine Sprachhilfe

Wichtige Ausdrücke

In Wales macht man sich bei der einheimischen Bevölkerung sehr beliebt, wenn man versucht, ein paar Sätze auf Walisisch zu sagen, z. B. „Guten Morgen", das ganz leicht auszusprechen ist! Im Folgenden werden einige wichtige Ausdrücke angeführt. Zum Vergleich sind die englischen Ausdrücke mit angegeben. Wer mehr lernen möchte, kann seine Kenntnisse mit dem im REISE KNOW-HOW Verlag erschienenen **Kauderwelsch-Band „Walisisch – Wort für Wort"** (Band 153), von der Autorin dieses Reisebuchs, und dem zugehörigen Tonmaterial vertiefen. Weitere hilfreiche Sprechführer der Reihe Kauderwelsch: „Englisch – Wort für Wort" (Band 64), „British Slang" (Band 47) sowie „Englisch digital", die Lernhilfe für den PC.

Walisisch	Aussprache	Englisch	Deutsch
Bore da	[bore da]	*Good morning*	Guten Morgen
Prynhawn da	[prönhaun da]	*Good afternoon*	Guten Tag (wörtl.: Guten Nachmittag)
Nos da	[nos da]	*Good night*	Gute Nacht (beim Verabschieden)
Shw mae	[schu mei]	*Hello*	Hallo
Hwyl	[huil]	*Bye bye*	Tschüss
Croeso	[kreuso]	*Welcome*	Willkommen
Iechyd da	[jechid da]	*Cheers*	Prost
Esgusodwch fi	[edgisoduch wi]	*Sorry*	Entschuldigung
Diolch	[djolch]	*Thanks*	Danke
dyma	[döma]	*This is*	Das ist ... (bei der Vorstellung)
... dw i	[du i]	*I'm ...*	Ich bin ...
da iawn	[daa jaun]	*Very good*	Sehr gut

Dw i'n dysgu Cymraeg.
[du in dösgi kömreig]
I'm learning Welsh.
Ich lerne Walisisch.

Mae Cymru yn wych.
[maa kömri ön wiich]
Wales is wonderful.
Wales ist großartig.

Dw i'n dod o'r Almaen/o Awstria/o'r Swistir.
[du in dood or almein/o austri-a/or swistir]
I'm from Germany/Austria/Switzerland.
Ich komme aus Deutschland/Österreich/ der Schweiz.

Cymru am byth
[kömri am bith]
Wales forever
Wales für immer

KLEINE SPRACHHILFE

Geografische Bezeichnungen

Auch in den englischsprachigen Gegenden von Wales kommen die unten aufgeführten walisischen Elemente immer wieder in den Ortsnamen vor. Wenn Sie auf Walisisch nach einem Ort fragen, wundern Sie sich nicht, wenn der Waliser den Anfang des Wortes vielleicht anders spricht. Nach manchen Wörtern können nämlich die Anfangslaute „p", „t" und „k" zu „b", „d" und „g" werden; „b" und „d" erscheinen als „f" bzw. „dd"; „ll", „m" und „rh" werden zu „l", „f" und „r" werden; „g" kann sogar ganz verschwinden. Das ist die keltische Mitlautänderung. Wenn Sie also zum Beispiel wissen wollen, wie weit es nach Bangor ist, dann antwortet der Waliser vielleicht: „*... i Fangor? 20 milltir.*" („... nach Bangor? 20 Meilen"). Das *i* bedeutet „nach" und bewirkt die Änderung des Anlauts. Tipp: Im Kauderwelsch-Band 153 „Walisisch – Wort für Wort" können Sie es ganz genau nachlesen.

Walisisch	Aussprache	Deutsch	Beispiel
aber	[aber]	Mündung	Aberystwyth = „Mündung des Ystwyth"
afon	[awon]	Fluss	Afon-wen = „Weißer Fluss"
bach	[baach]	klein	Pentre-bach = „kleines Dorf"
bedd	[beeth]	Grab	Beddgelert = „Grab des Gelert"
betws	[betus]	Kapelle	Betws-y-Coed = „Kapelle des Waldes"
blaen	[blein]	Spitze	Blaenau Ffestiniog = „Spitzen des Ffestiniog"
bron	[bron]	Hang	Bronaber = „Hang der Mündung"
bryn	[brin]	Hügel	Bryn Du = „schwarzer Hügel"
bwlch	[bulch]	Kluft, Pass	Bwlchnewydd = „neuer Pass"
cadair	[kadeir]	Stuhl, Thron	Cadair Idris = „Thron des Idris"
caer	[ka-er]	Burg	Caerdydd = „Burg (des Flusses) Taf"
capel	[kapel]	Kirche	Capel Seion = „Kirche des Seion"
carreg	[kareg]	Stein	Carreglefn = „glatter Stein"
castell	[kastehl]	Schloss, Burg	Abercastell = „Mündung bei der Burg"
coch	[kooch]	rot	Castell Coch = „rotes Schloss"
coed	[keud]	Wald	Hengoed = „alter Wald"
craig	[kreig]	Felsen	Craig Goch = „roter Felsen"
croes	[kreus]	Kreuz	Tycroes = „Haus des Kreuzes"
cwm	[kum]	Tal	Llangwm = „Kirche des Tals"
du	[dii]	schwarz	Llandulas = „schwarzgrüne Kirche"
fforest	[forest]	Wald	Fforest-fach = „kleiner Wald"
ffynnon	[fönon]	Brunnen, Quelle	Treffynnon = „Stadt der Quelle"
glan	[glan]	Strand, Ufer	Glandwr = „Wasserufer"
glas	[glas]	blau, grün	Ynyslas = „grüne Insel"
glyn	[glin]	(enges) Tal	Glyncoch = „rotes Tal"
gwen	[gwen]	weiß (w)	Llyswen = „weißer Hof"
gwyn	[gwin]	weiß (m)	Bryngwyn = „weißer Hügel"
hen	[heen]	alt	Brynhenllan = „Hügel der alten Kirche"
isa(f)	[isa]	untere(r/s)	Mynydd Isaf = „unterer Berg"

Kleine Sprachhilfe

Walisisch	Aussprache	Deutsch	Beispiel
llan	[hlan]	Kirche	Llanbedr = „Kirche des Pedr"
llwyn	[hluin]	Busch	Llwyndafydd = „Busch des David"
llyn	[hlin]	See	Maesllyn = „Seefeld"
llys	[hlis]	Hof	Llys-y-fran = „Hof der Krähe
ma	[ma]	Feld	Morfa = „Meerfeld"
maen	[mein]	Stein	Maendy = „Steinhaus"
maes	[meis]	Feld	Maes-glas = „grünes Feld"
mawr	[maur]	groß	Pentre-mawr = „großes Dorf"
melin	[melin]	Mühle	Melin-y-coed = „Waldmühle"
merthyr	[merth-ir]	Märtyrer(in)	Merthyr Tydfil = „Märtyrer Tydfil"
moel	[meul]	kahler Gipfel	Moelfre = „kahler Hügel"
morfa	[morwa]	Moorland	Morfa Bach = „kleines Moorland"
mynydd	[mönith]	Berg	Mynydd-bach = „kleiner Berg"
nant	[nant]	Bach	Nant Glas = „grüner Bach"
newydd	[newith]	neu	Ceinewydd = „neuer Kai"
nos	[nos]	Nacht	Craig-y-nos = „Felsen der Nacht"
pen	[pen]	Spitze	Penbryn = „Hügelspitze"
pentref	[pentre]	Dorf	Pentre'r beirdd = „Dorf der Barden"
plas	[plaas]	Palast, Herrenhaus	Plâs Llwyngwern = „Herrenhaus Erlenbusch"
pont	[pont]	Brücke	Penybont = „Spitze der Brücke"
porth	[porth]	Hafen	Porthmadog = „Hafen von Madog"
pwll	[puhl]	Teich, Tümpel	Pwllheli = „Salzwassertümpel"
rhaeadr	[hräi-adr]	Wasserfall	Rhaeadr Gwy = „Wasserfall des Gwy"
rhiw	[hri-u]	Gefälle, Hang, Steigung	Trefriw = „Stadt am Hang"
rhyd	[hrid]	Fort	Rhydychen = „Ochsenfurt, Oxford"
tal	[tal]	Stirnseite	Tal-y-bont = „Stirnseite der Brücke"
tomen	[tomen]	Haufen	Tredomen = „Stadt des Haufens"
tre(f)	[tree]	Stadt	Tre Taliesin = „Stadt des Taliesin"
tŷ	[tii]	Haus	Tyddewi = „Haus des David"
uchaf	[icha]	höchste(r/s)	Capel Uchaf = „höchste Kirche"
uwch	[iuch]	höhere(r/s)	Llanuwchllyn = „Kirche über dem See"
ynys	[önis]	Insel	Ynys Dewi = „Insel des David"

HILFE!

Dieses Reisehandbuch ist gespickt mit unzähligen Adressen, Preisen, Tipps und Infos. Nur vor Ort kann überprüft werden, was noch stimmt, was sich verändert hat, ob Preise gestiegen oder gefallen sind, ob ein Hotel, ein Restaurant immer noch empfehlenswert ist oder nicht mehr, ob ein Ziel noch oder jetzt erreichbar ist, ob es eine lohnende Alternative gibt usw.

Unsere Autoren sind zwar stetig unterwegs und versuchen, alle zwei Jahre eine komplette Aktualisierung zu erstellen, aber auf die Mithilfe von Reisenden können sie nicht verzichten.

Darum: Schreiben Sie uns, was sich geändert hat, was besser sein könnte, was gestrichen bzw. ergänzt werden soll. Nur so bleibt dieses Buch immer aktuell und zuverlässig. Wenn sich die Infos direkt auf das Buch beziehen, würde die Seitenangabe uns die Arbeit sehr erleichtern. Gut verwertbare Informationen belohnt der Verlag mit einem Sprachführer Ihrer Wahl aus der über 200 Bände umfassenden Reihe „Kauderwelsch" (siehe unten).

Bitte schreiben Sie an:

REISE KNOW-HOW Verlag Peter Rump GmbH, Postfach 140666, D-33626 Bielefeld, oder per e-mail an: info@reise-know-how.de

Danke!

Kauderwelsch-Sprachführer –
sprechen und verstehen rund um den Globus

Afrikaans ● Albanisch ● Amerikanisch – *American Slang, More American Slang,* Amerikanisch oder Britisch? ● Amharisch ● Arabisch – Hocharabisch, für Ägypten, Algerien, Golfstaaten, Irak, Jemen, Marokko, ● Palästina & Syrien, Sudan, Tunesien ● Armenisch ● *Bairisch* ● Balinesisch ● Baskisch ● Bengali ● *Berlinerisch* ● Brasilianisch ● Bulgarisch ● Burmesisch ● Cebuano ● Chinesisch – Hochchinesisch, kulinarisch ● Dänisch ● Deutsch – *Allemand, Almanca, Duits, German, Nemjetzkii, Tedesco* ● *Elsässisch* ● Englisch – *British Slang, Australian Slang, Canadian Slang, Neuseeland Slang,* für Australien, für Indien ● Färöisch ● Esperanto ● Estnisch ● Finnisch ● Französisch – kulinarisch, für den Senegal, für Tunesien, *Französisch Slang, Franko-Kanadisch* ● Galicisch ● Georgisch ● Griechisch ● Guarani ● Gujarati ● Hausa ● Hebräisch ● Hieroglyphisch ● Hindi ● Indonesisch ● Irisch-Gälisch ● Isländisch ● Italienisch – *Italienisch Slang,* für Opernfans, kulinarisch ● Japanisch ● Javanisch ● Jiddisch ● Kantonesisch ● Kasachisch ● Katalanisch ● Khmer ● Kirgisisch ● Kisuaheli ● Kinyarwanda ● *Kölsch* ● Koreanisch ● Kreol für Trinidad & Tobago ● Kroatisch ● Kurdisch ● Laotisch ● Lettisch ● Lëtzebuergesch ● Lingala ● Litauisch ● Madagassisch ● Mazedonisch ● Malaiisch ● Mallorquinisch ● Maltesisch ● Mandinka ● Marathi ● Modernes Latein ● Mongolisch ● Nepali ● Niederländisch – *Niederländisch Slang,* Flämisch ● Norwegisch ● Paschto ● Patois ● Persisch ● Pidgin-English ● *Plattdüütsch* ● Polnisch ● Portugiesisch ● Punjabi ● Quechua ● *Ruhrdeutsch* ● Rumänisch ● Russisch ● *Sächsisch* ● *Schwäbisch* ● Schwedisch ● *Schwiizertüütsch* ● *Scots* ● Serbisch ● Singhalesisch ● Sizilianisch ● Slowakisch ● Slowenisch ● Spanisch – *Spanisch Slang,* für Lateinamerika, für Argentinien, Chile, Costa Rica, Cuba, Dominikanische Republik, Ecuador, Guatemala, Honduras, Mexiko, Nicaragua, Panama, Peru, Venezuela, kulinarisch ● Tadschikisch ● Tagalog ● Tamil ● Tatarisch ● Thai ● Tibetisch ● Tschechisch ● Türkisch ● Twi ● Ukrainisch ● Ungarisch ● Urdu ● Usbekisch ● Vietnamesisch ● Walisisch ● Weißrussisch ● *Wienerisch* ● Wolof ● Xhosa

Kauderwelsch?
Kauderwelsch!

Die **Sprachführer der Reihe Kauderwelsch** helfen dem Reisenden, wirklich zu sprechen und die Leute zu verstehen. Wie wird das gemacht?

● Die **Grammatik** wird in einfacher Sprache so weit erklärt, dass es möglich wird, ohne viel Paukerei mit dem Sprechen zu beginnen, wenn auch nicht gerade druckreif.

● Alle Beispielsätze werden doppelt ins Deutsche übertragen: zum einen **Wort-für-Wort,** zum anderen in „ordentliches" Hochdeutsch. So wird das fremde Sprachsystem sehr gut durchschaubar. Ohne eine Wort-für-Wort-Übersetzung ist es so gut wie unmöglich, einzelne Wörter in einem Satz auszutauschen.

● Die **Autorinnen und Autoren** der Reihe sind Globetrotter, die die Sprache im Lande gelernt haben. Sie wissen daher genau, wie und was die Leute auf der Straße sprechen. Deren Ausdrucksweise ist häufig viel einfacher und direkter als z.B. die Sprache der Literatur. Außer der Sprache vermitteln die Autoren Verhaltenstipps und erklären Besonderheiten des Landes.

● **Jeder Band** hat 96 bis 180 Seiten. Zu jedem Titel ist ein begleitender **Tonträger** (ca. 60 Min) erhältlich.

● Kauderwelsch-Sprachführer gibt es für über 100 Sprachen in **über 200 Bänden,** z.B.:

Walisisch – Wort für Wort
Band 153, 192 Seiten, ISBN 978-3-89416-571-0

Englisch – Wort für Wort
Band 64, 160 Seiten, ISBN 978-3-89416-484-3

British Slang – das andere Englisch
Band 47, 80 Seiten, ISBN 978-3-89416-037-1

REISE KNOW-HOW Verlag, Bielefeld

Die Reiseführer von Reise

Reisehandbücher
Urlaubshandbücher
Reisesachbücher
Edition RKH, Praxis

Algarve, Lissabon
Amrum
Amsterdam
Andalusien
Apulien
Athen
Auvergne, Cévennen

Barcelona
Berlin, Potsdam
Borkum
Bretagne
Budapest
Burgund

City-Trips mit
  Billigfliegern
City-Trips mit Billig-
  fliegern, Bd.2
Cornwall
Costa Blanca
Costa Brava
Costa de la Luz
Costa del Sol
Costa Dorada
Côte d'Azur, Seealpen,
  Hochprovence

Dalmatien
Dänemarks
  Nordseeküste
Disneyland
  Resort Paris
Dresden

Eifel
El Hierro
Elsass, Vogesen
England, der Süden
Erste Hilfe unterwegs

Estland
Europa BikeBuch

Fahrrad-Weltführer
Fehmarn
Föhr
Formentera
Friaul, Venetien
Fuerteventura

Gardasee, Trentino
Golf von Neapel,
  Kampanien
Gomera
Gotland
Gran Canaria
Großbritannien

Hamburg
Helgoland
Hollands
  Nordseeinseln
Hollands Westküste
Holsteinische Schweiz

Ibiza, Formentera
Irland
Island, Faröer
Istanbul
Istrien, Kvarner Bucht

Juist

Kalabrien, Basilikata
Katalonien
Köln
Kopenhagen
Korfu, Ionische Inseln
Korsika
Krakau, Tschenst.

Kreta
Krim, Lemberg, Kiew
Kroatien

Landgang
  an der Ostsee
Langeoog
La Palma
Lanzarote
Latium mit Rom
Leipzig
Ligurien,
  Cinque Terre
Litauen
London

Madeira
Madrid
Mallorca
Mallorca,
  Leben/Arbeiten
Mallorca, Wandern
Malta, Gozo, Comino
Mecklenb./Brandenb.:
  Wasserwandern
Mecklenburg-Vorp.
  Binnenland
Menorca
Montenegro
Moskau
Motorradreisen
München

Norderney
Nordseeinseln, Dt.
Nordseeküste
  Niedersachsens
Nordseeküste
  Schleswig-Holstein
Nordspanien
Nordzypern
Normandie
Norwegen

Ostseeküste
  Mecklenburg-Vorp.
Ostseeküste
  Schleswig-Holstein
Outdoor-Praxis

Paris
Piemont, Aostatal
Polens Norden
Polens Süden
Prag
Provence
Provence, Templer
Pyrenäen

Rhodos
Rom
Rügen, Hiddensee
Ruhrgebiet
Rumänien,
  Rep. Moldau

Sächsische Schweiz
Salzburg,
  Salzkammergut
Sardinien
Schottland
Schwarzwald, südl.
Schweiz, Liechtenstein
Sizilien, Lipar. Inseln
Skandinavien,
  der Norden
Slowakei
Slowenien, Triest
Spaniens
  Mittelmeerküste
Spiekeroog
St. Tropez
  und Umgebung
Südnorwegen
Südwestfrankreich
Sylt

Teneriffa
Tessin, Lago Maggiore
Thüringer Wald
Toscana
Tschechien
Türkei, Hotelführer
Türkei: Mittelmeerküste

Umbrien
Usedom

Venedig

Know-How auf einen Blick

Wales
Wangerooge
Warschau
Wien

Zypern, der Süden

Wohnmobil-Tourguides

Kroatien
Provence
Sardinien
Südnorwegen
Südschweden

Edition RKH

Durchgedreht –
  Sieben Jahre im Sattel
Eine Finca auf Mallorca
Geschichten aus dem
  anderen Mallorca
Mallorca für Leib
  und Seele
Rad ab!

Praxis

Aktiv Algarve
Aktiv Andalusien
Aktiv Dalmatien
Aktiv frz. Atlantikküste
Aktiv Gardasee
Aktiv Gran Canaria
Aktiv Istrien
Aktiv Katalonien
Aktiv Polen
Aktiv Slowenien
All inclusive?
Bordbuch Südeuropa
Canyoning
Clever buchen,
  besser fliegen
Clever kuren
Drogen in Reiseländern
Feste Europas
Fliegen ohne Angst
Frau allein unterwegs
Fun u. Sport im Schnee
Geolog. Erscheinungen
Gesundheitsurlaub
  in Dtl. Heilthermen
GPS f. Auto, Motorrad
GPS Outdoor-
  Navigation
Handy global
Höhlen erkunden
Hund, Verreisen mit
Inline Skating
Inline-Skaten
  Bodensee
Internet für die Reise
Kanu-Handbuch
Kartenlesen
Kommunikation unterw.
Kreuzfahrt-Handbuch
Küstensegeln
Langzeitreisen
Marathon-Guide
  Deutschland
Mountainbiking
Mushing/
  Hundeschlitten
Nordkap Routen
Orientierung mit
  Kompass und GPS
Paragliding-Handbuch
Pferdetrekking
Radreisen
Reisefotografie
Reisefotografie digital
Reisekochbuch
Reiserecht
Respektvoll reisen
Schutz vor Gewalt
  und Kriminalität
Schwanger reisen
Selbstdiagnose
  unterwegs
Sicherheit Meer
Sonne, Wind,
  Reisewetter
Spaniens Fiestas
Sprachen lernen
Survival-Handbuch
  Naturkatastrophen
Tauchen Kaltwasser
Tauchen Warmwasser
Trekking-Handbuch
Unterkunft/Mietwagen
Vulkane besteigen
Wandern im Watt
Wann wohin reisen?
Wein-Reiseführer
  Deutschland
Wein-Reiseführer
  Italien

Wein-Reiseführer
  Toskana
Wildnis-Ausrüstung
Wildnis-Backpacking
Wildnis-Küche
Winterwandern
Wohnmobil-Ausrüstung
Wohnmobil-Reisen
Wohnwagen
  Handbuch
Wracktauchen
Zahnersatz, Reiseziel

KulturSchock

Familienmanagement
  im Ausland
Finnland
Frankreich
Irland
Leben in fremden
  Kulturen
Polen
Rumänien
Russland
Spanien
Türkei
Ukraine
Ungarn

Wo man unsere Reiseliteratur bekommt:
Jede Buchhandlung Deutschlands, der Schweiz, Österreichs und der
Benelux-Staaten kann unsere Bücher beziehen. Wer sie dort nicht findet,
kann alle Bücher über unsere **Internet-Shops** bestellen.
Auf den Homepages gibt es **Informationen** zu allen Titeln:

www.reise-know-how.de oder www.reisebuch.de

Großbritannien

Die schönsten Ferienziele richtig erleben!
Die Reiseführer der Reihe REISE KNOW-HOW
bieten Insider-Informationen und Hintergrundwissen von Spezialisten.

A. Braun, H. Cordes, A. Großwendt, H. Semsek
Großbritannien
England, Wales, Schottland
552 Seiten, 30 Karten und Pläne, über 100
Fotos, 48-seitiger CityGuide London zum
Herausnehmen

A. Braun, H. Cordes, A. Großwendt
Schottland
Reisehandbuch für Individualisten
552 Seiten, 50 Karten, über 150 Fotos

Hans-Günter Semsek
England der Süden
**Mit 10 Wanderungen durch Cornwall
und Dartmoor**
480 Seiten, 22 Karten und Pläne,
24 Seiten farbiger Kartenatlas,
über 100 Fotos, 48-seitiger CityGuide
London zum Herausnehmen

Hans-Günter Semsek
London
**CityGuide der Metropole,
jetzt komplett in Farbe**
336 Seiten, 21 Karten und Pläne,
durchgehend farbig illustriert

**REISE KNOW-HOW Verlag,
Bielefeld**

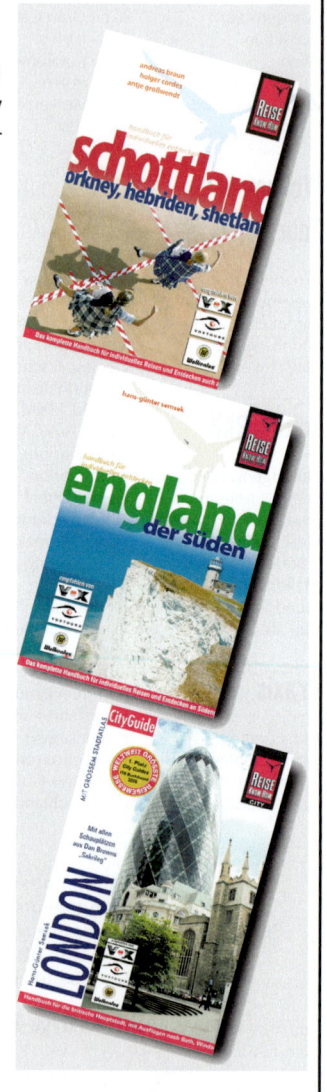

Register

A
Aberaeron 244
Abercastle 283
Aberdaron 157
Aberdaugleddau 301
Aberdyfi 232
Abereiddi 285
Aberffraw 129
Abergavenny 369
Aberglasney-Gärten 315
Abergwaun 280
Abergwili 313
Abergwyngregyn 152
Abergynolwyn 230
Aberhonddu 377
Aberllydan 299
Abermaw 224
Abermenai Point 129
Abersoch 159
Abertawe 326
Aberteifi 247
Aberystwyth 236
Abtei Basingwerk 169
Abtei Cymer 228
Abtei Talley 317
Acts of Union 85
Adapter 38
Aktivitäten 54
Amlwch 137
Amroth 308
Aneirin 94
Angeln 54
Angelsachsen 79
Angle 304
Anglesey 122
Anreise 24
Apotheke 47
Arbeitslosigkeit 87
Architektur 96
Arfordir San Ffraid 297
Arthurlegende 84
Arts Council of Wales 96
Ärzte 47
Atlaskarten 408
Auskunft 53
Ausrüstung 22
Auto fahren 27, 32
Autonomieforderungen 86
Autorin 407

B
B&B 61
Babynahrung 50
Baden 55
Bae Ceredigion 234
Bae Colwyn 175
Bahn 26, 65
Bangor 149
Bank holiday 44
Banken 20
Bannau Brycheiniog 371
Bara brith 40
Barclodiad y Gawres 131
Bardsey 158
Barmeals 40
Barmouth 224
Bäume 71
Beaumaris 140
Bed and breakfast 61
Bedd Arthur 293
Beddgelert 106
Behinderte 17, 35
Bekleidung 22
Benutzungshinweise 11
Benzin 33
Bergsteigen 58
Bersham Ironworks 199
Besichtigungen 36
Betws-y-Coed 113
Bevölkerung 89
Bier 41
Billigfluglinien 25
Biwmares 140
Black Mountains 383
Blaenau Ffestiniog 118
Blaenavon 370
Blair, Tony 88
Blaue Lagune 285
Bluestones 293
Blumen 71
Bodelwyddan 194
Bodnant Garden 180
Bodowyr 128
Borth 235
Botanischer
  Nationalgarten 313
Brecon 377
Brecon Beacons 377
Brenig-See 191
Briefmarken 53
Broad Haven 299
Bronllys 387
Bronwydd Arms 313
Bronzezeit 77
Bryn Celli Du 126
Bryn yr Hen Bob 126
Brynbuga 368
Bryn-Gwyn 128
Brynkir Wollen Mill 162
Brynsiencyn 127
Bücher 392
Builth Wells 266
Bull Bay 137
Bunkhouses 61
Burg Caldicot 361
Burg Carreg Cennen 382
Burg Dinas Bran 184
Burg Dolbadarn 111
Burg Dolforwyn 214
Burg Dolwyddelan 115
Burg Ewloe 168
Burg Gwydir 116
Burg Oystermouth 334
Burg Pennard 336
Burg Penrhyn 152
Burg Penrice 336
Burg Picton 296
Burg Powis 206
Burg Raglan 367
Burg Skenfrith 367
Burgen 97
Bürgerkrieg 85
Burry Port 323
Bus 27, 63
Bwlch Nant-yr-Arian 258

C
Cadair Idris 229
Caer Lêb 127
Caerdydd 343
Caerffili 352
Caerfyrddin 309
Caergwrle 199
Caergybi 131
Caerleon 358
Caernarfon 144
Caerphilly 352
Caerwent 361
Caldey Island 308
Cambrensis, Giraldus 93
Cambrian Mountains 69
Camping 62

REGISTER

Canolfan Thomas
Telford Centre 124
Capel Curig 115
Capel Dewi 253
Capel Garmon 115
Cardiff 343
Cardigan 247
Cardigan Bay 234
Carew 304
Carmarthen 309
Carmarthenshire 309
Carneddau 152
Carreg Cennen Castle 382
Carreg Samson 283
Cas Gwent 361
Casnewydd 355
Castell Coch 351
Castell Gwyn 367
Castell Henllys 293
Castell Newydd Emlyn 252
Castell y Gaer 231
Castell y Grysmwnt 368
Castell y Waun 186
Castell-y-Bere 230
Castlemartin 304
Cawl 40
Ceinewydd 245
Cemaes 136
Cenarth 251
Ceredigion 234
Cerrig Meibion Arthur 293
Chepstow 361
Chirk Castle 186
Chöre 94
Christianisierung 80
Church Bay 135
Cilgerran 250
Clocaenog Forest 191
Clwyd-Tal 182
Clynnog Fawr 154
Clywedog Trail 199
Cockles 40
Coedkernew 357
Colwyn Bay 175
Conwy 176
Corris 217
Cors Caron 255
Corwen 186
Cosheston 303
Craflwyn 107
Craig Pwllfa 374

Craig y Fan Ddu 374
Craig-y-Nos 382
Criccieth 161
Cricieth 161
Crickhowell 388
Crucywel 388
Crynant 340
Cwmfelinfach 357
Cydweli 322

D

Dale 299
Dan-yr-Ogof 381
Defynnog 381
Deganwy RSPB
Nature Reserve 175
Delphine 73
Denbigh 192
Devil's Bridge 257
Devisen 20
Dichtkunst 94
Diebstahl 54
Diesel 33
Din Lligwy Hut Group 138
Dinas Gynfor 136
Dinas Island 279
Dinbych 192
Dinbych-y-Pysgod 305
Diplomatische
Vertretungen 18
Disserth 265
Dokumente 32
Dolaucothi-Goldminen 317
Dolgellau 226
Dolmen Clynnog 154
Dolmen St. Lythans 352
Drache 261
Drogerie 47
Dryslwyn 314
Dyffryn Ardudwy 224
Dysenni-Tal 230
Dyserth 194

E

EC-Karte 20
Edward I. 82
Ein- und Ausreisebestimmungen 18
Einkaufen 36
Eintrittspreise 36
Einwohner 89

Eisenbahn 26, 65
Eisenzeit 78
Eisteddfod 44
Elan Valley 263
Elektrizität 38
Elisabeth II. 88
Englisch 59
Ermäßigungen 36
Erster Weltkrieg 86
Eryri 102
Essen 38
Exkurse 9

F

Fähren 27
Fahrrad 55
Fairbourne 225
Family room 60
Fauna 72
Feiertage 44
Felindre 283
Felinwynt 250
Fernsehsender S4C 87
Feste 44
Filmen 46
Filmhinweise 392
Fischen 54
Fishguard 280
Flaggen 55
Flint 168
Flora 71
Flüge 24
Flughäfen 24
Flugpreise 24
Fly & Drive 63
Fotografieren 46
Freedom of Wales
Flexi Pass 65
Fremdenverkehrsämter 16
Frühstück 40

G

G&B 61
Gärten 99
Gaststätten 38
Gateholm 299
Gebirge 69
Gebirgszug Clwyd 195
Gelbe Linie 33
Geld 20
Geografie 68

REGISTER

Geologie 69
Geschäfte 36, 52
Geschichte 75
Gesetz von Wales 82
Gestein 68
Gesundheit 47
Getränke 41
Gewichte 51
Gigrin-Farm 263
Gilfach Nature Reserve 262
Glamorgan 326
Glan-yr-afon 186
Gleitschirm fliegen 55
Glyndŵr Owain 84
Golden Grove 315
Golf 55
Gors Fawr 293
Gower 333
Grabkammer
 Barclodiad y Gawres 131
Grabkammer Bodowyr 128
Grabkammer Bryn
 Celli Du 126
Grabkammer Bryn
 yr Hen Bob l 126
Grabkammer Capel
 Garmon 115
Grabkammer Carreg
 Samson 283
Grabkammer
 King Arthur's Stone 337
Grabkammer Lligwy 138
Grabkammer
 Parc le Breos 336
Grabkammer Pentre Ifan 292
Grabkammer
 Tinkinswood 351
Grabkammern 76
Grabkammern
 Presaddfed 135
Grabkammern Trefignath 133
Grafschaften 49
Grassholm 300
Greenfield 169
Gregynog Hall 210
Grenzland 268
Gresford 198
Grosmont Castle 368
Gruffudd, Llywelyn ap 82
Grüne Versicherungskarte 18
Grwyne Fawr 376

Guest Houses 61
Gumfreston 308
Gwŷr 333
Gwbert 249
Gwilym, Dafydd ap 95

H
Halbinsel Gower 333
Halbinsel St. David's 285
Halbinsel Castlemartin 304
Halbinsel Llŷn 153
Harfe 94
Harlech 221
Häuserpreise 97
Hausnummern 48
Haustiere 47
Haverfordwest 294
Hawarden 167
Hay-on-Wye 383
Heilbäder 263
Heinrich III. 82
Heinrich IV. 84
Heinrich V. 85
Heinrich VII. 85
Heinrich VIII. 85
Heol Senni 380
Herrenhaus Erddig 197
Herzmuscheln 40
Highlights 14
Hinreise 24
Höhle Cathole 336
Holt 198
Holy Island 131
Holyhead 131
Holywell 195
Hotels 61
House of Commons 88
House of Lords 88
Hunde 47
Hwlffordd 294
Hywel Dda 82

I
Industrialisierung 86
Informationsstellen 16
Insel Môn 122
Internet 17
Invasorenzeit 79
Iorwerth,
 Llywelyn ap 82
Iren 79

J
James II 86
Jones, Mary 230
Jugendherbergen 61

K
Kaffee 41
Kambrisches Gebirge 69
Kanaltunnel 29
Kanu 57
Karl I. 85
Karten 48
Kartentelefon 53
Kartenverzeichnis 408
Kelten 59, 78
Kidwelly 322
Kilgetty 308
Kinder 50
King Arthur's Stone 337
Kirche 91
Kleidung 22
Klima 22
Kloster Ewenny 342
Kneipen 38
Knighton 268
Kohleabbau 327
König Arthur 84
Kosten 20
Krankenhaus 47
Krankheit 47
Kreditkarten 20
Küche 40
Kunst 93
Küste 68
Küstenpfade 58

L
Läden 36, 52
Lampeter 253
Lamphey Bishop's Palace 303
Landkarten 48
Landkreise 49
Landschaft 68
Landsker 293
Laugharne 319
Liebeslöffel 37
Linksverkehr 32
Literaturhinweise 392
Little Haven 299
Llanaber 226
Llanandras 270

Llanbadarn Fawr 259
Llanbedr 224
Llanbedr Pont Steffan 253
Llanbedrog 160
Llanberis 109
Llanboidy 313
Llandanwg 224
Llanddeusant 135
Llanddewi Nant Honddu 385
Llanddewi Brefi 254
Llanddwyn Island 129
Llandovery 317
Llandrindod Wells 263
Llandudno 172
Llandudoch 275
Llandysul 253
Llanelwy 193
Llanfair 224
Llanfair P.G. 125
Llanfairpwllgwyngyllgo-
  gerychwyrndrobwllllandy-
  siliogogogoch 125
Llanfair-ym-Muallt 266
Llanfihangel-y-Pennant 230
Llanfihangel-y-Traethau 223
Llanfyllin 205
Llangadwaladr 130
Llangathen 315
Llangefni 143
Llangennith 337
Llangennydd 337
Llangollen 182
Llangors 377
Llangorse Lake 386
Llangrannog 247
Llangwm 221
Llangynog 204
Llanidloes 214
Llanilltud Fawr 341
Llanrhaeadr 191
Llanrhaeadr-ym-
  Mochnant 203
Llanrwst 116
Llansteffan 321
Llanthony 385
Llantwit Major 341
Llanwnda 283
Llanwrtyd Wells 267
Llanymddyfri 317
Llanynys 191
Lloyd George, David 86

Llwyngwril 231
Llŷn 153
Llyn Bychan 224
Llyn Crafnant 117
Llyn Efyrnwy 205
Llyn Syfaddan 386
Llyn Tegid 218
Llyn y Fan Fach 375
Llywelyn der Große 82
Llywelyn II. 82
Llywelyn, Gruffydd ap 82
Llywernog 258
Lokale 38

M
Mabinogi 94
Machynlleth 215
Maesglas 169
Malerei 95
Manorbier 305
Margam 340
Marloes 299
Maße 51
Mathry/Mathri 283
Medikamente 47
Medizin 47
Meifod 210
Meile 51
Menai Bridge 123
Menhir 77
Menhir Bedd Morus 277
Menhir Maen Llia 381
Menhire Cerrig
  Meibion Arthur 293
Menhire Penrhos Feilw 133
Merioneth 218
Merthyr Mawr 342
Merthyr Tydfil 353
Mesolithikum 76
Methlem 158
Methodismus 91
Middleton Halle 313
Mietwagen 62
Mietwohnungen 97
Milford Haven 301
Mittelalter 81
Mochras 224
Moelfre 138
Mold 191
Môn 122
Monmouth 365

Monmouthshire 355
Monmouthshire &
  Brecon Canal 388
Montgomeryshire 202
Morgan, William 85
Mountainbiking 56
Mülltrennung 73
Museum of Childhood 253
Musik 93
Mwnt 249
Mynachlog-ddu 293
Mynydd Preseli 291

N
Nachnamen 91
Nanhyfer 276
Nantgarw 353
Nationalfeiertag 44
Nationalpark Brecon
  Beacons 371
Nationalpark
  Pembrokeshire 274
Nationalpark Snowdonia 103
Nationalparks 74
Naturschutzgebiet
  wll-y-Wrach 387
Naturschutzgebiete 74
Neath 338
Nedd 338
Nelson 353
Neolithikum 76
Neuzeit 86
Nevern 276
New Quay 245
Newborough 128
Newcastle Emlyn 252
Newgale 297
Newport 278, 355
Newtown 213
Niwbwrch 128
Niwgwl 297
Nolton Haven 299
Nordküste 166
Nordwalisisches
  Grenzland 181
Normannen 82
Notfall 52

O
Oberhaus 88
Offa's Dyke 58, 81

Öffnungszeiten 52
Ogamschrift 80
Ogmore 342
Ogwr 342
Old Radnor 271
Orientierung 48
Overton 199
Owrtyn 199
Oxwich 336

P
Paläolithikum 76
Panne 33
Papiere 18, 32
Paragliding 55
Parc le Breos 336
Parken 33, 54
Parks 99
Parolen 34
Parteien 88
Pass 18
Pembroke 302
Pembrokeshire 274
Pembrokeshire Coastal Path 58
Pen Strymbl 282
Pen y Fan 373
Penarlâg 167
Penarth 342
Pence 20
Pendine 319
Penfro 302
Penmon 140
Penrhos Feilw 133
Pensionen 61
Pentre Ifan 292
Pentywyn 319
Pflanzen 71
Pfund 20
Pickles 40
Plaid Cymru 87
Plas Glyn y Weddw 160
Plas Newydd 126
Point Lynas 137
Pontarfynach 257
Ponterwyd 258
Port Eynon 337
Portaldolmen 77
Porth Llechog 137
Porth Swtan 135
Porth Tywyn 323
Porth Wen 137

Porthaethwy 123
Porthgain 284
Porthmadog 162
Portmeirion 165
Porto 53
Post 53
Powis Castle 206
Preise 20
Preiskategorie 60
Presbyterian
 Church of Wales 91
Prestatyn 169
Presteigne 270
Promillegrenze 32
Pubs 41
Puffin Island 140
Pwllheli 160

Q
Quelle St. Anthony's Well 322
Quelle St. Cybi 160
Quelle St. Winefride 195

R
Rad fahren 55
Radnorshire 260
Ramsey Island 289
Rauchen 39
Reisebestimmungen 18
Reisepass 18
Reisezeit 22
Reiseziel 15
Reiten 57
Religion 91
Reservoire 69
Restaurants 38
Reynoldston 336
Rhaeadr Gwy 260
Rhayader 260
Rheidol-Tal 258
Rhodri Mawr 82
Rhôs-on-Sea 175
Rhossili 337
Rhuddlan 194
Rhuthun 187
Rhyl 171
Rollstuhlfahrer 35
Römerstraße 180
Römerzeit 78
Roter Milan 72
Rowen 180

Rugby 348
Rundreisestationen 15
Ruthin 187
Ruthin Craft Centre 189

S
Saison 22
San Ffraid 299
Sandy Haven 300
Saundersfoot 307
Schecks 20
Schilder 33
Schlösser 97
Schmalspurbahnen 64
Schwimmen 55
Scolton 296
Secretary of State
 for Wales 87
Seen 69
Segeln 57
Sennybridge 380
Sgogwm 300
Sgomer 300
Sicherheit 54
Sieben Wunder
 von Wales 181
Siluren 79
Sir Benfro 274
Sir Caerfyrddin 309
Sir Drefaldwyn 202
Sir Faesyfed 260
Sir Feirionydd 218
Sir Forgannwg 326
Sir Fynwy 355
Skokholm 300
Skomer 300
Snacks 40
Snowdon 104
Snowdonia 102
Solfach 289
Solva 289
South Stack 133
Souvenirs 36
Spartipps 21
Speisen 38
Spezialitäten 40
Sport 54
Sprache 58, 88
Sprachhilfe 393
Squash 41
St. Ann's Head 299

REGISTER

St. Asaph 193
St. Brides 299
St. Bridges Bay 297
St. David's 285
St. David's Day 44
St. Dogmaels 275
St. Fagans 351
St. Govan's Head 304
St. Ishmael's 300
St. Martin's Haven 299
Stackpole Quay 304
Stadtpläne 408
Statuten von Rhuddlan 83
Storey Arms 373
Straßenkennzeichnung 32
Strata Florida 256
Strom 38
Strumble Head 282
Stuart-Dynastie 85
Studentenausweis 36
Surfen 57
Sutherland, Graham 96
Swansea 326

T
Talacharn 319
Talgarth 387
Taliesin 94
Talybont Reservoir 374
Talyllychau 317
Talyllyn Railway 230
Tanken 33
Taxi 63
Tee 41
Teifi-Tal 250
Teisennau 40
Telefon 53
Temperaturen 22
Tenby 305
Tewdwr, Owain ap
  Maredudd ap 85
Tewdwr, Thys ap 82
The Celtic Gateway 132
The Mumbles 334
The Rhos 296
Theaterhinweise 392
Thomas, Dylan 95
Three Castles 367
Tiere 47
Tinkinswood 351
Tintern 363

Tongwynlais 351
Tourismus 92
Touristeninformation 16
Trapp 382
Tre'r Ceiri 155
Trefaldwyn 211
Trefdaeth 278
Treffynnon 195
Trefignath Burial'
  Chamber 133
Trefriw 116
Tref-y-Clawdd 268
Trefynwy 365
Tregaron 255
Tregynon 210
Trellech 364
Tremadog 162
Tretower Court & Castle 389
Trinken 38
Trinkgeld 60
Tropfsteinhöhlen 382
Trwyn Leinws 137
Turner, William 95
Tyddewi 285
Tyndyrn 363
Tywi-Tal 313
Tywyn 231

U
Überblick 14
Uhrzeit 60
Umweltschutz 73
Unfall 33
Unterhaus 88
Unterkunft 60
Upper Neuadd
  Reservoir 374
Upton Castle Gardens 303
Usk 368

V
Vale of Ewyas 375
Vale of Neath 339
Valle Crucis 184
Vegetation 71
Verkehrsmittel 62
Verkehrsregeln 32
Versicherungen 21
Vögel 72
Volt 38
Vorgeschichte 75

Vorwahl 53
Vrynwy Lake 205

W
Währung 20
Wälder 71
Wale 73
Wales Arts International 96
Waliser 91
Walisisch 58
Walisische
  Nationalversammlung 88
Wandern 57
Wasserfall Aberdulais Falls 339
Wasserfall Ceunant Mawr 111
Wasserfall Dolgoch Falls 230
Wasserfall Henrhyd Falls 382
Wasserfall Melincourt Falls 340
Wasserfall Pistyll Rhaeadr 203
Wasserfall
  Sgwd Clun Gwyn 381
Wasserfall Sgwd Gwladus 381
Wasserfall Sgwd-yr-Eira 381
Wasserfall Swallow Falls 114
Wassersport 57
Wechselkurse 20
Wein 41
Welsh Crannog Centre 387
Welshpool 206
Werkstätten 34
Wetter 22
White Castle 367
Whitland 313
Wikinger 82
Wilson, Richard 95
Wohnhäuser 97
Wollmühlen 290
Wrecsam 196
Wrexham 196

Y
Y Bala 218
Y Drenewydd 213
Y Fenni 369
Y Fflint 168
Y Gelli Gandryll 383
Y Rhyl 171
Y Trallwng 206
Ynys Dewi 289
Ynys Enlli 158
Ynys Gwales 300

Die Autorin

Ynys Gybi 131
Ynys Lawd 133
Ynys Môn 122
Ynys Pŷr 308
Ynys Seiriol 140
Ynysgynwraidd 367
Yr Aber Bach 299
Yr Eifl 155
Yr Hendy Gwyn 313

Yr Wyddfa 104
Ystrad Flwr 256
Ystradfellte 380

Z
Zahnärzte 47
Zelten 62
Zug 26, 65
Zweiter Weltkrieg 86

Die Autorin

Dr. Britta Schulze-Thulin, Jahrgang 1966, studierte in Freiburg i. Br. Keltologie, Skandinavistik und Allgemeine Sprachwissenschaft und verbrachte einen Teil ihres Studiums in Wales und Irland. Im Zuge ihrer Promotion über die walisische Sprache in Halle (Saale) fuhr sie weiterhin regelmäßig nach Wales und arbeitete 2003 längere Zeit im Forschungsinstitut für Keltische Studien in Aberystwyth. Inzwischen hat sie ihre Passion für Wales und das Reisen zum Beruf gemacht und arbeitet als freiberufliche Schriftstellerin, Gästeführerin und Dozentin in Halle (Saale). Deutschlandweit hält sie Diavorträge über Wales, die Waliser und das Walisische. Im REISE KNOW-HOW Verlag ist von ihr auch der Kauderwelsch-Sprechführer Walisisch – Wort für Wort (Band 153) erschienen.

Kartenverzeichnis

Nördliches Wales .... vordere Umschlagklappe
Südliches Wales .... hintere Umschlagklappe
Fährverbindungen 28
Alte Grafschaften und neue Landkreise 50

Stadtpläne

Aberaeron 243
Aberystwyth Überblick 237
Aberystwyth Zentrum 238
Bangor 150
Beaumaris 141
Brecon 378
Caerleon 360
Caernarfon 146
Cardiff 344
Carmarthen 310
Conwy 177
Denbigh 192
Fishguard 281
Harlech 222
Haverfordwest 295
Holyhead 130
Llanberis 110
Llandrindod Wells 264
Llandudno 173
Llangollen 183
Porthmadog 163
Ruthin 189
St. David's 286
Swansea 328
Tenby 306
Welshpool 207

Landkarten im Atlas nach Seite 408

Snowdonia, Insel Môn, Caernarfon, Bangor II
Nordküste, Nordwalisisches Grenzland IV
Halbinsel Llŷn, Merioneth VI
Montgomeryshire VIII
Ceredigion, Pembrokeshire (Norden) X
Radnorshire, Carmarthenshire, Brecon Beacons XII
Pembrokeshire (Süden), Carmarthenshire (Süden) XIV
Carmarthenshire (Süden), Glamorgan, Brecon Beacons XVI
Monmouthshire XVIII
Die schönsten Pubs (außerhalb im Buch beschriebener Orte) XIX
Holy Island (Norden) XX
Halbinsel Gower XXII

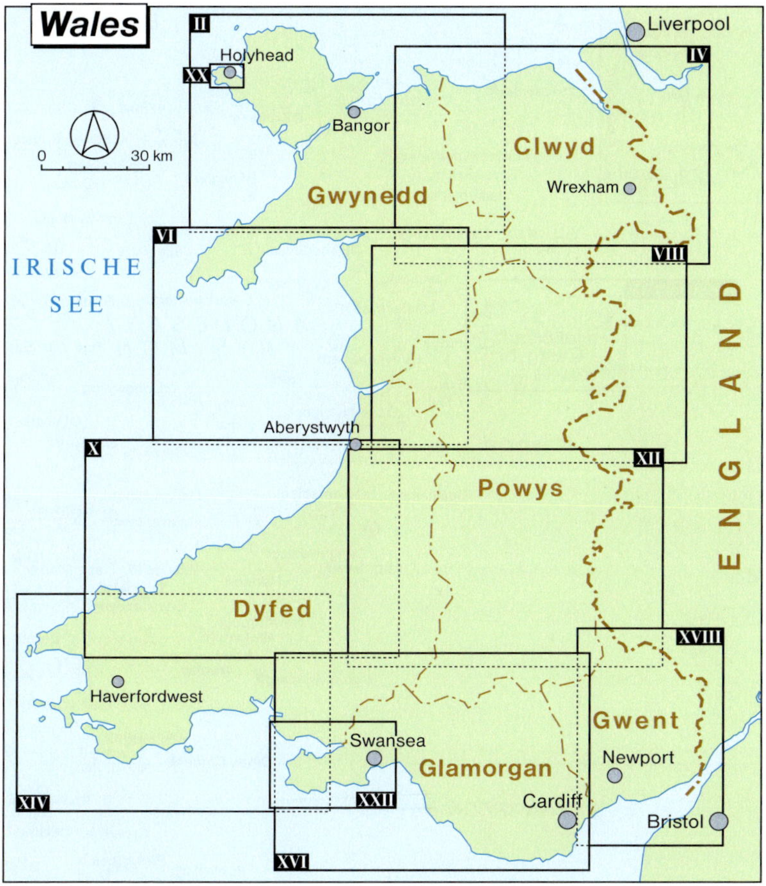

BLATTSCHNITT, ZEICHENERKLÄRUNG

I

Wales

Zeichenerklärung

- ★ Sehenswürdigkeit
- ♠ Burg
- ♰ Kirche, Kathedrale, Kloster
- ⓓ Grabkammer
- ∴ Vorgeschichtliches Bauwerk

- Schnellstraße
- Hauptstraße
- Nebenstraße
- Verbindungsstraße
- Eisenbahn
- Nationalpark

600 m
400 m
200 m
100 m
0

Kartenatlas

BANGOR, BETWS-Y-COED, CONWY, BLAENAU FFESTINIOG,

CAERNARFON, HOLYHEAD, PORTHMADOG

IV BETWS-Y-COED, CONWY, DENBIGH, HOLYWELL,

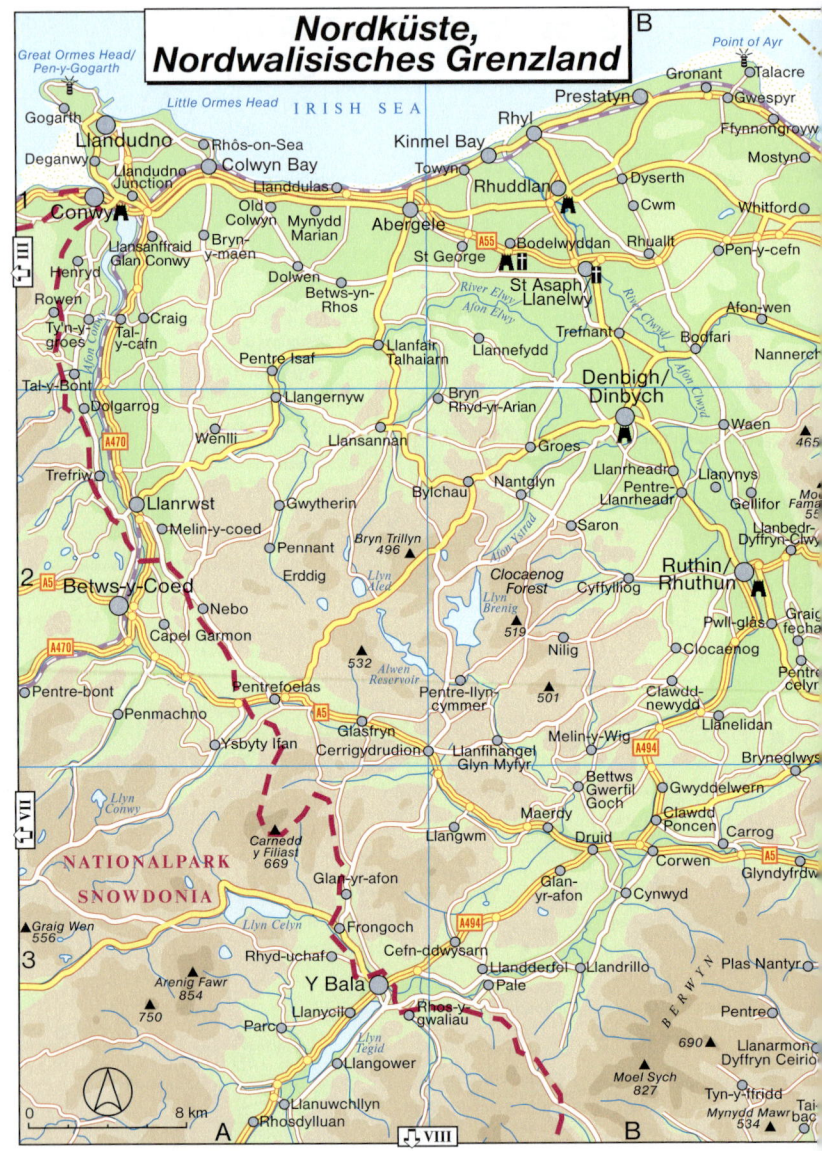

LLANGOLLEN, RUTHIN, WREXHAM, Y BALA

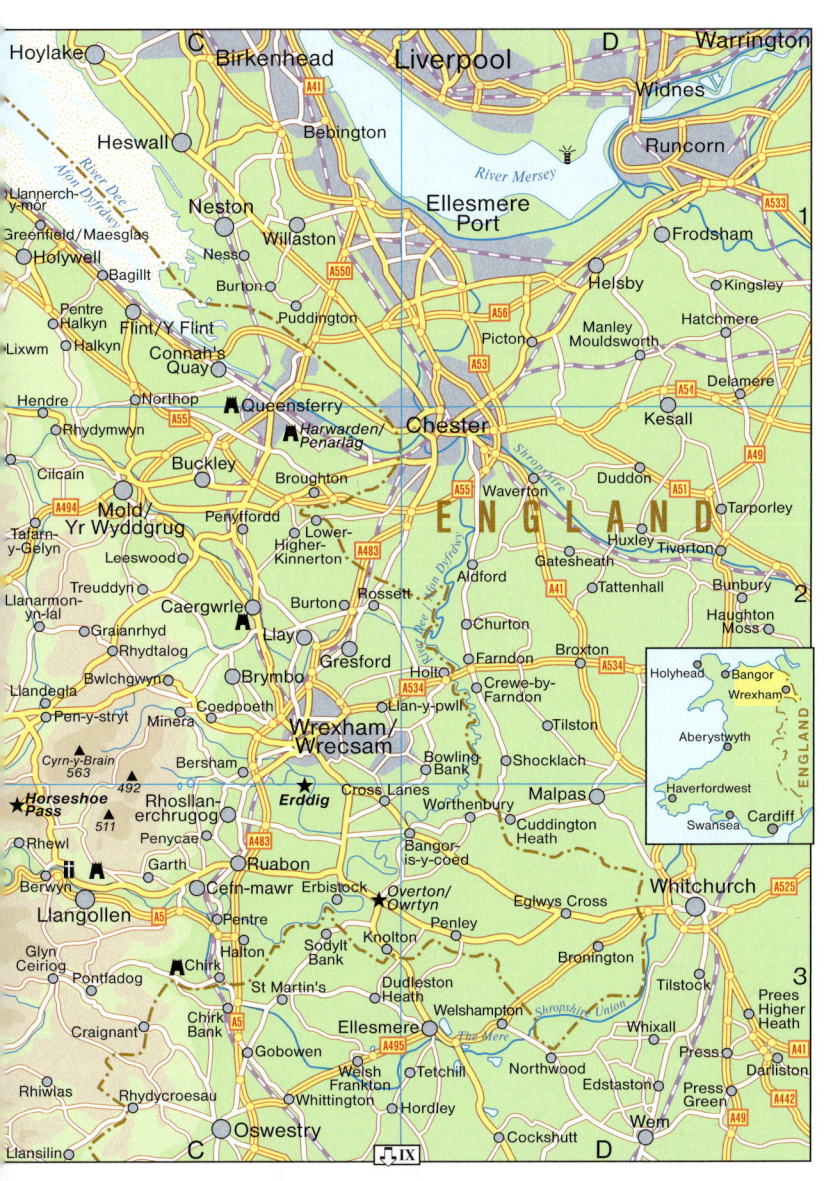

VI Aberdaron, Aberystwyth, Barmouth, Criccieth,

Dolgellau, Machynlleth, Porthmadog, Y Bala

VIII DOLGELLAU, KNIGHTON, MACHYNLLETH,

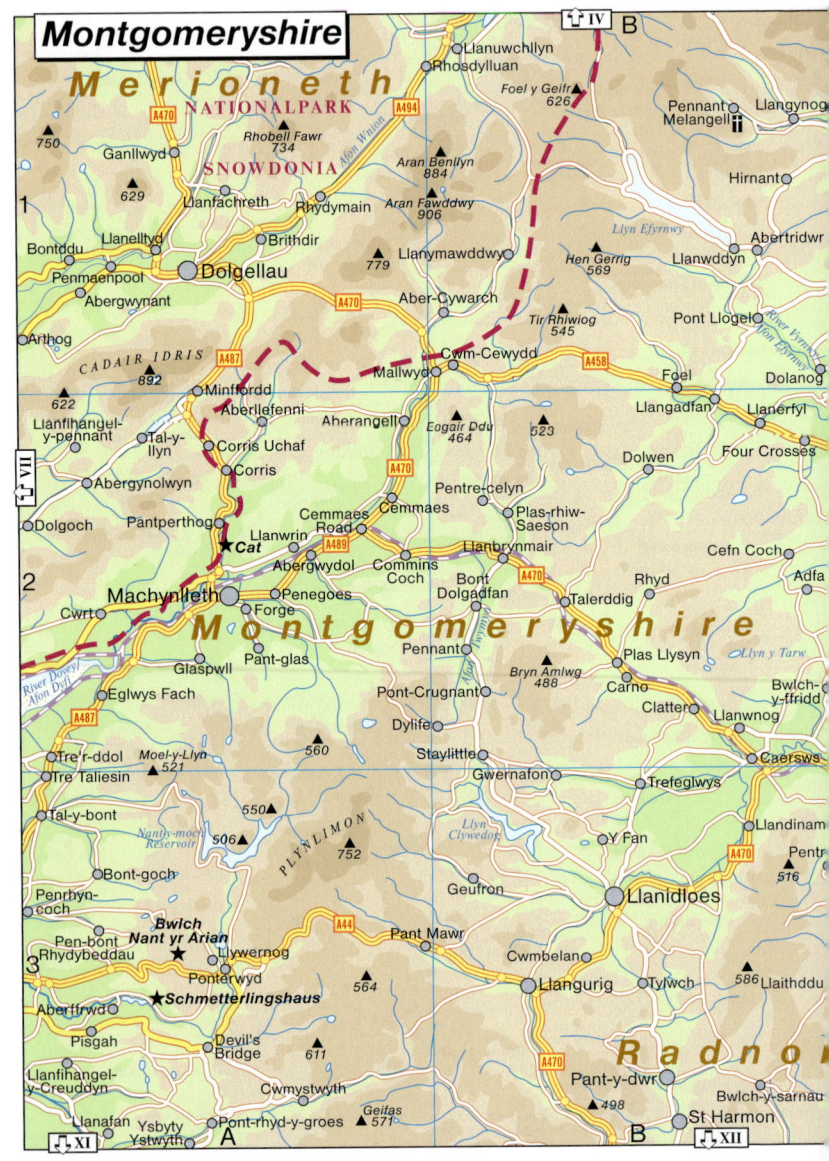

MONTGOMERY, NEWTOWN, WELSHPOOL   IX

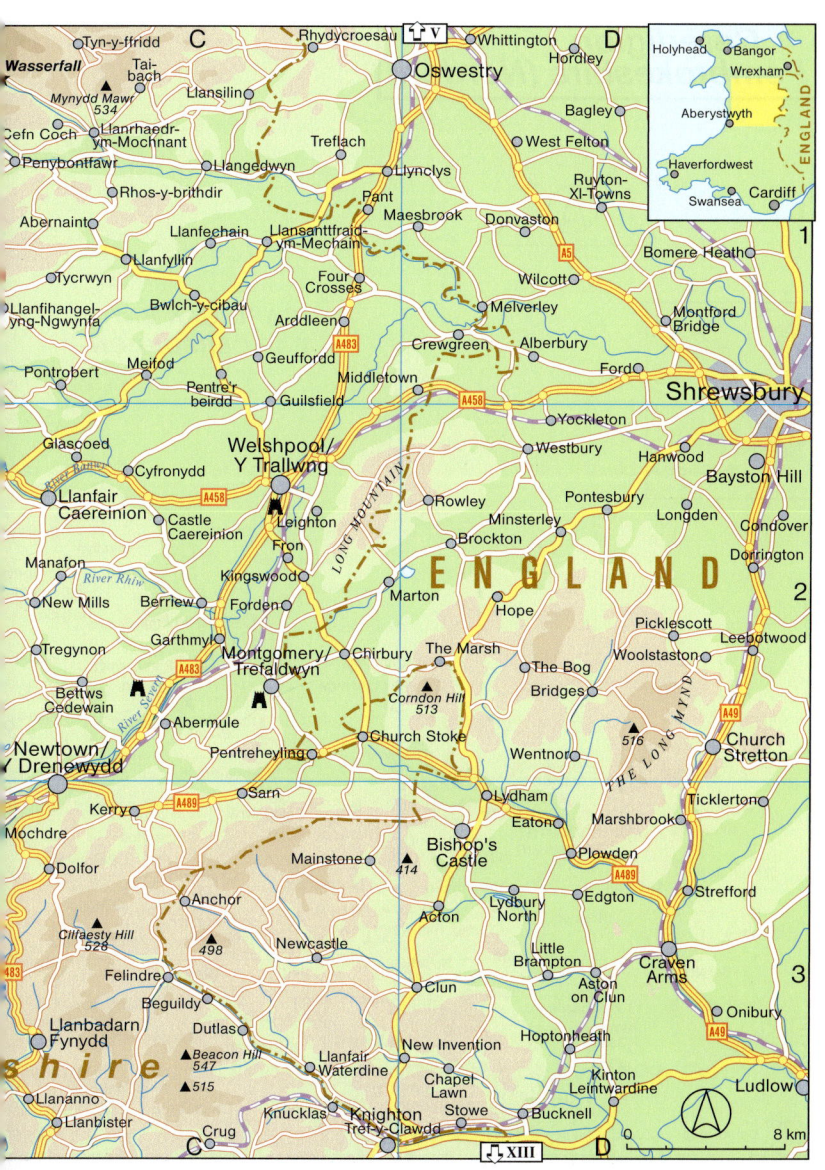

X ABERYSTWYTH, CARDIGAN, CARMARTHEN, FISHGUARD,

LLANDEILO, NEWCASTLE EMLYN, TREGARON

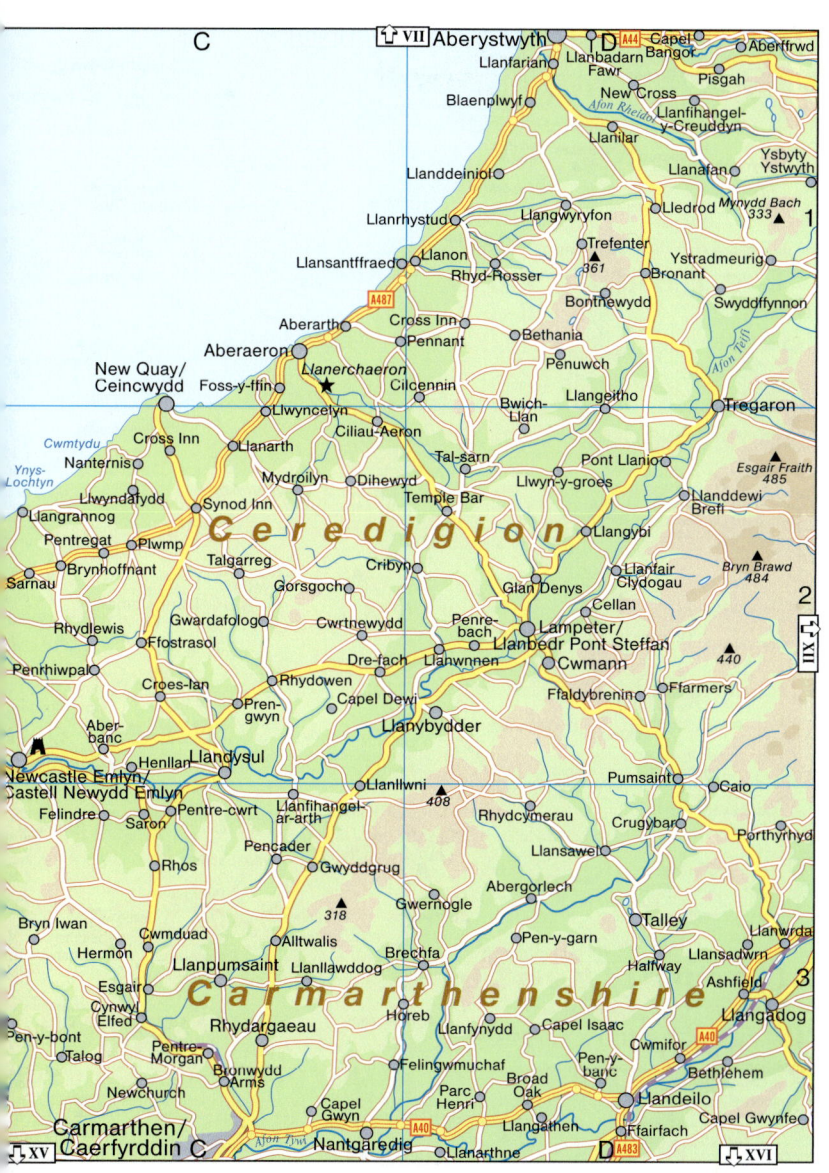

XII BRECON, BUILTH WELLS, HAY-ON-WYE, LLANDEILO,

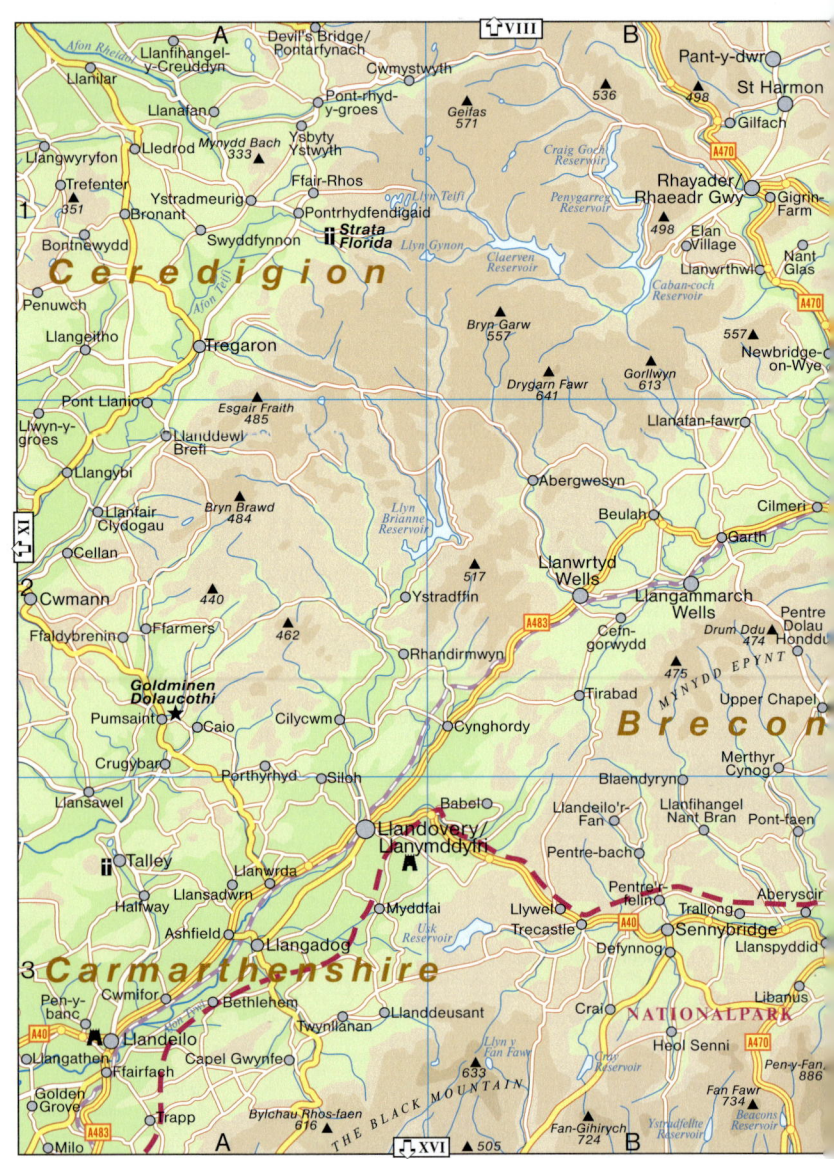

LLANDOVERY, LLANDRINDOD WELLS, TREGARON XIII

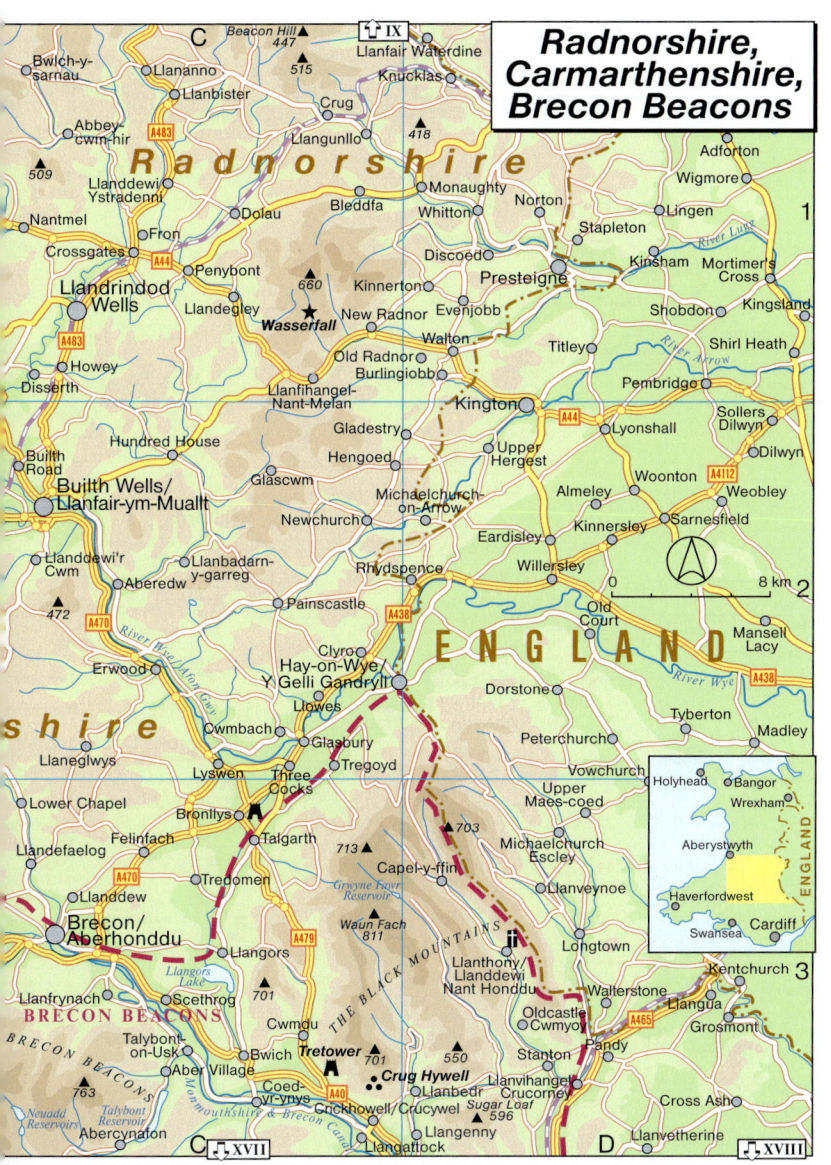

XIV Carmarthen, Fishguard, Haverfordwest,

Newcastle Emlyn, Pembroke, St. David's, Tenby

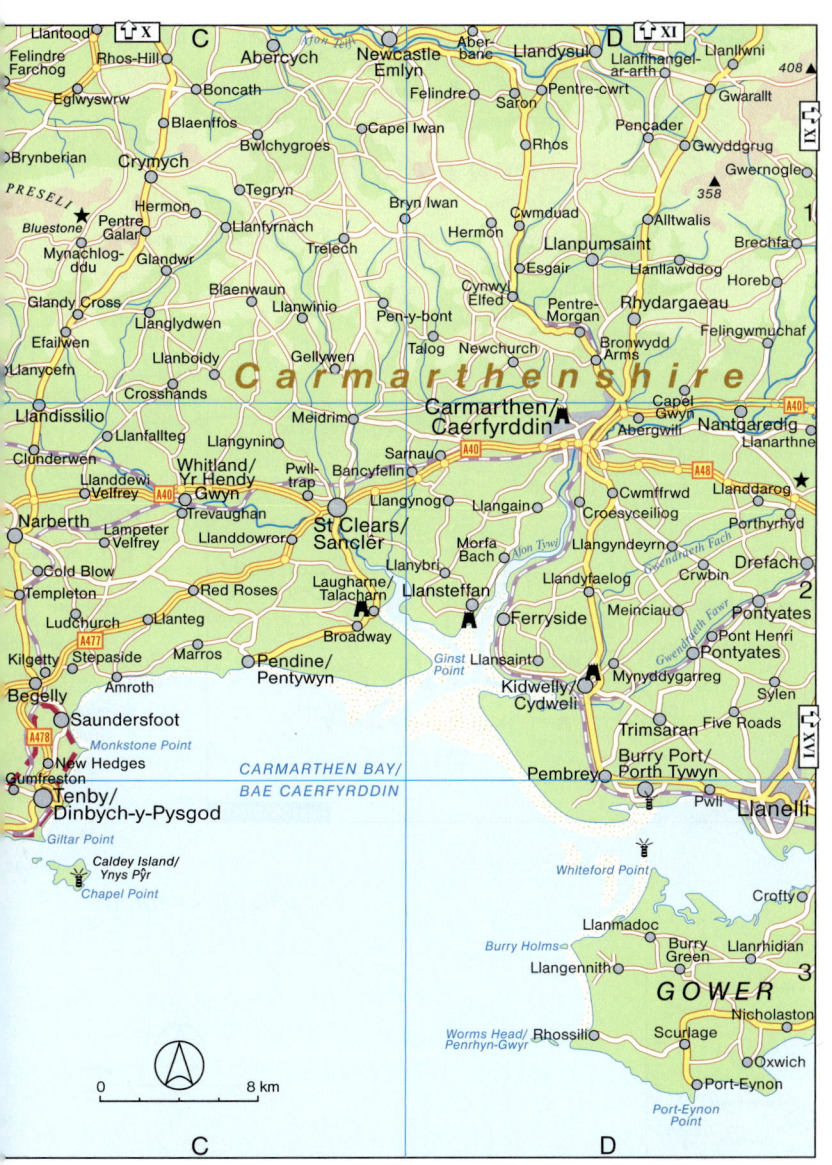

XVI Cardiff, Carmarthen, Gower, Llandeilo,

MERTHYR TYDFIL, NEATH, SWANSEA XVII

XVIII Abergavenny, Cardiff, Chepstow, Monmouth

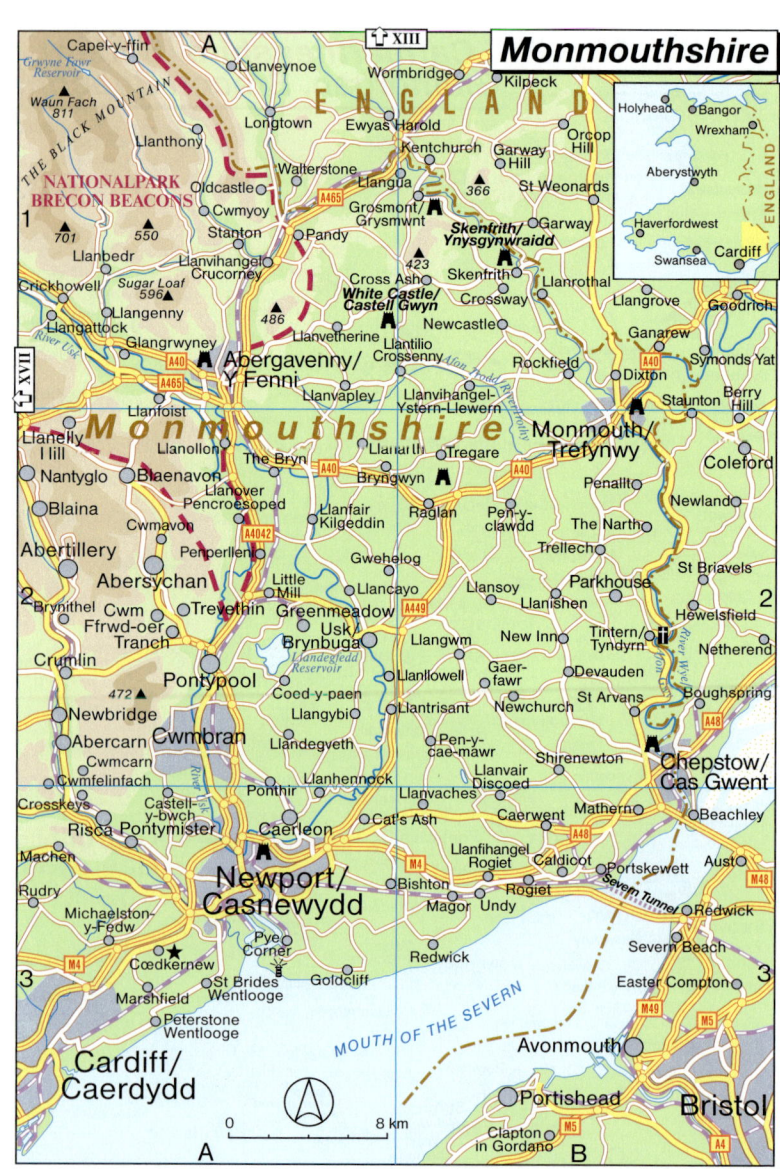

DIE SCHÖNSTEN PUBS XIX

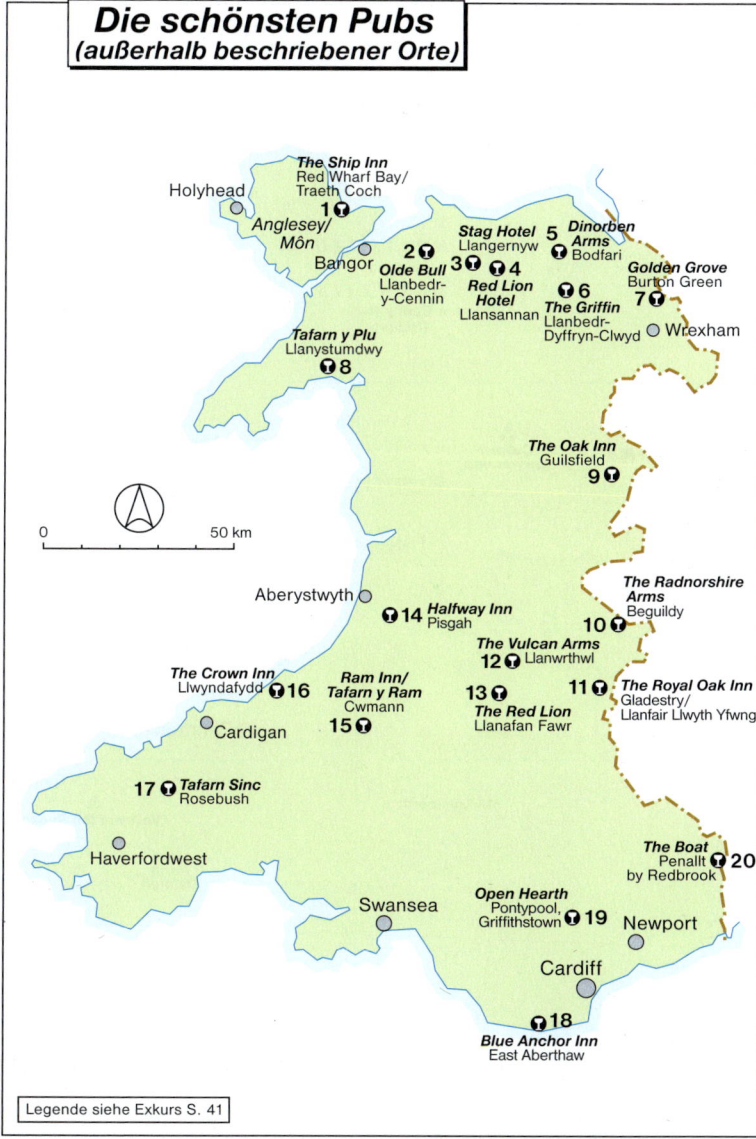

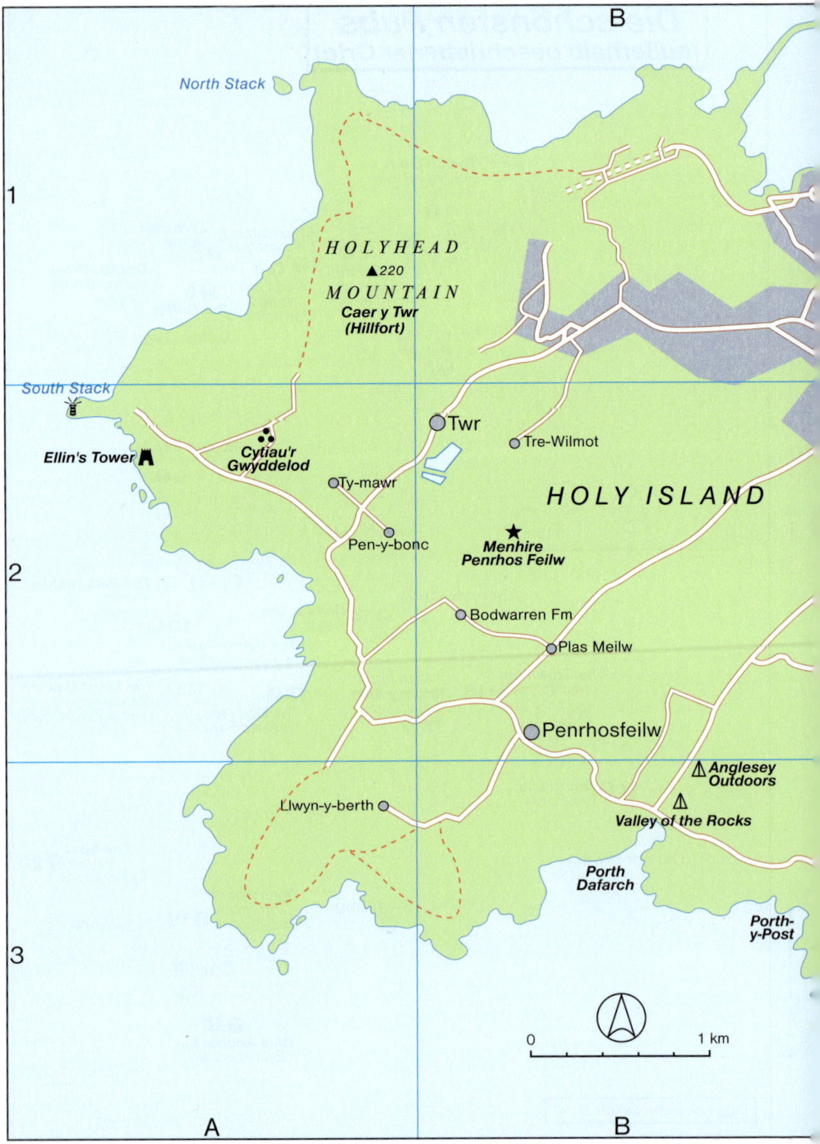

XX Cytiau'r Gwyddelod, Ellin's Tower, Holyhead,

Holyhead Mountain, Penrhos Feilw, Trefignath XXI

XXII Oystermouth, Oxwich, Pennard, Port Eynon,

Rhossili, Swansea, The Mumbles

XXIII

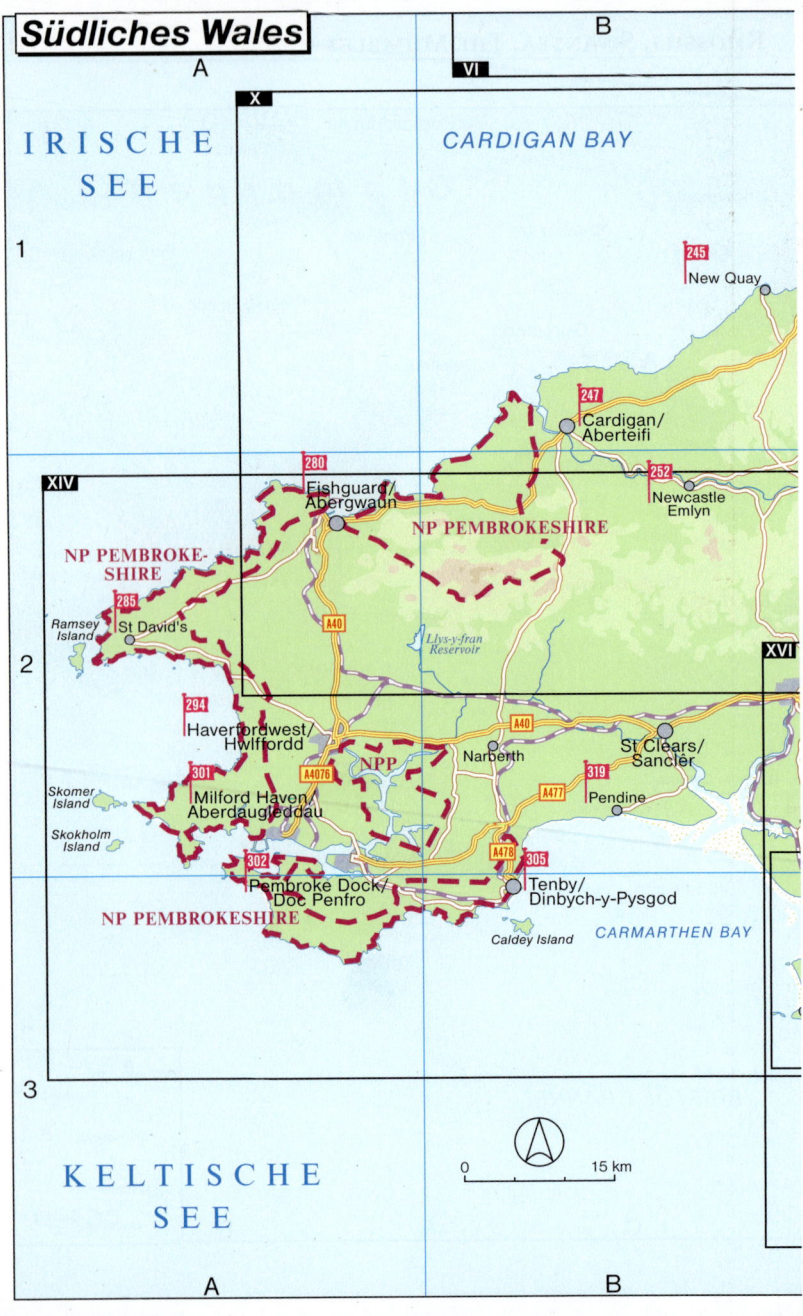